高职高专系列教材

生物技术导论

马贵民　徐光龙　主编

中国环境出版社 · 北京

图书在版编目（CIP）数据

生物技术导论/马贵民，徐光龙主编. —北京：中国环境出版社，2006.8（2015.8 重印）

（高职高专系列教材）

ISBN 978-7-80209-314-0

Ⅰ. 生… Ⅱ. ①马… ②徐… Ⅲ. 生物技术–高等学校：技术学校–教材 Ⅳ. Q81

中国版本图书馆 CIP 数据核字（2006）第 095732 号

出 版 人 王新程
责任编辑 孟亚莉 任海燕
责任校对 尹 芳
封面设计 宋 瑞

出版发行 中国环境出版社
（100062 北京市东城区广渠门内大街 16 号）
网 址：http://www.cesp.com.cn
电子邮箱：bjgl@cesp.com.cn
联系电话：010-67112765（编辑管理部）
010-67112735（环评与监察图书分社）
发行热线：010-67125803，010-67113405（传真）
印 刷 北京市联华印刷厂
经 销 各地新华书店
版 次 2006 年 8 月第 1 版
印 次 2015 年 8 月第 5 次印刷
开 本 787×960 1/16
印 张 20
字 数 390 千字
定 价 25.00 元

高职高专系列教材
编写委员会

高职高专系列教材
审读委员会

前 言

随着20世纪70年代初期重组DNA技术和淋巴细胞杂交瘤技术的发明，一项新的高科技——生物技术诞生了。生物技术一出现，就受到各国政府的高度重视。他们纷纷制定发展规划，投入巨额资金，实行优惠政策，并组织力量追踪和攻关，以此来促进这一新兴高科技的快速发展。生物技术之所以能够得到世界各国政府的如此关注，不仅因为它是解决人类面临的诸如粮食问题、健康问题、环境问题及能源问题的关键性技术，而且还因为它与理、工、农、医等科技的发展，与伦理、道德、法律等社会问题都有千丝万缕的联系，并将对国计民生产生巨大而深远的影响。

生物技术的发展日新月异，已渗透到我们生活的方方面面。在很久以前，我们的祖先就掌握了一些生物技术，并将其应用到食品加工、酿造、制革等领域中。1928年，Fleming发现了青霉素，使人类抵抗疾病的能力大大提高，生存质量明显改善；1953年，Watson和Crick发现了DNA双螺旋，从分子水平上揭示了遗传的本质，使生物技术向前迈进了一大步；1972年，DNA体外重组技术的诞生为现代生物技术方法学奠定了基础，后来一批新方法相继诞生，使我们可以随心所欲地修饰和体外表达蛋白质，为进行生命科学的基础研究及疾病的预防、诊断和治疗提供了有力的手段；1998年，克隆羊的诞生在生命科学领域引起了轰动，从此，人们便可以利用克隆技术进行动物的育种，来改良动物的品种以及在动物体内生产我们所需的药用蛋白质，并在法律允许的范围内，充分利用克隆技术，为人类健康服务；1996年，酵母基因组测序完成；2003年，人类基因组测序完成，这标志着“后基因组”时代的到来，这是生命科学历史发展中一次新的飞跃；2005年国际水稻基因组测序计划完成，这是继人类基因组测序完成之后，科学家完成的又一项重要测序工作；2006 年 4 月，世界首例分离 XY 精子性别控制试管水牛在中国农科院广西水牛研究所诞生，这意味着水牛的性别可以人为控制，并为其他生物进行性别控制的研究提供了有益的借鉴。以上这些令人鼓舞的巨大成就，激励和鞭策着 21 世纪的中国学子要完成科技强国、实现中华民族伟大复兴的光荣使命，就必须努力学习和掌握现代生物技术这门高新技术。而《生物技术导论》这本书，就可以使学生从宏观上对生物技术的有关知识做一个总体的把握和了解，为进一步深入系统地学习生物技术专业课起到一个抛砖引玉、概略全篇的作用。

我们编写本书的指导思想和原则是：紧紧围绕高职高专人才的培养目标，遵循 2000 年教育部《关于加强高职高专教育教材建设的若干意见》的文件精神，力求内容全面而新颖，知识点精炼而准确，语言通俗易懂，图文并茂，能激发学生的学习兴趣。本书主要体现了如下特色：①综合性。本书是以实际应用技术为主线，涵盖了生物技术主要应用领域的相关内容，力求使读者阅读此书后，能够在宏观上对生物技术有一个全面、概括性的了解。②先进性。本书在编写过程中参阅了近年来生物技术方面的最新书籍、资料、文献及研究成果，并将新理论、新技术、新工艺融为一体，力求体现生物技术的最新发展动态。③应用性。本书在编写过程中，按照培养高等生物技术“应用型”人才的目标，理论教学以应用为目的，以必须够用为尺度，以掌握基本概念、强化应用为教学重点，构建应用性教学内容体系。为此，本书在整体内容的编排上分为两大部分，前一部分主要对生物技术五大工程的基本概念、原理及基本操作技术作了介绍；后一部分侧重介绍生物技术在各个领域中的实际应用。④实用性。本书在编写过程中，把生物技术理论知识与实际应用相结合，大量引用技术操作实例，实现了技术理论和技术应用的完美结合。

本书作为农业高职院校环境相关专业的基础课教材，旨在使学生对现代生物技术的基本原理及实施要点有深刻的了解，而不在于对诸分支领域作面面俱到的阐述，为此，本书以“导论”的形式进行编写。众所周知，生物技术是当今世界发展最快、最热门的学科之一，在编写本书的过程中，我们尽量注意到将其新的进展写入本书，由于本学科的飞速发展和作者能力所限，尽管大家都尽力想使本书成为一部农业高职院校环境相关专业的标准教材，但在此书完稿之际，仍有挂一漏万之感。为此，书中出现的缺点甚至错误之处，渴望得到专家学者及同行的不吝赐教，以便在教学中及时进行修正，避免以讹传讹。

本书由黑龙江生物科技职业学院马贵民和江西生物科技职业学院徐光龙两位同志担任主编。编写任务具体分工如下：马贵民负责编写第一章、第七章和第十二章；北京农业职业学院曹授俊负责编写第二章；徐光龙负责编写第三章和第五章；黑龙江生物科技职业学院刘红煜负责编写第四章和第九章；上海农林职业技术学院张永霞负责编写第六章和第八章；江苏畜牧兽医职业技术学院唐现文负责编写第十章和第十一章。本书由杨凌职业技术学院陈登文教授主审。

在本书编写和出版过程中，参加编写和主审的老师所在学校都给予了鼎力支持，中国环境科学出版社的各位领导及编辑同志对该书的组织编写、书稿校对和及时出版倾注了大量心血，给予了多方面的指导和帮助，广西农业职业技术学院的杨昌鹏博士、江苏畜牧兽医职业技术学院的高勤学博士对本书的内容编排提出了指导意见，在此一并深表谢意！

主编　马贵民　徐光龙

2006 年 5 月

目 录

第一章 绪 论

【知识目标】

了解生物技术的含义、特点及其发展简史；理解生物技术的内容及其相互之间的关系；熟悉基因工程技术在相关领域中的应用概况。

生物技术是21世纪的一项核心技术，是多学科共同努力取得的重大成果，被广泛地应用于农业、医药、食品、能源、环保、化工等多个领域，显示出了十分广阔的发展前景。因此，它必将成为21世纪增强综合国力的支柱产业之一。我国同世界其他国家一样已把生物技术列为高新技术之一，并积极组织力量进行研究和攻关。

不过，生物技术并不是一个完全的新兴学科，它是由传统生物技术和现代生物技术两部分构成的。传统生物技术是指制造酱、醋、酒、面包、奶酪、酸奶及其他食品的传统工艺；现代生物技术则是指近几十年发展起来的，以现代生物学研究成果为基础，以基因工程为核心的新兴学科。现在所说的生物技术一般都是指现代生物技术，本书也着重讨论现代生物技术。

第一节 生物技术的内涵

一、生物技术的含义

生物技术，也称生物工程。是指以现代生命科学为基础，结合其他学科的科学原理，采用先进的工程技术手段，按照人们的预先设计改造生物体或加工生物原料，来生产人们所需要的产品或达到某种目的。它是一门新兴的、综合性的学科。

先进的工程技术手段指的是基因工程、细胞工程、酶工程、发酵工程等新技术。

改造生物体是指获得优良的动物、植物及微生物品系或品种。

生物原料则指生物体的某一部分或生长过程产生的能利用的物质，如淀粉、糖、纤维素等有机物，也包括一些无机化学品，甚至某些矿石。

生产人们所需要的产品包括粮食、医药、食品、化工原料、能源、金属等。

达到某种目的则包括疾病的预防、诊断与治疗，食品的检验以及环境污染的检测和治理等。

生物技术是由多学科综合集成的一门新兴学科。根据研究对象的不同，需要以下各个学科的知识作支撑，即普通生物学、分子遗传学和细胞生物学；人类遗传学和分子医学；病毒学、微生物学和生物化学等学科。尤其是现代分子生物学的最新理论成果更是生物技术发展的基础。生命科学的快速发展已经在分子、亚细胞、细胞、组织与个体等不同层次上，揭示了生物的结构与功能的相互关系，进而使人们能够应用其研究成果对生物进行不同层次的设计、控制、改造乃至模拟，同时，产生了巨大的生产效能。

二、现代应用生物技术的内容

现代应用生物技术是在基因工程、细胞工程、酶工程、发酵工程、蛋白质工程等先进的现代应用生物技术手段基础上产生和发展起来的。这些先进的现代生物技术手段构成了现代应用生物技术的重要内容。

（一）基因工程

基因工程，又称遗传工程，也称作 DNA 重组技术。它是应用人工方法首先把生物的遗传物质——基因分离出来，在体外进行剪切、拼接、重组，然后通过质粒、噬菌体或病毒等载体将重组后的 DNA 转入微生物、植物或动物细胞内，进行无性繁殖，并使所需基因在细胞中表达，生成人类所需要的产物或组建新的生物类型。这种创造新生物并给予新生物以特殊功能的过程被称为基因工程。

（二）细胞工程

细胞工程指的是以细胞为基本单位，在体外条件下进行培养、繁殖，或者人为地使细胞某些生物学特性按人们的意愿发生改变，从而达到改良生物品种和创造新品种，或加速繁育动、植物个体，或获得某种有用物质的过程。

细胞工程包括细胞融合、细胞大规模培养、植物大规模培养以及植物组织培养快速繁殖等技术。细胞融合技术是指将两种不同类型的细胞，通过化学、生物学或物理学手段使之融合在一起，从而产生出同时具有两个亲本的遗传特性的新细胞。细胞大规模培养技术是以工业化生产为目的，从大量培养的细胞中获得药物或其他有用物质。植物大规模培养技术是以工业化生产为目的，从大量培养的细胞中获得药物或其他有用物质。

植物组织培养快速繁殖技术是利用植物细胞的全能性由扩增的细胞分化再生成植株，这样就有可能用细胞器官和组织的再生苗来代替种子实生苗，无限地扩大繁殖系数。

（三）酶工程

酶工程是指利用酶、细胞器或细胞所具有的特异催化功能，对酶进行修饰改造，并借助生物反应器和相应的工艺来生产人们所需产品的一项技术。

酶工程包括酶的生产应用、酶和细胞的固定化以及酶的分子修饰技术。酶是生物体内产生的具有催化作用的蛋白质或RNA，其催化效率是化学催化剂的10万～1 000万倍，而且是在常温、常压下进行，专一地催化某一反应。

（四）发酵工程

发酵工程指的是利用微生物培养简单、生长速度快及代谢过程特殊等特点，在适宜条件下，通过现代的工程技术手段，由微生物的某些特殊功能来生产人们所需产品的一项技术。也称作微生物工程。

发酵工程包括菌种选育、菌种生产利用、代谢产物的生产利用以及微生物机能的利用技术。

（五）蛋白质工程

蛋白质工程是指在基因工程基础上，结合蛋白质结晶学，计算机辅助设计和蛋白质化学等多学科的基础知识，通过对基因的定向改造，从而达到对蛋白质进行修饰、改造、拼接，以产生满足人类需要的新型蛋白质的一项技术。

不过，上述几项技术并不是各自独立的，它们彼此间互相联系，互相渗透。其中基因工程是核心、是关键，它带动着其他几项技术的发展。例如，通过基因工程对细菌或细胞改造后获得的“工程菌”或“工程细胞”，都必须分别通过发酵工程或细胞工程来生产有用的物质；又如，通过基因工程技术可以对酶进行改造来增加酶的产量、稳定性以及提高酶的催化效率等。

第二节　生物技术的发展简史

一、传统生物技术的由来

传统生物技术可以追溯到很久以前，食物通过微生物酸败而损坏；通过干燥、盐渍和糖化来保存；通过发酵生产酒精饮料等。大概从一开始，人们就从上述情形中得到了许多经验，正是沿着最初的城市文化的发展轨迹，我们找到了用生物技术原理生产面包、啤酒、葡萄酒和奶酪以及兽皮制革的文字记载和绘画。

在我国，从后石器时代，人们就会以谷物为原料酿酒，这是最早的发酵技术。公元前 221 年，周代后期，人们就能制作豆腐、酱和醋，并一直沿用至今。公元 10 世纪，我国就有了预防天花的疫苗；到了公元 16 世纪，我国医生就已经知道被疯狗咬伤可以传播狂犬病。

在欧洲，从公元 6 世纪开始，人们就研制出酿造、造酒和烘焙技艺的具体方法。

在 20 世纪的开始，德国化学家 Otto Roehm 和日本科学家 Jokichi Takamine 突然想到，在工业加工中，从动物废料或霉菌培养物中分离的酶会是有用的催化剂。Otto Roehm 的想法使制革工业发生了革命，因为直至那个时期，还是使用狗的粪便来制革。在公共卫生领域，在 1900 年前后，生物污水处理的应用堪称是流行病预防的一个里程碑。在第一次世界大战期间，德国的 Carl Neuberg 和从俄罗斯移民到英国的犹太人 Chaim Weizmann 研制了弹药成分——甘油和丙酮的大规模发酵工艺，《贝尔福宣言》以及随后的以色列国的成立（Weizmann 成为其第一位总统），都直接与生物技术的早期成功应用有关。在战后时期，Weizmann 研究出梭菌发酵工艺的第二个产品——1-丁醇，在美国十分重要，被用作汽车油漆的溶剂。1922 年，Aiexander Fleming 偶然间发现了青霉素，很久以后，Howard Florey 将其变成药品，开始了青霉素和其他抗生素在第二次世界大战期间的大规模生产。

1944 年 Avery 通过肺炎双球菌转化实验验证了生物的遗传物质是 DNA。1953 年 Watson 和 Crick 提出了 DNA 的双螺旋模型，阐述了 DNA 的半保留复制模式，从而开创了分子生物学研究的先河。从 1950 年开始，酶及其后抗体在分析方面的应用，开辟了生物技术另一个重要的领域。1961 年 Khorana 和 Nirenberg 破译了遗传密码，揭开了 DNA 的遗传信息如何传递蛋白质的秘密。1964 年，法国化学家巴斯德首次用显微镜来观察葡萄酒和乳酸的发酵，他使用无菌培养基，得到了微生物的纯培养物。这样便产生了应用微生物学，并将本领域扩展到致病微生物的控制上。同时，20 世纪 60 年代，在石油危机和人口过度增长的阴影下，人们也成功地开发了将生物量转化成生物能量（乙醇、甲烷），以及将石油或甲醇转化为单细胞蛋白质的技术。但从现代的观点来看，以上提及的诸多方面的发展，还只能视为传统的生物技术，因为它还不具备高技术的要素。

二、现代生物技术的诞生和发展

1973 年，旧金山的 Stanley Cohen 和 Frederick Boyer 首次将经过设计的外源基因在宿主菌中表达。1975 年，英国的 Kohler 及 Milstein 发明了杂交瘤技术，他们把 B 淋巴细胞

（来自脾脏，能产生抗体）与骨髓瘤细胞（能在体外无限制繁殖）用原生质体融合技术进行细胞融合而获得了既能在体外培养又能产生单一抗体的杂交细胞——杂交瘤细胞。杂交瘤细胞技术的产品是单克隆抗体（Mab），可用作临床诊断试剂或生化治疗剂，这是一大类现代应用生物技术产品。原生质体融合技术可用于亲缘关系较远的生物体细胞之间的杂交，这对农作物品种及牲畜品种的改良具有巨大作用。1977 年，H.Bboyer 首先用基因重组操作技术获得了生长激素抑制因子的克隆。接着，1978 年，Gilbert 获得了鼠胰岛素的克隆。几年后，第一个基因工程产品——利用重组体微生物生产的人胰岛素问世。

20 世纪 80 年代初期，注册了第一个重组药物——生长激素。自此以后，50 多种基因工程蛋白质作为治疗药物被注册，包括胰岛素、促红细胞生成素、第八因子和 β 干扰素，还有几百种药物正在研发中。尽管这一新技术首先被用于医药，但其在农业方面的创新潜力很快就开始显露出来，既培育出了抗除草剂、昆虫或病毒的转基因农作物新品种，又通过基因修饰，使花朵展现出新的颜色，蔬菜和水果的营养成分更高。在轻工业方面，通过降低木材的木质素含量，来改善纸的生产质量。

但是，生物技术的现代焦点是基因组学和后基因组学，现已研制出一些方法，能够对 50 多种微生物、植物和动物基因组，以及在 2001 年对人类基因组进行快速测序，目前这些信息被广泛地用来分析疾病的分子基础。在基因治疗方法的探索方面，医学专家在尝试用正常功能的基因去替换功能异常的基因，这些进展与细胞生物学的巨大进步相一致。

多莉羊出生于 1988 年，是第一个从其母亲体细胞克隆的动物，与母亲完全相同。多莉羊的出生引发了公众的一系列讨论：人的生命是从什么阶段开始的？我们能接受克隆人吗？分子遗传学和基因治疗将如何影响我们的年龄分布？随意对植物和动物进行遗传修饰是否道德？这种操作与生态系统和其自然多样性要协调到什么程度？新的生物技术将如何影响工业化国家和发展中国家之间的关系？上述种种疑问，尚没有一个问题得到完全的解决。随着我们对现代生物技术研究的逐步深入，这些问题在全球范围内的解答将会变得越来越紧迫。

在过去的几十年间，新药增长最快的是重组人蛋白质或其研发过程中所用的重组细胞靶蛋白质；医学诊断试剂及药物研究也将越来越依赖于个体基因组的信息；在动植物育种中，基于遗传标记的育种将发挥越来越重要的作用；通过基因组测序，基因工程的应用将越来越便捷，基因工程产品的市场分量在经济重要性方面早已超过了传统的发酵产品，如氨基酸、抗生素等，而且呈现出进一步快速增长的态势。

随着现代生物技术各个领域的深入发展，人们越来越多地采用多学科的方法来解决生产实践中的各种问题。现代生物技术的各个领域，包括医药、农业、畜牧业、食品、化工、林业、环境保护、采矿、冶金、材料、能源等领域，采用的现代生物技术手段是相通的。随着 DNA 重组技术和杂交瘤细胞工程技术的深入发展，人们越来越有可能采取先进的现代生物技术手段来解决生产、实验中的问题。现代应用生物技术所采用的先进生物技术手段包括基因工程、蛋白质工程、细胞工程、酶工程、发酵工程等新技术。利用这些先进的现代生物技术手段，人们就可以改造生物体，获得优良品种的动物、植物或微生物品系，加工生物体的某一部分或生物生长过程所能利用的物质，如淀粉、糖蜜、纤维素等有机物，也包括一些无机化学品、甚至某些矿石，为人类生产出所需的产品，包括粮食、医药、食品、化工原料、能源、金属等各种产品，进而为人类的生产、生活和疾病的预防、诊断与治疗以及环境污染的检测和治理等服务。

第三节　现代生物技术的研究进展及前景展望

一、现代生物技术的研究进展

当前，生物技术的发展在世界范围内势头强劲。生物技术和生命科学基础研究不断取得重大突破，为应用生物技术的创新奠定了坚实的理论基础。应用生物技术将形成巨大的产业，这种产业的雏形在世界范围内已逐渐形成。世界各国都把发展生物技术放在重要位置，特别是发展中国家，由于在传统工业技术领域与发达国家已形成较大差距，而今天生物技术的发展为发展中国家带来了新的机遇和挑战。不过，发达国家凭借着技术、资金、人才等优势，在生物技术研究领域总体上仍处于领先地位。

美国把生物与医药产业作为新的经济增长点，政府的生物技术的研发年费用高达 380 多亿美元，仅次于军事科学的投资费用；英国、德国已通过立法，强化生命科学基础研究和生物技术企业的发展；日本提出了生物产业兴国的发展思路；新加坡制定了未来 5 年跻身生物技术顶尖行列、把新加坡建成生命科学中心的目标；一些发展中国家也不甘人后，加紧研究对策、制定措施以应对激烈的国际竞争。

（一）世界发达国家在现代生物技术方面的研究进展

自 DNA 重组技术于 1972 年诞生以来，作为现代应用生物技术核心的基因工程技术得到快速的发展。1982 年美国 Lilly 公司首先将重组胰岛素投放市场，标志着世界第一个基因工程药物的诞生。迄今为止，已有 50 多种基因工程药物上市，近千种处于研发状态，形成了一个巨大的高新技术产业，产生了不可估量的社会效益和经济效益。从专利数量、创新能力、产业化程度及投资规模等各项指数来看，美国的生物技术实力在全球居领先水平。据统计，美国的生物技术公司已有约 2 000 家（含 1 300 多家生物药物相关公司），其中已有 300 多家上市，而且吸引了大量的投资。1997 年美国应用生物技术产业研发总投入 76 亿美元，销售总收入 174 亿美元，其中基因工程药物销售收入超过 60 亿美元。欧洲共有约 1 000 家生物技术公司，其中以英、德、法三个国家为主，1997 年研发总投入 18 亿美元，总收入 29.8 亿美元。在这样的发展背景下，基因工程药物每年平均有 3～4 个新药或疫苗问世，开发成功的药物有 50 个药品已广泛应用于治疗癌症、肝炎、发育不良、糖尿病、囊纤维变性和某些遗传病上，尤其在疑难病症的治疗方面，起到了传统化学药物难以达到的疗效。这是因为基因工程药物的研究与开发很多是以对疾病的分子水平上的认识为基础的，常常会产生意想不到的高疗效。基因工程药物行业的飞速发展是以分子生物学等基础学科的突破，以及基因工程、细胞工程、发酵工程、酶工程和蛋白质工程等现代生物技术学科的高速发展为后盾的。开发活性蛋白类创新药物的成功率在临床前阶段为 15%，一期临床为 27%，二期临床为 40%，三期临床为 80%，注册登记为 90%，总体成功率大大高于化学药物。同时，蛋白类药物适应症的不断延伸也是蛋白类药物创新的一大特点。例如，集落刺激因子 G-CSF（rhG-CSF），1991 年上市时这种药物的适应症是化疗并发中性粒细胞减少；到 1995 年止，又增加了骨髓移植、严重慢性中性粒细胞减少及外周血干细胞移植等适应症。因此，基因工程药物开发应包括新品种和新适应症两个方面。

据统计，到 1998 年，有近 400 种生物技术药物处于不同研究开发阶段，其中用于治疗肿瘤及相关疾病的 151 种；治疗除艾滋病以外的其他传染病的 36 种；治疗艾滋病及相关疾病的 29 种；治疗心脏疾病的 28 种；治疗神经系统疾病的 26 种；治疗呼吸系统疾病的 20 种；治疗自身免疫性疾病的 19 种；治疗皮肤疾病的 14 种；移植相关治疗的 14 种；治疗糖尿病及相关疾病的 9 种；治疗血液疾病的 8 种；治疗生长发育障碍的 4 种；治疗不育症的 4 种；治疗眼部疾病的 3 种；治疗其他疾病的 22 种。将正在开发的生物药品按分子类别归类，数目较多的是单克隆抗体、疫苗、基因治疗用药、白介素、干扰素、生长因子、重组可溶性受体、反义药物和人生长激素等。从广义方面来讲，这些新药都属于基因工程药物，因为基因工程制药过程集中了现代生物学、医学和药学的最先进的技术、设备和工艺。

基因工程制药产业的迅速发展，使许多专家预计到 21 世纪 20 年代，人类将走向信息时代后崭新的经济时代——生物经济时代。2001 年全球生物技术公司总数已达 4 284 家，其中上市公司有 622 家，销售总额约为 348 亿美元，其中基因工程药物的销售额为 250 亿美元。从整个产业的分布情况看，生物技术公司主要集中在欧美，占全球总数的 85%。美国的生物工程公司占全球生物工程公司总数的 55%，2001 年的销售额占全球销售总额的 82%。最典型的是红细胞生成素（EPO），从 1989 年投放市场后，它已经为开发商安进公司带来了超过 100 亿美元的利润，也使得安进公司一跃成为全美最大的生物工程公司，总资产额已高达 161 亿美元。

近年来，农业生物技术在世界范围内取得了飞速的发展，一批抗虫、抗病、耐除草剂和高产优质的农作物新品种培育成功。1999—2000 年，全世界转基因谷物播种面积达到 4 420 万 hm^2，比上年度增加 11%。农业、环保和海洋生物技术将成为继生物制药作为生物技术的第一次浪潮之后的第二次浪潮，生物技术产品在农业总产值中的比重将越来越大。目前，全世界共有 13 个国家允许播种转基因作物，它们是美国、阿根廷、加拿大、中国、南非、澳大利亚、罗马尼亚、墨西哥、保加利亚、西班牙、德国、法国和乌拉圭，进入田间试验的转基因植物已超过 500 多种。应用转基因技术将有特殊经济价值的基因引入植物体内，从而获得高产、优质、抗病虫害的转基因农作物新品种，目前已取得重大突破。例如，生物技术研究人员将苏云金芽孢杆菌 Bt 毒素基因导入植物体内，获得了抗虫棉花、玉米、马铃薯等农作物新品种，已进入大田试验，显示出良好的应用推广前景。通过转基因改良现有植物品种，不仅可以培育出抗病虫害的新品种，还可以培育出经济价值较高的品种，转基因植物育种的潜在商业价值十分巨大，仅转基因小麦一项，估计世界年产值就可达数十亿美元。

食品与人类生存、发展息息相关，基因工程技术在 20 世纪 90 年代开始在食品工业中应用，从 1993 年 Calgene 公司的转基因番茄在美国批准上市以来，转基因植物源食品的种植面积迅速增加，从 1996 年到 2001 年种植面积增加了 30 倍，经济效益从 1995 年的 7 500 万美元增加到 2001 年的近 40 亿美元。预计 2010 年产值将增加到 250 亿美元。动物源转基因食品目前未商品化，但发展的势头非常迅猛。微生物源基因工程食品是最早的转基因食品，1988 年瑞士允许转基因技术应用于奶酪工业。目前转基因微生物主要生产用于食品加工的酶和食品添加剂。

众所周知，石油和煤炭是目前人们生活中的主要能源。然而，地球上的这些化石能源是有限的，也是不可再生的，它们终将会枯竭。据研究，生物能源是最有希望的新能源之一，其中乙醇最有希望成为新的替代能源。研究人员希望找到一种特殊的微生物，这种微生物可以利用大量的农业废弃物如杂草、木屑、植物的秸秆等纤维素或木质素类物质或其他工业废弃物作为原料来生产乙醇，同时改进生产工艺以提高乙醇获得率，降低生产成本。目前该类技术有些已进入试生产阶段，如用秸秆、谷壳等生产酒精。生物技术还可用来勘探石油和提高石油的开采率。石油是由各种烃类化合物组成的，它虽深埋在地下，但总有一些烃会透过岩层缝隙到达地表，则此处地表以烃类为食的微生物（乙烷分解细菌等）居多，可以这些指示菌作为地下油气田辅助勘探方法。目前石油的一次采油，仅能开采储量的 30%。二次采油需加压、注水，也只能获得储量的 20%。深层石油由于吸附在岩石空隙间，难以开采。加入能分解蜡质的微生物后，利用微生物分解蜡质使石油流动性增加而获取石油，称之为三次采油。

传统的化学工业生产过程大多在高温高压下进行，改用生物技术方法来生产，不仅可以节约能源，还可以避免环境污染。现代农业以及石油、化工等现代工业的发展，开发了一大批天然或合成的有机化合物，如农药、石油及其化工产品、塑料、染料等工业产品，这些物质连同生产过程中大量排放的工业废水、废气、废物已给人类的生存环境带来了严重的污染。目前已发现有致癌活性的污染物达 1 100 多种，严重威胁着人类健康。由于微生物具有惊人的降解这些污染物的能力，因此，人们可以利用这些微生物净化有毒的化合物，降低石油污染，保护环境。

现代生物技术的应用领域非常广泛，它对人类社会的各个方面产生了巨大的影响，在农牧渔业、食品轻工业、医药卫生、能源工业、环境保护、冶金工业、化学工业等领域均有新兴应用生物技术产业的不断拓展和诞生，这必将给人类生活的各个方面带来积极而深远的影响。随着时间的推移，现代生物技术愈来愈显示出其在经济发展和社会进步中的重要作用，它必将会带来一次又一次新的技术革命和应用浪潮。

（二）我国在现代生物技术方面的研究进展

自 20 世纪 80 年代中期以来，中国现代生物技术发展迅速。1986 年国家将生物技术列入国家重点科技攻关计划和“863”高技术发展计划。这两个国家级的重点项目计划的制订和实施，使我国以基因工程为核心的现代生物技术进入一个大发展时期。国家攻关计划对基因工程研究进行全面的部署。在基因工程基础研究方面，开展大肠杆菌表达系统、酵母表达系统、哺乳动物细胞表达系统、昆虫表达系统、哺乳动物个体表达系统等研究。

在基因工程药物和疫苗方面，部署了下列研究：乙型肝炎表面抗原基因工程疫苗和 K_{88}-K_{99} 仔猪腹泻基因工程疫苗的中试研究；α-干扰素、γ-干扰素、白细胞介素-2、人生长激素的研究。在农业基因工程方面部署了以下几项研究：猪生长激素、鱼类基因转移定向育种、转苏云金杆菌杀虫蛋白基因的烟草及其抗虫性研究，利用 TMV 外壳蛋白基因培育抗 TMV 转基因烟草、抗除草剂、抗盐、耐旱转基因作物等研究。

1986 年开始部署和执行的“863”高技术计划生物技术领域在医药和农业基因工程研究方面，设置了三个主题：一是高产、优质、抗逆动植物品种；二是新型药物、疫苗和基因治疗；三是蛋白质工程，共 100 多个课题。1991 年，根据国际生物技术发展趋势和“七五”期间组织实施的经验进行了重大调整，选择了五个重大项目和十二个专题项目。其中与基因工程有关的有：抗虫棉花等转基因植物和恶性肿瘤等疾病的基因治疗；基因工程多肽药物的中试开发；转基因动植物的研究；重组疫苗和基因工程药物。

从 1986—2000 年这 15 年间，由于“863”计划和三个五年计划的国家科技攻关，我国生物技术的主体——基因工程的研究、开发乃至产业化都得到蓬勃的发展。下面分几个方面概述如下：

1. 基因工程疫苗

（1）乙型肝炎表面抗原基因工程疫苗

这是我国最早自主研制的第一个医用基因工程疫苗，在 20 世纪 80 年代初期就开始起步。中国科学院上海生物化学研究所李载平教授和汪垣教授领导的课题组，用重组痘苗病毒表达乙型肝炎表面抗原成功研制出基因工程疫苗。随后他们与北京生物制品所赵铠教授和韩雅儒教授、中国药品生物制品检定所李河民教授和胡宗汉教授等合作，进行中间扩大试验和临床试验。该疫苗已于1992年获新药证书和试生产文号。此项成果获1992年中国科学院科技进步一等奖、1993年国家科技进步一等奖。

中国预防医学科学院病毒研究所朱既明教授和任贵芳教授领导的课题组，也在20世纪80年代初用哺乳动物细胞分泌乙型肝炎表面抗原成功研制出基因工程疫苗。

（2）霍乱基因工程菌苗

军事医学科学院马清钧教授的课题组承担“863”任务，进行霍乱基因工程菌苗的研制。他们构建和选育了高效分泌表达霍乱毒素 B 亚单位的工程菌株，进行中试研究和临床观察。

（3）痢疾双价基因工程菌苗

军事医学科学院牟兆钦教授的课题组承担“863”任务，开展福氏、宋内氏痢疾双价基因工程菌苗研究，完成实验室研究后进行中试，完成万余人口服安全性及300人免疫反应观察。痢疾双价基因工程菌苗FSM-2117已获国家卫生部颁发的新生物制品证书。

（4）仔猪腹泻基因工程菌苗

在“七五”国家科技攻关中，中国科学院上海生物工程中心对上海植物研究所的仔猪黄痢腹泻 K_{88}-K_{99} 双价基因工程灭活疫苗的实验室成果进行中试研究；中国农业科学院哈尔滨畜牧研究所和生物中心合作研究生猪腹泻大肠杆菌 K_{88}-K_{99} 双价基因工程菌苗；军事医学科学院生物工程研究所对仔猪大肠杆菌腹泻 K_{88}-LTB 基因工程活菌苗进行研究。三个菌苗先后获得生产证书，产品已生产并在养猪业得到广泛应用。

（5）正在研究的基因工程疫苗

“863”计划还安排了多种基因工程疫苗的研究，如新型乙肝基因工程疫苗、流行性出血热病毒基因工程疫苗、环状病毒基因工程疫苗、EB 病毒基因工程疫苗、日本血吸虫基因工程疫苗、疟疾基因工程疫苗等，这些研究工作还处于实验室研究阶段，已取得一些阶段性研究成果，尚在继续研究中。

2．多肽和细胞因子的基因工程药物

（1）α-lb 干扰素基因工程药物（rhIFNα-lb）

人基因工程 α-lb 型干扰素是预防医学科学院病毒研究所侯云德教授领导的课题组，从中国人的 cDNA 中获得 α-lb 基因，采用大肠杆菌系统进行高效表达，在长春生物制品所的合作下，于1989年取得了外用人基因工程 α-lb 型干扰素治疗疱疹性角膜炎和慢性宫颈炎的试生产文号；与上海生物制品所合作完成注射人基因工程 α-lb 型干扰素治疗乙型肝炎、丙型肝炎和毛细胞性白血病的中试和临床试验，并于1992年获得准字号生产文号，成为我国第一个一类基因工程新药。目前已在深圳、上海和长春正式生产。

（2）人基因工程 α-2a 型干扰素（rhIFNα-2a）

预防医学科学院病毒研究所智刚、侯云德教授研究人基因工程 α-2a 干扰素，在完成了实验室高表达和纯化研究后与合作单位完成中试和临床试验，作为二类新药，于 1992 年取得了治疗性疣和带状疱疹的准字号生产文号。

（3）人基因工程 γ-干扰素（rhIFN-γ）

这是国家“七五”、“八五”攻关项目。基因工程上游工作由上海生物化学研究所刘新垣教授的课题组承担，中试及临床研究由上海生物化学研究所与中国人民解放军第二军医大学共同完成。已完成类风湿的临床试验，并于 1995 年获得试生产文号。获国家科技进步二等奖。该成果已转让给上海克隆公司和珠海丽珠集团，已有药品供应市场。

预防医学科学院病毒研究所侯云德教授的课题组承担了“863”计划的人基因工程 γ-干扰素的研制，他们完成了实验室工作后与上海生物制品研究所合作进行中试和治疗类风湿临床试验，并于 1994 年获试生产文号，已由上海生物制品所进行生产。

（4）人基因工程白细胞介素-2（rhIL-2）（包括新型的）

上海生物化学研究所刘新垣教授的课题组承担了“七五”攻关和“863”计划的任务，开展人基因工程白细胞介素-2 的研究，“七五”期间完成了实验室构建工程菌的高效表达和产品分离、纯化，“八五”期间与军事医学科学院生物工程研究所合作进行中间试验和癌症辅助治疗的临床试验，1994 年底获得试验生产文号，并于 1997 年在上海华新生物技术公司和四环公司进行生产。

预防医学科学院病毒研究所张智清教授等的课题组承担“863”计划人基因工程白细胞介素-2 的研制，他们与长春生物制品所合作完成中试和临床试验，并获得了试生产文号，1997 年由长春生物制品所和深圳科兴生物技术公司进行生产。

（5）重组人生长激素（rhGH）

“七五”期间中国科学院上海细胞生物学研究所郭礼和教授的课题组承担国家科技攻关任务，开展重组人生长激素研究。完成实验室研究后，又与中国科学院上海生物工程中心等单位合作进行中试和临床试验，已经获得试生产文号。由于各种原因迟迟未投产，目前正在上海浦东生物工业园区筹建 1 500 L 发酵罐规模、符合 GMP 规范的生产重组人生长激素的制药厂。

（6）基因工程链激酶（r-SK）的研究

上海医科大学宋后燕教授领导的课题组承担国家“八五”计划攻关任务，开展基因工程链激酶的研究，他们完成了实验室研究后进行了中间试验和心梗溶栓临床试验，1996 年获得卫生部试生产文号，由上海医大实业公司进行生产。

（7）重组人粒细胞-巨噬细胞集落刺激因子（rhGM-CSF）

“八五”期间上海生物化学研究所李伯良教授的课题组开展 rhGM-CSF 的研究，他们构建成一新型的分泌表达质粒（在国内外未见报道，已申请专利），构建成的表达菌株 EGMS-8 可高效分泌表达 rhGM-CSF。1996 年完成中试，作为中国科学院“九五”攻关项目已完成癌症化疗生白细胞的临床试验，并已获得试生产证书。特宝公司从国外引进技术已于1997年试生产rhGM-CSF。

（8）基因工程粒细胞集落刺激因子（G-CSF）

“863”计划安排了基因工程粒细胞集落刺激因子的研究课题，军事医学院放射医学研究所翟成奎教授等较早完成实验室工作，还进行了基因改造，在大肠杆菌中表达了ΔAla-G-CSF，已经拿到新药证书。

（9）基因工程肿瘤坏死因子（rhTNF）

国内在“七五”、“八五”期间都将重组人肿瘤坏死因子的研究列入国家“863”高技术计划，“九五”期间又将突变型人肿瘤坏死因子列入“863”高技术计划中试项目和国家攻关项目，复旦大学等单位先后进行研究并完成中试，由于毒性大而只能进行其衍生物的研究，目前已进入临床试验。中国科学院上海生物工程研究中心陈常庆教授的研究组1992年以自选项目开发这一课题研究，他们将N端第二位精氨酸（Arg^2）用赖氨酸（Lys）置换，得到 Lys^2-hTNF-α，能将抑制几种癌细胞的活性提高数十倍到数百倍，而毒性比原型有所降低。经与上海生化制药厂合作进行中试和临床试验，已获得新药证书。

（10）重组人胰岛素（rhIns）

作为“863”高技术计划，上海生物化学研究所在“七五”、“八五”期间开始了基因工程胰岛素的研究，1993年7月通过中国科学院鉴定并申请国家专利；与中国科学院生物工程研究中心合作进行中试，已经拿到新药证书。

（11）基因工程表皮生长因子（rhEGF）

上海生物化学研究所李载平教授的课题组承担国家“七五”科技攻关项目，开始了rhEGF的研究，完成实验室研究后于“八五”期间与军事医学科学院生物工程研究所马清钧教授合作进行中试和临床试验，已拿到新药证书和试生产文号。

国家科技攻关和“863”高技术计划还安排了一批基因工程药物，它们有的正处于实验室研究阶段，或临床前、临床试验阶段，这里就不作一一赘述。

关于我国基因工程药物（包括疫苗）的产业化状况；从“七五”末期到“八五”中期，我国研究基因工程以仿制为主；进入20世纪90年代以来，是我国基因生物工程药物产业蓬勃发展时期，已有12个基因工程药物投入生产。据不完全统计，从事基因生物工程药物生产的厂家有30多家。目前，产业化存在的主要问题是：基因药物工程仿制多、创新少；重复研制产品、多家投产；以及盲目重复引进，造成国内基因工程药物生产的盲目性和重复性，处于无序竞争状态。另外，我国基因工程药物产业化规模尚小，品种少，年销售额不到10亿元，难以参与国际竞争。

3．基因治疗

1990年美国食品和药物管理局（FDA）批准了用腺苷脱氨酶（ADA）基因对一患重症联合免疫缺损的4岁女孩进行基因治疗，首例获得成功，开创了基因治疗的先例。

我国基因治疗的研究在“863”高技术计划的支持下，也取得了一些重大的进展。

（1）血友病 B 基因治疗

1991 年复旦大学薛京伦的研究小组与上海长海医院合作进行国内首例血友病基因治疗的临床试验获得成功，患者体内凝血因子的浓度从 71 ng/ml 上升到 250 ng/ml。

（2）恶性肿瘤的基因治疗

上海肿瘤研究所顾健人院士领导的课题组，用导入对肿瘤细胞有杀伤力的“自杀基因”治疗恶性肿瘤已通过药审，正在进行一期临床试验。

（3）处于实验室研究阶段的基因治疗研究

包括重组腺病毒介导的反义癌基因治疗肝癌；地中海贫血病的基因治疗；心血管病的基因治疗；神经性疾病的基因治疗等。

4．转基因动物

（1）转基因鱼育种

中国科学院水生生物研究所朱作言院士领导的课题组在世界上率先进行转基因鱼的研究，成功地将人生长激素基因、鱼生长激素基因导入鲫鱼，育成当代转基因鱼，生长速度比对照快，并从子代测得生长激素基因的表达。我国已生产出生长速度快、节约饵料的转基因鱼上万尾，为转基因鱼的实用化打下基础。

（2）转基因瘦肉型猪育种

中国农业大学生物学院陈永福教授领导的课题组承担的“863”课题——瘦肉型猪基因育种研究已取得初步成果，获得快速生长的转基因猪，并对转基因猪进行传代研究，生产出 G_3 代转基因猪。

（3）动物乳腺生物反应器研究

中国科学院发育生物研究所劳为德教授领导的课题组在山羊乳腺中成功构建高表达促红细胞生成素（EPO），并获转基因山羊 50 头。上海医学遗传研究所曾溢滔教授领导的课题组获得 5 头能表达凝血因子Ⅸ的转基因羊，并且在一头进入泌乳期的转基因羊的乳汁中测得Ⅸ因子蛋白。

5．转基因农作物

（1）抗烟草花叶病毒的转基因烟草研究

中国科学院微生物研究所莽克强教授领导的课题组和中国农业大学陈章良教授领导的课题组，在“七五”期间都成功构建抗 TMV 的烟草转基因植株，并成功地进行了大田实验。

（2）基因工程抗虫棉花研究

中国农业科学院生物技术中心范云六和郭三堆教授与江苏农学院合作承担了“863”计划的基因工程抗虫棉花的课题，研究工作取得了重大突破，获得了一批抗棉铃虫的转基因棉花，对棉铃虫的杀虫率高达 80%以上，迄今已审定抗虫棉品种 4 个。1999 年在山东、山西、安徽等六省共种植 14.8 万 hm^2，三年累计种植面积达 158.87 万 hm^2。若以每公顷增收节支 3 000 元计算，则全国已产生的经济和社会效益达 5 亿元以上。此项研究已达到国际同类研究水平。

（3）“863”计划在转基因作物方面的研究

经过 10 年左右的研究，明确了抗菌肽基因工程技术路线的可行性及其在防止植物细菌病害中的应用前景；抗盐及品质改良基因工程取得明显进展；在水稻耐盐突变体的研究中，确定存在耐盐基因（位于第七染色体上）。

二、现代生物技术的前景展望

现代生物技术越来越显示出其在相关领域中的重要促进作用，特别是人类基因组计划的研究进展对医药的研究开发产生了重大的影响。2003 年，世界生物技术产业市场销售额约 894 亿美元，预计到 2007 年，其市场销售额将达 1 296.5 亿美元。现代生物技术产业既是最具影响的高新技术新兴产业带，又是最有生命力的经济增长链。现代生物技术与新药开发、疾病预防、农业中的各种改良、生态系统恢复、生物多样性的保护、生物资源的可持续利用等众多与人类生产、生活息息相关的领域有着千丝万缕的联系。

在基因改良农作物方面，自 1996 年第一个转基因农作物上市以来，美国转基因作物种植面积从 1.5×10^6 hm^2 扩大到 2002 年的 3.9×10^7 hm^2，约占世界种植总面积的 66%，是转基因作物的最大产地和市场。而且，转基因作物种类繁多，但最主要的还是转基因大豆，其种植面积达 2.42×10^7 hm^2；其次是玉米（1.28×10^7 hm^2）和棉花（4.1×10^6 hm^2）。一方面，转基因作物的种植面积在逐年增加；另一方面，转基因作物相对传统农作物的种植比率也在逐渐增加。这表明农户对转基因作物的接受度也在逐渐增强。此外，转基因的甜菜、南瓜及木瓜等也是美国普遍种植的作物，其中 50%以上属于转基因的抗病毒品种。现代应用生物技术杀虫剂则约占农业应用生物技术市场的 15.7%，2000 年的市场销售额约 2.7 亿美元，预计 2010 年市场销售额可达 2.9 亿美元，年增长率为 6.1%。现代生物技术产业急剧上升的原因是源于现代生物技术的创新手段及新产品的层出不穷。预计到 2010 年，美国现代生物技术产品中，农业及特殊用途化工产业的销售额将达 66 亿美元。2003 年，在问卷调查的 1 031 家企业中，有 128 家（占 12%）现代应用生物技术企业从事与农业生物技术相关的活动，其中 63%的企业从事与植物及种苗相关的研究，41%的企业进行与家畜相关的研究，而进行水产相关研究的占 16%。这些农业生物技术企业的研究工作经费投入相当高，平均占净销售额的 34.2%。农业生物技术企业对研究的大规模资金投入反过来又推动了农业生物技术的长足发展。这样，两者相辅相成、相互推动，形成良性循环，为农业生物技术的发展提供了广阔的空间。

转基因作物的发展虽有明显的造福人类的一面，但也具有潜在的危险性。研究人员对现代生物技术潜在生物学和生态学危险提出了许多疑问。例如，转基因作物由于具备抗虫、抗除草剂等性状，其自身是否可能成为杂草？抗病毒作物的基因是否可能与其他病毒重组，而产生超级病毒？转基因作物是否影响生物多样性等。我国政府十分重视生物安全问题，在全球环境基金和联合国环境规划署的支持下，国内已经完成了《生物安全国家框架》的编制工作。通过《生物安全国家框架》的编制，确定了生物安全领域的立法计划、管理措施以及有关管理模式，并制定了风险评估、监测及加强生物安全科研等措施。国内科学家夏敬源等 1999 年在《棉花学报》上发表文章，论述的是对种植的转基因抗虫棉进行有效监测方面的内容。研究人员得到的结论是正负效应均有，据报道，在负效应方面，转基因抗虫棉对优势寄生性天敌有严重的危害。因此，谨慎对待转基因作物的大面积推广，加大对生物安全研究工作的投资力度，及时跟踪对已批准商品化种植的转基因作物的监测，广泛开展国际合作，对推动现代生物技术的健康发展，有效的保护生物多样性和人类健康都是大有裨益的。

现代生物技术药物将成为 21 世纪制药业的支柱。目前与现代生物技术制药直接相关的最新领域包括：组合化学、药物基因、蛋白质组学、基因治疗、功能抗原学、生物信息学、高通量筛选和基因组学等。这些技术都将在不久的将来对现代生物技术制药产业产生决定性的影响。1997 年，HGS 公司宣布申请第一个由基因组学发现的蛋白候选药物——骨髓前体细胞抑制因子Ⅰ（MPIF-Ⅰ）进入临床阶段，用于使癌症病人能接受更高强度的化疗。该候选药物的发现就是综合了基因组学、生物信息学和高通量筛选的典型范例。

现代生物技术的发展受到了人们的普遍关注，更有许多专家将 21 世纪称为生命科学的世纪，将现代生物技术产业称为 21 世纪的朝阳产业。一方面由于现代生物技术发展迅速，应用广泛；另一方面是由于现代生物技术具有其他技术无法比拟的优越性。现代生物技术制药在现代医药行业中发展速度最快，而目前在现代生物技术医药行业中发展势头强劲的是与基因相关的产业，国际上在这方面投资增长很快。农业生物技术的推广令人瞩目，以转基因生物为主。轻工食品行业不断利用现代生物技术开发多种新产品。其他现代生物技术产品中，有利用现代生物技术开发的生物化工新产品，有环境保护和治理所使用的现代生物技术及制品，还有使用现代生物技术提取稀有矿物质等。

就现代生物技术的发展趋势来看，将主要体现在以下 5 个方面：

①基因重组操作技术将进一步完善。

②基因工程药物和疫苗的研究开发将会迅猛前进，许多目前用药物无法治疗的疾病将被攻克。

③转基因动植物会取得重大突破，人类将不再面临食品短缺的问题。

④生命基因组计划将在许多领域展开，后基因组学和蛋白质组学将是研究与开发的重点。

⑤基因治疗将会取得重大进展，有可能给整个疾病的预防和治疗领域带来一次革命。

总之，中国把发展现代生物技术领域的研究作为国家高新技术研究发展计划中的重点资助领域。正在进行的现代生物技术研究与开发包括基因工程药物、重组疫苗、抗体工程、蛋白质工程、转基因动植物、农业微生物工程、疾病的生物技术治疗等方面。这些项目实施以来，已经取得了令人欣喜的成就。只要在经营管理、资金投入、设备更新、产品创新、人才培养等方面下大力气，发挥基础学科方面的传统优势，调动一切积极因素，奋起直追，中国应该也完全能够抓住这一难得的机遇，跨入现代生物技术产业强国之列。

复习思考题

1. 生物技术的定义及所包含的内容。
2. 我国在基因工程的研究方面取得了哪些进展？
3. 现代生物技术的发展趋势主要体现在哪些方面？

第二章　基因工程

【知识目标】

掌握基因工程的概念、主要步骤和相关的分子生物学基础知识。了解基因工程中常用工具酶的催化反应机制及主要用途，三种基因克隆载体的一般生物学特性、结构及其应用，目的基因的制备，重组体的构建及导入受体细胞的方法，重组子的筛选与鉴定技术。

第一节　基因工程概述

在漫长的生物进化过程中，基因重组从来没有停止过。在自然力量作用下，通过基因突变、基因转移和基因重组等途径，推动生物界不断进化，使物种趋向完善，出现了今天各具特性的繁多物种。有的能忍耐高温，有的不怕严寒，有的能适应干旱的沙漠，有的可在高盐度的海滩上或海水中生长繁殖，有的能固定大气中的氮素等。但是地球上没有一种完美无缺的生物，这促使科技工作者不断寻求新的技术和方法对生物加以改造。而基因工程技术的诞生使人们能按照自己的愿望，打破物种界限，通过体外 DNA 重组和转移等技术，有目的地改造生物特性，创造出新的生物类型。

基因工程是一门以分子遗传学为理论基础、以分子生物学和微生物学等现代生物技术方法为手段的新兴交叉学科，是分子生物学的重要组成部分。1973 年，斯坦福大学的 S.Cohen 等人成功进行了体外 DNA 重组实验，标志着基因工程的诞生。近半个世纪以来，经过生物科学家的努力，其发展十分迅速，新知识、新概念、新技术不断涌现补充，并广泛渗透到生命科学的各个领域，带动了整个生命科学的发展，成为现代生物技术中的核心技术。

一、基因工程的概念

基因工程又称遗传工程或基因操作，是指按照人们的意愿用人工方法在体外对各种不同生物的DNA进行重组，构成遗传物质的新组合，并使其在受体细胞内持续稳定繁殖，从而获得大量新物种的技术。基因工程是基于分子生物学及分子遗传学等学科基础上综合发展而产生的一门崭新的生物技术科学，它的诞生又对分子生物学和分子遗传学的发展起到了巨大的推动作用。

基因工程的主要内容包括：①分离制备带有目的基因的DNA片段；②在体外，将目的基因连接到适当的载体上；③将重组DNA分子导入受体细胞，并扩增繁殖；④从大量的细胞繁殖群体中，筛选出获得了重组DNA分子的重组体克隆；⑤外源基因的表达和产物的分离纯化。

现代分子生物学实验方法的进步，为基因工程的创立和发展奠定了强有力的技术基础。基因工程的基本实验技术，除了较早出现的密度梯度超速离心和电子显微镜技术之外，还包括DNA分子的切割与连接、核酸分子杂交、凝胶电泳、细胞转化、DNA序列结构分析以及基因的人工合成、基因定点突变和PCR扩增等多种新技术、新方法。

二、基因工程的要素和基本技术程序

（一）基因工程的要素

基因工程的最大特点是分子水平上的操作，细胞水平上的表达。基因工程的实施包括四个必要条件：目的基因、工具酶、载体分子和受体细胞。

1．目的基因

在基因工程的设计和操作中，被用于基因重组、改变受体细胞性状和获得预期表达产物的基因称为目的基因。目的基因一般是结构基因，选用目的基因是基因工程设计必须优先考虑的问题。作为目的基因，其表达的产物应该有较大的经济效益和社会效益，如那些与特效药物相关的基因，而表达产物有害的基因不能作为目的基因。目的基因的来源主要是各种生物，特别是人和动物、植物染色体基因。原核生物的染色体基因比较简单，一般含有几百或几千个基因，也是目的基因来源的首选，此外，质粒基因组、病毒基因组、线粒体基因组和叶绿体基因组也有少量的基因，往往也是目的基因来源。

2．工具酶

在基因工程技术的基因重组与分离过程中，首先，必须获得需要重组和能够重组的DNA片段，这就涉及一系列相关的酶促反应。核酸限制性内切酶和DNA连接酶的发现和应用，使 DNA 分子的体外切割与连接成为可能，而有时为了便于 DNA 片段之间的连接，还需对 DNA 片段进行修饰，所有这些酶促反应使用的酶都称为工具酶。基因工程涉及的工具酶一般分为三大类：即限制性内切酶、连接酶和修饰酶。

3. 载体分子

能将外源目的基因带入受体细胞并能复制，最终使外源基因表达的自主的 DNA 分子称为载体。通常载体都具备三个结构：至少有一个复制起点，以保证在生物体中自主复制；至少有一个克隆位点，以供外源基因插入；至少有一个遗传标记基因，以指示载体或重组 DNA 分子是否进入受体细胞。

例如，大肠杆菌载体 pBR322（图 2-1），该载体长 4 363 bp，有一个来自大肠杆菌中高拷贝天然质粒的复制起点（ori），这个复制起点可使 pBR322 在大肠杆菌中的拷贝数达到 20 个，因而 pBR322 载体的 DNA 很容易从大肠杆菌中提取出来。这是 pBR322 中的第一个结构特征。

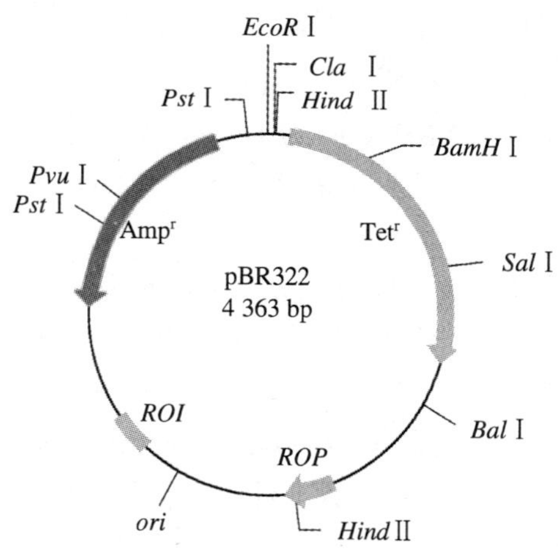

图 2-1 大肠杆菌克隆载体 pBR322 图谱

另外，此载体中有两个标记基因，一个是氨苄西林抗性基因（Amp^r），另一个是四环素抗性基因（Tet^r）。氨苄西林和四环素都是人类治疗疾病的抗生素。

用 pBR322 DNA 转化大肠杆菌细胞时，其中部分细胞就被该载体所转化，而有一部分细胞则没有被转化。那么，如何区分这两种细胞呢？通常将转化后的细胞涂布在一种加有氨苄西林或四环素的培养基上，然后在 37℃下培养。由于转化细胞中有 pBR322 DNA，该载体上的氨苄西林抗性基因和四环素抗性基因都会表达，那么，这种转化细胞就能在加有氨苄西林或四环素的培养基上生长，于是就可以在培养基的表面看到相应的抗性菌落。那些没有被转化的细胞，因为细胞中没有 pBR322，当然就没有两种抗性基因的表达，那么，这些细胞就不能在加有氨苄西林或四环素的培养基上生长，因此，我们也就无法获得未转化细胞的菌落。这样就很简单地将转化的细胞与非转化的细胞区别开来了。

在这个载体中，*Sca* I、*Pst* I、*BamH* I、*Sal* I、*EcoR* I和*Hind* Ⅲ6个限制酶位点都是唯一的，因此，它们都可以用作克隆外源基因的位点。但是，在克隆外源基因时，选择不同的克隆位点将会获得不同的表型，筛选重组体的策略也是不相同的。*Sca* I和*Pst* I两个位点都位于氨苄西林抗性基因的编码区内。当一个外源基因片段插入这两个位点中的任何一个位点时，该抗性基因就会失去活性，这种重组体就再也不会赋予转化细胞氨苄西林抗性，因此，这种重组体所转化的细胞就只能涂布在加有四环素的平板上。因为四环素抗性基因没有外源 DNA 插入，因此，仍保留了生物学活性。如果不把外源基因插入 Amp^r 基因中，而是将其插入 Tet^r 基因中，由于已知四环素抗性基因中有 *BamH* I 和 *Sal* I 两个克隆位点，如果其中一个位点插入了外源基因片段，那么，四环素抗性基因也就失去了活性，因此，当用这种重组 DNA 分子转化大肠杆菌细胞时，转化细胞就不能在四环素平板上生长。因而，这种转化细胞只能涂布在加有氨苄西林的平板上。另外还有两个位点 *EcoR* I 和 *Hind* Ⅲ，它们不在两种抗生素抗性基因的编码区内，因此，外源基因插入这两个位点时不会引起标记基因的失活，所以，转化细胞可以涂布在氨苄西林或四环素的平板上。由此可以看出，克隆位点不仅仅是供外源 DNA 分子插入的地方，而且将直接影响到后面的实验操作。

载体根据载体的复制子的来源不同可以分为质粒型载体、病毒型载体和混合型载体。质粒型载体所含的复制起点主要来源于原核生物，特别是大肠杆菌和一些低等真核生物如酵母菌和丝状真菌的质粒 DNA，有的复制起点来源于染色体。病毒型载体中所含的复制起点主要来源于病毒 DNA。在大肠杆菌中以λ噬菌体组建的系列载体和以单链 DNA M13 噬菌体组建的系列载体最为常用。在动物基因组中也有多种病毒载体。混合型载体的复制起点主要来源于病毒和质粒，这类混合型载体可以在大肠杆菌中复制，也可以在动物细胞中复制。

4．受体细胞

基因工程的最终目的是要使外源 DNA 得以增殖和表达，而外源 DNA 的增殖和表达必须借助活细胞，这种细胞称受体细胞。受体细胞是基因工程中不可缺少的条件。

最早利用的受体细胞是大肠杆菌细胞。现在除了大肠杆菌细胞外，酵母、真菌和各种真核细胞、受精卵细胞都成为基因工程中的受体细胞。

（二）基因工程的基本技术程序

基因工程基本技术程序包括以下几个主要步骤（图 2-2）：

（1）从生物有机体复杂的基因组中，分离出带有目的基因的 DNA 片段。

（2）在体外，将带有目的基因的 DNA 片段连接到能够自我复制并具有选择标记的载体分子上，形成重组 DNA 分子。

（3）将重组 DNA 分子引入到受体细胞。

（4）带有重组 DNA 的细胞扩增，获得大量的细胞繁殖群体（菌落）。

（5）从大量的细胞繁殖菌落中，筛选出具有重组 DNA 分子的细胞克隆。

（6）将选出的细胞克隆的目的基因进行进一步研究分析。

（7）将目的基因克隆到表达载体上，导入寄主细胞，使之在新的遗传背景下实现功能表达，产生出人类所需要的物质。

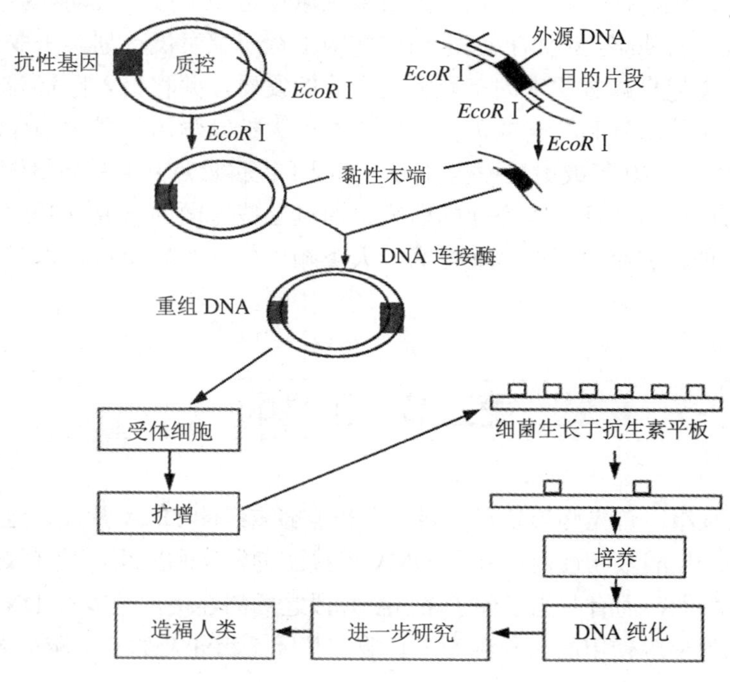

图 2-2　基因工程主要步骤

三、基因工程研究的意义

近半个世纪的分子生物学和分子遗传学研究结果表明，基因是控制一切生命运动的物质形式。由于基因工程能够按照人们的设计蓝图，将生物体内控制性状的基因进行优化重组，并使其稳定遗传和表达。简化了生物物种的进化程序，大大加快了生物物种的进化速度，因此，基因工程诞生具有重大意义。

概括地讲，基因工程研究与发展的意义体现在三个方面：①大规模生产生物分子。

利用细菌（如大肠杆菌、酵母菌等）基因表达调控机制相对简单和生长速度较快等特点，令其超量合成其他生物体内含量极微但却具有较高经济价值的生化物质。②设计构建新物种。借助于基因重组、基因定向诱变，甚至基因人工合成技术，创造出自然界中不存在的新性状生物乃至全新物种。③搜寻、分离和鉴定生物体的遗传信息资源。目前，日趋成熟的 DNA 重组技术已能使人们获得全部生物的基因组，并迅速确定其相应的生物功能。

基因工程问世以来的短短 30 年间，显示出了巨大的活力，使传统的生产方式和产业结构发生了变化，迅速地向经济和社会的很多领域渗透和扩散，推动社会生产力的迅速发展。各国决策者从战略上竞相拟订宏伟的基因工程研究发展计划，争取主动权。一些有远见的企业家会越来越看重基因工程相关产业的发展，并将投入巨资开发基因工程产品。同时由于国家的重视和社会的需要，将会有一大批高学历的科技工作者参与基因工程研究。今后 10 年、20 年或更长一些时间，基因工程将重点开展基因组学、基因工程药物、动植物生物反应器和环保等方面的研究。通过这些方面的研究、开发，将对人类生活质量的全面改善、健康水平的全面提高、人类赖以生存的环境从根本上得到优化作出巨大的贡献。

第二节　工具酶

要进行基因重组，首先必须获得需要重组和能够重组的 DNA 片段，这就涉及一系列相关的酶促反应。核酸限制性内切酶和 DNA 连接酶的发现和应用，使 DNA 分子的体外切割与连接成为可能，而有时为了便于 DNA 片段之间的连接，还需对 DNA 片段进行修饰，所有这些酶促反应使用的酶都称为工具酶。基因工程涉及的工具酶一般分为三大类，即限制性内切酶、连接酶和修饰酶。

一、限制性内切酶

（一）分类

限制性内切酶是一类能够识别和切割双链 DNA 分子中的某种特定核苷酸序列并使每一条链的一个磷酸二酯键断开的脱氧核糖核酸酶。这类酶是生物细胞内限制性修饰系统的一部分，可以防止外源 DNA 的入侵。目前已鉴定出有三种不同类型的核酸限制性内切酶，即Ⅰ、Ⅱ和Ⅲ型酶。它们主要是从细菌中分离纯化，少数霉菌和蓝藻中也发现有限制性核酸内切酶。

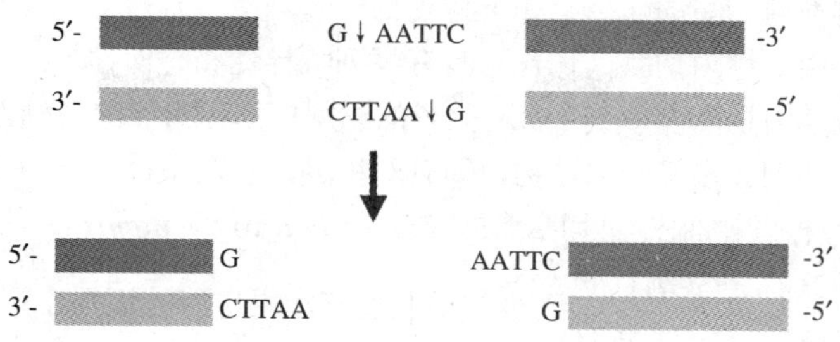

图 2-3　*EcoR* Ⅰ限制性内切酶的酶切作用示意图

在限制性核酸内切酶中，Ⅰ型酶（如 *EcoK* 和 *EcoB*）能识别 DNA 分子中特定的核苷酸序列，其切割作用在距识别序列一端约 1 000 bp 以外随机进行的。图 2-3 为 *EcoR* 限制性内切酶的酶切作用示意图。Ⅲ型酶可识别特定的 DNA 序列，它在距识别序列约 25 bp 处往往有多个切割 DNA 的位点，没有特异性。这两种酶都既具有内切酶的活性，又具有甲基化酶的活性，作用时需要 Mg^{2+}作辅助因子和 ATP（腺苷三磷酸）、S-腺苷甲硫氨酸（SAM）的存在。限制性核酸内切酶的类型及作用见表 2-1。

表 2-1　限制性核酸内切酶的类型及作用

类型	Ⅰ型	Ⅱ型	Ⅲ型
限制和修饰活性	多功能酶	核酸内切酶和甲基化酶是分开的	具有一种共同亚基的双功能酶
蛋白质结构	3 种不同亚基	单一成分	两种不同的亚基
切割反应辅助因子	ATP，S-腺苷甲硫氨酸，Mg^{2+}	Mg^{2+}	ATP，S-腺苷甲硫氨酸，Mg^{2+}
特异性识别序列点	无规律	旋转对称	无规律
切割位点	距识别位点 1 000 bp 处随机切割	位于识别位点或其附近	距识别位点 3′端 24～26 bp 处
酶催化转移	不能	能	能
DNA 易位作用	能	不能	不能
甲基化作用位点	特异性识别位点	特异性识别位点	特异性识别位点
识别未甲基化序列进行切割	能	能	能
序列特异性切割	不是	是	是
在 DNA 克隆中的作用	无用	十分有用	很少采用

Ⅱ型核酸限制性内切酶的相对分子质量较小，一般在 2×10^4～4×10^4，它能识别由 4～8 个核苷酸组成的特定的核苷酸序列，这样的序列称为核酸限制性内切酶的识别序列。Ⅱ型核酸限制性内切酶在基因克隆中有特别广泛的用途。

Ⅱ型核酸限制性内切酶的作用有如下特点。

（1）Ⅱ型核酸限制性内切酶内切作用具有序列特异性和方向性

Ⅱ型核酸限制性内切酶在双链 DNA 分子的识别序列称为核酸限制性内切酶的切割位点或靶序列。这些序列大多呈回文结构，即有对称轴，且两条链的 5′→3′方向的序列组成相同。常用的Ⅱ型核酸限制性内切酶 *EcoR* Ⅰ，*Hind* Ⅲ和 *BamH* Ⅰ 的识别序列分别是 $\begin{matrix}\text{GAATTC}\\ \text{CTTAAG}\end{matrix}$、$\begin{matrix}\text{AAGCTT}\\ \text{TTCGAA}\end{matrix}$ 和 $\begin{matrix}\text{GGATCC}\\ \text{CCTAGG}\end{matrix}$。少数限制性核酸内切酶的识别序列由 4 个或 5 个或多于 6 个核苷酸对组成，如 *Sau* 3A 的识别序列是 $\begin{matrix}\text{GATC}\\ \text{CTAG}\end{matrix}$，*Mae* Ⅲ的识别序列是 $\begin{matrix}\text{GTNAC}\\ \text{CANTG}\end{matrix}$，其中 N 代表 A、T、C、G。可以看出各种限制性核酸内切酶的识别序列有共同的规律，呈旋转或二重互补对称。$\begin{matrix}\text{GATC}\\ \text{CTAG}\end{matrix}$ 和 $\begin{matrix}\text{GAATTC}\\ \text{CTTAAG}\end{matrix}$ 等由偶数核苷酸对组成的识别序列以中线为轴，两侧的核苷酸二重互补对称。GTNAC　CANTG 以奇数核苷酸对组成的识别序列以 N 为轴，两侧的核苷酸二重互补对称，为了便于书写，可以以 5′→3′方向的单链表示 DNA 的识别序列，如 5′-GAATTC-3′。

（2）不同的Ⅱ型核酸限制性内切酶具有各自相应的识别序列

有的Ⅱ型核酸限制性内切酶可识别两种以上的核苷酸序列，如 *Acc* Ⅰ既可以识别 GTATAC，又可以识别 GTCGAC，这样的限制性核酸内切酶为获得多种酶切片段提供了方便。另外，还有一些限制性核酸内切酶虽然来源不同，但是具有相同的识别序列，这样的限制性核酸内切酶被称为同裂酶，如 *BamH* Ⅰ和 *Bst* Ⅰ为同裂酶，具有相同的识别序列 GGTACC。同裂酶可以具有相同的切割位点，也可以具有不同的切割位点。前者往往是从不同生物中提取的同一种限制性核酸内切酶，后者肯定是不同的限制性核酸内切酶。

DNA 在限制性核酸内切酶的作用下，使多聚核苷酸链上的磷酸二酯键断裂的位置称为切割位点，一般用“↓”或“/”表示。切割位点一般在识别序列的内部，如 G↓GTACC、GTC↓GAC、CCGC↓GG、AGCGC↓T 等，少数限制性核酸内切酶的切割位点在识别序列的两侧，例如，↓GATC、CATG↓、↓CCAGG 等。

（3）在一个环状 DNA 分子上，若有一个切割位点，切割后可以形成一个 DNA 片段，若有 *n* 个切割位点将产生 *n* 个 DNA 片段。而在一个线形 DNA 分子上有 *n* 个限制性核酸内切酶的切割位点，经过切割后可以形成 *n*+1 个 DNA 片段。

（4）经过限制性核酸内切酶切割后的 DNA 分子所形成的 DNA 片段的末端有黏性末端和平末端两种形式。

绝大多数限制性核酸内切酶的识别序列是很严格的，切割靶序列产生的末端主要有 3 种：若两条 DNA 链上的断裂位置是交错的，但又是围绕着同一个中心轴对称排列，这样形成的末端称为黏性末端。黏性末端又可分为两类：一类是具有 3′-OH 单链突出的黏性末端（如 *Pst* Ⅰ 切割 DNA 后形成的末端）。

5′-CTGCAG $\xrightarrow{Pst\,\text{I}}$ 5′-CTGCA-3′ + 5′-G-3′
3′-GACGTC 3′-G-5′ 3′-ACGTC-5′

另一类是具有 5′-P 单链突出的黏性末端（如 *EcoR* Ⅰ 切割 DNA 后形成的末端）。

5′-GAATTC $\xrightarrow{EcoR\,\text{I}}$ 5′-G-3′ + 5′-AATTC-3′
3′-CTTAAG 3′-CTTAA-5′ 3′-G-5′

奇数核苷酸识别序列被相应的限制性核酸内切酶切割后形成的末端都是黏性末端。

若两条链上断裂的位置处于对称结构的中心，这样形成的末端是平齐的，称为平末端（如 *Alu* Ⅰ 切割 DNA 后形成的末端）。

5′-AGCT $\xrightarrow{Alu\,\text{I}}$ 5′-AG-3′ + 5′-CT-3′
3′-TCGA 3′-TC-5′ 3′-GA-5′

限制性内切酶的酶切方式如图 2-4 所示。

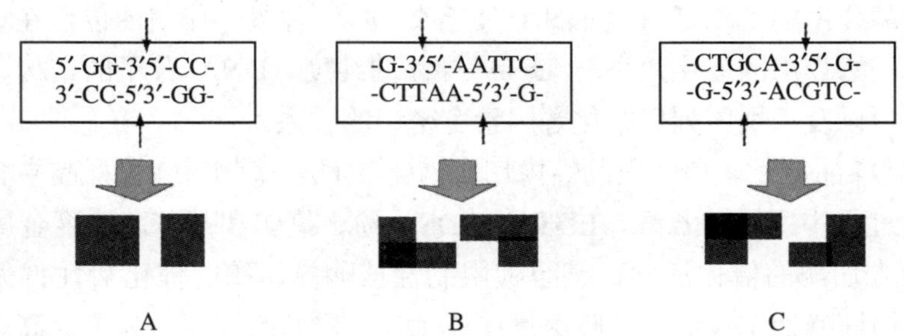

（A 为平末端、B 为 5′-P 黏性末端、C 为 3′-P 黏性末端）

图 2-4 限制性内切酶的酶切方式

有些限制性核酸内切酶虽然识别的序列不同，但是切割 DNA 分子后产生相同的黏性末端 DNA 片段，这样的一组限制性核酸内切酶称为同尾酶。同尾酶在基因工程技术中具有很大的用途，当两种准备连接重组的 DNA 没有相同的限制性核酸内切酶识别序列，或虽然有相同的识别序列但不能采用时，如果在这两种 DNA 分子的相应部位有同尾酶的识别序列就可以产生相同的黏性末端，完成两种 DNA 分子的重组。重组连接后一般不能再被原来的任何一种同尾酶切割，例如，*Sau3A* Ⅰ（↓GATC）和 *BarnH* Ⅰ（G↓GATC）。

（二）命名

限制性核酸内切酶的命名目前采用 H.O.Smith 和 D.Nathans 的命名系统。即限制性核酸内切酶的名称由三个字母组成。第一个字母采用生物属名的第一个大写字母，第二和第三个字母采用生物种名以及菌株型前两个字母。如大肠杆菌（*Escherichia coli*）用 *Eco* 表示，流感嗜血菌（*Haemophilus influenzae*）用 *Hin* 表示。第四个字母是表示菌株的类型，如 *Hind* 中的 *d* 代表流感嗜血菌 *d* 株。如果从同一个生物中先后提取到多种限制性内切酶，则在代表菌株的字母后用罗马数字表示，如流感嗜血菌 d 株有几种限制酶，则分别表示为 *Hind* Ⅰ、*Hind* Ⅱ、*Hind* Ⅲ等。

（三）影响核酸限制性内切酶活性的因素

限制性核酸内切酶与其他的酶一样，在反应过程中酶活性与 DNA 底物和反应的温度有关，同时反应的缓冲液对反应速度也有很大的关系。其中的每一个因素发生变化都可以影响到限制性核酸内切酶的活性。

1. DNA 底物

核酸内切酶作用的底物是双链 DNA 分子或 DNA 片段，作用的位点在识别序列上。限制性核酸内切酶作用的催化效率与 DNA 样品的纯度、DNA 分子的结构、识别序列两侧的序列的长短以及识别序列甲基化等因素有密切的关系。

（1）DNA 样品纯度。核酸限制性内切酶消化 DNA 底物时如果样品中含有蛋白质或者残留有制备过程中所用的乙醇、EDTA、SDS、酚、氯仿和某些高浓度金属离子，会降低限制性核酸内切酶的催化活性，甚至使限制性核酸内切酶的催化活性丧失。因此在用限制性核酸内切酶酶切 DNA 时，应尽量保证 DNA 样品的纯度。为了提高限制性内切酶对低纯度 DNA 样品的反应效率，一般采用如下三种方法：①增加限制酶的用量，平均每微克底物 DNA 可高达 10 U 甚至更多。②扩大酶催化反应体积，以相应地稀释潜在的抑制因素。③延长酶催化反应的保温时间。

（2）DNA 分子的结构。限制性核酸内切酶对线形 DNA 的酶切效率高于对环形 DNA 分子的酶切效率。大多数限制性核酸内切酶对只含识别寡核苷酸的序列是没有作用的，只有在识别序列两侧含有延长一定长度的核苷酸，才能达到限制性核酸内切酶的催化效率。

（3）DNA 的甲基化程度。生物体的 DNA 分子为了防止被体内的限制性核酸内切酶酶切，常通过甲基化酶对其 DNA 进行修饰，从而使自身的 DNA 分子不受本身的限制性核酸内切酶酶切。由此可见，甲基化作用直接影响到限制性核酸内切酶的活性。生物体内的 DNA 的核苷酸中，被甲基化的碱基主要有 N^6-甲基腺嘌呤、5′-甲基胞嘧啶、5′-羟基甲基胞嘧啶和 4′-甲基胞嘧啶。限制性核酸内切酶不能酶切甲基化的核苷酸序列。这一特性在基因工程中有以下用途：①改变限制性核酸内切酶的识别序列；②产生新的限制性核酸内切酶识别序列；③保护限制性核酸内切酶的酶切点；④利用一些同裂酶对甲基化敏感性的不同，研究细胞 DNA 位点的甲基化程度。

2．酶切消化反应温度

DNA 消化反应的温度是影响酶活性的另一个重要因素。对于大多数限制性核酸内切酶来说，最适反应温度是 37℃。只有少数的限制性核酸内切酶最适宜的温度高于或低于 37℃。反应的温度低于或高于最适温度，都会影响酶的活性，甚至最终导致酶失活。

3．缓冲反应体系

每一种限制性核酸内切酶都有其最适宜的缓冲体系，只有在最适宜的缓冲体系中其催化活性才能最强。缓冲液中主要包括 Tris-HCl、NaCl 或 KCl 和 Mg^{2+}。对于大多数限制性核酸内切酶反应所需 pH 为 7.0～7.6。此外，还需要适宜的 Mg^{2+}浓度，否则，不仅会降低限制性内切酶的活性，而且还可能导致识别序列特异性的改变。另外，酶切反应体系中，内切酶的体积不能超过反应总体积的 10%，因为限制性内切酶通常保存在 50%浓度的甘油溶液中。如果甘油终浓度达到 5%将会抑制酶在该体系中的活性。

二、DNA 连接酶

在体外构建重组 DNA 分子的过程中，限制性核酸内切酶可以将 DNA 分子切割成不同大小的片段，然而要将不同来源的 DNA 片段组成新的杂种 DNA 分子，还必须将它们彼此连接起来，DNA 连接酶就可以用来在体外连接 DNA 片段。

DNA 连接酶能将双螺旋 DNA 分子 3′-OH 和 5′-P 之间形成磷酸二酯键，从而将具两末端双链 DNA 以及带缺口的双链 DNA 连接起来。如果是两个或两个以上的不同来源的双链 DNA 片段连接，则产生重组 DNA 分子。图 2-5 和图 2-6 为 DNA 连接酶连接作用示意图。

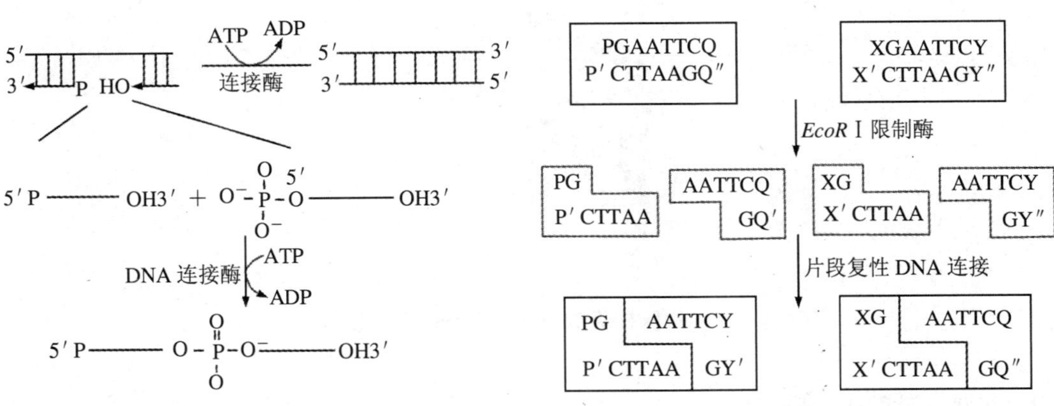

图 2-5　DNA 连接酶的连接作用示意图

图 2-6　DNA 黏性末端连接示意图

目前用于体外 DNA 连接 DNA 的连接酶主要有 *E.coli* DNA 连接酶和 T_4DNA 连接酶。*E.coli* DNA 连接酶只能催化互补的黏性末端，而几乎不能催化平末端的连接。T_4DNA 连接酶黏性末端和平末端 DNA 片段都可以连接，但平末端 DNA 片段连接的效率比较低。所以在基因工程中使用的主要是 T_4DNA 连接酶。

三、修饰酶

（一）DNA 聚合酶

DNA 聚合酶最早发现于大肠杆菌中，以后在其他原核生物及微生物中找到。DNA 聚合酶的作用是催化 DNA 的体外合成反应，它能够把脱氧核糖核苷酸连续地加到双链 DNA 分子引物链的 3′-OH 末端，合成出与模板序列互补的产物。它们的共同特点是以脱氧核苷三磷酸为前体催化 DNA 合成，但不能起始合成新的 DNA 链，需要模板和引物，催化的 dNTP 加入到生长的 DNA 链的 3′-OH 末端，合成的 DNA 方向为 5′→3′。DNA 聚合酶的种类很多，在基因工程中常用的聚合酶有大肠杆菌 DNA 聚合酶、大肠杆菌 DNA 聚合酶 I 的 Klenow 大片段酶（Klenow 酶）、T_4DNA 聚合酶、T_7DNA 聚合酶、修饰的 T_7DNA 聚合酶、反转录酶及耐热 DNA 聚合酶（TaqDNA 聚合酶）。图 2-7 为大肠杆菌 DNA 聚合酶 I 酶切作用示意图。

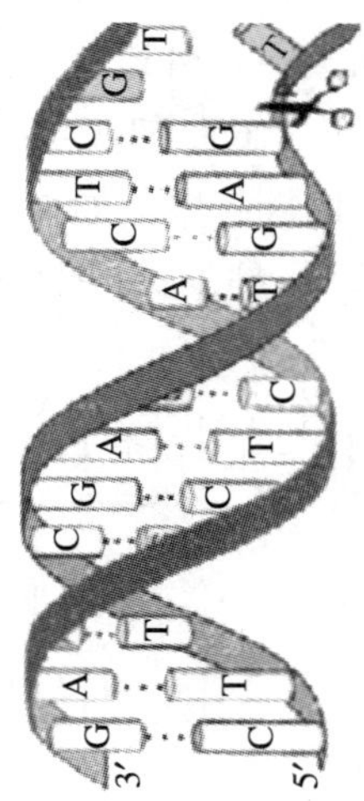

图 2-7　大肠杆菌 DNA 聚合酶 I 酶切作用

1. DNA 聚合酶 I（DNaseI）

DNA 聚合酶 I 是一种相对分子质量为 1.09×10^5 的球蛋白，约 1 000 个左右氨基酸残基，以 Mg^{2+}原子作为辅助因子。DNA 聚合酶 I 是一种多功能酶，具有三种不同的酶催化活性，即5′→3′的聚合酶活性、5′→3′的核酸外切酶活性和3′→5′的核酸外切酶活性。

DNA 聚合酶 I 在基因工程中主要用于 DNA 缺口平移，制备核酸分子杂交的带放射性标记的DNA探针。在Mg^{2+}存在时用低浓度的DNA聚合酶I处理双链DNA，使之产生单链 DNA 分子缺口，这时 DNA 聚合酶 I 的 5′→3′外切酶活性和聚合酶活性同时发生，外切酶活性可以从断裂处的 5′端除去一个核苷酸，而聚合酶活性则将一个单核苷酸添加到 3′端。即当外切酶活性从缺口的 5′一侧移去一个 5′核苷酸之后，聚合作用就会在缺口的3′一侧补上一个核苷酸，但由于DNA聚合酶I不能够在3′-OH和5′-P之间形成一个键，因此随着反应的进行，5′一侧的核苷酸不断地被移去，3′一侧的核苷酸又按序地增补，于是缺口便沿着 DNA 分子按合成的方向移动，这种现象称为 DNA 缺口平移。如果在反应体系中加入带放射性核素标记的核苷酸，这些已标记的核苷酸便逐渐取代了未标记的核苷酸，从而产生带标记的DNA分子。这就是利用缺口平移方法标记DNA，制备DNA分子杂交探针的过程。

2. 大肠杆菌DNA聚合酶Ⅰ的Klenow片段

大肠杆菌DNA聚合酶I全酶，经枯草杆菌蛋白酶处理（切割）之后，产生两个片段，一个较小的片段具有 5′→3′的外切酶活性。另一较大片段具有聚合酶活性和 3′→5′的核酸外切酶活性，分子量为7.6×10^4，这一大片段称为大肠杆菌 DNA 聚合酶 I 的 Klenow 片段。Klenow 酶失去了5′→3′的核酸外切酶活性。

在基因工程中，Klenow 酶的主要用途有：

①修补经限制性内切酶消化或其他方法所形成的 5′或 3′突出末端，制备平末端。这样可以使原来具有不相容的黏性末端的 DNA 片段通过平末端重组。Klenow 酶修复 5′突出末端的反应是利用该酶的 DNA 聚合酶活性，是填补反应；而修复 3′突出末端则是利用 Klenow 酶 3′→5′核酸外切酶的活性，是切割反应。这一反应用 T_4DNA 聚合酶效果会更好，因为它的3′→5′核酸外切酶活性更强。

②对具有3′隐蔽末端的DNA片段作放射性末端标记。

③在cDNA克隆合成第二链cDNA。

④用于Sanger双脱氧末端终止法进行DNA序列测定。

⑤在单链模板上延伸寡核苷酸引物，以合成杂交探针和进行体外突变。

3. T_4DNA 聚合酶

T_4DNA 聚合酶由 T_4 噬菌体感染的大肠杆菌培养物纯化而来，相对分子质量为1.14×10^5，具有两种酶催化活性，即 5′→3′的聚合酶活性和 3′→5′的核酸外切酶活性。但没有5′→3′外切酶活性，而且 3′→5′的核酸外切酶活性对单链 DNA 作用比双链 DNA 更强。与Klenow酶相比外切酶活性高100～1 000倍。

在基因工程中其主要用途有：

①可将任何形式的双链 DNA 制备成平末端的双链 DNA。在没有 dNTP 存在的条件

下，T_4DNA 聚合酶的 3′→5′核酸外切酶的活性比 Klenow 酶强 200 倍，并且在高浓度的 dNTP 存在时，降解作用即会停止。T_4DNA 聚合酶的 3′→5′核酸外切酶的活性将具有 3′突出末端的双链 DNA 切割成平末端；而用 T_4DNA 聚合酶的 5′→3′合成酶的活性将具有 5′突出末端的双链 DNA 填补成具有平末端的双链 DNA。

②进行双链 DNA 的 3′末端标记。T_4DNA 聚合酶的 3′→5′核酸外切酶的活性在缺乏 dNTP 的条件下切割双链 DNA，产生突出的 5′末端，再加入放射性标记的 dNTP，利用 T_4DNA 聚合酶的 5′→3′合成酶的活性进行填补反应，得到两链的 3′端都是标记的双链 DNA 分子。

4. T_7DNA 聚合酶及修饰的 T_7DNA 聚合酶

T_7DNA 聚合酶来源于 T_7 噬菌体感染的大肠杆菌，分子量为 8.4×10^4，具有 5′→3′的聚合酶活性和 3′→5′的核酸外切酶活性，是所有已知 DNA 聚合酶中持续合成能力最强的一个，并具有很高的单链及双链的 3′→5′核酸外切酶活性。在基因工程中其主要用途：①用于拷贝大分子量模板的引物延伸反应；②可标记 DNA 的 3′末端，也可用来将双链 DNA 的 5′或 3′突出末端转变成平末端的结构。

对 T_7DNA 聚合酶进行修饰，可以除去该酶 3′→5′的核酸外切酶活性，保留其聚合活性。这种修饰后的 T_7DNA 聚合酶的加工能力以及在单链模板上的聚合作用的速率增加了 3～9 倍，而且修饰后的 T_7DNA 聚合酶在物理特性、聚合酶性质以及加工能力等方面没有改变，测序时常用此酶，故亦称测序酶。

（二）末端转移酶

末端转移酶是从小牛胸腺中纯化出来的一种碱性蛋白质，相对分子质量为 3.2×10^4，它在 Mg^{2+}存在下能够将脱氧核苷三磷酸加到 DNA 分子的 3′-OH 末端，该反应中不需要模板的存在。当反应液中只有一种 dNTP 时末端转移酶可在单链或双链 DNA 分子末端形成仅由一种核苷酸的 3′单链尾巴，称为同聚物尾巴。基因工程使用同聚物尾巴可以将与载体不互补的外源 DNA 分子克隆到载体上。

（三）碱性磷酸酶

碱性磷酸酶有两种不同的来源，即大肠杆菌碱性磷酸酶（BAP）和小牛肠碱性磷酸酶（CIP）。它们共同的特性是催化核酸分子脱掉 5′-P 基团，从而使 DNA（或 RNA）片段转变成 5′-OH 末端。碱性磷酸酶的主要用途如下：

①用于 DNA 或 RNA 的 5′末端标记。DNA 或 RNA 分子脱磷酸，然后在（γ-32P）ATP 和 T_4 多核苷酸激酶的作用下，用于 DNA 或 RNA 的 5′末端标记。

②防止载体的自身环化。在体外重组 DNA 分子的过程中，用碱性磷酸酶（BAP 或 CIP）预先处理线性的 DNA 载体分子，以除去其末端的 5′-P 基团，这样在连接反应中可防止载

体的自身环化，提高重组效率。这样形成的重组 DNA 分子的每一个连接位点中，载体 DNA 都只有一条链同外源 DNA 连接，而另一条链由于失去了 5′-P 基团不能进行此连接。重组分子上留有两个 3′-OH 和 5′-OH 的缺口，转化以后这样的缺口在寄主细胞内完成其修复工作。

（四）逆转录酶

逆转录酶是一种可将 RNA 有效转录成为 DNA 的酶，又称 RNA 依赖的 DNA 聚合酶，产物 DNA 称 cDNA。逆转录酶具有 5′→3′方向的聚合活性，但其缺少 3′→5′核酸外切酶活性。在高浓度 dNTP 和 Mg^{2+}下，每 500 个碱基中有可能一个错配。

逆转录酶在基因工程技术中的主要用途是以 mRNA 为模板合成 DNA，还可用于 3′末端的标记、杂交探针的制备和 DNA 的测序。

（五）S1 核酸酶

S1 核酸酶由米曲霉纯化而来，是一种含 Zn 高度单链特异的核酸内切酶，相对分子质量为 3.2×10^4，相对耐热，反应体系中需要低浓度的 Zn^{2+}和酸性条件（pH 4.0～4.5），它能催化单链 RNA 和 DNA 的降解，包括双链 DNA 中的单链区域，降解产物为 5′ 单核苷酸。但降解 DNA 的速度大于降解 RNA 的速度。

在基因工程技术中 S1 核酸酶主要用来去除 DNA 片段的单链突出端，使之成为平末端，以及去除 cDNA 合成时形成的发夹结构。

第三节　基因工程载体

基因工程的重要工具之一是载体。载体是指基因工程中携带外源基因进行受体细胞的繁殖和表达的运载工具。体外获得的 DNA 片段，必须插入到可以自我复制的载体内，再转入宿主细胞，才能得到复制和表达。作为基因工程的载体必须具备以下 3 个基本条件：①能在宿主细胞内进行独立和稳定的自我复制。插入外源基因后仍然有着稳定的复制状态和遗传特性。②具有合适的限制性内切酶位点。在载体上每一种限制性核酸内切酶的酶切位点最好是单一的，这样可以将不同限制性核酸内切酶切割后的外源 DNA 片段准确地插入载体。这些酶切位点不在 DNA 复制必需区，插入外源基因后不影响载体复制。③具有合适的选择标记基因，用来筛选重组体 DNA。最常用的标记基因是抗药性基因，如抗氨苄青霉素、抗四环素、抗氯霉素、抗卡那霉素等抗生素的抗性基因。

根据来源和性质不同基因工程载体可分为质粒载体、噬菌体载体、黏粒载体、噬菌粒载体、病毒载体、人工染色体等。目前基因工程中研究得最深入、使用最多的载体是经过改造的质粒载体或噬菌体载体。根据功能和用途不同又可分为克隆载体、表达载体、测序载体、转化载体、穿梭载体、多功能载体等。根据受体细胞不同又可分为原核生物载体、真核生物载体、大肠杆菌载体、酵母载体、植物基因工程载体、动物基因工程载体等。原核生物载体（特别是大肠杆菌载体）以及植物基因工程载体已研究得相当深入，已有多种具有优良特性的载体用于基因工程。动物基因工程载体则很少，有待于进一步发展。

一、质粒载体

质粒是一种染色体外稳定的小型 DNA 分子，大小为 1～200 kb，为双链闭环的 DNA 分子，并以超螺旋状态存在于细菌等宿主细胞中。质粒具有自主复制和转录能力，能在子代细胞中保持恒定的拷贝数，并表达所携带的遗传信息。质粒的复制和转录要依赖于宿主细胞编码的某些酶和蛋白质，如离开宿主细胞则不能存活，而宿主即使没有它们也可以正常存活。图 2-8 为质粒 DNA 结构构型示意图。

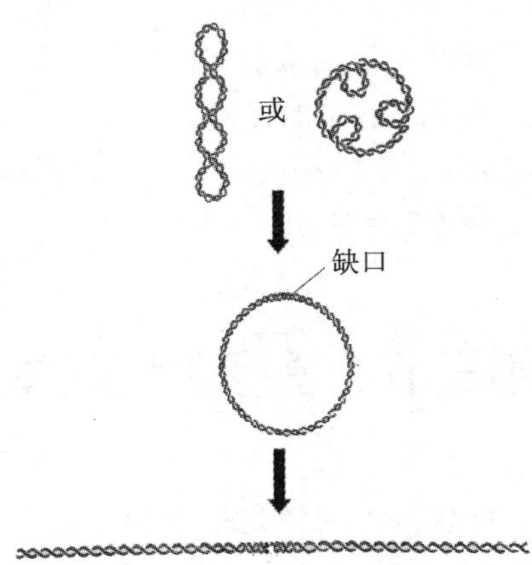

图 2-8　质粒 DNA 结构构型示意图

1. 质粒 DNA 的一般特性

环形双链的质粒 DNA 在提取过程中通常出现三种不同的构型：当其两条多核苷酸链均保持着完整的环形结构时，称为共价闭合环形 DNA（cccDNA），这样的 DNA 通常呈现超螺旋的 SC 构型（scDNA）；如果两条多核苷酸链中只有一条保持着完整的环形结构，另一条链出现有 1 至数个缺口时，称为开环 DNA（ocDNA），此即 OC 构型；若质粒 DNA 发生双链断裂而形成线性分子（lDNA），通称 L 构型。在琼脂糖凝胶电泳中，走在最前沿的是 scDNA，其后是 lDNA 和 ocDNA。

根据寄主细胞所含的拷贝数的多少，质粒分成两种不同的复制型：一种是低拷贝数的“严紧型”质粒，每个寄主细胞中仅含有1～3份拷贝；另一种是高拷贝数的“松弛型”质粒，每个寄主细胞中可高达10～60份拷贝。

松弛型质粒的复制不受宿主细胞蛋白质合成的控制，因此，当用蛋白质合成抑制剂氯霉素或链霉素处理寄主细胞，使大肠杆菌染色体DNA复制受阻时，松弛型质粒DNA仍可继续扩增。而严紧型质粒的复制受到宿主细胞蛋白质合成的严格限制，其拷贝数不能通过使用氯霉素来增加。

天然质粒往往不能满足作为基因工程的载体的全部要求，故常需对其进行改造。经改造而适于作为基因克隆载体的所有质粒DNA分子，包括三种共同的组成部分：复制基因、选择性记号和克隆位点。

2．质粒载体的条件

一般说来，一种理想的用作克隆载体的质粒必须满足如下几方面的条件：

（1）具有复制起点。这是质粒自我增殖必不可少的基本条件。一般情况下，一个质粒只含有一个复制起点，构成一个独立的复制子。

（2）具有抗菌素抗性基因。一种理想的质粒克隆载体应具有两种抗菌素抗性基因，且抗性基因内有单一的酶切位点，那么在该位点插入外源DNA就会导致此种抗性基因失活，从而便于筛选重组体。

（3）具有若干限制性核酸酶单一识别位点。这样可以满足基因克隆的需要，而且在其中插入适当大小的外源基因后，不影响质粒DNA的复制功能。常用载体上的多克隆位点（MCS）即具有该功能。

（4）具有较小的分子量和较高的拷贝数。小分子量的质粒易于操作，更能抵抗机械剪切力的切割，可容纳的外源DNA片段也更长（一般不超过15 kb），且可有效地转化给受体细胞；小分子量的质粒往往属于松弛型质粒，在细胞中有较高的拷贝数，扩增后回收率高。

（四）常用的质粒载体

1．pBR322质粒

这是一种改造型的大肠杆菌质粒载体，它来源于三个亲本质粒：pMBl，含有松弛型ColE1复制起点（ori）；pSCl01，含有四环素抗性基因（Tet^r）；pSF2124，含有氨苄青霉素抗性基因（Amp^r）。即pBR322质粒的复制子来源于pMBl，四环素抗性基因来自于pSCl01，氨苄青霉素抗性基因来自于pSF2124（R质粒）。图2-9为pBR322质粒载体结构示意图。

该质粒的优点是：

①分子量小，4 363 bp，易于DNA纯化，即便克隆一段大小达6 kb的DNA之后，其重组体分子在纯化过程中也不易发生链的断裂。

②具有两种抗菌素抗性基因（Amp^r、Tet^r），可作为转化子的选择记号。已知共有 24 种核酸限制性内切酶对 pBR322 质粒具有单一的识别位点，其中有 7 种限制性内切酶（即 *EcoR* V、*Nhe* Ⅰ、*BamH* Ⅰ、*Sph* Ⅰ、*Sal* Ⅰ、*Xma* Ⅲ和 *Nru* Ⅰ）的识别位点位于四环素抗性基因内部，另外两种限制酶（*Cal* Ⅰ、*Hind* Ⅲ）的识别位点存在于这个基因的启动区内，故在这 9 个限制位点上插入外源 DNA 都会导致 Tet^r 基因的失活；还有 3 种限制酶（*Sca* Ⅰ、*Pvu* Ⅰ和 *Pst* Ⅰ）在 Amp^r 基因内具有单一的识别位点，故在这个位点上插入外源 DNA 则会出现插入失活效应。

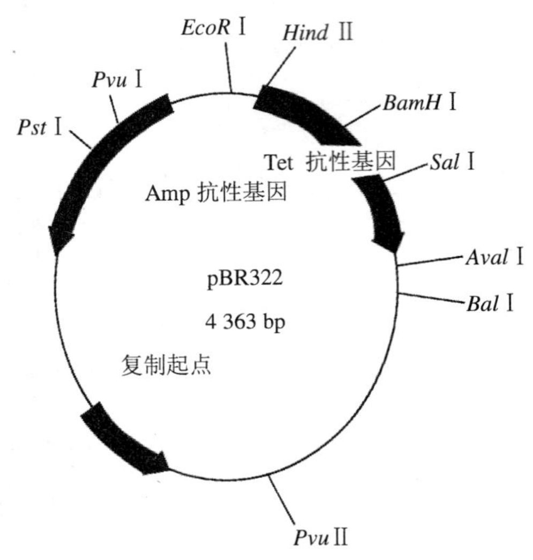

图 2-9　pBR322 质粒载体结构示意图

③具有较高的拷贝数（约 20 份），而且经过氯霉素扩增之后，每个细胞中可积累 1 000～3 000 份拷贝，这为重组体 DNA 的制备提供了极大的方便。

2．pUC 质粒载体

pUC 系列载体在 pBR322 质粒载体的基础上插入了一个 5′端带有一段多克隆位点（MCS）的 lacZ′基因，从而使 pUC 系列载体发展成为一种具有双功能检测特性的新型质粒载体系列。它的复制子来自 pMBl，Amp^r 抗性基因则是来自 R 质粒的转座子。

pUC 系列载体包括 4 个组成部分：①来自质粒 pBR322 的复制起点（ori）；②氨苄青霉素抗性基因；③大肠杆菌 β-半乳糖酶基因（lacZ）的启动子及其编码；④lacZ′基因的 5′端带有一段 MCS，但它并不破坏 lacZ′基因的功能。图 2-10 为质粒载体 pUC18 结构示意图。

pUC 系列的载体是目前基因工程中最通用的大肠杆菌克隆载体之一。pUC 系列的优点有如下三方面：

①具有更小的分子量和更高的拷贝数。在 pBR322 基础上构建 pUC 质粒载体时，仅保留其中的氨苄青霉素抗性基因及复制起点，使分子量缩小了许多，如 pUC8 为 2 750 bp，pUCl8 为 2 685 bp，拷贝数不经过氯霉素扩增，平均每个细胞即可达 500～700 份拷贝。所以由 pUC 质粒重组体转化的大肠杆菌细胞，可获得高产量的克隆 DNA 分子。

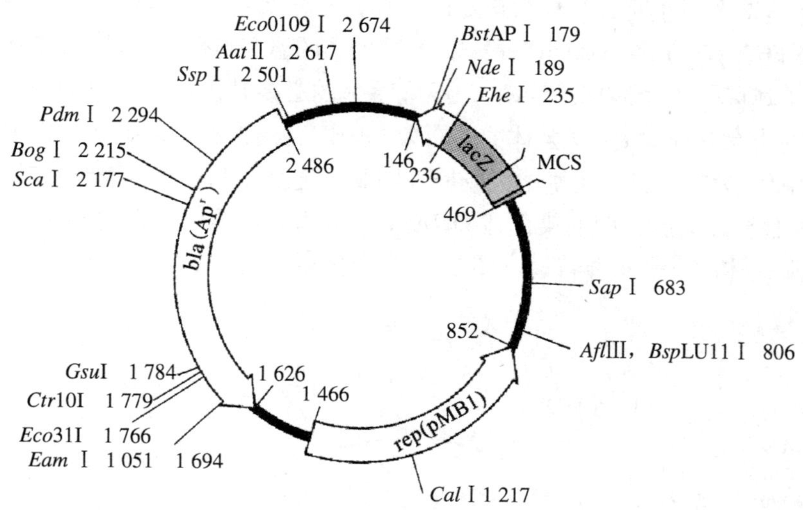

图 2-10 质粒载体 pUC18 结构示意图

②适用于组织化学方法检测重组体。pUC 质粒结构中具有 lacZ′基因，编码的肽链是β-半乳糖苷酶的氨基末端的短片段，它与失去了正常氨基末端的β-半乳糖苷酶突变体互补时，便会产生出有功能活性的β-半乳糖苷酶分子，它在生色底物 X-gal 存在下的培养基上被 IPTG 诱导形成蓝色菌落，而当外源 DNA 片段插入到 lacZ′基因中的 MCS 时，就会阻断肽链的合成，失去互补的能力。因此含有重组质粒载体的克隆是无色的，它可以与非重组体的蓝色克隆明显地区别开来。

③具有多克隆位点 MCS 区段。MCS 可以使两种不同黏性末端的外源 DNA 片段，无需借助其他操作而直接克隆到 pUC 质粒载体上。

二、噬菌体载体

噬菌体是一类细菌病毒的总称，可用于克隆和扩增特定的 DNA 片段，可插入长 10～20 kb 的外源 DNA 片段，是一种良好的基因克隆载体。最常见的噬菌体是双链线形 DNA 分子，其感染效率极高。

作为细菌寄生物的噬菌体，它可以在脱离寄主细胞的状态下保持自己的生命，但一旦脱离了寄主细胞就既不能生长也不能复制。

噬菌体载体主要包括λ噬菌体载体和 M13 噬菌体载体。

（一）λ噬菌体载体

λ噬菌体是迄今为止研究得最为详尽的一种大肠杆菌双链 DNA 噬菌体，它的基因组 DNA 为 48.5 kb，有 60 多个基因，是一种中等大小的温和噬菌体。其中λ噬菌体左右两侧的基因参与了噬菌体生命周期的活动，是λ噬菌体的必要基因；而中央的一部分基因，不影响噬菌体的生命功能，是λ噬菌体的非必要基因。若由外源基因取代非必要基因，所形成的重组噬菌体 DNA，可以随寄主大肠杆菌细胞一道复制和增殖，而且在其溶原周期中，它们的 DNA 整合在大肠杆菌的染色体 DNA 上，成为后者的一个组成部分。这是λ噬菌体作为基因克隆载体的一个重要特性。图 2-11 为野生型噬菌体 M13 基因组结构示意图。

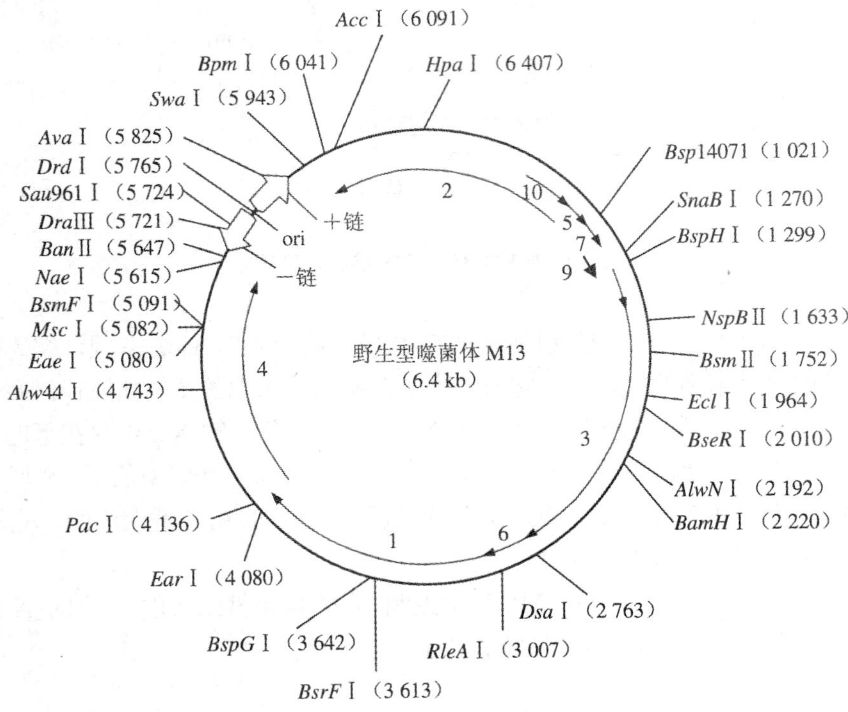

图 2-11　噬菌体基因组结构示意图

λ噬菌体的 DNA 既可以以线形存在又可以以环状形式存在，并且能够自然成环。其主要原因是在λ噬菌体线形 DNA 分子的两端各有一个 12 个碱基组成的天然黏性末端，左边为 5′-GGGCGGCGACCT-3′，右边为 3′-CCCGCCGCTGGA-5′。当其线形 DNA 分子注入到感染的寄主细胞内时，会迅速地通过黏性末端之间的互补作用，形成环状双链 DNA

分子。并随后在 DNA 连接酶的作用下，将相邻的 5′-P 和 3′-OH 基团封闭起来。而由黏性末端结合形成的双链区段叫做 cos 位点。

野生型的λ噬菌体 DNA，分子量大，对常用的核酸限制性内切酶都具有过多的酶切位点，没有选择标记，而且具有感染性，显然它不适于用作基因克隆的载体，因此有必要将λ噬菌体的非必需区段和多余的酶切位点进行删除，以便改造成适用的克隆载体。对λ噬菌体 DNA 进行以下几方面的改造：①切除掉λ噬菌体 DNA 的非必需区段，扩充λ噬菌体载体的克隆容量；②除去λDNA 必需区段中的限制性核酸内切酶识别位点，在非必需区引入合适的限制性核酸内切酶位点；③引入适当的选择性标记以方便重组子的筛选；④通过在某些必需基因中引入无义突变使之成为安全载体，以利于生物学防护等。

λ噬菌体载体的类型有 2 种。

1. 插入型载体

这是一种含有核酸限制性内切酶单切割位点的载体，可插入长度为 10 kb 的外源 DNA。外源 DNA 插入到λ载体分子上，会使噬菌体的某种生物功能丧失效力，即插入失活效应。根据插入失活效应的特异性，插入型λ载体又分免疫功能失活和大肠杆菌β-半乳糖苷酶失活两种亚型。

①免疫功能失活型插入载体。这类载体常用的有λgt10 载体（图 2-12）、λNM1149 载体及 Charon6、Charon7 等。当外源 DNA 片段插入到λ载体基因组中的免疫区位点上时，就会使载体所具有的合成活性阻遏物的功能遭受破坏，而不能进入溶原周期。因此，凡有外源 DNA 插入的λ重组体都能形成清晰的噬菌斑，而无外源 DNA 插入的亲本噬菌体可以变成溶原状态，形成浑浊的噬菌斑。这种形态学上的差异，为分离重组体分子提供了方便的标志。图 2-12 为λgt10 载体结构示意图。

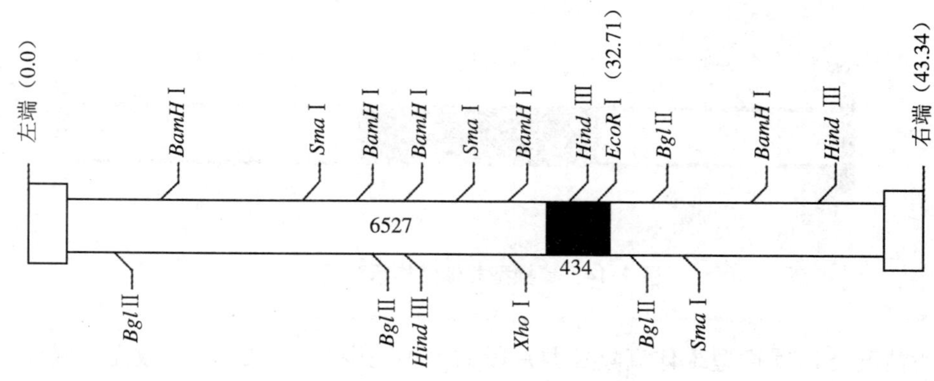

图 2-12 λgt10 载体结构示意图

②大肠杆菌β-半乳糖苷酶失活型插入载体。这类载体常用的有λgt11 载体、λgt18-λgt23 载体等，都含有 lacZ′基因，其上具有多种限制性核酸内切酶的单一位切点，可以用组织

化学法筛选。当外源 DNA 插入到λ载体基因组中的大肠杆菌 lac5 区段上时，就会阻断β-半乳糖苷酶基因 lacZ 的编码序列，那么由这种λ重组体感染的大肠杆菌由于不能合成β-半乳糖苷酶，涂布在补加有 Xgal 的培养基平板上，只能形成无色（浅蓝色）的噬菌斑，而无插入片段的λ载体 lac5 区段保持完整，感染的结果会形成蓝色（深蓝色）的菌斑。据此可将重组体分子方便地鉴别出来。图 2-13 为λgt11 载体结构示意图。

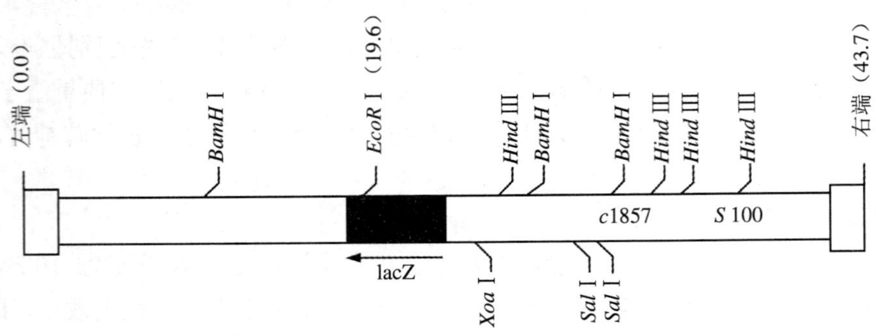

图 2-13　λgt11 载体结构示意图

2. 置换型载体

在λ噬菌体载体非必需区的两侧含有核酸限制性内切酶两个切点，两个切点间的片段被取代后不影响噬菌体的活力，可插入长度约为 20 kb 的外源 DNA。在可取代的区段中带有 lacZ 基因的相应序列时，入重组体亦可用β-半乳糖苷酶失活法进行筛选。图 2-14 为置换型载体结构示意图。

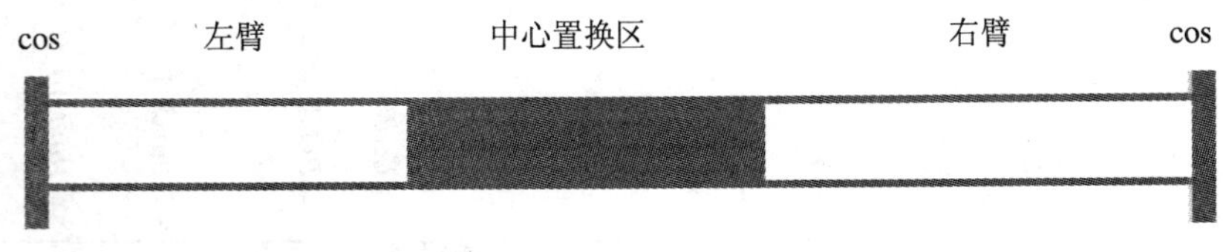

图 2-14　置换型载体结构示意图

一般情况下，置换型载体克隆外源片段的大小范围是 9～23 kb，故而该载体主要用来构建基因组文库。这类载体常用的有 Charon 系列置换载体和λEMBL 系列置换载体。图 2-15 为λEMBL3 载体结构示意图。

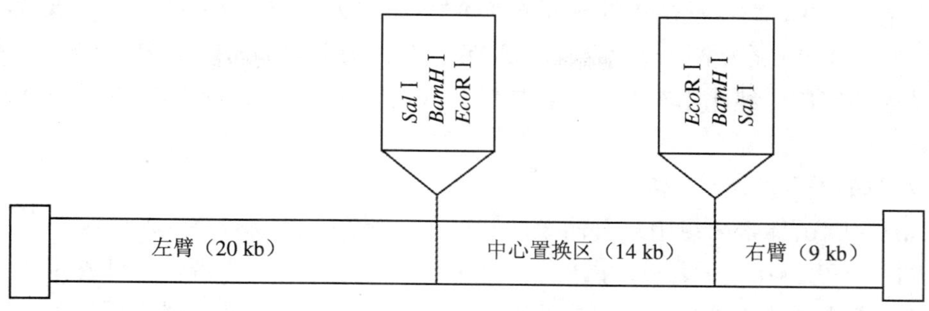

图 2-15　λEMBL3 载体结构示意图

（二）M13 噬菌体载体

M13 噬菌体颗粒为丝状长管形结构，长 880 nm，直径 6～7 nm，只感染雄性大肠杆菌。图 2-16 为 M13 噬菌体载体结构示意图。感染宿主后不裂解宿主细胞，而是从感染的细胞中分泌出噬菌体颗粒，宿主细胞仍能继续生长和分裂。M13 噬菌体的基因组为单链 DNA，由 6 407 个碱基组成。基因组 90%以上的序列可编码蛋白质，共有 11 个编码基因，基因之间的间隔区多为几个碱基，可编码 3 类蛋白质，包括复制蛋白（基因Ⅱ、Ⅴ和Ⅹ），形态发生蛋白（基因Ⅰ，Ⅳ和Ⅺ），结构蛋白（基因Ⅲ、Ⅵ、Ⅶ、Ⅷ和Ⅸ）。

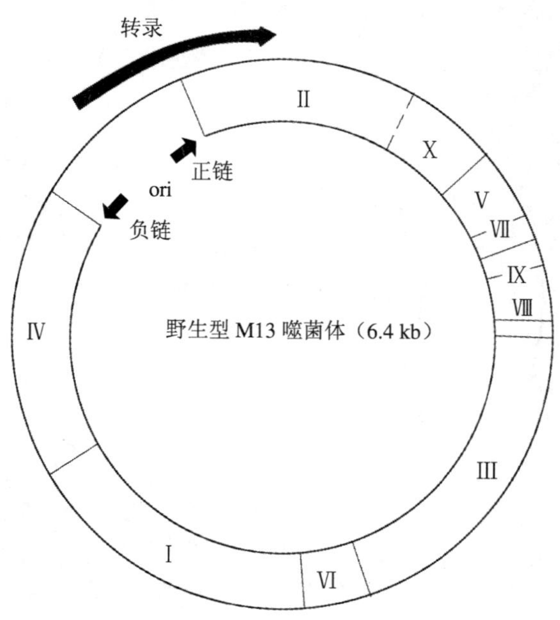

图 2-16　M13 噬菌体载体结构示意图

在宿主细胞内，感染性的单链噬菌体 DNA（正链）在宿主酶的作用下转变成环状双链 DNA，用于 DNA 的复制，因此这种双链 DNA 称为复制型 DNA，即 RF DNA。RF DNA 很容易从感染细胞中纯化出来，可以像质粒一样进行操作，并可通过转化的方法再次导入细胞。

1．载体的插入位点

在 M13 噬菌体基因组中只有两个间隔区可用来插入外源 DNA（基因Ⅱ/Ⅳ和基因Ⅷ/Ⅲ之间）。基因Ⅱ和基因Ⅳ之间的 508 bp 间隔区是主要的外源片段插入位点。在基因Ⅷ和基因Ⅲ之间的小间隔区也可用来插入外源片段，但是在操作过程中，需要获得感染细胞的菌落进行影印筛选，此外基因 X 也可用来克隆外源片段。目前所使用的 M13 噬菌体载体是以基因Ⅱ和基因Ⅳ之间的区域作为外源 DNA 插入区的 mp 系列载体。

2．M13mp18 和 M13mp19 载体

M13mp18 和 M13mp19 这两个载体含有 13 个不同的酶切位点，可供插入由多种各不相同的限制酶切割而成的 DNA 片段。M13mpl8 和 M13mp19 DNA 的全序列已经测定完成，这两种载体只是在 lacZ 区内不对称的多克隆区的方向上有所不同。图 2-17 为 M13mp18 和 M13mp19 载体结构示意图。

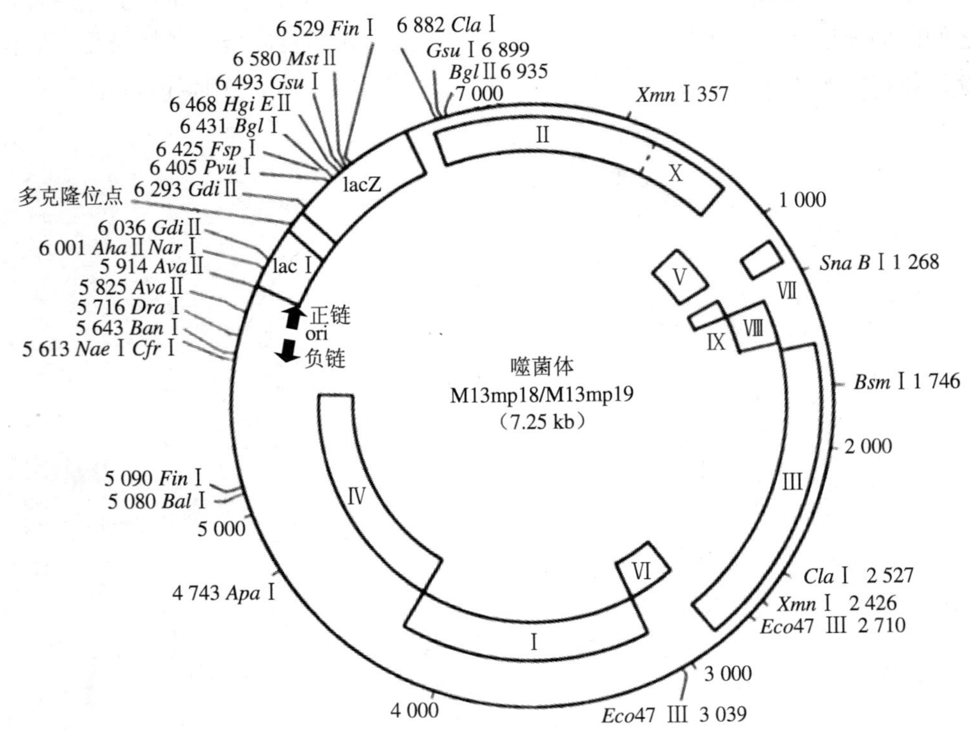

图 2-17 M13mp18 和 M13mp19 载体结构示意图

当 RF DNA 被两种不同的限制酶切割以后，M13mp18 和 M13mp19 轻易不能重新环化。仅当连接混合液中含有带匹配末端的外源双链 DNA 片段时，方可闭合成环。这一片段在 M13mp18 和 M13mp19 中将以两个互为相反的方向插入。所以在 M13mp18 的正链中含有外源 DNA 双链的其中一条链，而在 M13mp19 正链中则含有外源 DNA 的另一条链，即 M13mp18 重组体的子代噬菌体内含有外源 DNA 的一条链，M13mp19 重组体的子代噬菌体内则含有它的互补链。故用 M13mp18 和 M13mp19 作为一对载体，就可以用一个引物，从所插入 DNA 片段的任一端开始，测定互为相反的两条链的 DNA 序列，并可制备只与外源 DNA 的任意一条链互补的 DNA 探针。

三、柯斯质粒载体

柯斯质粒是一类由人工构建的质粒—噬菌体杂合载体，它的复制子来自质粒，cos 位点序列来自λ噬菌体，其克隆能力为 31～45 kb，而且能够被包装成为具有感染性能的噬菌体颗粒。柯斯质粒的特点大体上可归纳成如下 4 个方面。

1．具有λ噬菌体的特性

柯斯质粒载体在克隆了合适长度的外源 DNA，并在体外被包装成噬菌体颗粒之后，可以高效地转导对其敏感的大肠杆菌寄主细胞。进入寄主细胞之后的柯斯质粒 DNA 分子，便按照λ噬菌体 DNA 的方式环化起来。但由于柯斯质粒载体并不含有λ噬菌体的全部必要基因，因此它不能够通过溶原周期，无法形成子代噬菌体颗粒。

2．具有质粒载体的特性

柯斯质粒载体具有质粒复制子，在寄主细胞内能够像质粒 DNA 一样进行复制，并且在氯霉素作用下也会获得进一步的扩增。此外，柯斯质粒载体通常也都具有抗菌素抗性基因，可作为重组体分子表型选择标记。

3．具有高容量的克隆能力

柯斯质粒载体的分子仅具有一个复制起点、一两个选择记号和 cos 位点等三个组成部分，其分子量较小，一般只有 5～7 kb。因此，柯斯质粒载体的克隆极限可达 45 kb 左右，对于克隆大片段的 DNA 分子特别有效。

常用的柯斯质粒载体主要有 pJB8 和 c2RB，其结构示意图见图 2-18。

四、酵母人工合成染色体

酿酒酵母的形态为扁圆形和卵形，含 16 条线状染色体，其大小为 225～1 900 kb，总计有 1.4×10^{7} bp，具真核 mRNA 的活性。YAC 人工染色体载体是利用酿酒酵母的染色体构建的载体。主要是用来构建大片段 DNA 文库，特别用来构建高等真核生物的基因组文库，并不用作常规的基因克隆。在 YAC 载体中最常用的是 pYAC4，其结构示意图见图 2-19。

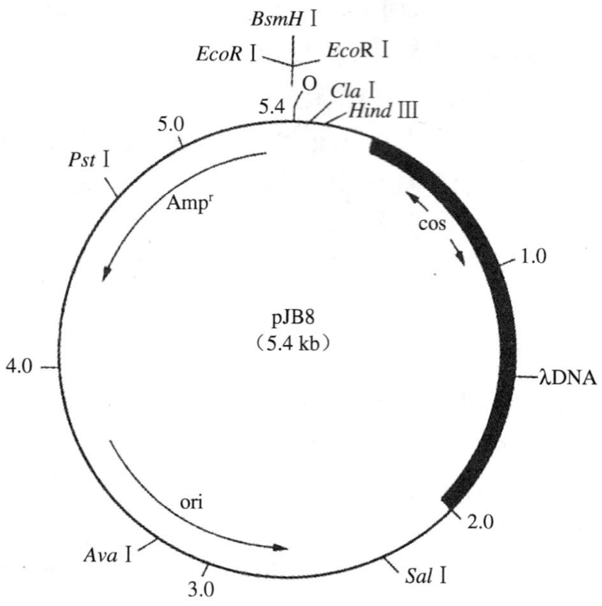

图 2-18　柯斯质粒载体 pJB8 和 c2RB 结构示意图

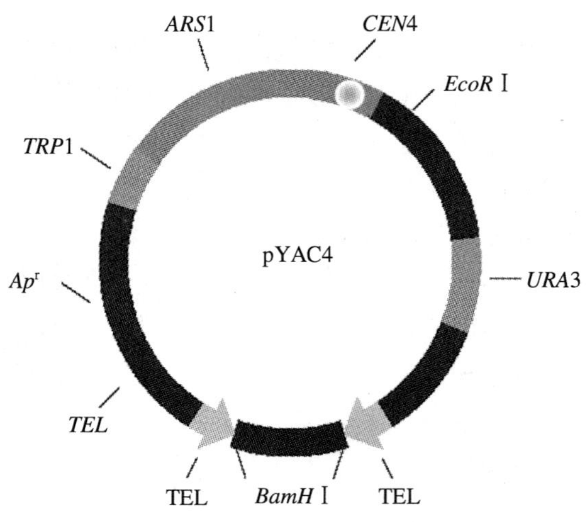

图 2-19　pYAC4 载体结构示意图

第四节　重组 DNA 导入受体细胞

一、基因的受体细胞

所谓受体细胞又称为宿主细胞或寄主细胞，是指能摄取外源 DNA 并使其稳定维持的细胞。外源目的基因与载体在体外连接重组后形成重组 DNA 分子，该重组 DNA 分子必须导入适宜的受体细胞中方能使外源目的基因得以大量扩增或表达。从低等的原核细胞，到简单的真核细胞，进一步到结构复杂的高等动、植物细胞都可以作为基因工程的受体细胞。选择适宜的受体细胞已成为重组基因高效克隆或表达的基本前提之一。

一般情况下，受体细胞的选择应符合以下基本原则：

①便于重组 DNA 分子的导入。例如，易诱导形成感受态的大肠杆菌菌株细胞要比不易形成感受态的菌株细胞更容易导入重组 DNA 分子，因此前者较后者更适合作为受体细胞。②能使重组 DNA 分子稳定存在于细胞中。从受体细胞的角度出发，通常的做法是对其作适当的修饰改造；如选用某些限制性核酸内切酶缺陷型的受体细胞就可以避免其对重组 DNA 分子的降解破坏作用。③便于重组体的筛选。④遗传稳定性高，易于扩大培养或发酵生长。对动物细胞而言，受体细胞对培养条件有较强的适应性，可以在无血清培养基中进行贴壁或悬浮培养。⑤安全性高，无致病性，不会对外界环境造成生物污染。一般选用致病缺陷型细胞或营养缺陷型细胞作为受体细胞。⑥选用内源蛋白水解酶基因缺失或蛋白酶含量低的细胞，利于外源基因蛋白表达产物在胞内的积累，或促进外源基因的高效分泌表达。⑦受体细胞在遗传密码的应用上无明显偏倚性。⑧具有较好的转译后加工机制，便于真核目的基因的高效表达。⑨在理论研究和生产实践上有较高的应用价值。

以上是受体细胞选择的总原则，在实际应用过程中，可根据具体需要或用途而重点考虑其中部分要求即可。下面简要介绍基因工程中常用的受体细胞类型。

（一）大肠杆菌受体系统

大肠杆菌是较为理想的受体细胞类型，其原因是：①大肠杆菌没有纤维素组成的坚硬细胞壁，便于外源 DNA 的进入；②没有核膜，染色体 DNA 没有固定结合的蛋白质，这为外源 DNA 与裸露的染色体 DNA 重组减少了麻烦；③基因组简单，不含线粒体和质体基因组，便于对引入的外源基因进行遗传分析；④大肠杆菌是容易获得一致性的实验材料，并且培养简单，繁殖迅速，实验周期短，重复实验快，代谢易于控制，利用 DNA

重组技术建立的大肠杆菌工程菌已大规模生产真核生物基因尤其是人类基因的表达产物，具有重大的经济价值。大肠杆菌结构示意图见图 2-20。

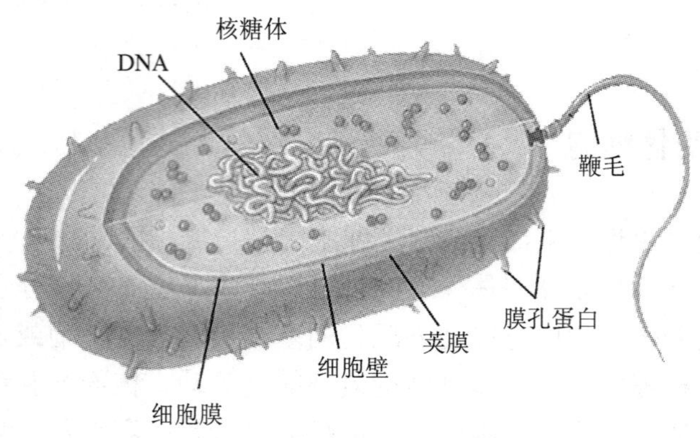

图 2-20 大肠杆菌结构示意图

由于大肠杆菌细胞不具备真核生物的蛋白质折叠复性系统，即使许多真核生物基因能得以表达，得到的也多是无特异性空间结构的多肽链；大肠杆菌细胞缺乏真核生物的蛋白质加工系统，而许多真核生物蛋白质的生物活性正是依赖于其侧链的糖基化或磷酸化等修饰作用；大肠杆菌内源性蛋白酶易降解空间构象不正确的异源蛋白，造成表达产物不稳定等原因。所以，以大肠杆菌细胞来表达真核生物基因也存在一定的缺陷，这在一定程度上制约了原核受体细胞作为生物反应器进行异源真核生物蛋白的大规模生产。

（二）酵母菌受体系统

酵母菌是一群以芽殖或裂殖进行无性繁殖的单细胞真核微生物，其结构简单，基因表达调控机理比较清楚，遗传操作相对较为简单，具有真核生物蛋白翻译后修饰加工系统，不含有特异性的病毒，不产生毒素，属于安全型基因工程受体系统。培养过程中能将外源基因表达产物分泌至培养基中，便于产物的提取和加工等。而且其基因的结构、表达调控机制以及蛋白质的加工与分泌都有真核生物的特征。因此，利用酵母菌细胞是外源真核基因最理想的表达系统。

（三）植物受体系统

植物细胞具有由纤维素参与组成的坚硬细胞壁，一般不能作为受体细胞，需要对其进行必要的处理或采用特殊方法。经纤维素酶等处理获得的原生质体，可摄取外源 DNA 分子，且原生质体在适当培养条件下可再生细胞壁，进行细胞分裂。利用基因枪等仪器和农杆菌介导转化等方法，可使外源 DNA 进入植物细胞。

作为基因转移的受体细胞，植物细胞最突出的优点就是其全能性，即一个分离的活细胞在合适的培养条件下，较容易再分化成植株，这意味着一个获得外源基因的体细胞可以培养出能稳定遗传的植株或品系。目前植物基因工程所用的系统大致可以分为三类：植物细胞原生质体、花粉细胞和植物组织。

1．植物组织受体系统

植物受伤后，其创伤口的细胞容易受到病毒、质粒等的感染，并捕获这些外源 DNA，形成愈伤组织，从愈伤组织中可以分离到被转化的植物细胞，且可以培养成完整的被转化的植株。这说明植物组织也可以成为基因工程的受体系统。

2．植物原生质体受体系统

植物原生质体是细胞除去细胞壁后的部分，是一个为质膜包围的裸露细胞。原生质体在合适的离体培养条件下具有繁殖、分化并再生成完整植株的能力。具有细胞全能性，原生质体在体外比较容易进行一系列细胞操作或遗传操作，可以相互之间发生细胞融合现象，还可以像微生物细胞一样捕获外源 DNA。因此原生质体成了植物基因工程中一种良好的受体系统。

3．生殖细胞受体系统

花粉细胞是植物的雄性生殖细胞，花粉细胞可以在诱导培养基上先形成愈伤组织，再诱导分化成完整的植株。花粉细胞可以捕获外源 DNA，因此，也发展成为植物基因工程中一种良好的受体。

这些受体系统虽然各自的操作方法不同，但基本过程十分相似，被外源 DNA 转化后，形成愈伤组织，再诱导愈伤组织分化出根、茎、叶等器官，最后长成完整的植株。

（四）动物受体系统

动物受体细胞多采用生殖细胞、受精卵细胞或胚细胞作为基因转移的受体细胞，由此培育出转基因动物。近年来通过体细胞培养，获得了多种克隆动物，因此，动物体细胞同样可以用作转基因受体细胞。目前用作基因转移的受体动物主要有猪、羊、牛、鱼等经济动物和鼠、猴等实验动物，主要用途在于大规模表达生产天然状态的复杂蛋白质或动物疫苗、动物品种的遗传改良及人类疾病的基因治疗等。

常用的动物受体细胞有小鼠 L 细胞、HeLa 细胞、猴肾细胞和中国仓鼠卵巢细胞（CHO）等。以动物细胞，尤其是哺乳动物细胞作为受体细胞的优点是：①能识别和除去外源真核基因中的内含子，剪接加工成成熟的 mRNA。②真核基因的表达蛋白在翻译后能被正确加工或修饰，产物具有较好的蛋白质免疫原性。③易被重组 DNA 质粒转染，具有遗传稳定性和可重复性。④经转化的动物细胞可将表达产物分泌到培养基中，便于提纯和加工，成本低。缺点是组织培养技术要求高，如培养和筛选一个高度扩增的转化子 CHO 细胞，通常需要数月之久，难度较大。

二、外源基因导入方法

要使外源基因得到正确的表达，必须把目的基因或重组 DNA 分子引入受体细胞。由于受体细胞的结构不同，转入的方法也不同。在基因工程技术中，将以质粒为载体的重组 DNA 分子转入受体细胞中，并在受体细胞中稳定维持和表达的过程称转化，把以噬菌体或病毒为载体的重组 DNA 分子转入受体细胞中的过程称转染。常用的导入方法有直接转移法和载体介导法。直接转移法是指利用细胞的生物学特性，通过物理化学的方法将外源基因转入受体细胞的技术，随着基因工程技术的发展，直接转移法已发展成了化学转化法、电击法、脂介导法、基因枪法、多聚物介导法、花粉管导入法等 DNA 转移技术。

1．化学法转化

（1）感受态细胞制备

感受态细胞是指处于能吸收周围环境中 DNA 分子的生理状态的细胞。在自然条件下很多质粒都可以通过细胞结合作用转移到新的宿主细胞内，但人工构建的质粒载体中，不能完成从一个细胞到另一个细胞的转移，要将质粒载体转移到受体细胞中，需诱导细胞产生一种短暂的感受态以摄取外源基因。对细菌细胞进行转化或转染最关键是细胞处于感受态。大肠杆菌感受态细胞 $CaCl_2$ 制备过程见图 2-21。

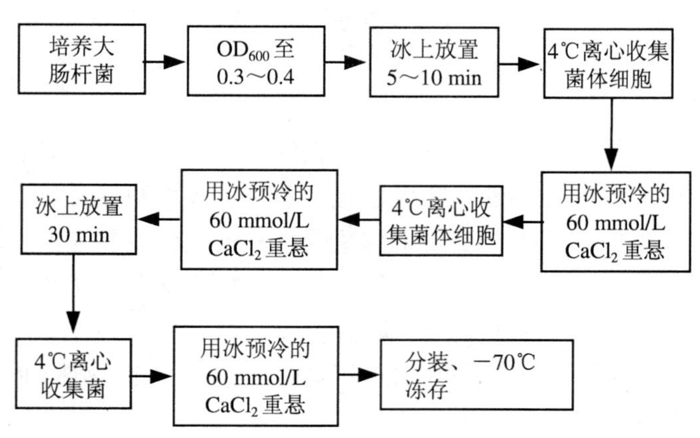

图 2-21　大肠杆菌感受态细胞 $CaCl_2$ 制备过程

①从 37℃培养 16～20 h 的新鲜平板中挑取一个单菌落（如大肠杆菌 DH52），或 1 ml 新鲜的 16～20 h 过夜培养物，转到一个含有 100 ml LB 培养基的 1 L 或 500 ml 培养瓶中。于 37℃振摇培养约 2～3 h（旋转摇床 200～300 r/min），每隔 20～30 min 测量 OD_{600} 值直

至 0.3～0.4。

②在无菌条件下将细菌转移到用冰预冷的 50 ml 聚丙烯离心管中，冰上放置 5～10 min。

③于 4℃ 4 000 r/min 离心 10 min，回收菌体细胞。

④以 10ml 用冰预冷的 60 mmol/L $CaCl_2$ 重悬沉淀，放于冰上，4℃4 000 r/min 离心 10 min，回收菌体细胞。

⑤用 2 ml 冰预冷的 60 mmol/L $CaCl_2$ 重悬沉淀，此时，可以迅速将细胞分装成小份，液氮中冰冻，－70℃贮存备用。

（2）重组 DNA 分子转入受体细胞

将重组质粒 DNA 分子同经过 $CaCl_2$ 处理的大肠杆菌感受态细胞混合，置冰浴中培养一段时间，再转移到 42℃下做短暂（约 90 s）的热刺激后，迅速置于冰上，向其中加入非选择性的肉汤（SOC）培养基，保温振荡培养一段时间（1～2 h），使细菌恢复正常生长状态，以促使在转化过程中获得的新的抗生素抗性基因（Amp^r 或 Tet^r）得到充分的表达。然后将此细菌培养物涂布在含有氨苄青霉素或四环素的选择性平板上。由于质粒 DNA 上编码着抗菌素抗性基因，因此在相应的选择性平板上，适当的转化菌浓度便会生长成一个个单菌落。该法转化效率一般可达每 μg DNA 10^5～10^6 个转化子。

重组体 DNA 分子的转化通常还包括以噬菌体、病毒或以它们作为载体构建的重组 DNA 分子导入细胞的过程（即转染过程）。具体操作比质粒 DNA 的转化要简单，即将重组的噬菌体 DNA 分子同预先培养好的大肠杆菌细胞混合，37℃保温约 20 min，直接涂布在琼脂平板上，经过一段时间之后，重组噬菌体 DNA 就在大肠杆菌细胞中复制增殖，最终在平板上形成噬菌斑。

2. 电击法转化

电击法也称高压电穿孔法，是将受体细胞置于一个适当的外加电场中，利用高压脉冲对细菌细胞的作用，使细胞表面形成暂时性的微孔，质粒 DNA 得以进入细胞质内，但细胞不会受到致命伤害，一旦脱离脉冲电场被击穿的微孔即可复原。然后置于丰富培养基中生长数小时后，细胞增殖，质粒复制。电击法转化流程见图 2-22。

影响电击法导入效率的因素较多，需要优化操作参数。电压太低，不能形成微孔，DNA 无法进入细胞膜；电压太高，易导致细胞的不可逆损伤，故电压多在 300～600 V/cm。脉冲时间一般为 20～100 ms，温度 0～4℃为宜，使穿孔修复迟缓，增加 DNA 的进入机会。

电穿孔法的特点是操作简单，不需制备感受态细胞，适用于任何菌株。其转化效率一般可达每 μgDNA 10^9～10^{10} 个转化子。

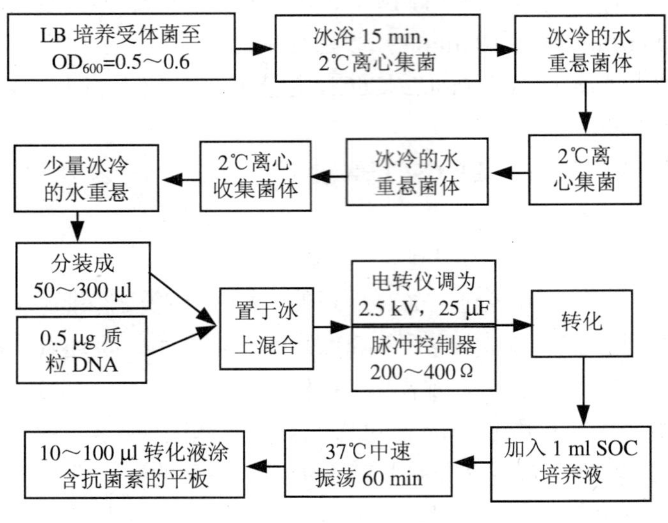

图 2-22　电击法转化法流程图

3. 显微注射法

显微注射法是一种利用显微注射仪，通过机械方法把外源 DNA 直接注入细胞质或细胞核的基因转化方法。这一技术的关键是原生质体或具壁细胞或细胞团的固定。由于动物细胞具有独特的贴壁生长特性，因此，不存在固定细胞的问题，这为动物细胞的显微注射创造了十分有利的条件，也是动物细胞能广泛使用该技术的原因之一。但是，对于植物细胞，首先必须建立固定细胞技术，然后才能进行定位显微注射操作。常用的细胞固定方法有三种：第一种是琼脂糖包埋法，即把低熔点的琼脂糖熔化，冷却到一定温度后将制备的细胞悬浮液混合于琼脂糖中，使细胞体的一半左右埋在琼脂糖中，起固定作用，而暴露的一半则可用于微针注射；第二种是多聚赖氨酸粘连法，即先用多聚赖氨酸处理玻片表面，利用多聚赖氨酸对细胞的粘连作用，使分离的细胞或原生质体固定在玻片上；第三种是吸管支持法，即用一固定的毛细管将原生质体或细胞吸附在管口，起到固定作用，然后再用微针进行 DNA 注射。这种方法的优点是吸管可以旋转或移动位置，使操作者能选择最佳位置进行注射。图 2-23 为显微注射仪。

显微注射法操作较为繁琐耗时，但其转化效率很高，以原生质体作为受体细胞，平均转化率达 10%～20%，甚至高达 60%以上。其缺点是需要使用专门的显微注射仪，并且要有精细的操作技术及低密度细胞培养技术。

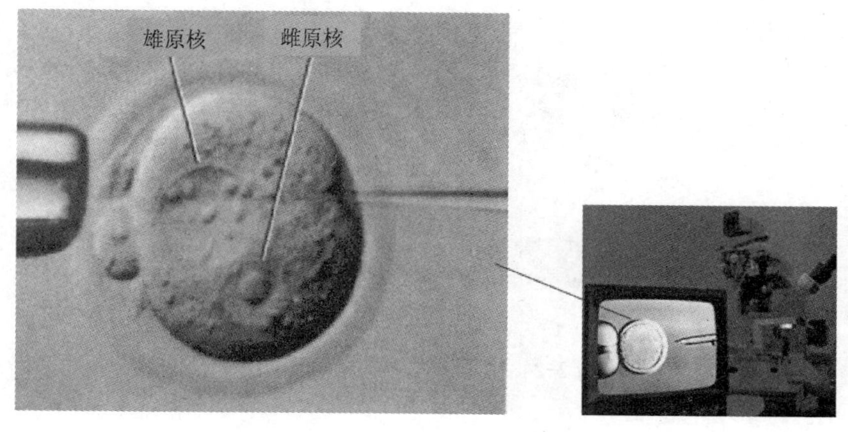

图 2-23　显微注射仪

4．基因枪法

基因枪法又称微弹轰击法，是利用高速运行的金属颗粒轰击细胞时能进入细胞内的现象，将包裹在金属颗粒表面的外源 DNA 分子随之带入细胞内进行表达的基因转化方法。其基本操作很简单，先将外源 DNA 溶液与钨、金等金属颗粒混匀保温，使 DNA 吸附在金属颗粒表面，然后在高压放电或炸药爆破的作用下加速金属微粒，轰击受体细胞，使外源 DNA 分子随之进入细胞内进行整合和表达。基因枪法简单快速，可直接处理植物组织，接触面积大，并有较高的转化率。

5．脂质体介导法

脂质体是由人工构建的磷脂双分子层组成的膜状结构，可以将 DNA 包在其内，并通过脂质体与原生质体的融合或由于原生质体的吞噬过程，把外源 DNA 转运到细胞内。此方法的优点是包在脂质体内的 DNA 可免受细胞 DNA 酶降解。

脂质体的制备方法主要有 Ca^{2+}-EDTA 螯合法和反相蒸发法。在 Ca^{2+}-EDTA 螯合法中，先将复合双层膜囊 MLV 型的磷脂经超声波处理制成小型单一双层膜 SUV 型磷脂，当 Ca^{2+}加入时可使各个 SUV 分子相互融合成卷曲状，包裹加入的 DNA 分子，最后加入 EDTA 螯合 Ca^{2+}而使之除去，即可制成包裹了核酸的 LUV 脂质体。反相蒸发法制备脂质体时，首先是在溶于有机溶剂的磷脂中加入核酸水溶液。磷脂即以其亲水基团朝向水相，疏水的尾链伸向有机相而整齐地排列在两相界面上，经超声波处理后，在有机相中形成包有 DNA 水溶液的囊泡，通过减压蒸馏有机溶剂，并加入水溶液后即可形成包含有 DNA 的脂质体。图 2-24 为脂质体介导法流程图。

脂质体可直接转化外源 RNA 或 DNA，也可用于基因的瞬时表达检测，特别对植物病毒 RNA 的转化具有较高的转化率。

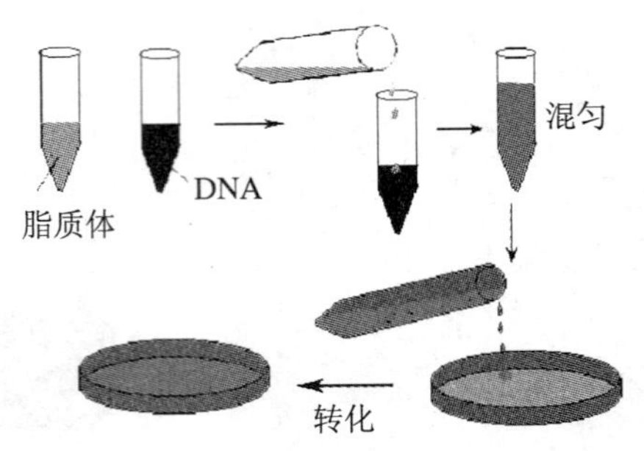

图 2-24　脂质体介导法流程图

6. 微激光束法

此方法是利用直径很小，能量很高的激光微束能引起细胞膜可逆性穿孔的原理，在荧光显微镜下找出合适的细胞，然后用激光光源替代荧光光源，聚焦后发出激光微束脉冲，造成膜穿孔，处于细胞周围的外源 DNA 分子随之进入细胞。这种利用激光微束照射受体细胞实现外源 DNA 直接导入、整合和表达的技术称之为微激光束法。

微激光束法主要具有以下优点：①操作简便快捷；②基因转移效率高；③无宿主限制，可适用于各种动植物细胞、组织、器官的转化操作，并且由于激光微束直径小于细胞器，可对线粒体和叶绿体等细胞器进行基因操作。但该法需要昂贵的仪器设备，技术条件要求高，稳定性和安全性等都不如电穿孔法和基因枪法。

7. 花粉管通道法

此法是将外源 DNA 涂于授粉的枝头上，使 DNA 沿花粉管通道或传递组织通过珠心进入胚囊，转化还不具备正常细胞壁的卵子、合子及早期的胚胎细胞。由于这一方法技术简单，一般易于掌握，且能避免体细胞变异等问题，故有一定的应用前景。

此外，为了提高转化频率，简化操作程序及避免组培再生的困难，老方法仍在不断完善，新方法也不断涌现，如涡流法、碳粉法等都是很有应用潜力的基因转化手段。可以预言，植物转基因技术会变得越来越容易，转基因植物和种类会越来越多。

第五节　重组子的筛选与检测

通过 DNA 体外重组技术，得到所需要的重组 DNA 克隆是基因工程的目的所在。所谓转化子就是导入外源 DNA 后获得了新的遗传标志的细菌细胞或其他受体细胞。在体外重组时，目的基因的自连体由于没有启动子而在转化时被淘汰，但获得的转化子仍是多种类型的 DNA 分子，其中包括：无外源 DNA 插入片段的线性载体自身环化 DNA 分子、由一个载体分子和一个或数个串联外源 DNA 插入片段构成的重组体 DNA 分子。因此，在成千上万的转化子中，真正含有我们期望的重组 DNA 分子的比例很少，需要进一步对重组子进行筛选。筛选方法的选择与设计主要依据载体、受体细胞和外源基因三者的不同遗传与分子生物学特性来进行，一般分为遗传学直接筛选法与分子生物学的间接筛选法两大类。遗传学直接筛选法多利用可选择的遗传表型和功能，如：抗药性、营养缺陷型、显色反应、噬菌斑形成能力等，方法简便快速，可以在大量群体中进行筛选。但对于插入重组 DNA 分子的方向，由于存在多聚体、假阳性等情况而不宜采用遗传学直接筛选方法。分子生物学的间接筛选方法的依据是基因的大小、核苷酸序列、基因表达产物的分子生物学特性，如：酶切分子量大小、分子杂交、核苷酸序列分析、免疫反应等，此法要求高，灵敏度好，结果准确。通常可根据实验的具体情况，在初筛后确定是否进一步细筛，以保证鉴定结果的可靠性。

一、抗药性筛选法

根据载体分子所提供的表型特征，选择重组体 DNA 分子的遗传选择法，可适用于大量群体的筛选，因此是一种比较简单而又十分有效的方法。在基因工程中使用的所有载体分子，都至少含有一个选择性记号，如质粒、柯斯质粒载体具有抗药性记号或营养记号，而对于噬菌体来说，噬菌斑的形成则是它们的自我选择特征。根据载体分子所提供的选择性记号进行筛选，是获得重组体 DNA 分子必不可少的条件之一。实际操作中，最典型的方法是使用抗药性记号的插入失活作用，或是β-半乳糖苷酶基因的显色反应，将重组体 DNA 分子的转化子同非重组的载体转化子区别开来。由于这些方法都是直接从平板上筛选，所以又称为平板筛选法。

检测外源 DNA 插入作用的一种通用方法是插入失活效应。例如，在 pBR322 质粒上有两个抗生素抗性基因，Amp^r 基因内有一个 *Pst* Ⅰ限制性内切酶的唯一识别位点，Tet^r 基因内有 *BamH* Ⅰ和 *Sal* Ⅰ两种限制性内切酶的单一识别位点。在 Amp^r 和 Tet^r 这两个基因内的任一插入作用，都会导致 Amp^r 基因或 Tet^r 基因出现功能性失活，于是所形成的重组质粒都将具有 Amp^s 和 Tet^r 或 Amp^r 和 Tet^s 的表型，当外源 DNA 限制片段插入 pBR322 质粒 DNA 的 *BamH* Ⅰ或 *Sal* Ⅰ位点时，抗四环素基因失活，重组体转化子必定具有 Amp^r 和 Tet^s 表型。因此，将转化菌先涂布在含有 Amp 的琼脂平板上，并将存活的 Amp^r 菌落原位影印到另一个含有 Tet 的琼脂平板上，那么凡是在 Amp 平板上生长，而不在 Tet 平板上生长的菌落，就必定是已经插入了外源 DNA 限制片段的重组质粒转化子克隆（图 2-25）。

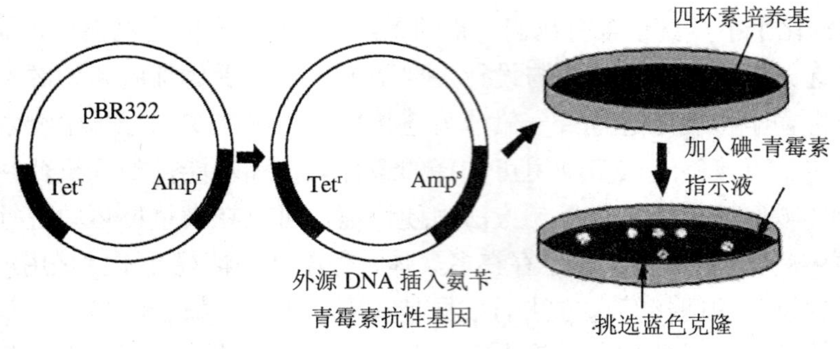

图 2-25　氨苄青霉素抗性插入失活选择过程

也可以将转化菌先接种在含有环丝氨酸和四环素的培养基中生长，由于环丝氨酸使生长的细胞致死，而四环素仅仅是抑制 Tet^s 细胞的生长，不会杀死细菌，因此在这种生长培养基中的 Tet^r 细胞由于能够生长，所以便被周围培养基中的环丝氨酸所杀死。Tet^s 细胞由于生长受到抑制，反而避免了环丝氨酸的致死作用。将经过环丝氨酸处理富集的 Tet^s 细胞，通过离心洗涤去除四环素，涂布在含有氨苄青霉素的琼脂平板上，受到抑制的 Tet^s 细胞便可重新生长，所形成的菌落都具有 Amp^r 和 Tet^s 的表型，即为已经插入了外源 DNA 片段的 pBR322 质粒克隆（图 2-26）。显然，这样仅在一种平板上就实现了重组体的筛选，简化了插入失活的检测程序。

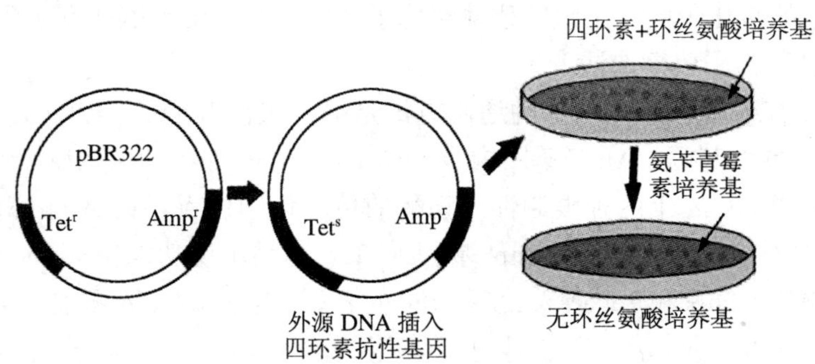

图 2-26　pBR322 质粒插入失活筛选法

同样，在 pBR322 质粒的 Amp^r 基因序列中，利用 *Pst* Ⅰ 限制性内切酶的识别位点，插入外源 DNA 片段，也能应用插入失活作用来检测重组质粒。当然，所挑选的菌落则应该是具有 Amp^s、Tet^r 的表型。

二、显色筛选法

质粒载体除了可以应用抗生素抗性筛选之外，有许多质粒载体还具有β-半乳糖苷酶显色反应的检测功能。应用这样的载体系列，当外源 DNA 插入到它的 lacZ 基因上，造成β-半乳糖苷酶的失活效应，就可以通过大肠杆菌转化子菌落在添加有 X-gal 和 IPTG 培养基中的颜色变化鉴别出重组子和非重组子。例如，将 pUC 质粒转化的细胞，在补加有 X-gal 和 IPTG 的培养基中培养，在没有插入外源 DNA 片段（用 $lacZ_a^-$表示）时，由于基因内的互补作用使菌落呈现出蓝色。但是，在 pUC 质粒载体 lacZ 序列中，含有一系列不同限制性内切酶的单一识别位点，如果其中任何一个位点插入了外源克隆 DNA 片段（用 $lacZ_a^+$表示），就会阻断读码结构，使其编码的肽失去活性，结果产生出白色菌落。因此，根据这种β-半乳糖苷酶的显色反应，便可以检测出含有外源 DNA 插入序列的重组体克隆。图 2-27 为β-半乳糖苷酶显色反应选择法流程。

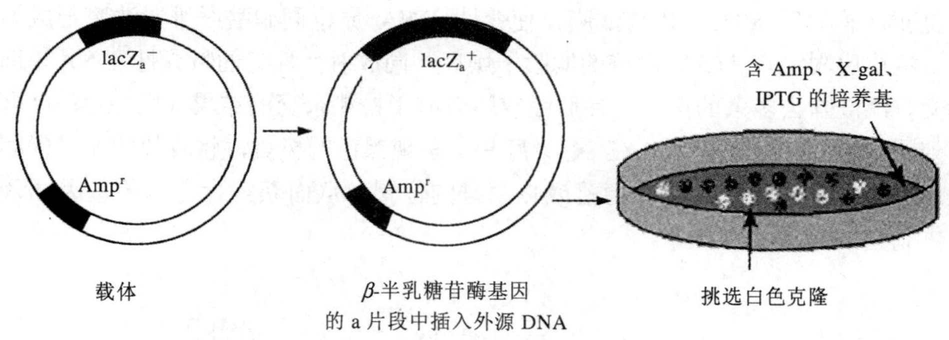

图 2-27 β-半乳糖苷酶显色反应选择法

三、限制性内切酶图谱法

用限制性核酸内切酶对克隆的目的基因和已克隆的目的基因进行切割，若凝胶电泳结果不一致，可断定克隆子中克隆的不是目的基因，或者克隆的目的基因的核苷酸序列已发生了变化。经多种限制性内切酶切割分析，若两种结果都一样，可认为克隆子中克隆的是原定的目的基因，其核苷酸序列没有变化。

四、分子杂交法

利用碱基配对的原理进行分子杂交是核酸分析的重要手段，也是鉴定基因重组体的常用方法。杂交的双方是待测的核酸序列和由插入片段基因制备的 DNA 或 RNA 探针。根据待测核酸的来源以及将其分子结合到固体支持物上的不同，核酸杂交主要有菌落印迹原位杂交、斑点印迹杂交和 Southern 印迹杂交。这些方法都是通过一定的物理方法将菌落（噬菌斑）或提取的 DNA 从平板或凝胶上转移到固体支持物上，然后同液体中的探针进行杂交。菌落（噬菌斑）或 DNA 从平板或凝胶向滤膜转移的过程称为印迹，故这些杂交又都称为印迹杂交。

1. 菌落印迹原位杂交

将被筛选的菌落或噬菌斑，从其生长的琼脂平板中通过影印的方法，小心地原位转移到放在琼脂平板表面的硝酸纤维素滤膜上，并保存好原来的菌落或噬菌斑平板以作为参照。将影印的硝酸纤维素滤膜用碱液处理，促使细菌细胞壁原位裂解、释放出 DNA 并随之原位变性。然后 80℃下烘烤滤膜，使变性 DNA 原位同硝酸纤维素滤膜形成不可逆的结合。将这块固定有 DNA 印迹的滤膜干燥后，同放射性标记的特异性 DNA 或 RNA 探针杂交，漂洗除去多余的探针，最后经放射自显影检测杂交的结果（图 2-28）。含有同探针序列同源的 DNA 的印迹，在 X 光底片上呈现黑色的斑点，将胶片同原先保存的参照平板进行对照，即可确定阳性菌落或噬菌斑的位置，从而获得含有目的基因插入片段的重组体克隆。

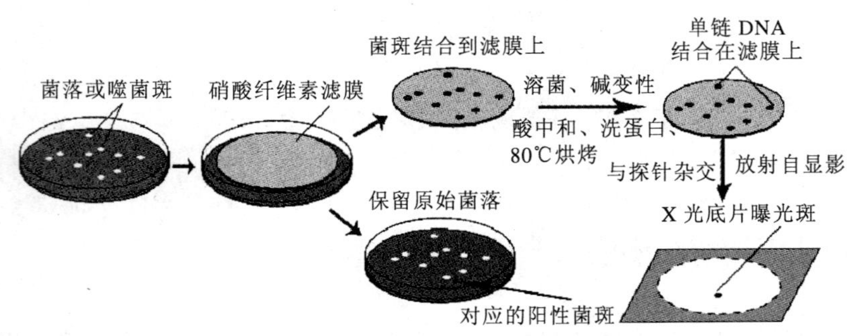

图 2-28　菌落印迹原位杂交

这种方法的优点是适于高密度菌落的筛选，对于噬菌斑平板，它可以连续影印数张同样的硝酸纤维素滤膜，获得数张同样的 DNA 印迹。因此能够进行重复筛选，效率高，可靠性强，而且可以使用两种或数种探针筛选同一套重组体 DNA，是一种最常规的检测手段。

2. 斑点印迹杂交

斑点印迹杂交法与菌落印迹原位杂交法相比方法更简单、迅速，可直接将噬菌体的上清液或是由转化子提取的 DNA（RNA）样品直接点在硝酸纤维素滤膜等固体支持物上，然后同核酸探针进行分子杂交。通过放射自显影，从底片中找出的黑点即为阳性斑点。此方法常用于病毒核酸的定量检测。

3. Southern 印迹杂交

由 E.M.Southern 于 1975 年首创的 Southern 印迹杂交是进行基因组 DNA 特定序列定位的通用方法，常用于对原位杂交所得到的阳性克隆的进一步分析，检测重组 DNA 分子中插入的外源 DNA 是否是原来的目的基因，并验证插入片段的分子量大小。该法的主要特点是利用毛细现象将 DNA 转移到固相支持物上，称为 Southern 转移或 Southern 印迹。它首先将初筛的重组 DNA 提取出来，用合适的核酸限制性内切酶将 DNA 切割，并进行凝胶电泳分离，然后经碱变性，利用干燥的吸水纸产生的毛细作用，让液体流经凝胶，使 DNA 片段由液流携带，从凝胶转移并结合在硝酸纤维素滤膜的表面，最后将此膜同标记的核酸探针进行分子杂交。如果被检测 DNA 片段与核酸探针具有互补序列，就能在被检测 DNA 的条带部位结合成双链的杂交分子，并通过放射自显影显示出黑色条带来。

Southern 印迹杂交法与斑点印迹杂交法二者都可用于分析混合 DNA 样品中是否存在能与特定探针杂交的序列。但是斑点印迹杂交与 Southern 印迹杂交相比，被检测的 DNA 不需经限制性内切酶消化和琼脂糖凝胶电泳分离，操作步骤少，并可同时分析多个样品。Southern 印迹杂交由于滤膜是从凝胶上原位印迹而来，因而能够显示出与探针杂交的 DNA 片段的大小。因此，Southern 杂交能测出基因重排而斑点杂交则不能。

五、PCR 法

根据含目的基因两端或两侧已知核苷酸序列，设计合成一对引物，以待鉴定的克隆子的总 DNA 为模板进行扩增，若获得特异性扩增 DNA 片段，表明待鉴定的克隆子含有目的基因。

六、凝胶电泳检测法

利用凝胶电泳检测重组质粒 DNA 分子的大小，也可以初步证明外源目的基因片段是否已插入载体。具体方法是：分别挑取单个转化菌悬浮于约 100 μl 的破碎细胞缓冲液（50 mmol/L tris-HCl、1% SDS、2 mmol/L EDTA、400 mmol/L 蔗糖、0.01%溴酚蓝）中，

37℃保温使细胞破裂，蛋白质沉淀，再高速离心，除去细胞碎片、蛋白质和大部分的染色体 DNA、RNA，将含有质粒 DNA 的上清液直接点样，电泳分离，经 EB 染色，凝胶成像系统拍摄，可显示含有染色体 DNA、不同大小的质粒 DNA 以及 RNA 的电泳图谱（图 2-29）。因为质粒 DNA 的电泳迁移率是与其分子量大小成比例的，所以那些带有外源 DNA 插入序列的重组体 DNA 电泳时的迁移较非重组质粒要慢，这样很容易就判断出哪些菌落是含有外源 DNA 插入序列的重组质粒。

上述根据分子量大小鉴定重组子的方法，适用于载体 DNA 与重组 DNA 分子量差别较大的比较，如果两种 DNA 分子量之间相差小于 1 kb，加上各 DNA 之间还有三种构型的差异，DNA 的大小比较就有困难。在这种情况下，一般将快速抽提出的转化子 DNA 和原载体 DNA 用单一识别位点的限制性内切酶切割后，再进行琼脂糖或聚丙烯酰胺凝胶电泳比较。

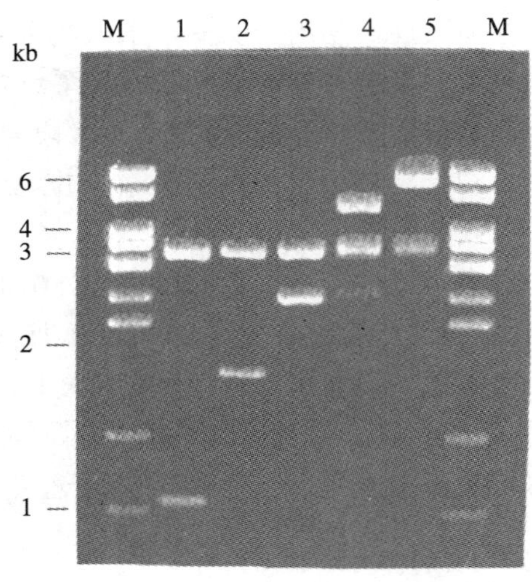

图 2-29　凝胶电泳检测法

复习思考题

1. 什么是基因工程，基因工程研究的内容有哪些？
2. 简述基因工程的基本技术程序。
3. 基因工程的工具酶有哪些种类？各有什么特点？
4. 影响内切酶活性的因素有哪些？

5. 什么是基因工程载体？作为基因工程载体的基本条件有哪些？
6. 作为质粒载体的基本条件有哪些？
7. 简述 pBR322 质粒载体的特点和在基因工程中的应用。
8. 简述 pUC18 质粒载体的特点和在基因工程中的应用。
9. 噬菌体载体主要包括哪些种类，各有什么特点，在基因工程中有哪些应用？
10. 柯斯质粒载体的特点有哪些？
11. 什么是受体？作为受体细胞的基本原则有哪些？受体细胞有哪些类型？
12. 外源基因导入方法有哪些？
13. 简述大肠杆菌感受态细胞 $CaCl_2$ 制备过程。
14. 重组子筛选的方法有哪些？

主要参考文献

[1] 宋思杨，楼士林. 生物技术概论. 北京：科学出版社，2003.
[2] 楼士林，杨盛昌，龙敏南，等. 基因工程. 北京：科学出版社，2002.
[3] 陈宏. 基因工程原理与应用. 北京：中国农业出版社，2003.
[4] 程备久. 现代生物技术概论. 北京：中国农业出版社，2003.

第三章　细胞工程

【知识目标】

了解细胞工程的概念及研究范畴，动物细胞工程及植物细胞工程的发展简史；熟悉细胞工程发展的现状、未来发展前景及应用前景；理解组织和细胞培养技术、细胞融合技术、单倍体和多倍体培育的染色体工程，主要包括胚胎分割技术、体外受精技术、卵核移植技术等的胚胎工程以及包括克隆和转基因技术的细胞遗传工程。

细胞工程是现代生物技术中涉及面极其广泛的一门技术，它与基因工程一起代表着现代生物技术最新的发展前沿。细胞工程在生命科学、农业、医药、食品、能源与环保等领域发挥着愈来愈重要的作用，有些应用（如动植物组织培养、单克隆抗体生产等）已经产生了十分可观的经济效益。鉴于细胞工程日益显著的地位，目前有越来越多的科技工作者开始加入到细胞工程领域的研究和开发工作中。随着细胞工程技术研究的进一步深入，必将会给人类社会带来深远的影响，开创新的前景。

第一节　细胞工程概述

细胞工程近年来发展迅速，举世瞩目，它不仅在理论研究上有重大意义，更重要的是在生产实践上有巨大的潜力。既然细胞工程如此重要，那么，我们有必要先来学习一下细胞工程的基本知识。

一、细胞工程的概念及研究范畴

（一）细胞工程的概念

细胞工程是指以现代细胞生物学、发育生物学、遗传学和分子生物学等生命科学的理论为基础，以生物细胞为基本单位，在细胞水平上按照人们的需要和设计，在离体条件下通过细胞融合、核质移植、染色体或基因移植以及组织和细胞培养等方法，使细胞的某些生物学特征按人们的意愿发展或改变，快速繁殖和培养出人们所需要的新物种的生物工程技术。简单地讲，细胞工程就是在细胞水平上进行人工操作，也称作细胞操作技术。

例如，利用细胞融合技术，不仅可以把同一物种的不同细胞进行融合，还可以把不同物种的细胞融合在一起，如动物细胞与植物细胞的融合，培养出新的物种，实现种间杂交；用植物组织培养技术快速繁殖优良种苗，生产“人工种子”；用茎尖分生组织培养，结合热处理去除病毒；用液氮冷冻细胞或组织，保存种质资源；用动、植物悬浮细胞或固定化细胞技术生产有用的次生代谢物；用胚胎移植、分割技术加快繁殖高产畜群等。细胞工程已渗透到人类生活的许多领域，取得了许多具有开发价值的成果，已在生产中推广应用，取得了明显的经济效益和社会效益。

（二）细胞工程的研究范畴

目前，细胞工程研究的范畴主要有以下几方面。

1．动、植物细胞和组织培养

细胞和组织培养是指动、植物细胞或组织在离体无菌条件下保存、生长和增殖。其成功的关键取决于两个因素：一是营养，包括糖、氨基酸和维生素等，培养不同的细胞需要不同成分的培养基；二是生长环境，包括一定的温度、湿度、光照、氧气、二氧化碳及培养液的酸碱度等。

例如：植物组织培养技术即把植物的细胞、组织或器官在无菌条件下植入培养基，在人工控制下生长和发育，在适宜的条件下，植物的一个细胞或很小的一块组织就可以长成一株幼苗。培养基中不仅含有植物生长所需要的各种营养物质，而且含有控制植物生长分化的植物激素或生长调节剂，培养的幼苗可再次切割再次培养，一变十，十变百，可以繁殖出大量的幼苗，现已成为一种大规模生产的手段。因这些幼苗多在试管里形成，人们又常称之为试管苗。

应用组织培养技术能加速有性或无性世代繁殖，缩短育种年限，获得新型基因，克服远源杂交不亲和性，促进幼胚发育和获得三倍体植株；利用超低温保存细胞和器官，在需要时恢复生长和分化，可保存和利用珍、稀、危植物的种质资源；用于药用成分的生产和转化，获得新的化合物；不受气候和季节限制，扩大繁殖速度，缩短繁殖周期，一般1～2个月完成一个繁殖周期，每平方米每年能培育出几万株幼苗。

2．体细胞杂交

体细胞杂交又称为细胞融合，它是指在一定的条件下，将不同来源的两个或多个细胞原生质融合成一个细胞并实现增生的过程。其主要步骤为：制备原生质体，对具备细胞壁的微生物细胞和植物细胞，用酸将细胞壁降解（动物细胞则无此过程）；诱导细胞融合，将欲融合的两亲本原生质体的悬浮液各调至一定细胞密度，按 1∶1 比例混合后，用化学方法（PEG）或物理方法（电激）促进融合；筛选杂种细胞，将上述混合液移到特定的筛选培养基上培养，融合细胞有选择的长出，可获得具有双亲遗传性状的杂合细胞。

体细胞杂交技术是细胞工程的一个重要方面，它可以避开生殖细胞的受精过程，克服有性杂交中不亲和性障碍，使遗传基因在远缘物种之间转移，创造新物种，大大丰富育种用的原始材料。现在，不仅在动物、植物种内或种间可以杂变，而且动物和植物细胞之间也可以杂交。

3．细胞拆合与克隆

所谓细胞拆合，即是把完整的细胞核和细胞质用特殊的方法分离开来，然后再把同种或异种细胞核和细胞质重新组合起来，培养新的细胞或新的生物个体。细胞拆合包括细胞核移植和细胞器移植。细胞核移植是在显微条件下用微吸管把一个细胞中的细胞核吸出后直接移到另一个去核的细胞中，培养发育成无性繁殖系。核移植工作过去多在鱼类和两栖类动物上进行，早期的杰出工作者为中国的童第周教授和美籍华人牛满江教授，他们取出鲤鱼囊胚期胚胎细胞核，植入鲫鱼的去核受精卵中，结果部分易核卵发育成核质杂种鱼。近年来核移植工作发展到哺乳类动物，并且不再仅限于早期胚胎细胞的核，成年体细胞核也被成功移植。如美国、英国、新西兰、中国等国的科学家通过核移植方法克隆出猴、猪、绵羊、山羊、牛、兔等。细胞器移植研究较多的是叶绿体和线粒体移植。叶绿体是植物细胞所特有的能量转换细胞器，主要功能是光合作用，把强光效植物的叶绿体移植到弱光效植物原生质当中去，就能提高弱光效植物的光合作用，如将玉米叶绿体移植到小麦原生质中，可使小麦增产。叶绿体移植方法大体是将分离纯化的叶绿体与受体原生质一道培养，通过细胞的胞饮作用将叶绿体摄入受体原生质体中，再经过培养，原生质体就可以成长为完整的植株。线粒体是动植物细胞中普遍存在的一种半自主细胞器，是呼吸作用的中心，在能量转化过程中起重要作用，同时也与某些性状的遗传有直接关系。线粒体的转移也可以传递遗传信息，改变受体细胞的某些遗传特征，如抗药性、雄性不育等。线粒体移植方法很多，通常有微注射法、载体转移法以及胞饮摄入法等。

克隆为遗传上同一机体或细胞系（株）的无性生殖。现在一般把 DNA 分子、基因片段、单克隆抗体的复制过程也称为克隆。克隆的本质特征是生物个体在遗传组成上的完全一致性。尽管理论上任何一个细胞都含有其生物体基因组全部基因，都可以被克隆，但实际上，动植物细胞克隆结果却差别很大。克隆现象在植物界普遍存在，它可以是自然的，也可以是人工的，因为植物细胞具有全能性。动物细胞仅尚未分化的胚胎细胞具有全能性。

二、细胞工程与其相关学科的关系

细胞是生物体的基本结构单位和功能单位，随着细胞生物学、发育生物学、遗传学和分子生物学的发展，20 世纪 70 年代末至 80 年代初应用上述各学科的理论和方法，在细胞整体水平或细胞器水平上进行了一系列的研究开发。细胞工程技术为发酵工程、生物化学工程提供经过遗传性状改良的微生物、融合细胞，筛选出稳定的动植物细胞系等培养对象。同时细胞工程又借助这两者的一些相关技术，如生物反应器、发酵工艺等进行动植物大规模培养，生产活性代谢产物和单克隆抗体、疫苗等药物。细胞工程利用基因工程中的转基因技术实现转基因动物的制备，实现“人源化”动物器官培养、基因重组细胞的培养等。细胞工程通过细胞融合、转基因技术改变生物的遗传性状和实现新型物种创造，为蛋白质药物和酶制剂的生产提供了可能。

三、细胞工程在现代生物技术中的地位及其实践意义

20 世纪初，产生了遗传学，并于 60 年代取得了辉煌的成就，被誉为“第一次绿色革命”。细胞学等的理论被应用于生产而产生了细胞工程。细胞工程是与 20 世纪同时诞生的世纪工程。一个世纪过去了，人类在植物细胞工程、动物细胞工程、微生物细胞工程各领域取得了辉煌的成就。科学家不仅能培养各类细胞和组织，还能从单个细胞克隆出高等植物和高等动物，如被子植物和哺乳动物。人类正在用智慧的大脑和勤劳的双手改造生物种性，创造更美好的未来。

植物是人类赖以生存的重要资源，它为人类提供了食物、药物、香料、色素、住宅等。就药物而言，植物中含有可观的药用成分。地球上 75%的人口以植物作为防病和治病的药物来源。但人口的过度膨胀，对植物药需求急剧增长，造成了人类对药物资源掠夺性开发，许多植物药的天然资源已枯竭，而植物栽培收获期又较长，使得靠大面积栽培来收获药物的方法不能满足市场。20 世纪 80 年代末期，植物细胞培养技术的应用，为生产更多的药用物质提供了机会和方法，成为当今生物技术最活跃的研究领域之一。

动物克隆在家畜生物技术育种、良种快速繁殖、胚胎化生产、珍稀动物保护等方面具有广泛的实践意义，也是生命科学研究的崭新手段，具有重要的理论意义。对优秀动物进行克隆，可以大幅提高家畜种群的生产性能，避免优良基因组合在有性繁殖过程中的分离与重组，提高优良基因及其组合在群体中的繁殖速度，最大限度地增加优良种畜的遗传贡献，大大加快育种进程。动物克隆是抢救和保护珍稀动物的有效措施，通过同种克隆技术推进到异种克隆，即借腹怀胎的新领域，可大大促进对濒临灭种的哺乳动物

的保护工作。转基因的克隆哺乳动物，将能为人类提供源源不断的廉价药品、保健品以及可以被人体接受的移植器官。动物克隆技术与胚胎学、发育生物学、细胞生物学、遗传学、分子生物学技术相结合，可以识别动物发育中的各种基因及其活动，从而为生物学中诸多复杂难题的研究提供新的思路。

大规模动、植物细胞培养技术是实现细胞工程产品产业化的重要手段，通过研究目标产品所需的环境条件，建立一系列高表达、低消耗、稳定均一的下游加工制造工艺，完成从实验室到大规模生产的转变，实现目标产品的生产规模化、产业化，能满足大量市场供应需求，如色素、毒素、抗生素、生长素、生物酶、生长因子、疫苗、单克隆抗体等生物生产技术已成为现代生物技术的重要方面。

四、细胞工程的发展

（一）动物细胞工程的发展

动物细胞工程是细胞工程的一个重要分支，它是应用细胞生物学和分子生物学的方法，在细胞水平上对动物进行遗传操作，一方面改造生物遗传种性；另一方面应用工程技术的手段，大量培养细胞或动物本身，以期收获细胞或其代谢产物以及可供利用的动物。

1. 融合现象的发现

细胞融合又称为细胞杂交，它是用人工方法使两种或两种以上的体细胞合并形成一个细胞，不经过有性生殖过程而得到杂种细胞的方法。在自然情况下，体内或体外细胞间发生的融合称为自然融合；而在体外用人工方法，使用融合诱导因子促使相同或不同细胞间发生融合，称为人工诱导融合。基因型相同的细胞融合成的杂交细胞称为同核体；来自不同基因型的杂交细胞则称为异核体。

1958 年冈田善雄偶然发现已灭活的仙台病毒（HVJ，副黏液病毒一种）可诱发艾氏腹水病细胞相互融合形成多核体细胞，此后，科学家相继证实，其他副黏液病毒、天花病毒和疱疹病毒也能诱导细胞融合。仙台病毒诱导细胞融合的方法是：将双亲本细胞分别制成细胞悬液→混合离心，弃上清液→双亲细胞沉淀中加入灭活病毒悬浮液，混匀后冰浴 20 min 并间歇摇动，细胞凝集→37℃水浴 30 min，间歇摇动，细胞融合→选择培养基培养。如果双亲本细胞都呈单层贴壁生长，则将它们混合培养后直接加入灭活的仙台病毒诱导融合即可。此办法建立较早，由于病毒的致病性，制备比较困难，再加上此法诱导产生细胞融合率比较低，重复性不高，所以近年来很少使用。

2. 动物组织细胞培养技术的建立

早在 1885 年，Roux 就开创性地把鸡胚髓板在保温的生理盐水中保存了若干天。这是体外存活器官的首次记载。1887 年，Arnold 把桤木的木髓碎片接种到蛙的身上，当白细胞侵入这些木髓碎片后，他把这些白细胞收集到盛有盐水的小碟中进行培养，观察到了白细胞的运动。1903 年，Jolly 将蝾螈的白细胞在生理盐水中保存了一个月，由于当时条件限制，实验室难以重复，并难以证明其所培养的是否是真正的活的健康组织和细胞。Harrison 是公认的动物组织培养的鼻祖，1907 年，他培养的蛙胚神经细胞不仅存活数周，而且还长出了轴突，该实验不但可重复，而且证明了生物组织的功能在体外可以延续。20 世纪 40 年代 Carrel 和 Earle 分别建立了鸡胚心肌细胞和小鼠结缔组织 L 细胞系，令人信服地证明了动物细胞体外培养的无限繁殖力。至今，科学家们建立的各种连续的或有限的细胞系（株）已超过了 5 000 种。

1907 年美国的哈里逊（R.G.Harrion）用淋巴液培养了蛙的中枢神经片段，开始了组织培养实践；1951 年欧利（Earle）等开发了可在体外培养动物细胞的培养基，为一些生物制品的生产提供了必需的条件，但对动物细胞的进一步研究和应用是在基因工程技术开发后才受到人们的重视，究其原因是因为有些结构比较复杂的蛋白质不能在具有原核细胞的细菌或简单的真核细胞的酵母中进行表达，而必须用哺乳动物细胞来进行表达，再加上杂交瘤细胞培养的需要，使动物细胞培养技术达到了一个新的阶段。其中也包括一些采用新的工程技术方面的发明创造，如 1967 年范韦泽（Van Wazel）发明了一种适用于贴壁细胞（指除了杂交瘤细胞、造血细胞等少数动物细胞外，大多数的动物细胞均不能直接悬浮在培养液膜中生长增殖）的一类用多孔玻璃、高分子聚合物、胶原等材料制成的多孔微载体，将其悬浮在培养液中让贴壁性细胞在其表面生长并进行单层增殖。

另外，适用于实验室培养的玻璃转瓶和滚瓶的开发；适用于生产用的生物反应器如搅拌反应器、气升式反应器、中空纤维反应器的开发；适用于微囊化细胞（即将无贴壁要求的细胞包埋或均匀分布于惰性载体中）的反应器装置等的开发和运用灌注培养操作把细胞截留在反应器内，而将部分原培养液抽出并补充等体积的新鲜培养液，以延长操作周期与提高最终培养液的细胞浓度等新措施的应用，促使动物细胞的培养技术提高到一个崭新的阶段。

3. 细胞融合技术的建立和杂交瘤技术的诞生

动物细胞融合的方法有 3 种：

（1）病毒诱导融合。1958 年冈田善雄偶然发现已灭活的仙台病毒可诱发艾氏腹水瘤细胞相互融合形成多核体细胞。病毒诱导融合存在融合剂制备困难、融合率较低、不易重复的缺点。

（2）化学诱导融合。1974 年高国楠用 PEG 成功诱导植物细胞融合，次年，Pontecorvo 即用该法成功融合动物细胞。几十年过去了，PEG 诱导融合在方法上不断得到改进，已成为动植物细胞融合的主要手段。由于动物细胞不具备植物细胞刚硬的细胞壁，融合更简单，其关键在于亲本双方要有较明显可识别的筛选标志，即基因和性状。

动物细胞的PEG融合方法与植物细胞PEG融合方法相类似，但由于动物细胞pH多为中性至弱碱性，PEG溶液的pH应调至7.4～8.0为宜。此外，可将细胞—PEG悬浮液进行适当离心处理，迫使细胞更紧密接触，提高融合率。融合时PEG的分子量不宜过大，以1 000左右为宜，浓度不能过高，达30%～40%即可，否则细胞难以离心沉降。加入5%～15%的二甲基亚砜效果更好。

（3）电激诱导融合。1979年Senda等发明了微电法诱导细胞融合。在显微镜下将1～12 μA、1～5 μs的电脉冲插入待融合细胞的悬浮混合溶液中，接通一定的交变电场，施以瞬间适当强度的电脉冲，击穿细胞膜而发生融合。随后，Zimmermann等又进一步采用加在平行电极上的高压脉冲诱导植物原生质体、海胆卵细胞、哺乳动物细胞及酵母菌等融合获得成功，从而为电融合发展奠定了基础。

电激融合不使用有毒害作用的试剂，作用条件比较温和，只要条件适当，具有较高的融合率（50%～80%），并具有在显微镜下定向诱导细胞融合和直接挑选杂种细胞等优点，因而日益受到人们的青睐。

杂交瘤产生单克隆抗体技术自1975年问世以来，短短几十年取得了飞速的发展，用这项技术几乎可以获得任何针对某个特定分子结构的高纯度抗体，应用的范围已经扩大到了生物医学等多个领域，如免疫学、细菌学、遗传学、肿瘤学等。但目前主要利用其高特异性和高纯度的突出优点大量应用于临床诊断方面。

当外源生物如细菌或生物大分子如蛋白质，即抗原进入动物或人体后，会刺激后者形成相应的抗体，引起免疫应答，从而将外源生物分解或消除。随着免疫学的深入发展，人们已知道，每种抗原的性质是由其表面的蛋白质类物质即决定簇决定的，然而，抗原表面往往有很多种决定簇，可以引发机体产生相当多种特异性抗体，这种情况给临床诊断和治疗带来诸多不便。

人和哺乳动物体内主要有两类淋巴细胞：T细胞和B细胞。T细胞能分泌淋巴因子如干扰素，发挥细胞免疫的功能；B细胞能分泌抗体，具有体液的免疫作用。由于外环境纷繁复杂，千差万别的抗原使B淋巴细胞群产生的抗体高达数百万种，但每个B淋巴细胞都仅专一地产生、分泌一种针对某种抗原决定簇的特异性抗体。显然，要想获得大量专一性抗体，就得从某个特定B淋巴细胞培养繁殖出大量的细胞群体，即克隆。如此克隆出的细胞其遗传性高度一致，由他们分泌出的抗体即叫做单克隆抗体。令人遗憾的是，B淋巴细胞在体外不能无限繁殖。为了攻克上述难题，充分利用单克隆抗体纯度高、专一性强的优点，1957年Kahler和Milstein利用肿瘤细胞无限增殖分生的特征将B细胞与之融合，终于获得了既能产生单一抗体又能在体外无限增殖的杂合细胞，在生物医学领域做出了重大贡献，由此荣获1984年诺贝尔生理学与医学奖。

淋巴细胞杂交瘤技术主要是由免疫动物、细胞融合、筛选杂交瘤细胞、克隆化培养、单克隆抗体的制备与鉴定等一系列实验组成的实验系统，其核心部分是细胞融合。

① 免疫动物及细胞融合。为了获得单克隆抗体，首先需要用特定抗原免疫纯系动物来获得分泌预定抗体的 B 淋巴细胞。不过，这种 B 淋巴细胞不能在体外长期培养。利用细胞融合技术可以使短寿命的抗体形成细胞与能永久生长的同种骨髓瘤细胞系融合获得永生。

细胞融合过程，首先是细胞质融合，然后通过有丝分裂细胞核合二为一，形成新的杂种细胞。通常情况下，两个细胞接触并不发生融合现象，因为各自存在完整的细胞膜。但是，在某些诱导物如聚乙二醇（PEG）的作用下，细胞膜可发生溶解，促使两个或多个细胞融合成巨细胞。

杂交瘤细胞就是在聚乙二醇的促融作用下，将分泌预定抗体的 B 淋巴细胞同具有无限繁殖能力的骨髓瘤细胞融合而成的巨细胞。这种杂交瘤细胞获得了双亲本细胞的遗传特性，既有分泌预定抗体的能力，又有无限繁殖的能力。然而，在细胞融合过程中，除了形成杂交瘤细胞外，还可能存在 B 淋巴细胞与 B 淋巴细胞、骨髓瘤细胞与骨髓瘤细胞形成的融合细胞以及未融合的亲代细胞。在这些细胞中，脾脏细胞体外培养 10 d 左右会自行衰亡，对杂交瘤细胞生长无影响。而未融合的骨髓瘤细胞或其自身融合物，由于生长速度快，往往会抑制已融合的杂交瘤细胞生长。因此，必须进行选择培养，通常采用的是 HAT 培养系统。

② 筛选杂交瘤细胞。HAT 培养基是在一般组织培养基内添加了叶酸拮抗物——氨基喋呤（Amethoperin），用以阻断嘌呤和嘧啶的内源性生物合成的途径；并提供了核苷酸的前体——胸腺嘧啶核苷和次黄嘌呤等，供细胞外源性生物合成用。细胞 DNA 合成主要有通路和旁路两条途径。当细胞 DNA 合成主要通路被氨基喋呤阻断时，细胞可利用旁路进行 DNA 合成。在杂交瘤技术中应用的骨髓瘤细胞是经过用嘌呤类似物 8-氮鸟嘌呤或 6-巯基鸟嘌呤筛选而得到的遗传基因缺陷型细胞系，它们缺少次黄嘌呤-鸟嘌呤磷酸核糖转移酶（HGRP Tase）或胸腺嘧啶核苷激酶（Tkase），无法利用补充的次黄嘌呤和胸腺嘧啶核苷经旁路合成 DNA，从而导致骨髓瘤细胞死亡。杂交瘤细胞在染色体杂交后，经旁路合成 DNA，使杂交瘤细胞得以繁殖生存。

③ 克隆化培养。生长繁殖的杂交瘤细胞并非每个都能分泌预定的抗体。因此，必须利用免疫荧光检测技术、免疫酶测定技术等手段，筛选出稳定分泌预定抗体的杂交瘤细胞。为了保证分泌抗体单一性，还必须通过有限稀释法或琼脂培养法进行多次克隆化培养，这样就可以用来大量制备单一、特异的单克隆抗体，供鉴定和试验使用。

④ 单克隆抗体的大量制备与鉴定。获得稳定分泌预定抗体的杂交瘤细胞株后，即可根据需要大量制备单克隆抗体。制备单克隆抗体的方法有两类：一类是动物体内诱生法，即将杂交瘤细胞接种于同系小鼠或裸鼠腹腔内，经一定时间，动物腹腔内产生含单克隆抗体的腹水；另一类是体外培养法，如悬浮培养系统，即采用转瓶或发酵罐式的生物反

应器以及中空纤维细胞培养系统和微囊化细胞培养系统。

最后，进一步分离和纯化单克隆抗体，鉴定单克隆抗体类型及亚类，测定抗体亲和力以及相应抗原的分子量等。

4. 动物克隆技术的建立

克隆是指通过无性繁殖的手段，从一个动物细胞获得遗传背景相同的细胞群或个体群的过程。广义上的动物克隆就是指动物的无性繁殖，即用无性繁殖的手段，由单一个体产生外形、性能和基因型完全一致的多个动物。动物克隆技术主要是指细胞核移植，并包括胚胎分割技术，它是当今胚胎工程的生命科学研究的热点。

1938 年，德国科学家 Spemenn 首先提出并进行了两栖动物细胞核移植实验，Briggs 和 King 将胚细胞的核注入去核卵中，得到了正常蝌蚪，这一结果震惊了世界。我国童第周教授在鱼类核移植方面进行了大量卓有成效的基础理论研究。1981 年，Illmensee 和 Hopper 首次报道将鼠 ICM 的细胞核移植到去核合子中，经过体外培养，有 34%的重组胚胎发育为桑椹胚。这种胚胎移入受体后，90%发育产仔。在核移植克隆技术的发展历史上，有两个具有里程碑意义的事件，其一是 1986 年 Willadsen 首次报道在绵羊中采用去核的成熟卵母细胞作核受体与 8 细胞的单个分裂球重构产生胚胎，而得到了世界第一只由去核卵母细胞重构的核移植哺乳动物，该方法基本奠定了哺乳动物核移植程序，随后又获得了牛、猪、兔、猴、山羊等多种核移植克隆动物；另一个事件就是 1997 年 2 月 17 日，英国科学家 Wilmut 等报道，利用体细胞核移植技术成功获得了克隆绵羊“多莉”(Dolly)，它是人类首次用成年动物的体细胞——乳腺上皮细胞获得的克隆后代，引起了全世界的广泛关注。其理论意义在于：分化细胞经过处理后，在去除核遗传物质的成熟卵母细胞质的支持下能够恢复其全能性。1998 年，美国又生产出“克隆复克隆”小鼠，即所谓檀香山技术。日本的 Kato、美国华裔科学家杨向中等继而报道了体细胞克隆牛的诞生。2000 年，美国生产出可用于人类器官移植的 5 头克隆猪。中国科学家也不甘落后，中国科学院遗传与发育生物学研究所和扬州大学于 1999 年 11 月报道了首例体细胞克隆山羊（2 只）的诞生；中国科学院动物所报道了大熊猫体细胞与家兔卵母细胞的异种动物重组克隆胚胎发育至囊胚阶段，旨在挽救这一世界级珍稀动物资源，获得了广泛的国际关注和支持。

动物克隆依其目的可分为繁殖性克隆和治疗性克隆两种。繁殖性克隆旨在对优秀动物个体进行快速繁殖或“复制”；治疗性克隆则与胚胎干细胞技术结合，解决人类医学中组织器官的自体移植问题。2004 年 2 月，韩国和美国的科学家成功地克隆出了人类早期胚胎，并从中提取出胚胎干细胞，首次证明了人类治疗性克隆的可行性，将克隆技术在医学治疗方面的应用推进了重大一步，同时也再次引起了人们关于克隆在伦理方面的种种议论。

（二）植物细胞工程的发展

植物细胞工程是一门以植物组织和细胞离体操作为基础的实验性学科，它是以植物组织细胞为基本单位，在离体条件下进行培养繁殖或人为精细操作，使细胞的某些生物学特性按人们的意愿发生改变，从而改良品种、创新物种、加速植物个体繁殖，或获得有用物质的过程统称为植物细胞工程。其发展大致经历了三个阶段，即探索阶段、培养技术建立阶段和应用研究阶段。

1. 探索阶段

植物组织以至整个植株无性繁殖可以追溯至古代。如利用扦插法繁殖杨、柳等，利用嫁接法繁殖果树和花卉等。由此可以看到植物细胞具有潜在的全能性，人们可以利用这一特性进行植株的培养和繁殖。刚开始的组织培养是将小块的活组织（外植体）从生物机体中取出，无菌条件下在确定组分或不完全确定组分的培养基中进行培养，以期使外植体能增殖并具有一定生理作用。组织培养是在无菌和人为控制营养成分、光、湿度、温度等条件下，培养、研究植物器官，甚至进而从中分化发育出整个植株的技术。1902年德国植物学家哈贝兰特（Haber landt）依据细胞学说，预言“植物细胞具有全能性”，即高等植物的器官和组织分离成单个细胞，而每一个分离出来的细胞都具有进一步分裂和发育的能力。为此，他进行了高等植物离体细胞的培养，但由于技术上的限制，他的离体培养的细胞未能分裂。1904 年，亨利成功地进行了离体胚培养，他在培养基上培育出能正常发育的萝卜和辣根菜的胚，成为植物组织培养的鼻祖。

2. 培养技术建立阶段

20 世纪 30 年代，植物组织培养取得了长足进展。1933 年我国植物生理学创始人李继侗、罗宗洛和罗士伟相继进行了银杏胚的离体培养，发现银杏胚乳和幼嫩桑叶的提取液能分别促进离体银杏胚和玉米根的生长，为把维生素和其他有机物作为培养基中不可缺少的成分提供了重要的依据。温特发现生长素吲哚乙酸（IAA）能促进细胞的生长；1934年，美国人怀特（White）以番茄根为材料，建立了一个无性繁殖系；随后，学者冈瑟特莱发现了维生素和生长素等物质对植物培养细胞的生长发育有促进作用。同期学者分别建立的植物组织连续培养物，使离体的植物组织可以在人工培养基上不断生长，从而奠定了现代组织培养的基础。1955 年，Miller 发现了激动素，指出激动素能促使培养细胞分裂，激动素可以代替腺嘌呤促进发芽，并确定了植物培养基中控制芽和根形成的激动素和生长素的比例。1957 年，Skooy 和 Miller 又发现了激动素能强有力地诱导组织培养中愈伤组织长出幼芽，这是组织培养中的一项重要进展，直接导致两年后 Steward 顺利地从胡萝卜的培养细胞中分化出了胚状体乃至整个植株。

3. 应用研究阶段

1953 年，Muir 成功地对烟草和直立万寿菊的愈伤组织进行了悬浮培养；1959 年 Tulecke

和 Nickell 推出了一个 20 L 的植物细胞封闭式悬浮液培养系统；1979 年，Brodelius 等首次报道了用海藻酸钙成功地固定培养橘叶、鸡眼藤、长春花和希腊毛地黄细胞，继而推出了固定化细胞培养系统。

20 世纪 80 年代科学工作者建立了植物原生质体培养和融合技术。以后，植物细胞培养和组织培养在世界各地广泛展开和应用，各种细胞培养和组织培养技术也日益完善。通过组织培养方法培育完整植株的探索便在世界范围内蓬勃发展开来，现在已有许多种植物能够借助组织培养的手段进行快速繁殖，多种具有重要经济价值的粮食作物、蔬菜、花卉、果树、药用植物等实现了大规模的工业化、商业化生产。

工业化植物细胞培养系统主要有两大类：悬浮细胞培养系统和固定化细胞培养系统。前者适于大量快速地增殖细胞，但往往不利于次生物质的积累；后者则相反，细胞生长缓慢而次生物质含量相对较高。

目前，组织培养的内容已逐步扩展为两个方面：即器官培养和细胞培养。器官培养是将一块组织或胚胎的外植体经体外培养，以获得能保持组织结构、细胞作用以及进行组织学和生物化学分化的增殖组织；细胞培养是将一块外植体经酶或机械作用将其分散，以获得细胞悬浮液或相互连接的单层细胞。

人们已发现的植物天然代谢物已超过 2 万种，而且还以每年新发现 1 600 种的速度递增。人类祖先在与疾病的抗争中，已积累了丰富的利用植物中的生物活性物质治病、强身的经验。然而植物自然生长缓慢，自然灾害频繁，即使大规模人工栽培仍然不能从根本上满足人类对经济植物日益增长的需求。因此，早在 1956 年，Routier 和 Nickell 就提出工业化培养植物细胞以提取天然产物的大胆设想。Reinhard 等在 1968 年首先将这种设想转变成现实，生产出了哈尔碱，紧接着科学家从培养植物细胞中获取了薯蓣皂苷、人参皂角苷和维斯纳精。现在一些发达国家已集中相当数量的人力、物力和财力潜心开拓这个经济潜力十分巨大的生产领域。世界最大的批量工业化培养烟草细胞已达到 20 t。我国在“八五”、“九五”和“863 计划”中连续拨款资助工业化培养红豆杉细胞生产抗肿瘤药物紫杉醇的研究，目前已达到 60 mg/L 的世界先进水平。

通过培养植物细胞工厂生产生物天然次级代谢产物的美好前景已经十分清楚地展现在世人面前。

第二节　植物细胞工程

通过对细胞工程的概述性学习，我们明确了细胞工程的概念、范畴、历史沿革及与其他学科之间的相互关系。就广义而言，细胞工程可以分为植物细胞工程和动物细胞工程。本节先来学习植物细胞工程，那什么是植物细胞工程呢？以植物细胞为基本单位在离体条件下进行培养、繁殖或人为精细操作，使细胞的某些生物学特征按人们的意愿发生改变，从而改良品种或创造品种，加速繁育植物个体或获取有用物质的过程统称为植物细胞工程。它的研究内容主要包括组织和细胞培养、细胞融合及细胞拆合等。下面我们就其所包含的内容来具体进行学习。

一、植物组织培养

植物组织培养就是在无菌条件下利用人工培养基对组织、器官、原生质体等的培养。组织培养要注意三个基本问题：即选择适当的培养基；选择合适的外植体；除菌消毒。

（1）选择适当的培养基

由于物种不同，外植体千差万别，因而组织培养基也多种多样。尽管组织培养基差别较大，但一般都包含四大组分：即基本成分（如氮、磷、钾、钙、镁等）；微量成分（如锰、锌、钼、铜、硼等）；有机成分（如维生素、甘氨酸、肌醇、烟酸、糖等）；生长调节物质（如细胞分裂素、生长素等）。各类培养基中，变化幅度最大的是生长调节物质，使用时要根据培养基的差异，精心选用。

（2）选择合适的外植体

外植体是能用来诱发产生无性增殖系的植物器官或组织切段，如一个芽、一个茎等。选择外植体要综合考虑以下因素：①大小适宜，外植体的组织块要达到 5～10 mg（2 万个细胞）以上，才容易成活；②同一植物不同部位的外植体，其细胞的分化能力、分化条件以及分化类型都有相当大的差别；③植物胚和幼龄器官比老器官、老组织更容易脱分化，产生大量愈伤组织；④不同物种相同部位的外植体，其细胞分化能力不一样。总之，外植体的选择要以幼嫩的器官或组织为宜。

（3）除菌消毒

选择健康的外植体，尽可能除净外植体表面的各种微生物，这是成功进行植物组织培养的前提。消毒剂的选择及处理时间长短与外植体对所用试剂的敏感性密切相关。一般幼嫩材料处理时间比成熟材料要短些。外植体除菌一般程序是：外植体→自来水多次漂洗→消毒剂处理→无菌水反复冲洗→无菌滤纸吸干。所有工作都应在超净工作台上完成。

（一）愈伤组织的诱导与继代培养

外植体是已分化成各种器官的组织切段。组织培养的第一步就是让这些组织切段的细胞分化，使各种细胞重新处于有丝分裂的分生状态，诱导产生愈伤组织。因此，培养基中一般都添加较高浓度的生长类激素。具体操作是将外植体表面消毒后切成小段，插入或平放在培养基上即可。但这种培养方法使外植体的营养吸收不均，气体及有害物质交换不畅，愈伤组织容易出现极化现象。为克服此问题，可把外植体浸没在液态培养基中振荡培养，并谨防污染。这一时期为植物细胞依赖培养基中的有机物等营养进行异养生长阶段，原则上无需光照。

愈伤组织长出后，经过 4～6 周细胞的迅速分裂，原有培养基中的水分及营养成分已近耗完，细胞的有害代谢物在培养基中不断积累，已不适合愈伤组织细胞生长。因此，必须进行转移，即继代培养。通过转移，愈伤组织的细胞数将迅速扩增，有利于下一阶段产生更多的胚状体或小苗。

(二) 愈伤组织的分化与植株再生

愈伤组织只有经过重新分化才能形成胚状体或根、芽等器官，继而长成小苗。在这一阶段，分化出的根芽俱全的类似合子胚的结构（胚状体）一般是不多的，大量分化出现的是根或芽。所以一般需要将愈合组织移植于含有合适的细胞分裂素和生长素的分化培养基上，才能有更多的胚状体形成。光照是此阶段的必备条件。

在人工培养条件下长出的小苗，要适时移栽于户外以利于生长。此时的小苗十分幼嫩，移栽应在适度光、温、湿条件下进行。为了提高移栽成活率，移栽前最好先打开培养瓶口，使移栽苗适应一段时间后再移栽。

二、植物细胞培养

植物细胞与动物细胞不同，植物体的任何一个细胞都具有生长分化成一个完整植株的能力，称为植物细胞的全能性。因此，植物单个细胞在模拟机体内进行体外培养时，可以通过细胞分裂形成细胞团，再经过细胞分化形成根、芽等器官，或直接经过体细胞胚，最后长成一株完整植物。植物细胞培养可以说是一种从单细胞到植株的无性繁殖技术。常用的植物细胞培养有单细胞培养和原生质体培养两大类。

在组织培养中，细胞之间在遗传、生理生化等特性上往往会发生种种变异，并由此形成部分有差异的植株。而由单细胞培养获得单细胞无性繁殖系，就可以对细胞系逐个进行研究，这无论在理论上还是在实践上均有很大的意义。植物细胞培养的应用有两个方面，一是利用植物细胞培养材料的遗传保守性来建立种质库和生产有用化合物；二是利用其遗传的变异性来创造体细胞无性变异。细胞培养也是进行体细胞杂交和基因工程的必备手段。

(一) 悬浮培养

植物细胞悬浮培养是一种将分散的植物细胞或小的细胞团块悬浮在液体培养基中进行生长、扩增的液体培养技术。

自 20 世纪 50 年代以来，植物细胞悬浮培养技术从试管悬浮液发展到大容积的发酵罐培养，直到现在最新的浊度恒定法和化学恒定法等自动控制的较大规模的连续培养，发展极其迅速。悬浮培养的特点是可以提供大量均匀的、形态上和生理上比较一致的细胞，而且增殖速度快，适合大规模培养。通常以愈伤组织作为起始材料，使愈伤组织在动态的液体培养基中分散为单个细胞或小的细胞团块，也可以选用无菌幼苗等材料在匀浆后的细胞悬浮液中培养。

进行愈伤组织和悬浮细胞培养时，接种的细胞密度不低于某一临界值，愈伤组织块以高密度悬浮细胞存在时对单个细胞有看护效应，培养的细胞间有某种相互有利的因子，即每一个细胞依赖于群体中的其他细胞。这种相互依赖的实质是什么，目前尚不清楚。研究单细胞生长的需要也是了解这一问题的途径之一。

1. 悬浮培养的培养基

诱发愈伤组织的培养基可以作为细胞悬浮培养基的基础。不过要特别注意细胞生长素和分裂素的用量。B5 和 ER 两种培养基是高等植物细胞悬浮培养常用的培养基。常用的培养基缓冲能力较差，在悬浮培养时，pH 常有相当大的变动。如 pH4.8～5.4 酸性培养基，在细胞培养时会迅速变得接近中性，故应加入 EDTA 使铁和其他金属离子长期处于可利用的状态，以稳定 pH。

2. 最低有效密度概念

使悬浮培养的细胞能够增殖的最少接种量称为最低有效密度或临界起始细胞密度。最低有效密度因培养材料原种培养条件、原种保存时间及培养基的成分不同而有所不同。在固体培养时，如将单细胞和一块起着看护作用的组织块铺在培养基上，则可诱导此单细胞进行细胞分裂。这是由于多细胞的组织块，在培养过程中向培养基中释放了某种物质，而这种物质对单细胞的生长是必需的。这说明在培养过程中，细胞不但从培养基中吸收养料，还把它的合成产物释放了出来。因此，如果利用条件培养基即培养过一段时间植物组织的培养基进行培养，则会降低最低有效密度。

3. 培养基的振荡

在悬浮培养中，为了使培养基能不停地运动，可使用各种类型的振荡设施。旋转式摇床便是其中之一。摇床载物台上装有瓶夹，不同大小的瓶夹可以调换，以适应不同大小的培养瓶。摇床的转速是可控的，对于大多数植物组织来说，以转速 30～150 r/min 为宜，冲程范围应在 2～3 cm。转速过高或冲程过大会造成细胞的破裂。

4. 悬浮培养细胞的同步化

同步化培养是指在培养中的大多数细胞都能同时通过细胞同期各个阶段（G1、S、G2 和 M）。同步性程度以同步百分数表示。

在悬浮培养中，为了研究细胞分裂和细胞代谢，最好使用同步培养物或部分同步培养物，因为与非同步培养物相比，在同步或部分同步培养中，细胞周期内的每个事件都表现的更为明显。在一般情况下，悬浮培养细胞都是不同步的。要使非同步培养物实现同步化，就要改变细胞周期中各个事件的频率分布。其方法有两种，即饥饿法和抑制法。饥饿法是指先对细胞断绝供应一种细胞分裂所必需的营养成分或激素，使细胞停止在 G1 期或 G2 期，经过一段时间的饥饿之后，当重新在培养基中加入这种限制因子时，静止细胞就会同步进入分裂。抑制法是指使用 DNA 合成抑制剂，如 5-氨基酸嘧啶、羟基脲和胸腺嘧啶脱氧核苷等，也可以使培养细胞同步化。当细胞受到这些化学药物的处理之后，细胞周期只能进行到 G1 期，细胞都滞留在 G1 期和 S 期的边界上。当把这些抑制剂去掉之后，细胞进入同步分裂。

5. 细胞活力测定

细胞的活力测定可以用相差显微技术（亮视野显微镜下也可以）、四唑盐还原法、二乙酸荧光素（FDA）法和伊凡蓝染色法等进行测定。

（二）植物细胞大规模培养与次生代谢物的形成

植物细胞大规模培养一般有两种培养系统类型：即成批培养和连续培养。

1. 成批培养

把细胞材料分散在一定容积的液体培养基中培养（常用容器一般为 25～100 ml 的三角瓶），目的是建立单细胞培养物。在培养过程中，除了气体和挥发性代谢产物可以同外界空气交换外，一切都是密闭的，当培养基中的主要营养成分被耗尽或受其他因子影响时，如有毒物质积累，细胞就停止增殖。为了使成批培养的细胞能不断增殖，必须进行继代，方法是取出培养瓶中一小部分悬浮液，转移到成分相同的培养基中，大约稀释 5 倍继续培养。在成批培养中，细胞数目增长的变化情况表现为一条 S 形曲线，其中一开始是滞后期，细胞很少分裂，接下来是对数生长期，细胞分裂活跃，数目迅速增加。经过 3～4 个细胞世代后，由于培养基中某些营养物质已经耗尽或是有毒代谢物的积累，增长逐渐缓慢，最后进入静止期，增长完全停止。培养从开始到结束，整个周期的长短是由起始细胞的密度、滞后期的长短、生长速率等因素决定的。一般起始细胞密度应在 0.5×10^5～2.5×10^5 个/ml，在培养过程中增加到 1×10^6～4×10^6 个/ml，即全部细胞平均增殖 4～6 倍。

在成批培养中细胞繁殖一代所需的最短时间，也即在对数生长期中细胞数目加倍所需要的最短时间因组织而异，如烟草为 48 h，菜豆为 24 h。这些时间都长于在整体植株上分生组织中细胞数目加倍所需的时间。

成批培养对于研究细胞生长代谢并不是一个理想的培养方式。因为在培养过程中，细胞生长和代谢方式以及培养基成分都在不断变化，所以，相对于细胞数目的代谢物和酸的浓度也就不能保持恒定。这些缺点在某种程度上可以通过连续培养方式解决。

2. 连续培养

连续培养是利用特别的培养容器进行大规模细胞培养的一种培养方式。在培养过程中，培养液能连续得到补充，故在恒定的培养物容器中，使细胞的生长率、密度、化学组成和代谢活动都能保持在恒定条件下。

连续培养又分封闭型和开放型两种方式。在封闭型中，排出的旧培养基由新加入的培养基补充，进出量保持平衡。悬浮在排出液中的细胞经机械方法收集起来后，被重新放回到培养系统中。因此，随着时间的延长，细胞数目不断增加。与此相反，在开放型连续培养中，注入的新鲜培养液的容积与流出的原有培养液及其中的细胞的容积相等，并通过调节流入与流出的速度，使培养物的生长速度永远保持在一个接近最高值的恒定水平上。

开放型培养又可以分为两种主要方式：一是化学恒定式；二是浊度恒定式。在化学恒定式培养中，以固定速度注入的新鲜培养基内的某中选定营养成分如氮、磷或葡萄糖等的浓度被调节成为一种生长限制浓度，从而使细胞的增殖保持在一种稳定状态之中。在这样一种培养基中，除生长限制成分以外的所有其他成分的浓度，皆高于维持细胞生长速率所要求的浓度，而生长限制因子则被调节在这样一种水平上：它的任何增减都可由相应的细胞增长速率的增减反映出来。在浊度恒定培养中，新鲜培养基是间断注入的，受细胞密度增长所引起的培养液浑浊度的增加所控制，可以预先选定一种细胞密度，当超过这个密度时使细胞随培养液一起排出，因此就能保持细胞密度的恒定。

连续培养是植物细胞培养中的一项重要技术，它对于植物细胞代谢调节的研究，对确定各生长限制因子对细胞生长的影响以及次生代谢物的大量生产等均具有重大意义，尤其是大量次生代谢物的生产，对人类预防和治疗疾病更具有划时代的意义。人类迄今为止通过植物细胞培养获得的生物碱、维生素、色素、抗生素以及抗肿瘤药物等不下 50 多个大类，其中已有 30 多种次生代谢产物的含量在人工培养时已达到或超过亲本植物水平。在已研究过的 200 多种植物细胞培养物中，已发现可产生 300 余种对人类有用的成分，其中不乏临床上广为应用的重要药物。通过培养植物细胞，以工厂化生产方式来获取生物天然次级代谢物为人类服务，已展现出十分美好而广阔的前景。

三、植物原生质体的培养和体细胞杂交

植物细胞原生质体是指那些已去除全部细胞壁的细胞。细胞外仅由细胞膜包裹，呈圆形，要在高渗液中才能维持细胞的相对稳定。此外，在酸解过程中残存少量细胞壁的原生质体也叫原生质球或球状体，它们都是进行原生质体融合的好材料。

（一）原生质体的分离、纯化

1. 取材与除菌

原则上植物任何部位的外植体都可成为分离原生质体的材料，但在实践中，人们发现由生长活跃的器官和组织分离出来的原生质体活力更强，再生与分生比例也较高。目前常用的外植体有种子根、子叶、下胚轴、胚细胞、花粉母细胞、悬浮培养细胞和嫩叶等。由于商品酶的出现，实际上现在已有可能从各种植物组织分离原生质体，只要该组织的细胞还没有木质化即可。

外植体的除菌要因材而异。悬浮培养细胞一般无需除菌。对较脏的外植体要先用肥皂水洗干净，再用清水冲洗 3～4 次，然后浸入 70%的酒精消毒后，再放入 3%次氯酸钠或 10%的“84”消毒液中处理，最后用无菌水漂洗数次，并用无菌过滤纸吸干。

2. 酶解

原生质体分离成败在很大程度上取决于所用酶的性质和活性。植物细胞的细胞壁含有纤维素、半纤维素、木质素以及果胶质等成分，所以现在使用的去壁酶是含有多种成分的复合酶，如崩溃酶就同时具有纤维素酶、果胶酶、地衣多糖酶和木聚糖酶等几种酶的酶解活性，对细胞培养中分离原生质体特别有用。

在酶解过程中，首先要配制好酶解反应液，该反应液是 pH 为 5.5～5.8 的缓冲液，内含纤维素酶以及渗透压稳定剂、细胞膜保护剂和表面活性剂等。其次是酶解，将除菌后的外植体如叶片切块放入反应液，不断轻摇，在 25～30℃反应 2～4 h，反应液转绿是酶解成功的标志，说明已有不少原生质体游离在反应液中。经镜检确认后应及时终止反应，以免脆弱的原生质体受到更多的损害。

3. 纯化

在反应液中除了大量的原生质体外，尚残留一些组织和破碎的细胞，为了取得高纯度的原生质体就必须进行原生质体的分离，具体方法是取 200～400 目的不锈钢筛或尼龙纱进行过滤除渣，也可以用低速离心法或比重漂浮法直接获取原生质体。

4. 洗涤

刚分离得到的原生质体一般含有残留酶及其他不利于原生质体培养、再生的试剂，所以要以新的渗透压稳定剂或原生质体培养液离心洗涤 2～4 次。

5. 鉴定

只有经过鉴定确认已获得原生质体后才能进行下游细胞培养或细胞融合工作。此时由于已全部或大部分除去了细胞壁，原生质体呈圆形。如果把它放入低渗透液中，则很容易胀破。也可采用荧光增白剂染色后置紫外显微镜下观察鉴定，残留的细胞壁呈现明显荧光。通过以上观测，基本上可判别是否是原生质体及其含量百分率。此外，还可通过测定光合作用、呼吸作用等参数定量检测原生质体的活力。

（二）原生质体培养及植株再生

分离成功的原生质体，一般要先经含有渗透压稳定剂的原生质体培养基（液体或固体）培养，等生出细胞壁后再转移到合适的培养基中，待长出愈伤组织后按常规方法诱导其长芽、生根、成苗。

1. 培养方法

原生质体可用琼脂平板和液体培养基进行培养。琼脂平板是半固体培养基，其优点是原生质体的位置不变，为跟踪观察某一个体的发育过程提供了方便。尽管如此，最好还是用液体培养基培养。因为当植板在琼脂培养基上时，某些物种的原生质体不能进行分裂。若采用液体培养基，经过几天培养后，可用有效的办法将培养基的渗透压降低，如果原生质体群体中的蜕变组分产生了某些能杀死健康细胞的有毒物质，可以随时更换培养基。经过几天高密度培养后，可把细胞密度降低，或把特别感兴趣的细胞分离出来。

用液体培养基的方法有 3 种：①把原生质体悬浮在培养皿中进行浅层培养，厚度以 1 mm 左右为宜。培养皿用石蜡带封口，放在 25～28℃低光强或黑暗中培养。②把原生质体培养在 50～100 ml 的锥形瓶中，内装 5 ml 原生质体悬浮液，锥形瓶静置在 25℃、2 000 lx 光强下。③悬浮培养原生质体在液体培养基的液滴里，悬浮在培养皿中做成 50～100 μl 小滴，然后用石蜡带封口，置于潮湿的容器中，在 25℃，低光强或黑暗中培养。①和②法可进行温和旋转。

琼脂培养基的培养方法有两种：①在液体培养基中产生细胞，然后移到琼脂培养基中使之继续发育；②原生质体植板或埋藏在琼脂培养基中。

即使所制备的原生质体功能无恙，且培养在最适合的条件之下，在培养的最初 24 h 内某些原生质体也会发生破裂。而稳定的原生质体则可由从去壁时所受的创伤中迅速恢复过来，其中细胞器的数目、细胞环流、呼吸作用以及 RNA、蛋白质和多糖的合成等迅速增加，表明活跃的细胞代谢活动正在这些原生质体中进行。

2. 培养基

原生质体的营养基要求和植物细胞相似，且原生质体培养基通常是细胞培养基的改良配方。最常见的改良之一是降低培养基的强度。要求稀释是为了谋求在细胞水平合理摄入某些无机或有机化合物，如摄入过高，会引起毒害。

3. 细胞壁形成

原生质体培养 2～4 d 内，将失去它们特有的球形外观，这种变化是再生新壁的象征。新形成的细胞壁是由排列松散的微纤丝组成的，微纤丝随后组成典型的细胞壁。壁的形成与细胞分裂有直接关系，凡是不能再生细胞壁的原生质体也就不能进行正常的有丝分裂。细胞壁发育不全的原生质体常会出芽或体积增大，相当于原体积的若干倍。另外，由于在核分裂的同时不伴随细胞分裂，这些原生质体可能变成多核原生质体，之所以出现这种现象，原生质体在培养之前清洗不彻底可能是一个重要原因。

4. 植株再生

虽然细胞壁的存在是进行规则有丝分裂的前提，但并非所有的原生质体再生细胞都能进行分裂。凡能分裂的原生质体可在 2～7 d 之内进行第一次分裂。凡能继续分裂的细胞，经 2～3 周培养后可长出细胞团，再经 2 周之后，愈伤组织明显可见。这时可把它们移到不含渗压剂的培养基中，依一般的组织培养方法处理。愈伤组织经过重新分化形成胚状体或根、芽等器官，继而长成小苗。

营养、渗透剂、植板密度、培养条件以及植物材料等因素都能影响原生质体培养中细胞的分裂。

（三）原生质体融合

完全不经过有性过程，只通过体细胞融合创造杂种的方法称作体细胞杂交。体细胞杂交不仅能克服远缘杂交的不亲和性障碍，产生新型植物株，而且对那些有性生殖能力很低甚至不具备有性生殖能力的作物如马铃薯、甘薯、木薯以及甘蔗等都具有特殊的意义。

植物体细胞杂交大致包括以下几个步骤：细胞分离→原生质体制备→原生质体融合→杂种细胞筛选和培养→愈伤组织诱导分化出根、茎、叶，最后长出完整的体细胞杂种植株。

1. 化学法诱导融合

化学法诱导融合无需贵重仪器，试剂简单易得，因此是细胞融合的主要方法。化学法诱导融合的具体方法很多，其中聚乙二醇（PEG）结合高钙、高 pH 诱导融合法已成为化学诱导细胞融合的主流。具体方法是：以适当比例混合刚分离出来的双亲原生质体，用 28%～50%的 PEG 溶液处理 15～30 min，滴加高钙、高 pH 溶液，摇匀，静置，再用原生质体培养液洗涤数次，离心获得原生质体细胞团再进行筛选、再生杂合细胞。

在 PEG 处理阶段，原生质体间只发生凝集现象，当加入高钙、高 pH 溶液稀释后，相邻的原生质体才发生融合，其融合率可达 10%～50%，可重复性强。PEG 诱导融合没有特异性，即可发生在同种细胞之间，也可能发生在异种细胞之间，没有亲缘关系的植物原生质体亦能融合。

2. 物理法诱导融合

自 1979 年微电极法和 1981 年平行电极法相继问世以来，电融合技术发展迅速，已被广泛应用。平行电极法主要操作过程为：将选定的两种植物分离出来的原生质体以适当的溶液混合，插入电极，接通一定的交变电场，原生质体极化后顺着电场排列成紧密接触的串珠状，瞬间施以适当强度的电脉冲，使原生质体质膜被击穿而导致融合。电激融合不使用有毒害作用的化学试剂，作用条件比较温和，而且基本上是同步发生融合，只要操作得当，可获得较高的融合率。

3. 杂种细胞的鉴别选择

双亲的原生质体融合处理后产生的杂合细胞，一般在加有渗透压稳定剂的原生质体培养基上培养，再生出细胞壁后转移到合适的培养基中，待产生愈伤组织后，按组织培养的常规方法诱导其出芽、生根、成苗。在这一过程中，要对是否为杂合细胞（或植株）进行鉴别与选择。常用的鉴别检测方法有：

（1）显微镜鉴别。根据双亲细胞原生质体的物理性状如大小、颜色等特征，在显微镜下直接识别杂合细胞，并借助显微镜操作仪在显微镜下直接选出杂合细胞，转移到再生培养基上单独培养。

（2）互补法鉴别。显微鉴别法以其准确见长，但工作进度慢且未知其能否存活与生长，遗传互补法则可弥补其不足。遗传互补法包括叶绿素缺失互补、营养缺陷互补以及抗性互补等。前两种为隐性性状，后一种为显性性状，其互补的原理基本一致。

叶绿素缺失互补选择：如不同基因型的白化突变株 aB 与 Ab，如果 aB 与 Ab 融合，则可互补为绿色细胞株 AaBb。

营养缺陷互补选择：甲细胞株缺失外源激素 A 不能生长，乙细胞株需提供外源激素 B 才能生长，如甲乙融合，杂合细胞在不含激素 A、B 的培养基中可以生长。

抗性互补选择：假如某个细胞株有某种抗性（如抗青霉素），另一个细胞株具有另一种抗性（如抗卡那霉素），那么它们的杂合细胞株可在含有上述两种抗生素的培养基上生长。

（3）细胞与分子生物学方法鉴别。经细胞融合后生长的愈伤组织或植株，可进行染色体核型分析、染色体显带分析、同功酶分析以及更为精细的 DNA 分子杂交、限制性片段长度多态性（RFLP）和随机扩增多态性 DNA（RAPD）分析，从而鉴别选择出染色体杂合细胞或植株。

四、植物单倍体培养

单倍体植物的创造，无论在理论方面还是在实践方面都有重要的意义。在遗传理论研究中，可以用单倍体研究基因性质；在育种实践中，可以用单倍体方法培育和改良自交系，以利用杂交优势；还可以通过培养 F1 的花粉产生单倍体，然后经加倍育成综合了两亲本性状的不再分离的品系，进而育成品种，这样可以大大缩短育种年限，是常规手段不可比拟的。

所谓单倍体，即具有配子染色体数的生物个体。自然界单倍体自然产生频率极低，通常为 0.000 1%～0.01%，不能满足需要，因此，人工诱导培养单倍体的技术应运而生。

人工诱导培养单倍体的方法主要有两大类，一是孤雌生殖法；二是孤雄生殖法。孤雌生殖法利用各种物理或化学方法，刺激子房单性结实；而孤雄生殖法则主要是指花药和花粉培养。

（一）花药培养

花药培养是人工诱导产生单倍体最常用的方法。将一定发育时期的花药接种到人工培养基上，再给予特殊的培养条件而产生植株的过程。

由于这种分化植株起源于花药中未成熟的花粉，而人们常将其冠以花粉植株并把花药培养与花粉培养相提并论，实际上花药培养和花粉培养是两个不同的范畴。花药是植物体上的器官，因而花药培养应属器官培养；而花粉则是一个单细胞，因而花粉培养应属细胞培养。

1. 花药培养制作技术

（1）取材。花药培养应选择成熟度适中的花蕾或幼穗。所谓成熟度适中是指大多数植物花蕾或幼穗中花粉正处于单核靠边期。但由于物种千差万别，准确的取材时间因物种不同而不同。

（2）消毒。花蕾或幼穗的消毒一般用 70%酒精擦拭表面或浸洗之后，在 20%的次氯酸钠溶液中浸 10～20 min，然后用无菌水洗 3～5 次。花蕾消毒一般比较容易，因为未开放的花蕾中的花药为花被所包裹，本身处于无菌状态之中。

（3）接种。在无菌条件下，用解剖刀或镊子剥开花蕾，用镊子夹住花丝，取出花药，平放于培养基上。

（4）培养基。花药培养可分为诱导和分化两个阶段。诱导阶段使用诱导培养基，分化阶段则用分化培养基。在诱导培养基中应加适量愈伤组织的生长素，使花药在培养基中脱分化而长成愈伤组织或胚状体。在分化培养基中应加细胞分裂素，以利于植株生长。

2. 植株再生

花药培养一般在 28℃，光强 5 000～10 000 lx，12～18 h 和 22℃明暗周期性交替条件下进行培养。另外，由于花药中含有至今成分不明的水溶性“花药因子”，只有当培养基中的“花药因子”积累到一定浓度，添加的外源激素才会起作用。因此，要适当加大花药接种密度。

（二）花粉（小孢子）培养

虽然花药培养能获得单倍体植株，但由于一个花药内的花粉粒在遗传上是异质的，因此一个花药所产生的植株将构成一个异质群体。如果单倍体植株是经由花粉愈伤组织的途径产生，由于从若干花粉起源的愈伤组织常混在一起，因此由一个花药形成的愈伤组织将会是一个嵌合体，而且，如果在花粉愈伤组织化的同时，花药壁细胞也进行增殖，那么最终所得到的愈伤组织将会是混倍体，因此得到的植株仍是异质和混倍群体。解决这个问题的方法是培养离体小孢子或花粉粒，并诱导它们进行雄核发育。

1. 看护培养法

从一个花蕾中取出花药，水平地置于半固体培养基表面，然后在这些花药上覆盖一圆片滤纸。同时由另一个花蕾中取出花药，制成花药悬浮液，密度为每 0.5 ml 培养基含 10 个花粉粒。用移液管吸取 0.5 ml 悬浮液，滴在圆滤纸片上，在 25℃下光照培养。约一个月后，在滤纸片上会长出绿色薄壁细胞组成的细胞群落。获得的单细胞无性系都是单倍体。

2. 悬浮培养

将尚未开放的花蕾用灭菌溶液进行表面消毒，然后用无菌蒸馏水彻底洗净，挤出小孢子进行悬浮培养。具体操作方法是将大约 50 个花药放在一个含有大约 20 ml 花药液体培养基的烧杯中，用玻璃棒或注射器活塞挤压花药，将花粉粒挤出，然后使整个溶液通过一个孔径大小合适的尼龙筛过滤。过滤后得到的悬浮液以 500～800 r/min 的转速离心约 5 min。将沉淀下来的花粉粒重新悬浮在新鲜培养基中。重复以上过程 2 次。最后将花粉粒与适当的培养基混合，花粉粒密度为 103～104 个/ml。用吸管将悬浮液转入培养皿。每个培养皿中悬浮液的容积应根据培养皿的大小决定，以保证花粉粒不沉入培养基中太深为尺度。在 25℃下散射光（500 lx）中培养。

五、人工种子的研制

1. 人工种子的概念

人工种子又称合成种子或体细胞种子。植物栽培繁殖要占用大量耕地，繁殖的种子还可能传播病虫害，而试管苗移栽和远距离运输又有许多困难。20 世纪 70 年代，Muralshige 提出用很少的外植体同步培育出许许多多的胚状体，将这些胚状体包埋在某种胶囊内使其具有种子的功能并可直接用于田间播种。人工种子由三部分构成，即胚状体、人工胚乳和人工种皮。胚状体是由组织培养产生的具有胚芽、胚根的类似天然种子胚的结构，并具有萌发长成植株的能力；人工胚乳是人工配制的满足胚状体生长发育需要的营养物质，一般以生成胚状体的培养基为主要成分，再根据人们的需要外加一定量的植物激素、抗生素、农药以及除草剂等物质，尽可能提供胚状体正常萌发生长所需要的条件；人工种皮是包裹在人工种子最外层的胶质化合物薄膜，这层薄膜既能允许内外气体交换畅通，又能防止人工胚乳中水分及各类营养物质的渗透，并具备一定的机械抗压性。

2. 人工种子的意义

与试管苗技术和自然有性繁殖种子相比，人工种子具有许多优点。一是对于优异杂种种子可以不通过有性制种而快速获得大量种子，并能保持原有品种的种性，特别是对于那些制种困难的植物更具有重要的实用意义；二是对于一些不能正常产生种子的特殊材料如三倍体、非整倍体、基因工程植物等，有可能通过人工种子在短期内加大繁殖应用；三是与田间制种相比，制作人工种子的培养条件可以人为控制，不受季节限制，免遭大自然灾害性气候的不利影响，同时还避免了种子携带病原菌的危险，并且有省地、省工、工厂化和集约化生产的特点；四是在人工种子制作中，可加入营养物质、生长调节剂、固氮菌、杀虫剂等，这是微生物繁殖难以达到的；五是与试管苗相比，可避免移栽困难，还便于储藏和运输。

人工种子受到了生物学界的高度重视，这一领域的研究已取得了众多有意义的进展。迄今为止，已对胡萝卜、芹菜、西洋参和苜蓿等多种植物的体细胞胚进行了人工种子的研究。

第三节　动物细胞工程

在前一节里，我们学习了植物细胞工程，这一节我们来学习动物细胞工程。动物细胞工程是细胞工程的一个重要分支，是生命科学和工程学相结合的一门高新技术。它不仅广泛应用于生命科学和各个基础学科的研究，也为生命科学研究提供了从分子水平、细胞水平到整体水平去探索生命奥秘的有效手段和方法，同时应用工程技术手段，大量培养细胞或其代谢产物，甚至动物体（克隆技术），为人类改造自然，创造优良生物品种，生产生物药物，保障人类健康展示了广阔应用前景。由此可见，学习动物细胞工程方面的知识意义十分重大。

一、动物细胞与组织培养

细胞培养是在体外将组织碎块酶解分离成单个细胞，用培养基制成含分散细胞的悬液，在适宜条件下，使细胞生长繁殖，并保留其一定的结构和功能。广义的细胞培养还包括组织培养和器官培养，它们的主要区别在于培养的原始对象不同。细胞培养使用的是单个细胞悬液；组织培养使用的是组织块；而器官培养使用的是器官的一部分或整个器官。在组织培养中，细胞自组织块周围移出并生长，最终变成了细胞培养，所以细胞培养和组织培养实际上并无严格区别。

细胞培养技术是生命科学中常用的研究手段，它可以排除体内各种因素的干扰，如神经体液因素与免疫系统等的干扰，可直接观察培养细胞的效应，直接观察到细胞生命活动的动态过程，同时可获得单一类型的细胞。利用定时显微摄影技术可发现一些肉眼观察不到的生命现象；利用电镜、同位素标记、放射免疫等手段和方法可研究细胞形态结构及细胞内化学物质的分布。

（一）动物细胞培养的基本条件

1. 培养材料

培养细胞的生长方式有贴附生长、悬浮生长等。贴附生长是指培养的细胞必须贴附于支持物表面才能生长，主要是各种实体瘤细胞；悬浮生长是指培养细胞于悬浮状态下生长，而不需要贴附于支持物表面，主要是各种造血系统肿瘤细胞。细胞贴壁常需要其他物质特殊的表面如胶原、玻璃、塑料、其他细胞等。血清中有促使细胞贴壁的球蛋白和纤维黏素、胶原等糖蛋白（生长基质），这些带正电荷的糖蛋白先吸附于器皿表面，悬浮细胞再附着于促贴壁因子表面。

2. 培养条件

动物细胞体外培养的原理是人工模拟动物体内的生理条件，使动物细胞在体外生长和繁殖。因此影响动物细胞生长繁殖的各种因素都必须进行精确选择，并在培养过程中加以精细调节。

（1）水质要求。动物细胞对各种环境因素十分敏感，水中含有的微量元素，过多的金属离子以及微生物感染等都会危害细胞的生长，培养用水必须是经活性炭、微滤、超滤、反渗透四级净化处理达到国家标准的纯净水。

（2）pH。动物细胞培养的最适 pH7.2～7.4，低于 6.8 或高于 7.6 时会对细胞代谢产生不利影响。在细胞培养过程中，由于细胞代谢会产生大量乳酸使 pH 下降，为此，必须在培养基内加入缓冲液。常用的有 Na_2HPO_4/NaH_2PO_4 系统、$NaHCO_3/CO_2$ 缓冲系统、Tris-甘氨酸缓冲液系统。

（3）渗透压。动物细胞培养中，溶液中最理想的渗透压为 290～300 mOsm/kg。可通过 NaCl 的量来调节渗透压。渗透压高则导致细胞脱水，渗透压低则导致细胞吸水而胀破。因此，在细胞培养操作中，必须采用等渗溶液，如平衡盐溶液，它由无机盐和葡萄糖组成。

（4）温度。动物细胞对温度特别敏感，一般细胞最佳培养温度为（37±0.5）℃。在培养过程中必须始终保持恒定，变化范围不超过±0.5℃。

（5）空气。空气是动物细胞赖以生存的必要条件之一，因此在细胞培养中必须具备充足的氧气。动物细胞在体内生存条件下溶解氧浓度一般都低于空气中氧饱和度的 60%，因此氧必须加以精细调节和控制。

（6）灭菌。防止微生物污染是保证动物细胞培养能否成功的重要条件。各种材料、器具、培养基等均需灭菌后方可使用。各种金属物及玻璃器皿清洗干净后在烘箱中 160℃干燥灭菌 1 h；合成材料 121℃蒸汽灭菌 20 min；不耐热塑料制品先浸入 70%酒精中 30 min，再在超净工作台紫外灯下干燥；培养用的培养基耐热的可采用高压蒸汽灭菌，不耐热的用细菌过滤器除菌。此外，在培养基中可添加某些抗生素。整个培养过程按无菌规程进行操作。

（二）动物细胞培养的基本操作技术

1. 培养细胞的取材

在无菌条件下取出目的细胞所在组织，用培养液漂洗干净，用锋利无菌刀具割去多余部分，切成小组织块（1～2 mm^3），用移液管将这些小组织块移至培养瓶，添加培养液后小心地翻转培养瓶使组织块脱离培养液 10～15 min，然后再翻转过来 37℃恒温条件下静置培养，迁移细胞生长到足够大时，用物理方法如冲洗、刮取等或化学方法如用 0.25%胰酶或 1∶5 000 螯合剂将细胞取下移至另一培养瓶中以传代（继代培养）。

2. 培养基

动物细胞对培养基要求很高，而且随着细胞的种系不同，有很大差异。因此常需花费很大的精力和时间去对个别的细胞系进行研究，以便配制更合适的培养基。动物细胞培养基按照组分大致分为三类。

（1）天然培养基。在细胞培养的早期阶段多采用。如血浆凝块、血清、淋巴液、胚胎浸液以及羊水、腹水等。但因该类培养基组分复杂且不稳定，来源有限，不适合大规模培养。

（2）合成培养基。合成培养基的优点是成分明确、组分稳定、可大量供应，有几十种商品在市场出售。在动物细胞培养中普遍采用的有 Eagle、BEM、MEM、DMEM、HAMF12 等，尽管品种繁多，但其组成大致有如下成分。

氨基酸：需氨基酸是动物细胞本身不能合成的，为细胞营养所需。另外还需要半胱氨酸和酪氨酸。细胞种系不同，氨基酸的种类和数量也不同。

维生素：维持细胞生命活动的低分子活性物质，多数形成酶的辅基和辅酶。

糖类：细胞生长的碳源，它是维持细胞生命活动的能量来源。主要为葡萄糖和谷氨酰胺。

无机盐：维持细胞的渗透压，缓冲 pH，并参与细胞代谢。

其他成分：有些培养基中还加入核酸前体，如核苷、鸟苷、胞苷、尿苷和胸苷等。有的还添加一些氧化还原剂如谷胱甘肽等。

血清：单纯采用合成培养基，细胞常不能很好地增殖，甚至不能贴壁，因此在使用时常加入一定量的动物血清。最常用的是添加 5%～10%的小牛血清。杂交瘤细胞的培养对血清要求更高，需用 10%～20%的胎牛血清。添加血清的作用主要是促进细胞的生长和贴壁。

（3）无血清培养基。无血清培养基是在合成培养基的基础上加入特殊种类的添加剂。这些添加剂包括：激素和生长因子，如胰岛素和表皮生长因子；结合蛋白如铁传递蛋白和白蛋白；贴附和伸展因子，如纤维结合蛋白胶原和一些多肽；其他有利于细胞生长的因子和元素，如谷胱甘肽、微量元素硒等。

无血清培养基在大规模细胞培养中有其独特的优点，可提高细胞培养的重复性，避免因血清来源不同而导致差异；减少血清带来的病毒、真菌和支原体等微生物污染的危险；细胞产品易纯化；避免血清中某些生物的干扰；供应充足稳定。

3. 动物细胞和组织培养

悬浮细胞培养法是动物细胞培养中常用的方法之一。将小组织块置于无钙、镁离子但含有蛋白酶类的解离液中离散细胞，低速离心洗涤细胞后，将目的细胞吸移至培养瓶培养，待细胞增殖到一定数量后移至另一培养瓶中传代。

由于绝大多数哺乳动物细胞趋于贴壁生长，细胞长满瓶壁后生长速度显著减慢乃至不生长。因此，哺乳动物细胞培养需提供较大的支持面。以下三种方法是专为大量培养哺乳动物细胞而设计的。

（1）微导管培养法。该法是由 Richard Knazek 于 20 世纪 70 年代创建，后经 Amicon 公司发展成动物细胞大量培养方法。将由硝酸纤维素或醋酸纤维构成的外径不超过 1 mm 的微导管平铺成层，由多层微导管构成培养系统的核心装置。整套微管床浸没于培养基中，管内的无菌空气经扩散可进入营养液中。动物细胞贴附生长于微管床表面，微导管表面的细胞密度可达每平方厘米 100 万个。

（2）微载体培养法。该法为 Wezel 于 1976 年创立。以葡萄糖聚合物或其他聚合物制成与培养基密度基本相等的，直径几十微米到几百微米的固体小株——微载体。将这些微载体与培养基混合均匀，通入无菌空气，动物细胞则贴附在载体表面旺盛生长。每毫升培养基可达到 1 000 万个细胞。

（3）微胶囊培养法。该法由美国 Damon Biotech 公司发明。将一定量的动物细胞与大约 4%的褐藻酸钠混合后，滴到 $CaCl_2$ 溶液中，彼此发生离子交换而逐渐硬化成半透性微胶囊，通过控制离子交换时间来调控微胶囊的刚性。细胞在微胶囊内生长，既可吸收外界营养，又可排出自身代谢废物。该法最突出的优点是微胶囊内细胞及其产物可不受培养液中血清复杂成分的污染。

动物细胞一般培养方式为群体培养，即将含有一定数量细胞的悬浮液置于培养瓶中，让细胞贴壁生长，汇合后形成均匀的单细胞层；另一种培养方式是克隆培养，即将高度稀释的游离细胞悬液加入培养瓶中，各个细胞贴壁后，彼此距离较远，经过生长繁殖后，每一个细胞形成一个细胞群落，称为克隆。一个细胞克隆中的所有细胞均来源于同一个祖细胞。正常细胞培养的世代数有限，只有癌细胞和发生转化的细胞才能无限生长下去。

细胞或组织由一个培养瓶转移至另一个含有新鲜培养基的培养瓶，由于对培养物有所稀释，即称为一代。这种转移过程叫培养物的传代。悬浮培养细胞传代比较容易，只需定期吸移原培养细胞到新鲜培养基即可。而组织培养物传代会遇到细胞贴壁生长的麻烦，传代常用培养液冲洗、刮刀刮取等物理方法或用 0.25%胰酶解析的化学方法剥离组织，视组织块大小进行适当切割后再漂洗、移置至新培养瓶。

原代培养物首次传代成功后形成的培养物叫细胞系。通过选择法或克隆法在原代培养物或细胞系中获得的具有特殊性质或标志的培养物称为细胞株。

二、动物细胞融合

细胞融合是指用自然或人工的方法使两个或更多个不同的细胞融合成一个细胞的过程。细胞融合的结果是一个细胞含有两个或多个细胞核，称为异核体；而少数异核体中来自不同细胞核的染色体在随后的有丝分裂中有可能合并到一个结合核内，成为合核体的杂种细胞。

（一）动物细胞融合过程

动物细胞融合的途径主要有三条。

1. 病毒诱导融合

自 1958 年冈田善雄偶然发现已灭活的仙台病毒可诱发艾氏腹水瘤细胞相互融合形成多核体细胞以来，科学家已证实，其他副黏液病毒、天花病毒和疱疹病毒也能诱导细胞融合。如果双亲本细胞都呈单层贴壁生长，则将它们混合培养后直接加入灭活仙台病毒诱导融合即可。

2. 化学诱导融合

1974 年高国楠用聚乙二醇（PEG）成功诱导植物细胞融合。次年，Pontecorvo 即用该法成功诱导动植物细胞融合。由于动物细胞多为中性至弱碱性，PEG 溶液 pH 应调至 7.4～8.0 为宜，融合过程中可将细胞—PEG 悬浮液进行适当离心处理，迫使细胞更紧密接触，提高融合率。融合时 PEG 的分子量以 1 000 左右为宜，不宜过大，浓度不宜过高，达 30%～40%即可，否则细胞难以离心沉降。加入 5%～15%的二甲基亚砜效果更好。

3. 电激诱导融合

1979 年 Sonda 等发明了微电极法诱导细胞融合。大致过程为：将微电极插入待融合细胞的悬浮混合溶液中，接通一定的交变电场，施以瞬间适当强度的电脉冲，细胞膜被击穿而融合。电激融合不使用有毒害作用的试剂，作用条件比较温和，条件适当即可获得较高融合率。

融合后的杂合细胞筛选可采用抗药互补型、营养缺陷型和温度敏感突变型等方法筛选。

（二）动物细胞融合技术的应用

动物细胞融合是研究细胞间遗传信息转移、基因在染色体上的定位，以及创新细胞株的有效途径，应用十分广泛。

1. 用于基因定位和绘制人类基因图谱

细胞融合技术应用最大成果之一便是为染色体上的基因定位提供了一个极具价值的工具。不同细胞特别是不同种属的细胞融合时，常会出现一个亲本的染色体被优先排除，而另一个亲本的染色体却被选择性保留即染色体分离。因此，可根据杂种细胞某一表型特征出现与否来确定与此表型特征相对应的基因在特定染色体或其一定区段上的位置。

2. 用于生产单克隆抗体

当某些外源生物如细菌等或生物大分子如蛋白质等（即抗原）进入动物或人体后，会刺激后者形成相应的抗体，引起免疫应答，从而将前者分解或清除。每种抗原的性质是由其表面的蛋白质类物质（决定簇）决定的，且抗原表面有很多决定簇，可以引发机体产生相当多种的特异性抗体，这种情况给临床医学的诊断与治疗带来不便。

人和哺乳动物体内主要有两类淋巴细胞：T 细胞和 B 细胞。T 细胞能分泌淋巴因子如干扰素，发挥细胞免疫功能；B 细胞能分泌抗体，具有体液免疫作用。千差万别的抗原诱导 B 淋巴细胞群产生数百万种抗体，但每个 B 淋巴细胞都仅专一地生产、分泌一种针对某种抗原决定簇的特异抗体。显然要获得大量专一性抗体，就得从某个特定 B 淋巴细胞培养繁殖出大量的细胞群体即克隆。如此克隆出的细胞其遗传性质高度一致，由它们分泌出的抗体即单克隆抗体。然而 B 淋巴细胞在体外不能繁殖，1975 年 Kohler 和 Milstein 利用肿瘤细胞无限增殖分生的特征，将 B 细胞与之融合，终于获得了既能产生单一抗体又能在体外无限生长的杂合细胞。

3. 用于体细胞杂种的致癌性分析

通过正常二倍体细胞与致癌性或致瘤性或病毒转化细胞的融合来进行致癌性分析，是最早应用细胞融合技术的又一重要方法。通过混合两种不同瘤细胞系 N1（高变恶性）和 N2（低变恶性）获得的杂种细胞在接种到同种的 C3H 小鼠体内时，可以高频率产生肿瘤。N1 细胞与正常小鼠细胞自发融合形成的杂种仍为恶性细胞。将高变恶性的 C57BL 小鼠黑色素瘤细胞与低变恶性的 C3H 小鼠 A9 细胞所形成的杂种接入 C3H×C57BL 的 F1 小鼠体内也产生了肿瘤。

4. 遗传缺陷的基因互补

人类遗传病均与基因的突变、缺失或异常表达有关。细胞融合技术为用正常基因取代突变基因、或补充缺失基因、或使正常基因不表达、或降低异常基因的表达水平等基因疗法开辟了崭新的途径。

5. **分化功能表达调控的研究**

通过细胞融合，可将不同分化状态或组织类型的细胞构建成为能够存活的种内或种间杂种，同时还可以对其中纳入的亲本细胞的基因组和细胞质进行观察分析。如 1986 年 Petit 将大鼠肝瘤细胞与小鼠成纤细胞的微细胞融合形成的微细胞杂种用于白蛋白基因的组织特异性表达的研究表明，肝特异性白蛋白合成的熄灭同小鼠成纤细胞的一条等臂染色体（M1）的存在直接相关，而且此染色体上的特定位点编码的“白蛋白熄灭因子”对大鼠白蛋白基因的作用呈负控制方式。

三、动物胚胎工程

胚胎工程是一项综合性的繁殖技术，主要应用于胚胎移植、分割，卵母细胞体外成熟、移植，胚胎嵌合，胚胎冷冻保存及临床移植治疗疾病等。采用现代胚胎生物工程技术是使畜牧业向高产、高效、优质和集约化发展的有效途径。胚胎工程的主要内容包括内胚胎、体外胚胎和克隆胚胎。

（一）胚胎分割

胚胎分割是将未着床的早期胚胎经显微手术，分割为二、四、八等多等分，给每个受体内植入一个分割物而妊娠产仔，即由一个胚胎分成若干个具有连续发育潜力的胚胎部分的生物技术。运用胚胎分割技术可获得同卵双生或同卵多生遗传性能完全一样的后代，它也是胚胎克隆的一种方法。大多数哺乳动物的早期胚胎属调整发育类型，去掉早期胚胎一半，剩余部分仍可发育为一个完整的胚胎。早期卵裂阶段的胚胎，至少在 8 细胞以前，每个卵裂球都具有相同的发育能力，而到桑椹胚时，单个卵裂球的调整发育能力就会减弱，进行胚胎分割的成功率大大降低。

随着胚胎分割技术的发展，其操作程序逐渐简化，分割方法有显微操作仪分割法和徒手分割法。显微操作仪分割法又分为显微针分割法和显微刀分割法。

（二）体外受精

体外受精是通过人为操作使精子和卵子在体外环境中完成受精（又称试管胚技术），然后，对受精卵进行体外培养并移植，从而获得各种动物。体外受精的基本原理在于人工模拟体内环境如营养、温度、气体、渗透压、pH 等，使卵丘卵母细胞复合体（COC）中的初级卵母细胞成熟，同时使精子获能，完成受精。

1954 年，张民觉获得世界上第一胎体外受精的哺乳动物——试管小兔。1978 年，世界首例试管婴儿宣告诞生。

胚胎体外生产的主要技术环节包括卵母细胞的获取和体外成熟、精子的体外获能、成熟卵母细胞与获能精子的体外受精、受精卵的体外培养和移植等。

（三）克隆技术（核移植）

克隆是指通过无性繁殖手段，从一个动物细胞获得遗传背景相同的细胞群或个体群的过程。胚胎通过分割，然后分别移植到受体，接着妊娠产生多个遗传性状相同的动物即为胚型克隆动物，属最简单的人工动物克隆方式。动物克隆技术主要是指细胞核移植。

细胞核移植体系的建立是生殖生物学发展史上一个重要的里程碑，细胞核移植是把哺乳动物一个细胞的细胞核（核供体）通过特殊的体外操作如显微注射、电融合、体外培养等手段移植到另一个去核成熟卵母细胞（核受体）中，不经过有性繁殖过程就达到扩繁同基因型哺乳动物胚胎及其种群的目的，由此发育成的动物个体就称为核移植克隆动物或核质杂交动物。现在一般将通过细胞核移植技术得到的动物称之为克隆动物。

根据核移植供核细胞的不同，可以把细胞核移植分为胚胎细胞核移植、胚胎干细胞移植、胎儿成纤维细胞核移植和成年体细胞核移植。

四、转基因动物（动物染色体工程）

动物染色体工程主要采用对细胞进行微操作的方法如显微细胞转移方法等来达到转移动物染色体的目的，将人类需要的遗传性状集中在一起，创造出新的物种。在高等动物中，多倍体或者染色体严重缺失与重复的个体都容易成活，所以高等哺乳动物的染色体工程目前均是在细胞水平上采用细胞融合技术进行。

人有 3 万～4 万个基因，控制着人的所有生命活动，特定的基因控制着特定的生命活动的某一环节。如果将人的染色体或染色体片段转移到其他生物细胞内，形成“人源化生物”，就能表达人的某些生理活动和表型。因此，生物学家们设想，如果将人的一群有关基因转移到其他生物体内，该生物应该能产生具有人体特征的生物分子、细胞、组织和器官，从“人源化生物”的身上就可移植被人接受（不被排斥）的血细胞、肌肉细胞、神经细胞，甚至心脏、肝脏等器官，当然也能获得用于药物生产的人的抗体、血清白蛋白和胰岛素等。因此，通过染色体工程，人类就可以为自己建立细胞、组织、器官的“生产工厂”。

复习思考题

1. 什么是细胞工程？其研究领域包括哪些？
2. 什么叫组织培养？它包括哪些内容？
3. 什么叫植物原生质体？如何进行植物原生质体的分离和纯化？
4. 什么叫人工种子？人工种子有何意义？
5. 什么叫动物细胞融合？其融合步骤如何？
6. 什么叫克隆？克隆技术有哪些意义？
7. 什么是胚胎分割技术？
8. 什么叫转基因动物？

第四章 发酵工程

【知识目标】

掌握发酵工程的基本原理；熟悉发酵的基本过程及常用的发酵设备；了解发酵工程的应用领域及发展前景。

第一节 发酵工程概述

在生物科学技术的发展历程中，微生物始终扮演着举足轻重的角色，特别是现代生物技术的每一项重大突破，都留下了微生物的足迹。同时，现代生物技术的进步，受益最大的也是与微生物相关的应用领域。在现代生物技术从实验室走向工业应用的历史进程中，很多重大成果的首要应用对象就是发酵工程。

那么什么是发酵工程呢？

发酵工程是一门将微生物学、生物化学和化学工程学的基本原理有机地结合起来，利用微生物的生长和代谢活动来生产各种有用物质的工程技术。是生物技术的重要组成部分，是生物技术产业化的重要环节。由于它是在酵母发酵生产饮料酒的基础上发展起来的，所以又称为微生物工程。

发酵（fermentation）最初来自拉丁语“发泡”（fervere），它描述酿酒过程中因产生大量 CO_2 气体而引起的沸腾现象。

虽然在 17 世纪末科学家已经确切地知道了微生物的存在，但将微生物与发酵联系起来却是 150 多年以后的事了。

著名的科学家路易·巴斯德（Louis Pasteur）研究了酒精发酵的生理意义，认为发酵是酵母菌在无氧条件下的呼吸过程，是“生物获得能量的一种形式”。也就是说，发酵是在厌氧条件下，原料经酵母等生物细胞的作用进行分解代谢，向菌体提供能量，从而得到原料分解产物——酒精和 CO_2 的过程。

随着科学技术的发展，微生物的秘密被逐渐揭开，微生物资源的利用逐渐扩大，除酿酒外，目前利用微生物生产的各种生物产品已达数千种，而其中绝大多数是有氧过程。基于历史原因，人们把利用微生物在有氧或无氧条件下的生命活动来制备微生物菌体或其代谢产物的过程统称为发酵。

一、发酵工程简史

发酵技术是人类最早通过实践所掌握的生产技术之一。发酵产品很多，就以传统的食物和饮料来说，西方有啤酒、葡萄酒、面包、干酪；东方有酱、酱油、醋、清酒；中东和近东则有乳酸等。这些产品都是数千年来凭借人类的智慧和经验，在没有亲眼见到微生物的情况下，巧妙地利用微生物所获得的产品。

作为现代科学概念的微生物发酵工业，却是近百年才发展起来的，是在 20 世纪 40 年代随着抗生素工业的兴起而得到迅速发展的。青霉素发酵的工业化使人们逐渐掌握了从自然环境中筛选有用微生物的技术、微生物诱变育种技术、好氧发酵技术和发酵产物的分离提纯技术。这些技术的掌握和应用带来了发酵工程的春天，各种新型抗生素、氨基酸、酶制剂、有机酸等纷纷在 20 世纪 50 年代以后投入了工业化生产，为制药、食品、化学、日化、冶金、资源、能源、健康、环境工业带来了形形色色的新产品。

20 世纪 70 年代基因工程诞生后，发酵工程的应用领域迅速拓展，发酵工程内容也日益丰富，对重组微生物（工程菌）发酵过程中的一些共性基本规律的研究受到关注。同时，为解决大规模发酵培养中出现的问题，提出了一些有特色的发酵方式，如流加发酵、分段发酵、在发酵的同时去除抑制性产物或副产物等。

另外，由于对动植物细胞生理和遗传研究的不断深入，动植物细胞离体培养技术也取得了很大的进步，其中许多关键技术都来自于传统的微生物发酵，并且动植物细胞培养对反应器的特殊要求也为发酵工程提供了崭新的应用领域。

20 世纪末以来，在开展人类基因组计划的同时，国际上在微生物基因组工程领域也取得了重大突破。目前，已经完成了数百种病毒和数十种微生物的基因组测序，包括大肠杆菌、枯草芽孢杆菌、酿酒酵母等一些具有重要工业用途的微生物。这样，随着微生物基因组研究成果逐渐转入开发应用领域，人类今后对微生物的研究控制和开发利用将会更加便利和有效，发酵过程的原理也将更加清晰，发酵的应用领域也会随之扩大，发酵工业的前途必将愈加宽广。

二、发酵类型和特点

（一）发酵类型

目前已知具有生产价值的发酵类型有以下 5 种。

1. 微生物菌体发酵

这是以获得具有多种用途的菌体为目的的发酵。作为比较传统的菌体发酵工业，可分为用于面包工业的酵母发酵及用于人类或动物食品的微生物菌体蛋白（单细胞蛋白）发酵两种类型。而新的菌体发酵可用来生产一些药用真菌，如香菇类、依赖虫蛹而生的冬虫夏草、与天麻共生的密环菌以及从多孔菌科的茯苓菌获得的名贵中药茯苓和担子菌的灵芝等。这些药用真菌可以通过发酵培养的手段来生产，具有与天然产品同等疗效的产物。有的微生物菌体还可用作生物杀虫剂，如苏云金杆菌、蜡样芽孢杆菌和侧孢芽孢杆菌，其细胞中的伴胞晶体可毒杀鳞翅目、双翅目的害虫；丝状真菌的白僵菌、绿僵菌可防治松毛虫等。将其制成适宜的剂型，可作为新型的微生物杀虫剂，并用于农业生产中。因此，微生物菌体发酵工业还包括微生物杀虫剂的发酵。

2. 微生物酶发酵

酶普遍存在于动物、植物和微生物中。最初，人们都是从动物、植物组织中提取酶，但目前工业应用的酶大多通过微生物发酵获得，因为微生物具有种类多、产酶品种多、生产容易和成本低等特点。微生物酶制剂有广泛的用途，多用于食品工业和轻工业中，如微生物生产的淀粉酶和糖化酶用于生产葡萄糖；氨基酰化酶用于拆分 D、L-氨基酸等。酶也可用于医药生产和医疗检测中，如葡萄糖氧化酶用于检查血中葡萄糖的含量；青霉素酰化酶用来生产半合成青霉素所用的中间体 6-氨基青霉烷酸；胆固醇氧化酶用于检查血清中胆固醇的含量等。

3. 微生物代谢产物发酵

微生物代谢产物的种类很多，已知的有 37 个大类（表 4-1），但就其产物产生的时期和与菌体生长繁殖的关系，有下列两类。在对数生长期所产生的产物，如氨基酸、核苷酸、蛋白质、核酸、类脂、糖类等，是菌体生长繁殖所必需的，这些产物叫作初级代谢产物。许多初级代谢产物在经济上具有相当的重要性，因而形成了各种不同的发酵工业，如微生物酶、有机酸、维生素、多糖、氨基酸、核酸类等物质的发酵。在菌体生长静止期，某些菌体能合成在生长期中不能合成的、具有一些特性的物质，如抗生素、生物碱、细菌毒素、植物生长因子等。这些产物与菌体生长繁殖无明显关系，叫作次级代谢产物，具有较大的经济价值。次级代谢产物多为低分子量化合物，但其化学结构类型确是多种多样，据不完全统计多达 47 种，其中抗生素的结构类型，按相似性来分类，也有 14 类。

次级代谢产物中最重要的就是抗生素，它们已是最大的一类发酵产品，抗生素不仅具有广泛的抗菌作用，而且还有抗病毒、抗癌症和其他生理活性，因而在医疗上和其他方面占有重要的地位。抗生素已成为发酵工业的重要支柱和其他发酵工业的基础。

表 4-1　微生物代谢产物类型

产　业	微生物代谢产物
医　药	抗生素、药理活性物质、维生素、基因工程药物、疫苗、抗肿瘤剂等
食　品	氨基酸、蛋白质、鲜味增强剂、脂肪酸、脂类、糖与多糖类、发酵剂、核酸、核苷酸、维生素、饮料等
轻　工	酸味剂、生物碱、酶抑制剂、酶、溶酶、辅酶、表面活性剂、转化甾醇和甾体、有机酸、乳化剂、色素、抗氧化剂、石油等
农　业	动物生长促进剂、除草剂、植物生长促进剂、灭害剂、驱虫剂、杀虫剂等
其　他	离子载体、抗代谢剂、铁运载因子等

4. 微生物的转化发酵

微生物转化是利用微生物细胞的一种或多种酶，把一种化合物转变成结构相关的更有经济价值的产物的生化反应。可进行的转化反应包括：脱氢、氧化、脱水、缩合、脱羧、氨化、脱氨和异构化反应等。转化收率一般都很高。最古老的生物转化，就是利用菌体将乙醇转化成乙酸的醋酸发酵。生物转化还可用于把异丙醇转化成丙醇、甘油转化成二羟基丙酮等。最突出的微生物转化发酵要算甾类转化，甾类激素包括可的松等皮质激素和黄体酮等性激素，是用途很广的一大类药物。此外还有抗生素的生物转化，即用微生物来修饰抗生素以获得新抗生素。

5. 生物技术的生物细胞发酵

这是指利用生物技术所获得的生物细胞，如 DNA 重组的“工程菌”以及细胞融合所得的“杂交”细胞等进行培养的新型发酵，其产物多种多样，用基因工程菌生产的有胰岛素、干扰素、乙肝疫苗等药物；用杂交瘤细胞生产的有用于治疗和诊断的各种单克隆抗体等。

（二）发酵技术的特点

发酵和其他化学工业的最大区别在于它是在生物体内进行，由酶所催化的化学反应。具有以下主要特点：

（1）自动调节反应。反应是以生物体的自动调节方式来进行的，因此，数十个反应过程能够在发酵设备中一次完成。

（2）反应条件温和。作为生物反应，通常在常温常压下进行，反应安全，能耗少，设备较简单。

（3）生产原料来源广、价格低廉。通常以糖蜜、淀粉等碳水化合物为主，可以是农副产品、工业废水或可再生资源（如植物秸秆、木屑等），微生物本身能有选择地摄取所需物质。

（4）容易生产复杂的高分子化合物，能高度选择地在复杂化合物的特定部位进行氧化、还原、官能团引入或去除等反应。

（5）全过程的无菌生产。发酵过程中需要防止杂菌污染，杂菌和噬菌体污染是发酵工业的致命因素，大多情况下设备需要进行严格的冲洗、灭菌，空气需要过滤除菌等。

（6）工业发酵与其他工业相比投资少、见效快，并可以取得较显著的经济效益。

基于以上特点，发酵工业发展非常迅速，并且日益引起人们的重视。

三、发酵工程研究的应用

发酵过程的上述特点体现了发酵工程的种种优点。在目前能源、资源紧张，人口、粮食及污染问题日益严重的情况下，发酵工程作为现代生物技术的重要组成部分之一，得到越来越广泛的应用。

1．医药工业

主要用于生产抗生素、维生素等常用药物和重组人胰岛素、乙肝疫苗、干扰素等新型基因药物。

2．食品工业

主要用于微生物蛋白、氨基酸、新糖源、饮料、酒类和一些食品添加剂（例如，柠檬酸、乳酸、天然色素等）的生产。

3．能源工业

通过微生物发酵，可将绿色植物的秸秆、木屑以及工农业生产中的纤维素、半纤维素、木质素等废弃物转化为液体或气体燃料（酒精或沼气），还可利用微生物进行采油、产氢以及制造微生物电池。

4．化学工业

用于生产可降解的生物塑料、化工原料（乙醇、丙酮、丁醇等）和一些生物表面活性剂及生物凝集剂。

5．冶金工业

微生物可用于黄金开采和铜、铀等金属的浸提。

6．农业

用于生物固氮和生产生物杀虫剂及微生物饲料，为农业和畜牧业的增产发挥了巨大的作用。

7. 环境保护

可用微生物来净化有毒的高分子化合物，降解海上浮油，清除有毒气体和恶臭物质以及处理有机废水、废渣等。

由于发酵工程在上述领域中无可替代的重要作用，使得发酵工业在人们生活和国民经济中发挥越来越重要的作用，必将给人们的生产和生活带来日新月异的变化。

第二节　微生物发酵过程

通过上一节对发酵类型和特点的学习，我们对各种发酵产品是如何获得的，充满了疑问和好奇，带着探究的心理，我们进入到本节——微生物发酵过程的学习。在本节中我们主要从发酵生产中常用的微生物、培养基及发酵的基本过程等几个方面加以讲述。

微生物发酵过程即微生物反应过程，是指由微生物在生长繁殖过程中所引起的生化反应的过程。

在制备大量微生物菌体或其代谢产物过程中，人们总是不断发展和改进培养微生物的方法。就其培养方式而言，基本上有两种类型的培养方法，表面培养法和深层培养法。表面培养法是指微生物在基质表面进行培养的方法，深层培养法是以微生物细胞生长于液体培养基深层（厌气或好气）中进行培养的方法。依所用培养基状态的不同，又可分为固体发酵和液体发酵。

液体深层发酵是在青霉素等抗生素的生产过程中发展起来的技术。同其他发酵方法相比，它具有很多优点：

①液体的悬浮态是很多微生物的最适合生长环境；②在液体中，菌体及营养物、产物、热量等易于扩散，使发酵可以在均质或拟均质条件下进行，便于控制，易于扩大生产规模；③液体输送方便，易于机械化操作；④所需厂房面积小，生产效率高，便于自动化控制，产品质量稳定；⑤发酵产品易于提取、精制等。

因而液体深层发酵在发酵工业中被广泛应用。

一、发酵生产中常用的微生物

微生物（microbe）是指那些个体微小（一般<0.1 mm）、构造简单，需借助显微镜才能看清其外形的一类低等生物的总称，它们有的是单细胞，有的是多细胞，还有些没有细胞结构。

微生物资源非常丰富，广布于土壤、水和空气中，尤以土壤中为多。有些微生物从自然界中分离出来就能够被利用，有些需要对分离得到的野生菌株进行人工诱变，得到突变株才能被利用。当前发酵工业所用菌种的总趋势是从野生菌转向变异菌、从自然选育转向代谢控制育种、从诱发基因突变转向基因重组的定向育种。

在发酵工业中，目前经常用到的是细菌、放线菌、霉菌（又名丝状真菌）、酵母菌以及危害细菌和放线菌生长的噬菌体等。但随着分子生物学和基因重组技术的不断发展，以及人类对发酵制品需求的日益增加，一些病毒、藻类、担子菌和基因工程菌等也正在逐步成为发酵工业用菌。

（一）放线菌

放线菌因为菌落呈放射状而得名。一方面，放线菌的细胞结构和化学组成成分与细菌相似，同属于原核生物；另一方面，它具有生长良好的菌丝体，且分枝，以外生孢子形式繁殖，与霉菌相似。放线菌的菌丝分为基内菌丝（或营养菌丝）和气生菌丝两种。基内菌丝紧贴培养基表面，形成菌落，并分泌黄、橙、红、紫、绿、蓝、灰、褐等水溶性或脂溶性色素。长到一定阶段后，向空间长出气生菌丝，气生菌丝生长到一定阶段，在它上面生成孢子丝，等到成熟后，就形成各种各样形态各异的孢子。孢子可以随风飘散，遇到适宜的环境，就会在那里“安家落户”，开始吸收水分和营养，萌生成新的放线菌。如图 4-1 所示。放线菌在自然界中分布很广，尤其在含有机质丰富的微碱性土壤中较多，泥土中的“泥腥味”就是由放线菌产生的。它们中绝大多数腐生，在自然界物质循环中功勋卓著。

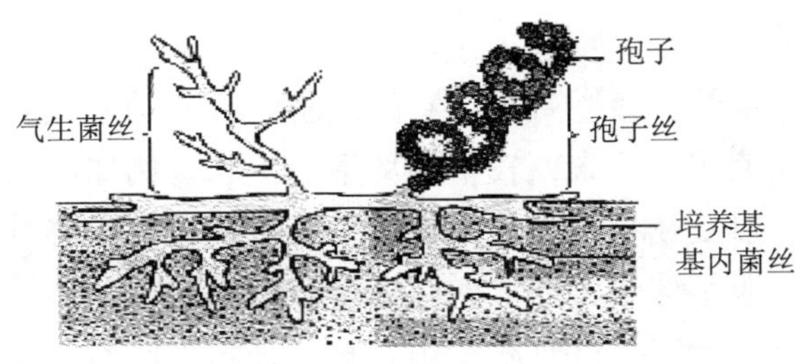

图 4-1　放线菌的形态模式图

放线菌是最主要的抗生素产生菌，在工业上具有重要地位，目前已经发现的约 6 000 种抗生素中，有 4 000 多种是由放线菌产生的，如链霉素、金霉素、红霉素、庆大霉素等。发酵工业常用的放线菌主要来自以下几个属：链霉菌属、小单胞菌属和诺卡氏菌属等。利用放线菌还可以生产维生素 B_{12}、β-胡萝卜素等维生素，蛋白酶、溶菌酶等酶类；另外，放线菌在石油工业和污水处理等方面也可以发挥一技之长。

（二）霉菌

霉菌也称丝状真菌，是真菌的一部分。凡生长在营养基质上形成绒毛状、自主网状或絮状菌丝体的真菌，统称为霉菌。霉菌菌丝的直径一般为 3～10 μm，比细菌和放线菌的细胞粗几倍到几十倍，与放线菌一样，霉菌在固体培养物质上生长时，形成两种生理功能不同的菌丝——营养菌丝（基内菌丝）和气生菌丝。在一定的生长阶段，部分气生菌丝分化成繁殖菌丝。霉菌在自然界中分布很广，大量存在于土壤、空气、水和生物体内外等处。它喜欢偏酸性环境，大多数为好氧性，多数腐生，少数寄生。霉菌的繁殖能力很强，而且繁殖方式也是多种多样的。虽然霉菌菌丝体上任何一个片断在适宜的条件下都能发展成新个体，但在自然界中，霉菌主要依靠产生形形色色的无性或有性孢子进行繁殖。

霉菌在食品和发酵工业上应用广泛。例如，腐乳是在豆腐块上接种了鲁氏毛霉而制成的；制造四川豆豉用的则是另一种毛霉——总状毛霉；根霉能把淀粉转化为糖；米曲霉等曲霉一直是我国民间用以酿酒、制醋曲、制酱和酱油的主要菌种；红曲霉用于制取红曲，是优良的天然食品着色剂，如红色腐乳。在发酵工业上，利用根霉和曲霉可以生产 L-乳酸、柠檬酸、葡萄糖酸、富马酸、曲酸、衣康酸等多种有机酸。利用各种霉菌还可以生产淀粉酶、蛋白酶、纤维素酶、果胶酶等多种酶制剂，以及青霉素、灰黄霉素等抗生素。

（三）酵母菌

酵母菌是一类最简单的真核微生物。它的细胞中有结构完整的细胞核。在自然界中普遍存在，尤其喜欢在偏酸性且含糖较多的环境中生长。例如，在水果、蔬菜、花蜜的表面和植物的叶片上，以及在果园土壤中最为常见。绝大多数酵母菌都是单细胞，但体积要比细菌大得多，一般呈球形、卵形或柠檬形。出芽生殖是酵母菌种最常见的生殖方式之一。母细胞体积长到一定程度时就开始发芽，芽长大的同时母细胞缩小，在母子细胞间形成隔膜，最后形成同样大小的母子细胞。如果子芽不与母细胞脱离就形成链状，称为假菌丝，此类酵母称为假丝酵母。

酵母与我们的生活密切相关，很多人几乎天天都享受着酵母菌的劳动成果。每天吃的面包或馒头，常喝的啤酒、葡萄酒等各种酒类饮料，都是由酵母菌参与制造的。酵母还可以用来生产维生素、甘油和酶制剂。

酵母菌的菌体含有多种维生素、矿物质和核酸等。它的菌体中含量最高的是蛋白质。有数据表明，每 100 kg 干酵母所含有的蛋白质相当于 500 kg 大米、217 kg 大豆或 250 kg 猪肉的蛋白质含量。

发酵工业上常用的酵母菌有啤酒酵母、假丝酵母、类酵母等，主要用于酿酒、制造面包、制造低凝固点石油，生产脂肪酶，以及生产可食用、药用和饲料用的酵母菌体蛋白等。

（四）细菌

细菌是单细胞原核生物，个体极小，没有成型的细胞核，一般以典型的“一分为二”的裂殖方式繁殖。细菌是地球上最古老的生物，它们的种类繁多，而且分布极为广泛，从地球上万米的高空到海洋的万米深处，都有细菌的踪迹。细菌根据外形可以分为球菌、杆菌和螺旋菌三个大类。

发酵工业生产常用的细菌有乳酸杆菌、枯草芽孢杆菌、醋酸杆菌、棒状杆菌、短杆菌，主要用于生产乳酸、淀粉酶、醋酸、氨基酸和肌苷酸等。

（五）其他微生物

1. 担子菌

担子菌就是人们通常所说的菇类。其重要特征是形成特殊的产孢器——“担子”。担子菌资源的利用正愈来愈引起人们的重视，如多糖、橡胶物质和抗癌药物的开发。近几年来，日本、美国的一些科学家对香菇抗癌作用进行了深入的研究，发现香菇中的1,2-β-葡萄糖苷酶及两种糖类物质具有抗癌作用。

2. 藻类

藻类是自然界中分布极广的一大群自养微生物资源，可用作人类保健食品和饲料。例如培养螺旋藻，按干重计算，每公顷可收获 60 t，而种植大豆每公顷才收获 4 t，从蛋白质产率看，螺旋藻是大豆的 28 倍；培养珊列藻，从蛋白质产率计算，每公顷珊列藻所得蛋白质是小麦的 20～35 倍。此外，还可通过藻类利用光能将 CO_2 转变为石油。培养单胞藻或其他藻类而获得的石油，可占细胞干重的 35%～50%，合成的油与重油相同，可加工成汽油、煤油和其他产品。每年每公顷培植的单胞藻按 35%干物质为碳氢化合物（石油）计算，可得 60 t 石油燃料。

3. 噬菌体

噬菌体是寄生在原核微生物——细菌、放线菌和真菌中的病毒。在工业发酵生产中，凡是用细菌和放线菌为生产菌的发酵生产（如丙酮、丁醇、谷氨酸、发酵饲料等），均存在着噬菌体危害的问题。发酵液污染噬菌体后，会造成异常发酵，轻者可使生产菌的菌体变形，发酵液菌数下降，而致使发酵迟缓，效率降低；严重时则发生明显的溶菌，发酵停止，甚至完全失败（倒罐）。

二、培养基

前面我们讲了发酵生产中几种常用的微生物，那么，微生物生长繁殖和生物合成各种代谢产物时需要哪些条件？是不是所有的菌体对生长环境的要求都相同？带着这样的疑问，我们来学习下面的内容。

（一）培养基的种类

培养基是人们为满足微生物生长繁殖和生物合成各种代谢产物的需要，按一定比例配制而成的多种营养物质的混合物。培养基的组成对菌体生长繁殖、产物的生物合成、产品的分离精制乃至产品的质量和产量都有重要影响。依据其在生产中的用途（或作用），可将大生产上应用的培养基分成孢子培养基、种子培养基和发酵培养基等。

1. 孢子培养基

孢子培养基是供制备孢子用的。要求此种培养基能使孢子迅速发芽和生长，能形成大量的优质孢子，又不易引起菌体变异。一般来讲，孢子培养基中的基质浓度（特别是有机氮源）要低些，否则将影响孢子的形成。无机盐的浓度要适量，否则影响孢子的数量和质量。孢子培养基的组成因菌种不同而有差异。生产中常用的孢子培养基有麸皮培养基、大（小）米培养基、玉米碎屑培养基和用葡萄糖（或淀粉）、无机盐、蛋白胨等配制的琼脂斜面培养基等，所选用的各种原材料质量要稳定。

2. 种子培养基

一般指摇瓶培养基和一、二级种子罐的培养基。种子培养基用来供孢子发芽、生长和大量繁殖菌丝体，并使菌体生长得粗壮，成为活力强“种子”。营养成分需易被菌体吸收利用，同时要比较丰富与完整，其中氮源和维生素的含量应略高些，但总浓度以略稀为宜，以便菌体的生长繁殖。常用的原料有葡萄糖、糊精、蛋白胨、玉米浆、酵母粉、硫酸铵、尿素、硫酸镁、磷酸盐等。培养基的组成随菌种而改变，在发酵过程中，种子质量对发酵水平的影响很大，为使培养的种子能较快适应发酵罐内的环境，在设计种子培养基时要考虑与发酵培养基组成的内在联系。

3. 发酵培养基

发酵培养基是供菌体生长繁殖和合成大量代谢产物之用。要求此种培养基的组成丰富完整，既要有菌体生长所必需的元素和化合物，还要有合成产物所必需的特定元素、前体物和促进剂等。采用的原材料质量要相对稳定，同时应不影响产品的分离精制和产品的质量。

（二）培养基的主要成分

发酵培养基的组成和配比由于菌种、设备和工艺不同以及原料来源和质量不同而有所差别。因此，需要根据不同要求考虑所用培养基的成分和配比。但是综合所用培养基的营养成分，主要是碳源、氮源、无机盐类（包括微量元素）、生长因子等几类。

1. 碳源

凡是用于构成菌体和代谢产物中碳素的营养物质均称为碳源。

常用的碳源按化学结构可分为包括各种能迅速利用的单糖（如葡萄糖、果糖）、双糖（如蔗糖、麦芽糖）和缓慢利用的淀粉及其水解液、纤维素等多糖。多糖要经菌体分泌的水解酶分解成单糖后才能参与微生物的代谢。玉米淀粉及其水解液是抗生素、氨基酸、核苷酸、酶制剂等发酵中常用的碳源。马铃薯、小麦、燕麦淀粉等用于有机酸、醇等生产中。

霉菌和放线菌还可以利用油脂作碳源，所以在霉菌和放线菌发酵过程中加入的油脂既能消泡又有补充碳源的作用。

某些有机酸、醇在单细胞蛋白、氨基酸、维生素、麦角碱和某些抗生素的发酵生产中也可作为碳源使用（有的是作补充碳源）。

此外，许多石油产品（碳氢化合物）作为微生物发酵的主要原材料正在深入研究和推广之中，如用正十六烷作碳源发酵生产谷氨酸。

另外，秸秆、玉米芯、稻草、木材及麦草等所含的纤维素及半纤维素，经酶水解后转为单糖，亦是微生物发酵的良好碳源，且纤维素及半纤维素属再生性廉价生物量，消耗多少，同时产生多少，取之不尽，用之不竭，往复循环。因此，纤维素及半纤维素是值得开发的重要资源。

2. 氮源

凡是构成微生物细胞本身的物质或代谢产物中氮素来源的营养物质，称为氮源。它是微生物发酵中使用的主要原料之一，其主要功能是构成微生物细胞和含氮的代谢产物。常用的氮源包括有机氮源和无机氮源两大类。黄豆饼粉、花生饼粉、棉籽饼粉、玉米浆、蛋白胨、酵母粉、鱼粉、菌丝体和酒糟等都是有机氮源，无机氮源有硫酸铵、氯化铵、硝酸盐、氨水等。

3. 无机盐和微量元素

微生物的生长、繁殖和产物形成需要各种无机盐类如磷酸盐、硫酸盐、氯化钠、氯化钾，以及微量元素如镁、铁、锌、钴、锰等。其生理功能包括：构成菌体原生质的成分（磷、硫等）；作为酶的组成成分或维持酶的活性（镁、钴、铁、锌、锰等）；调节细胞的渗透压和影响细胞膜的通透性（氯化钾、氯化钠等）；参与产物的生物合成等。微生物对微量元素的需要是极微量的，一般 0.1 μg/ml 的浓度就可以满足要求。高浓度的金属离子对微生物生理活性则表现出抑制作用。

4. 生长因子

生长因子是一类微生物维持正常生活不可缺少的，但细胞自身不能合成的微量有机化合物，包括维生素、氨基酸、卟啉及其衍生物、嘌呤和嘧啶的衍生物以及脂肪酸、甾醇、铵类等。大多数维生素是辅酶的组成成分，其需要量甚微，一般 1～50 μg/L，甚至更低，可是没有它们，酶就无法发挥作用。各种微生物自身不能合成的氨基酸，一般需以游离氨基酸或小分子肽的形式供应。而嘌呤、嘧啶及其衍生物的主要功能是构成核酸和辅酶。酵母膏、牛肉膏、蛋白胨和一些新鲜动植物组织的浸液，如心脏、肝、番茄和蔬菜的浸液，都是生长因子的丰富来源。

5. 发酵促进剂与抑制剂

发酵培养基中某些成分的加入有利于调节产物的形成，而并不促进微生物的生长，这些物质包括前体、促进剂和抑制剂。

（1）前体。在产物的生物合成过程中，被菌体直接用于产物合成而自身结构无显著改变的物质称为前体。前体能明显提高产品的产量，在一定条件下还能控制菌体合成代谢产物的流向。青霉素发酵培养基中加入苯乙酸或苯乙酰胺，不仅可以增加青霉素 G 的含量（可达青霉素总产量的 99%以上），还能提高青霉素的总产量。但是培养基中前体物质的浓度超过一定量时，对菌体的生长显示毒副作用。

（2）促进剂。指那些既不是营养物又不是前体，但却能提高产量的添加剂。在有些发酵过程中，添加某些促进剂能刺激菌株的生长，提高发酵产量，缩短发酵周期。例如，甲硫氨酸或亮氨酸对头孢菌素 C 生物合成的促进作用，认为是诱导产生参与头孢菌素 C 生物合成的酶；加酵母甘露聚糖可诱导 α-甘露糖苷酶的产生，促使甘露糖链霉素转化为链霉素。

（3）抑制剂。在发酵过程中加入抑制剂会抑制某些代谢过程的进行，同时会使另外一些代谢过程活跃，从而获得人们所需的某种产物或使正常的某一代谢中间产物积累起来。在四环素发酵过程中加入溴化钠和 M-促进剂（2-巯基苯并噻唑），能抑制金霉素形成的代谢过程，促进四环素的生成。

6. 水

水是培养基的主要组成成分。它既是构成菌体细胞的主要成分，又是一切营养物质传递的介质，而且它还直接参与许多代谢反应。所以说水的质量对微生物的生长繁殖和产物合成具有重要作用。发酵中常用的水有深井水、自来水和地表水。

三、发酵的基本过程

微生物发酵工艺多种多样，但基本上包括菌种制备、种子扩大培养、发酵和提取精制等几个下游处理过程。典型的发酵过程如图 4-2 所示。

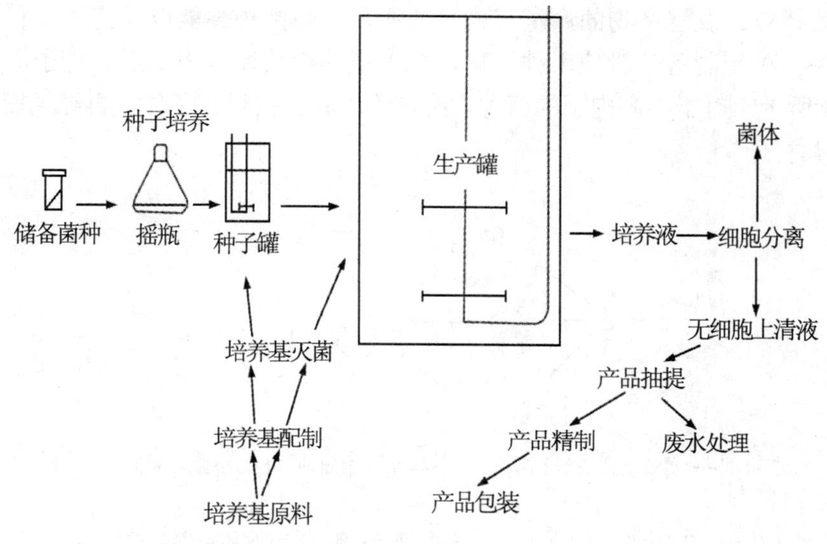

（来源：熊宗贵，发酵工艺原理，2003）

图 4-2　典型发酵过程的基本示意图

（一）菌种的制备

用微生物发酵方法生产产品，首先要有一个良好的菌种。因此在进行发酵生产之前，必须从自然界分离得到能产生所需产物的菌种，并经分离、纯化及选育后或是经基因工程改造后的“工程菌”，才能供给发酵使用。为了能保持和获得稳定的高产菌株，需要定期进行菌种纯化和育种，筛选出高产量和高质量的优良菌株；同时必须重视菌种保存工作，一般采用砂土管或冷冻干燥管保存菌种。

（二）菌种的扩大培养（种子制备）

这是发酵工程开始的一个重要环节。先将保存在沙土管、冷冻干燥管或冰箱中处于休眠状态的菌种接入试管斜面培养基上经活化后，再经过茄子瓶或摇瓶及种子罐逐级扩大培养，获得一定数量和质量的纯种，供发酵罐发酵使用，这个全过程称为种子扩大培养，又称为种子制备。这些纯种培养物称为种子。种子制备一般包括两个过程，在固体培养基上生产大量孢子的孢子制备过程和在液体培养基中生产大量菌丝的种子制备过程。

种子制备有不同的方式，有的从摇瓶培养开始，将所得的摇瓶种子液接入到种子罐进行逐级扩大培养，称为菌丝进罐培养；有的将孢子直接接入种子罐进行扩大培养，称为孢子进罐培养。采用哪种方式和多少培养级数，取决于菌种的性质、生产规模的大小和生产工艺的特点。发酵产物的产量与成品的质量，与菌种性能以及孢子和种子的制备情况密切相关。种子制备一般使用种子罐，扩大培养级数通常为二级。种子制备的工艺流程如图 4-3 所示。对于不产孢子的菌种，经试管培养直接得到菌体，再经摇瓶培养后即可作为种子罐种子。

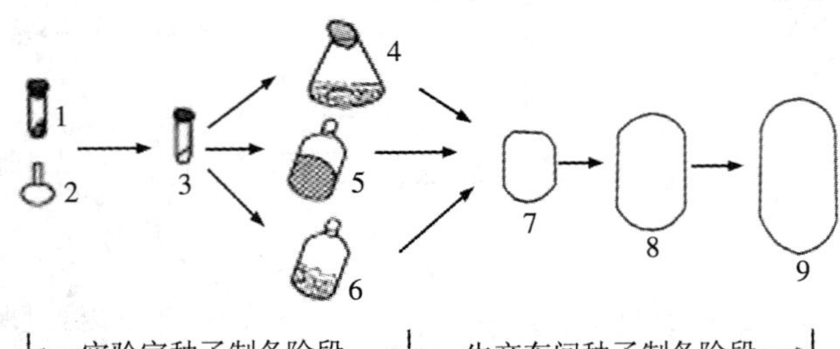

1. 砂土孢子；2. 冷冻干燥孢子；3. 斜面孢子；4. 摇瓶液体培养（菌丝体）；
5. 茄子瓶斜面培养；6. 固体培养基培养；7、8. 种子罐培养；9. 发酵罐培养
（来源：刘如林，微生物工程概论，1995）

图 4-3　种子制备的工艺流程图

（三）发酵过程

发酵是在无菌状态下对微生物进行纯种培养，本阶段微生物合成大量的产物，是整个发酵工程的中心环节。发酵的好坏，影响以后的各个环节，无论是产物的产量或质量都与此有关。因为发酵是在无菌状态下进行纯种培养的过程，所用的培养基和培养设备都必须经过灭菌，通入的空气或发酵中途的补料都必须是无菌的，转移种子也要采用无菌接种技术。通常利用饱和蒸汽对培养基进行灭菌，灭菌条件是在 120℃（约 0.1 MPa 表压）维持 20～30 min。空气除菌则采用介质过滤的方法，可用定期灭菌的干燥介质来阻截流过的空气中所含的微生物，从而制得无菌空气。发酵罐内部的代谢变化（菌丝形态、菌浓度、糖含量、氮含量、pH、溶氧浓度和产物浓度等）是比较复杂的，特别是次级代谢产物发酵就更为复杂，受许多因素控制。影响发酵的因素是错综复杂，又相互影响、相互制约，所以要使发酵得到预期的结果，需要各方面密切配合和严格操作。

（四）下游加工过程

发酵结束后，要对发酵液或微生物细胞进行分离和提取精制，将发酵产物制成符合要求的成品。

第三节　发酵的类型及其操作技术

通过前面的学习，我们掌握了发酵的基本原理和过程，本节我们将通过固态发酵和液态发酵这两种典型的发酵类型，对发酵过程的工艺控制以及常见的发酵设备进行学习。

发酵生产按微生物培养工艺不同可以分为固态发酵和液态发酵两种类型。两者在工艺过程上大体相同，主要工艺过程为：

斜面菌种培养→菌体或孢子悬浮液制备→种子扩大培养→发酵培养→发酵产物与发酵基质分离→提取与精制→成品

应用液体培养基进行微生物的生长繁殖和发酵的技术称之为液体培养法。液态发酵是先将物料制备成液态，再将微生物接入进行发酵。液态发酵容易实现自动化生产，生产效率高。按微生物培养的操作方式的差异，又可分为分批发酵、分批补料发酵及连续（及半连续）发酵等。

固态发酵是将微生物接种到经过处理的固体培养基上，或将发酵原料及菌体吸附在疏松的固体支撑物上，通过微生物的代谢活动，使发酵原料转化成发酵产品。采用固态发酵工艺所需设备简单，不需要结构复杂的发酵罐；操作方法简单，能耗较低，不需要大量的通风和搅拌。但是固态发酵不宜采用自动化控制，劳动强度大，生产率较低。

一、液体发酵及操作技术

（一）液体发酵的设备

进行微生物液体培养的设备统称为发酵罐。一个优良的发酵装置应具有严密的结构，良好的液体混合性能，较高的传质、传热速率，同时还应具有配套而又可靠的检测及控制仪表。由于微生物有好氧与厌氧之分，因此，发酵也相应的分为好氧发酵与厌氧发酵。对于好氧微生物，发酵罐通常采用通气和搅拌来增加溶解氧的浓度，以满足其代谢需要。根据搅拌方式的不同，好氧发酵罐可分为机械搅拌式发酵罐和通风搅拌式发酵罐。

1. 机械搅拌式发酵罐

机械搅拌式发酵罐是发酵工厂常用的类型之一。它是利用机械搅拌器的作用，使空气和发酵液充分混合，促进氧的溶解，以保证供给微生物生长繁殖和代谢所需的溶解氧。比较典型的是通用式发酵罐和自吸式发酵罐。

（1）通用式发酵罐。通用式发酵罐是指不仅具有机械搅拌装置又有压缩空气分布装置的发酵罐，如图 4-4 所示。

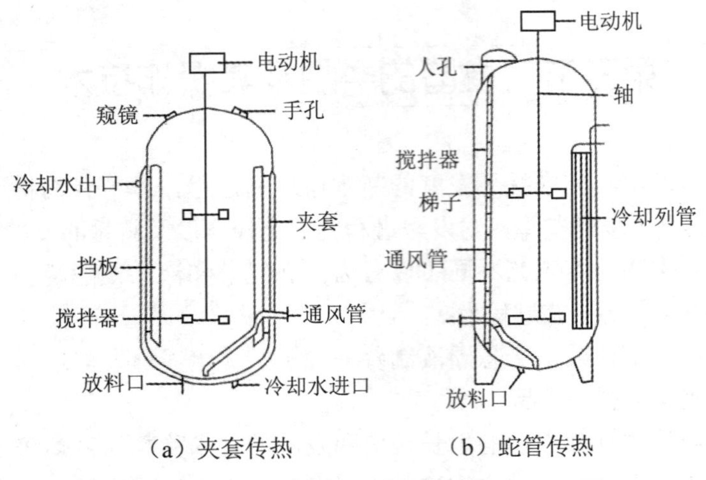

（a）夹套传热　　（b）蛇管传热

（来源：宋思扬、楼士林，生物技术概论，2004）

图 4-4　通用式发酵罐

这种类型的发酵罐是目前大多数发酵工厂最常采用的，所以称其“通用式”。其容积在 0.02～200 m^3，有的甚至可达 500 m^3。罐顶和罐底采用椭圆形或碟形封头。罐体各部分有一定的比例，罐身的高度一般为罐直径的 1.5～4 倍。发酵罐为封闭式，一般都在一定罐压下操作。为便于清洗和检修，发酵罐设有手孔或人孔，甚至爬梯，罐顶还装有窥镜和灯孔以便于观察罐内情况。

此外，还有各式各样的接管。装于罐顶部的接管有进料口、补料口、排气口、接种口和压力表等；装于罐身的接管有冷却水进出口、空气进口、温度和其他测控仪表的接口。取样口可视操作情况装于罐身或罐顶。现在很多工厂在不影响无菌操作的条件下将接管加以归并，如进料口、补料口和接种口用一个接管。放料可利用通风管将之压出，也可在罐底另设放料口。

发酵罐的传热装置有夹套和蛇管两种。一般容积为 5 m^3 以下的发酵罐采用外夹套作为传热装置，而大于 5 m^3 发酵罐采用内置立式蛇管作为传热装置。如果采用 5～10℃的冷却水，也可采用外蛇管作为传热装置。它是将半圆形钢或角钢制成螺旋形焊于发酵罐的外壁上制成的。

在通用式发酵罐内设置机械搅拌装置的主要作用是打碎空气气泡，增加气—液接触面积，以提高气—液间的传质速率。其次，可以使发酵液充分混合，使液体中的固形物料保持悬浮状态。为了避免气泡在阻力较小的搅拌器中心部位沿着轴周边上升逸出，搅拌器中央常带有圆盘。机械搅拌装置大多采用涡轮式搅拌器。常用的圆盘涡轮搅拌器有平叶式、弯叶式和箭叶式三种，叶片数量一般为 6 个（少至 3 个，多至 8 个）。对于大型发酵罐，在同一搅拌轴上需配置多个搅拌器。搅拌轴一般从罐顶伸入罐内，但对容积在

100 m^3 以上的大型发酵罐，也可采用下伸轴。为防止搅拌器运转时液体产生漩涡，在发酵罐内壁需安装挡板。挡板自液面起伸至罐底部，起加强搅拌作用，促使液体上下翻动和控制流型，消除涡流。立式冷却蛇管等装置也能起一定的挡板作用。

通用式发酵管内的空气分布管是将无菌空气引入到发酵液中的装置。空气分布装置有单孔管及环形管等形式，装于最低一档搅拌器的下面，喷孔向下，空气由分布管喷出，上升时被转动的搅拌器打碎成小气泡，并与液体混合，加强了气液的接触效果。空气的喷出，加强了罐底部分液体的搅动，使固形物不易沉积于罐底。

发酵液中含有大量的蛋白质等发泡物质，在强烈的通气搅拌下会产生大量的泡沫，导致发酵液外逸，增加染菌机会。消除发酵液泡沫以加入消沫剂为主，常用的消沫剂分为天然油脂、聚醚类、高级醇类和硅酮类；在泡沫量较少时，也可采用机械消沫装置来破碎泡沫。消沫装置可安装在罐内（罐顶）或罐外，利用机械引力、剧烈振动或压力变化起消泡作用。

（2）自吸式发酵罐。自吸式发酵罐是一种不需要空气压缩机提供加压空气，而依靠特设的机械搅拌吸气装置或液体喷射吸气装置，在搅拌过程中自吸入无菌空气并同时实现混合搅拌与溶氧传递的发酵罐，如图 4-5 所示。这种发酵罐在 20 世纪 60 年代开始研究，之后由联邦德国开始发展，1969 年首先取得美国专利。我国醋厂、酵母厂、制药厂等均已采用这种新型设备。

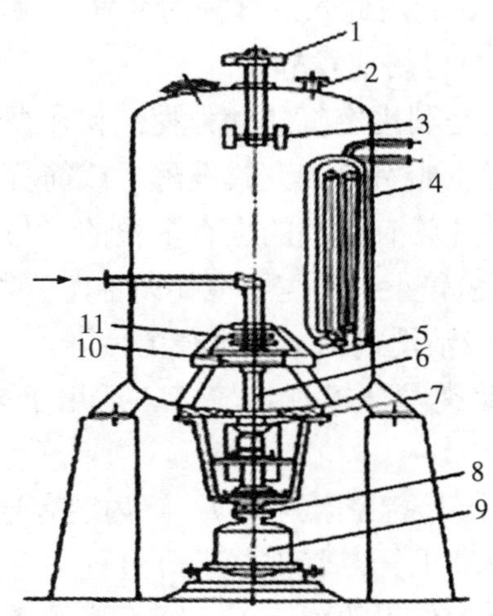

1. 皮带轮；2. 排气管；3. 消泡器；4. 冷却排管；5. 定子；
6. 轴；7. 双端；8. 联轴节；9. 电动机；10. 转子；11. 端面轴封

（来源：陈洪章等，生物过程工程与设备，2004）

图 4-5　自吸式发酵罐

自吸式发酵罐罐体的结构大致上与通用式发酵罐相同，主要区别在于搅拌器的形状和结构不同。自吸式发酵罐使用的是带中央吸气口的搅拌器。搅拌器由从罐底向上深入的主轴带动，叶轮旋转时叶片不断排开周围的液体使其背侧形成真空，于是将罐外空气通过搅拌器中心的吸气管而吸入罐内，吸入的空气与发酵液充分混合后在叶轮末端排出，并立即通过导轮向罐壁分散，经挡板折流涌向液面，均匀分布，并使空气在循环的发酵液中分裂成细微的气泡，在湍流状态下混合、翻腾、扩散，因此，自吸式充气装置在搅拌的同时完成了充气作用。

这种设备的优点是节省空气净化系统中的空气压缩机及其辅助设备，减少厂房占地面积；减少设备投资费用约 1/3；设备自动化、连续化程度高，从而降低劳动强度，减少劳动力；气泡小，气液接触均匀，溶氧系数高。

自吸式发酵罐的缺点是进罐空气处于负压，因而增加了染菌机会；同时装料系数小（约 40%）；吸程一般不高，需要采用低阻力高效率空气除菌装置；因为搅拌转速很高，有可能使菌丝被搅拌器切断，影响菌体的正常生长。所以，在抗生素发酵上较少采用，但在食醋发酵、酵母培养方面已有成功使用的实例。

2. 通风搅拌式发酵罐

在通风搅拌式发酵罐内，没有机械搅拌装置，它是利用通入发酵罐内的空气上升时的动力来带动发酵液运动，从而达到混合的目的。因此，这种发酵罐通风的目的不仅是供给微生物所需要的氧，同时还利用通入发酵罐的空气，代替搅拌器使发酵液均匀混合。常用的有循环式通风发酵罐和高位塔式发酵罐。

（1）循环式通风发酵罐。是利用空气的动力使液体在循环管内上升，并沿着一定路线进行循环，所以这种发酵罐也叫空气带升式发酵罐或简称带升式发酵罐。带升式发酵罐有内循环和外循环两种，循环管有单根的也有多根的。与通用式发酵罐相比，它具有以下优点：结构简单，冷却面积较小；不需要搅拌设备，节省动力约 50%；转料系数大，可达 80%～90%；维修、操作及清洗简便，减少杂菌污染。

（2）高位塔式发酵罐。此类发酵罐用途较多，适用于多级连续发酵。已获得推广使用。

发酵罐的特点是：罐身高，其高径比约为 7；罐内装有导流筒罐和若干块筛板。压缩空气由罐底导入，经过筛板逐渐上升，气泡在上升过程中带动发酵液同时上升，上升后的发酵液又通过筛板上带有液封作用的降液管下降而形成循环。这种发酵罐的特点是，由于液位高，空气利用率高，节省空气约 50%，节省动力约 30%；设备简单，不用电机搅拌，但底部有沉淀物，温度高时降温较难，如图 4-6 所示。

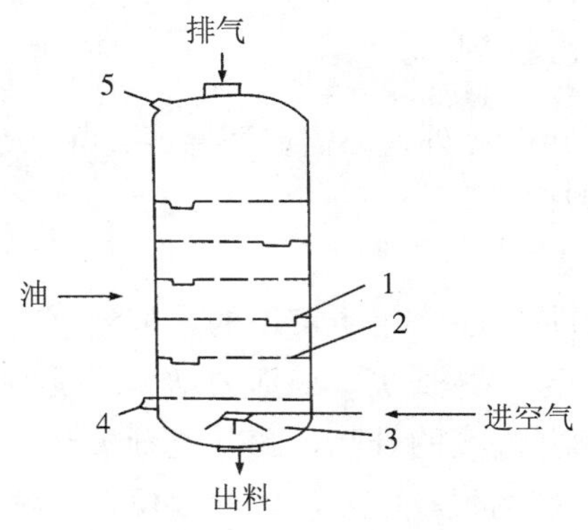

1. 导流筒；2. 筛板；3. 分配器；4、5. 人孔

（来源：陈洪章等，生物过程工程与设备，2004）

图 4-6　塔式发酵罐

3. 厌氧发酵设备

厌氧发酵也称静止培养，因其不需供氧，所以设备和工艺都较好氧发酵简单。严格的厌氧液体深层发酵的主要特色是排出发酵罐中的氧。罐内的发酵液应尽量装满，以便减少上层气相的影响，有时还需充入无氧空气。酒精、丙酮、丁醇、乳酸和啤酒等都是采用液体厌氧发酵工艺生产的。具有代表性的厌氧发酵设备如酒精发酵罐和用于啤酒生产的锥底立式发酵罐。如图 4-7 和图 4-8 所示。

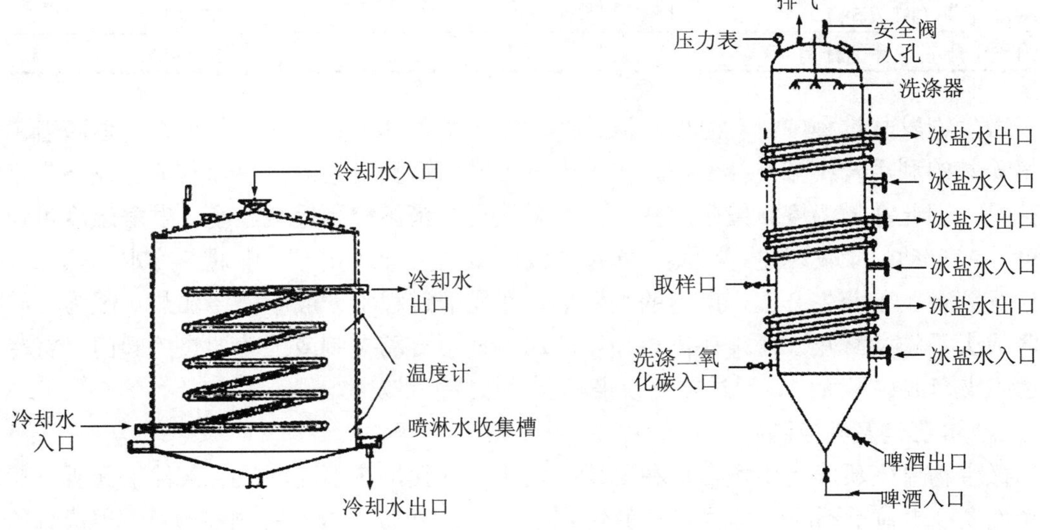

（来源：宋思扬、楼士林，生物技术概论，2004）

图 4-7　酒精发酵罐　　　　**图 4-8　锥底立式发酵罐**

（二）液体发酵的工艺控制

微生物发酵过程除需满足营养外，亦需保证温度、pH 及溶解氧等。此外尚需控制基质浓度、产物浓度及消除泡沫。

1. 温度的影响及其控制

菌体生长及产物形成均是在酶作用下实现的，但温度对酶活性影响极为显著。在一定温度范围内，温度升高，菌体生长快，酶活力增大，反应速率增大，生产期提前。但当温度超过一定范围后，随着温度的升高，酶亦逐渐失活，温度越高，失活越快，因此菌体衰老，发酵周期缩短，产物生成率低。因此要保持正常的发酵过程，需维持最适温度。但菌体生长与产物合成温度通常并不相同。因此发酵过程在考虑最适温度时，可采用折中方法，或采取不同阶段不同温度的培养方法。此外，不同菌种、不同条件及不同生长阶段，最适温度均可能不同，因此需分别对待。某些微生物不同生理阶段的最适温度见表 4-2 所示。

表 4-2　某些微生物不同生理阶段的最适温度

菌名	最适生长温度/℃	最适发酵温度/℃
乳酸链球菌	34	40
灰色链霉菌	37	28
卡尔斯伯酵母（*S.Carlsbergensis*）	25	4～10
酒精酵母	28	32～33
枯草杆菌（Bf 7658）	37	37～38
丙酮丁醇梭状芽孢杆菌	37	38～40

微生物发酵过程中，对温度加以控制开始于培养基消毒后的冷却过程，但随着菌体对培养基的利用及机械搅拌作用，将使温度上升，而反应器的散热及水分蒸发亦带走部分热量，因此基质温度将发生改变，故需采取适当措施控制反应温度。发酵温度可通过温度计或自动记录仪表进行检测，通过向发酵罐的夹套或蛇形管中通入冷水、热水或蒸汽进行调节。工业生产上，所用的大发酵罐在发酵过程中一般不需要加热，因为发酵中会释放大量的发酵热，通常还需要加以冷却，利用自动控制或手动调整的阀门，将冷却水通入夹套或蛇形管中，通过热交换来降温，保持恒温发酵。

2. pH 影响及其控制

微生物原生质膜是由蛋白质和磷脂组成的半透膜，在不同酸碱度条件下其所负荷的电荷性质及电荷量不同，膜通透性亦不相同。pH 过高或过低均影响细胞对营养成分的吸收及代谢途径，从而影响细胞生长及产物的累积，因此培养及发酵过程必须控制培养液的最适 pH 范围。但不同微生物及不同培养条件，其最适 pH 不同，某些微生物生长的最适 pH 见表 4-3 所示。

表 4-3　微生物生长的最适 pH 范围

微生物类型	最低 pH 值	最适 pH 值	最高 pH 值
细菌和放线菌	5.0	7.0～8.0	10.0
酵母菌	2.5	3.8～6.0	8.0
霉菌	1.5	3.0～6.0	10.0

由于菌体特性及其产物化学性质的不同，在培养过程中，其生长阶段和产物合成阶段最适 pH 往往不一样，需分别加以控制。此外，发酵过程中随着营养的消耗及有机酸和氨基酸等产物的累积，必然导致料液 pH 的改变，要维持菌体正常生长和代谢，整个发酵过程均需控制适当的 pH 范围。工业生产中的措施是首先在基础培养基中添加维持 pH 的缓冲系统，以及通过中间补加氨水、尿素、碳酸铵或碳酸钙等物质加以控制。目前国内已研制成功监测发酵过程的 pH 电极，用于连续测定及记录 pH 变化，并由 pH 控制器调节酸、碱及糖的加入量以控制发酵液最适 pH 值。

3. 溶解氧的影响及其控制

好气性微生物深层培养时需要适当浓度溶解氧以维持其呼吸作用及产物的合成。缺氧时微生物代谢异常，产物量下降。故欲保证正常发酵，必须满足微生物对氧的需求。发酵过程中氧的供应通常是个关键因素，从葡萄糖氧化的需氧量来看，1 mol 葡萄糖完全氧化生成水和 CO_2 时，需耗 6 mol 氧。但是当糖用于细胞合成时，1 mol 葡萄糖仅需耗 1.9 mol 氧，即每耗 1 g 葡萄糖需耗 0.3 g 氧。但在同一溶液中氧的饱和度仅为 0.000 7%（7 mg/L），比糖浓度小 7 000 倍，故为使 50 g/L 浓度的葡萄糖转化为细胞材料，必须向培养液连续补充大量氧。提高培养液中溶氧水平的措施是提高设备供氧能力，如提高通气强度、增加搅拌速度、通气中掺入纯氧、增设挡板及增加罐压等以提高溶氧速率；另外亦可通过改进工艺，控制菌体对氧的消耗，如控制补料速度、温度调节、液化培养基、中间补水及添加表面活性剂等均可改善及维持适当的溶氧水平。

溶氧浓度是微生物生长和产物形成率的重要参数之一，但发酵过程溶氧浓度易发生变化，并有一定规律。目前虽可通过氧电极直接测定溶氧浓度。但为指导生产，通过测定溶氧参数，摸索出发酵液中溶氧变化规律，尚待进一步探索。

发酵过程中各参数的控制很重要，目前发酵工艺控制的方向是转向自动化控制，因而希望能开发出更多更有效的传感器用于过程参数的检测。此外对于发酵终点的判断也同样重要。不同类型的发酵，要求达到的目标不同，因而对发酵液终点的判断标准也应有所不同。一般对原材料成本占整个生产成本主要部分的发酵品种，主要追求提高生产率[kg/(m^3 • h)]、得率（kg/kg）和发酵系数[kg/(m^3 • h)]。如下游提取精制成本占主要部分，而且产品价格比较贵，则除了要求高的产率和发酵系数外，还要求高的产物浓度。

发酵中判断放罐的主要指标有产物浓度、过滤速度、氨基氮、菌丝形态、pH、发酵液的外观和黏度等。一般菌丝自溶前总有迹象，如氨基氮开始升高、pH 上升、菌丝碎片增多、黏度增加、过滤速度降低等，其中最后一项对染菌罐尤为重要。发酵终点的判断需综合多方面的因素统筹考虑，采用生产力高而成本低的时间作为放罐时间。

二、固态发酵及操作技术

（一）固态发酵概述

固态发酵，从广义上讲，可以指一切使用不溶性固体基质来培养微生物的工艺过程，既包括将固体悬浮在液体中的深层发酵，也包括在没有（或几乎没有）游离水的湿固体材料上培养微生物的工艺过程。多数情况下是指在没有水或几乎没有自由水存在下，在有一定湿度的水不溶性固态基质中，用一种或多种微生物发酵的一个生物反应过程。

几千年前，中国就利用这项技术酿酒和制造各种调味品，现代的固态发酵不仅用于改善食品风味，更主要是用于酶制剂、单细胞蛋白、有机酸、乙醇、生物农药、生物饲料、生物燃料、生物转化、生物解毒、生物修复等方面的生产与应用。

第二次世界大战以后，随着微生物纯种培养技术和通气培养技术的发展，尤其是青霉素的工业化生产，液态发酵技术在长时间的使用和研究中，日渐成熟。然而，由于消耗大量的工业用粮，以及环境污染等问题的存在，需要寻求新的发酵方法来解决。固态发酵有着液态发酵无与伦比的优势，因而引起了人们极大的关注，它是解决当前发酵工业所遇到的能耗大、与人类竞争粮食以及环境污染严重等问题的一种有效途径。

与其他培养方式相比，固态发酵具有如下优点：

（1）培养基简单且来源广泛，多为便宜的天然基质或工业生产的下脚料，如麸皮、大豆饼粉、高粱、玉米粉、稻壳、玉米皮等；

（2）投资少，能耗低，技术较简单；

（3）产物的产率较高；

（4）基质含水量低，可大大减少生物反应器的体积，没有有机废水的产生，不需要废水处理，环境污染较少，同时后处理加工方便；

（5）发酵过程一般不需要严格的无菌操作；

（6）通气一般可由气体扩散或间歇通风完成，不需要连续通风，空气一般也不需严格的无菌空气。同时，随着微生物基因遗传技术的应用、优良菌株的发现和筛选，以及生产工艺等方面的改进，固态发酵技术也得到了进一步发展。

（二）固态发酵的设备

固态发酵一般都是开放式的，因而不是纯培养，无菌要求不高，部分厂家研制的固态发酵反应器性能虽有所提高，易实现机械化操作和部分参数自动控制，但反应器体积小，不适于现代酿造技术向规模化、高效及实现产品高质量的方向发展，而且设备投资大，生产成本相对较高，对工艺参数未进行最优化设计。近几年来，随着固态发酵过程数学模型化的不断建立和完善为固态发酵反应器的设计放大提供了理论基础。常用的固态发酵设备主要有以下几种类型。

1．浅盘发酵器

浅盘发酵器对传统的浅盘发酵进行了简单的改进，通常可由木质的、塑料的或金属的浅盘构成，是常规的固态发酵反应器中结构简单而广泛应用的一类。培养过程在静止的浅盘上进行，不具有机械搅拌装置，需要大量的劳动力来装卸浅盘。由于基质和空气之间热交换的效率不高，固态基质不能大量堆积。虽然浅盘反应器操作简便，产率较高，产品均匀，但因体积过大，耗费劳动力大，无法进行机械化操作，不适宜在工业生产中应用。

2．转鼓式发酵器

转鼓式反应器通常为卧式，或略微倾斜，转鼓的转速通常很低，否则，剪切力会使菌体受损。转鼓式反应器与固定床相比，优点在于可以使菌丝体与反应器粘连，转鼓旋转使筒体内的基质达到一定程度的混合，菌体所处环境比较均一，适合固态发酵的特点，可满足充足的通风和温度控制，因而对它的研究也较多。图 4-9 为转鼓发酵罐示意图。

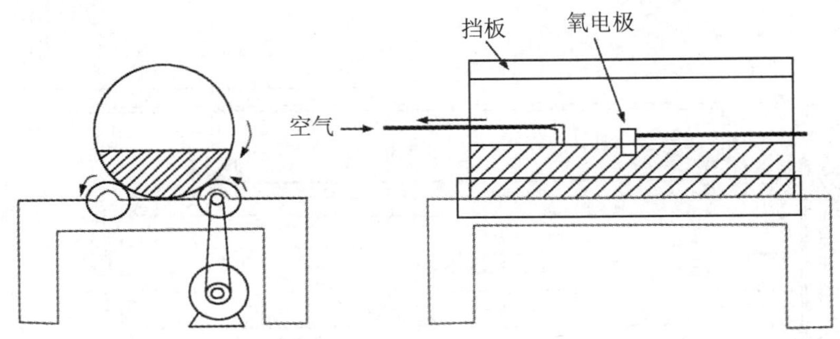

（来源：岑沛霖，生物工程导论，2004）

图 4-9　由 Tanaka 设计的转鼓发酵罐

3. 旋转圆盘式发酵机

旋转圆盘式发酵机是目前国内较为先进的新型固态发酵设备。它密封效果好，不仅杜绝了杂菌污染，更能有效地保持温度、湿度，并能方便地进行自动化测温、控温、控湿，为微生物生长繁殖提供了有利条件。料床为圆盘动力旋转式，既可以消除发酵“死角”，又得以与入料、翻料、摊平、出料等机构有机地配合，实现出入料、摊平、翻料机械化，大大地方便了生产，从而可与前后工序的设备配套，形成自动化程度较高的生产线，该机适用于发酵周期短的产品生产。

4．搅拌式发酵反应器

搅拌式发酵反应器有立式和卧式之分，卧式反应器根据搅拌方式又可分为转轴式和转筒式。但由于固态基质的搅拌特性，对搅拌浆的设计有特殊要求。此类搅拌器在食品工业早已应用，日本生产的小型带柴油发动机的专门用于纤维素物质固态发酵的搅拌式小型反应器，可供乡村家庭使用，其发酵产物可直接用作饲料。

5．压力脉动固态发酵反应器

压力脉动固态发酵反应器设计原理是对密闭反应器内的气相压力施以周期脉动，并以快速泻压方式使潮湿颗粒因颗粒间气体快速膨胀而发生松动，从而达到强化气相与固态料层间均匀传质、传热过程的目的。强调生物反应器是一个非线性活细胞代谢，周围环境进行质量、热量、能量、信息交换的生态系统，是由生命系统和环境系统组成的特定空间，而不是单一的装置。另一方面，气相压力的周期脉动会引发多种外界环境参数对细胞膜的周期刺激作用，一般可使发酵时间缩短 1/3，产率提高 2～5 倍。压力脉动固态发酵罐的结构示意图如图 4-10 所示。

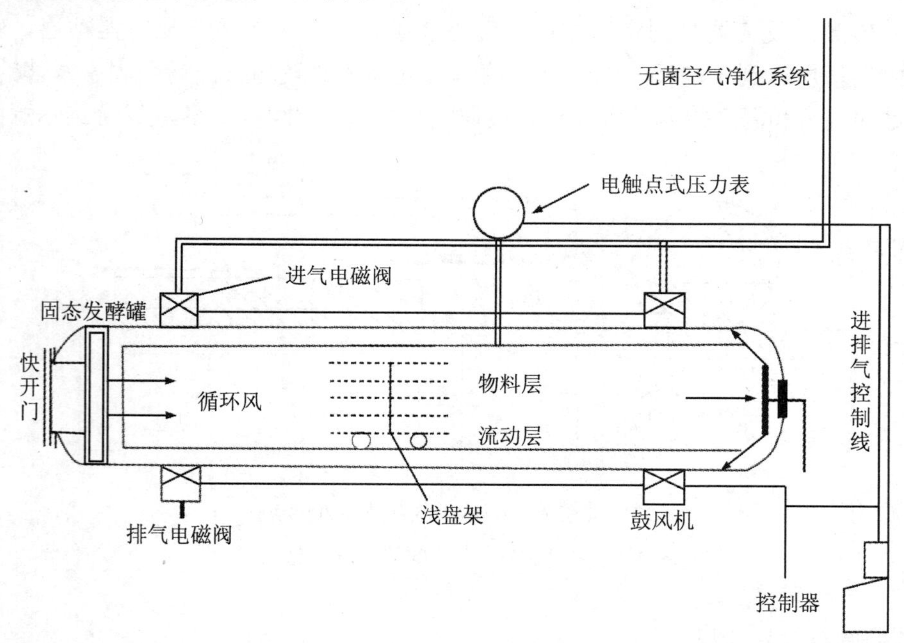

（来源：陈洪章等，生物过程工程与设备，2004）

图 4-10　压力脉动固态发酵罐的结构示意图

总之，上述各种固态反应器中，在工业上已得到应用的还是盘式、转鼓式及搅拌式反应器，国内对各种高性能固态反应器的研制才刚刚开始。“压力脉动固态发酵反应器”的研制成功，标志着现代发酵技术的成熟，随着该项技术体系的进一步改进与完善，必将打破液体深层发酵技术一统天下的僵持局面。无论在理论上，还是生产应用上都具有重大的开创性意义。

第四节　下游加工过程

随着发酵过程的结束，我们所希望得到的发酵产品都存在于发酵液这一复杂的多相体系中。发酵工业产品类型十分丰富，包括完整的细胞、有机酸、氨基酸、有机溶剂、抗生素、酶制剂、药用蛋白质等。因此，将发酵产品从发酵液中分离提取出来是最终获得商业产品的重要环节。我们把从发酵液中分离、精制有关产品的过程称为发酵生产的下游加工过程。其所需投资和生产成本在发酵工厂中占很大比例，一般都超过 50%。

下游加工过程的特点如下：①成分复杂。发酵液是含有细胞、代谢产物和剩余培养基等多组分的多相系统，黏度通常很大，从中分离固体物质很困难。②产品浓度低。发酵产品在发酵液中浓度很低。且常与代谢产物、营养物质等大量杂质共存于细胞内或细胞外，形成复杂的混合物。③失活问题。欲提取的产品通常很不稳定，遇热、极端 pH、有机溶剂会分解或失活。④具有一定的灵活性。由于发酵是分批操作，生物变异性大，各批发酵液不尽相同，这就要求下游加工有一定弹性，特别是对染菌的批号也要能够处理。⑤发酵的最后产品纯度要求较高。

因此，下游加工过程的上述特点使得下游加工过程成为许多发酵生产中最重要、成本费用最高的环节。发酵生产中因缺乏合适的、经济的下游处理方法而不能投入生产的例子是很多的。因此下游加工技术愈来愈引起人们的重视。下游加工过程由许多化工单元操作组成，通常可分为发酵液预处理和固液分离、提取、精制以及成品加工四个阶段。其一般流程如图 4-11 所示。

（一）发酵液预处理和固液分离

发酵液的预处理和固液分离是下游加工的第一步操作。预处理的目的是改善发酵液性质，以利于固液分离，常用酸化、加热、加絮凝剂等方法。固液分离则常用到过滤、离心等方法。如果欲提取的产物存在于细胞内，还需先对细胞进行破碎。细胞破碎方法有机械、生物和化学法，大规模生产中常用高压匀浆器和球磨机。细胞碎片的分离通常用离心、两水相萃取等方法。发酵产品的分离纯化工艺见图 4-11 所示。

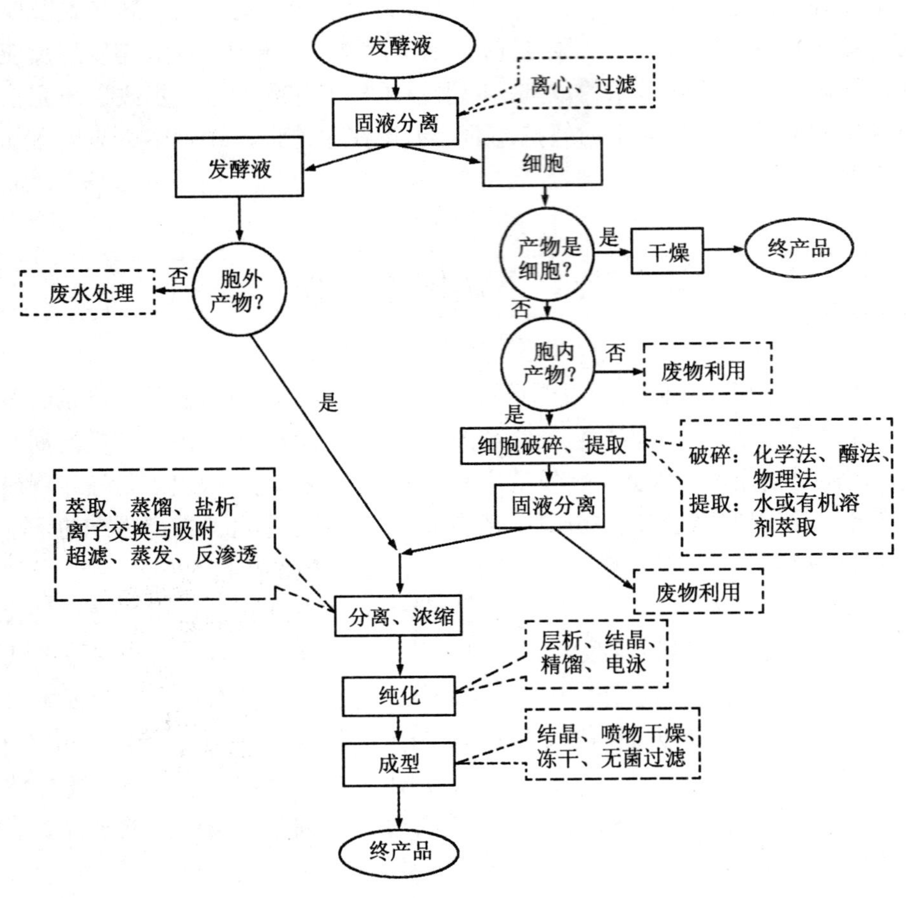

（来源：岑沛霖，生物工程导论，2004）

图 4-11　发酵产品的分离纯化工艺简图

（二）提取

经上述步骤处理后，活性物质存在于滤液或离心上清液中，液体的体积很大，浓度很低。接下来要进行提取，其目的主要是浓缩，也有纯化作用。常用的方法有吸附法等。

1. 吸附法

对于抗生素等小分子物质可用吸附法，现在常用的吸附剂为大网格聚合物，另外还可用活性炭、白土、氧化铝、树脂等。

2. 离子交换法

极性化合物则可用离子交换法提取，该法亦可用于精制。

3. 沉淀法

沉淀法广泛用于蛋白质提取中，主要起浓缩作用，常用盐析、等电点沉淀、有机溶剂沉淀和非离子型聚合物沉淀等方法，沉淀法也用于一些小分子物质的提取。

4. 萃取法

萃取法是提取过程中的一种重要方法，包括溶剂萃取、两水相萃取、超临界流体萃取、逆胶束萃取等方法，其中溶剂萃取法仅用于抗生素等小分子生物物质而不能用于蛋白质的提取，而两水相萃取法则仅适用于蛋白质的提取，不适用于小分子物质的提取。

5. 超滤法

该法是利用具有一定截留分子量的超滤膜进行溶质的分离或浓缩，可用于小分子物质提取中除去大分子杂质和大分子提取中的脱盐浓缩等。

（三）精制

经提取过程初步纯化后，液体的体积大大缩小，但纯度提高不多，需要进一步精制。初步纯化中的某些操作，如沉淀、超滤等也可应用于精制。大分子（蛋白质）精制依赖于层析分离，层析分离是利用物质在固定相和移动相间分配情况不同，进而在层析柱中的运动速度不同，而达到分离的目的。根据分配机制的不同，分为凝胶层析、离子交换层析、聚焦层析、疏水层析、亲和层析等几种类型。层析分离中的主要困难之一是层析介质的机械强度差，研究生产优质层析介质是下游加工的重要任务之一。小分子物质的精制则可利用结晶操作。

（四）成品加工

经提取和精制后，根据产品应用要求，有时还需要浓缩、无菌过滤和去热源、干燥、加稳定剂等加工步骤。浓缩可采用升膜或降膜式的薄膜蒸发或者采用膜过滤的方法，对热敏性物质可用离心薄膜蒸发进行浓缩，对大分子溶液可用超滤膜过滤、小分子溶液可用反渗透膜过滤进行浓缩。用相对截留分子质量为 10 000 的超滤膜可除去相对分子质量在 1 000 以内的产品中的热源，同时也达到了过滤除菌的目的。如果最后要求的是结晶性产品，则上述浓缩、无菌过滤等步骤应放于结晶之前，而干燥则通常是固体产品加工的最后一道工序。干燥方法根据物料性质、物料状况及当地具体条件而定，可选用真空干燥、红外线干燥、沸腾干燥、气流干燥、喷雾干燥和冷冻干燥等方法。

第五节　发酵工程的应用

发酵工程应用的领域十分广泛，诸如在制药和食品领域及酶的生产方面都有极为广泛的应用。本节重点介绍一下抗生素、氨基酸和酶制剂的生产工艺。

一、抗生素的生产工艺

抗生素是最著名的微生物次级代谢产物，几乎所有的人在一生中都或多或少地使用过抗生素，它们已经成了人类与细菌感染引起的疾病做斗争的有力武器。下面以青霉素为例，简单介绍抗生素的发酵生产过程。

（一）青霉素发酵生产菌株

最早发现生产青霉素的菌株是点青霉，其发酵单位仅有 2 U/mg。目前全世界用于青霉素生产的高产菌株几乎都是以产黄青霉为出发菌株，经过不同的改良途径得到的。青霉素工业发酵生产水平已达到 85 000 U/ml 以上。青霉素生产菌株一般在真空冷冻干燥条件下保存其分生孢子；也可用甘油或乳糖溶剂作悬浮剂，在超低温冰箱或液氮中保存孢子悬浮液或营养菌丝体，保存菌丝的优点可以避免分生孢子传代中可能产生的变异。按其在深层培养中菌丝的形态，可分为球状菌和丝状菌。

（二）青霉素发酵生产用培养基

1. 碳源

青霉素能利用多种碳源如乳糖、葡萄糖、蔗糖等。目前普遍采用淀粉经酶水解的葡萄糖糖化液进行流加。

2. 氮源

可选用玉米浆、花生饼粉、精制棉籽饼粉或麸皮粉，并补加无机氮源。

3. 前体

生物合成含有苄基集团的青霉素 G，需要在发酵时加入前体物质如苯乙酸或苯乙酰胺，由于它们对青霉菌有一定的毒性，故一次加入量不能大于 0.1%，并采用多次加入方式。

4. 无机盐

包括硫、磷、钙、镁、钾等盐类，铁离子对青霉菌有毒害作用，应严格控制发酵液中铁含量在 30 μg/ml 以下。

（三）青霉素发酵工艺

现以常用的绿色丝状菌为代表将其生产流程描述如下：

冷冻管 ——→ 斜面母瓶 $\xrightarrow[25℃，6\sim7\ d]{孢子培养}$ 大米孢子 $\xrightarrow[25℃，6\sim7\ d]{孢子培养}$ 一级种子罐 $\xrightarrow[25℃，40\sim50\ h]{种子培养}$

二级种子罐 $\xrightarrow[25℃，13\sim15\ h，1：1.5[(V/V)/min]]{种子培养}$ 发酵罐 $\xrightarrow[26\sim22℃，1：(0.8\sim1)[(V/V)/min]6\sim7\ d]{发酵}$

放冷 $\xrightarrow{至15℃}$ 发酵液预处理、过滤 ——→ 青霉素回收

1. 孢子制备

制备孢子时，将保藏的处于休眠状态的孢子，通过严格的无菌操作，将其接种到经灭菌过的固体斜面培养基上，在一定的温度下培养 5～7 d 或 7 d 以上，这样培养出来的孢子数量还是有限的。为获得更多的孢子供生产需要，必要时可进一步在固体培养基（如大米、小米、玉米粒）上扩大培养。

2. 种子制备

种子制备的目的是缩短发酵罐内繁殖菌丝的时间，延长合成微生物发酵产物的时间，提高发酵产量。种子罐的级数是指制备种子需逐级扩大培养的次数。在种子罐内培养过程中，需要搅拌和通入无菌空气，控制罐压并定时取样做无菌检查，观察菌丝形态，测定种子液中发酵单位和进行生化分析等，并观察有无染菌情况，种子质量如合格方可移种到发酵罐中。

3. 发酵培养控制

青霉素发酵过程中需要对培养基的组成、培养温度、pH、通气量以及培养时间等条件进行控制，以利于青霉素的合成。

（1）pH 控制。发酵过程中 pH 一般控制在 6.2～6.8，由于青霉素在碱性条件下不稳定，容易加速其水解，因此，应尽量避免 pH 超过 7.0。可以加葡萄糖来控制 pH。当前趋势是加酸或碱自动控制 pH。

（2）温度控制。青霉素生长的适宜温度为 30℃，而分泌青霉素的适宜温度是 20℃左右，通常采用分段变温控制法，使温度适合不同阶段的需要。如采用发酵前期的 26℃逐渐降至 22℃，可延缓菌丝衰老，增加培养液中溶解氧浓度，延长发酵周期、调节 pH、提高青霉素产量。

（3）溶解氧控制。青霉素深层培养需要通气与搅拌，一般要求发酵液中溶解氧量不低于饱和溶解氧的 30%。通气比一般为 1：（0.8～1）（每分钟体积分数，简记为(V/V)/min）左右。搅拌转速在发酵各阶段应根据需要而调整。

（4）泡沫的控制。青霉素在发酵过程中产生大量泡沫，可以用天然油脂如豆油、玉米油等或用合成消沫剂“泡敌”（环氧丙烯环氧乙烯聚醚类）来消泡。应当控制其用量并少量多次加入，尤其在发酵前期不宜多用，以免影响菌的呼吸代谢。

4. 下游操作

（1）过滤。发酵液在放罐后要及时冷却，因为青霉素在低温下较稳定，降温可以避免青霉素的迅速分解。青霉素发酵液过滤宜采用转鼓式真空过滤机。

（2）萃取。通常需要用醋酸丁酯进行2～3次萃取。

（3）脱色。采用在二次醋酸丁酯提取液中加活性炭150～300 g/10亿单位进行脱色、过滤。

（4）精制。以丁醇共沸蒸馏结晶制得青霉素钠结晶。

二、氨基酸的发酵生产工艺

氨基酸是构成蛋白质的基本单位，是人体及动物体的重要营养物质。氨基酸在食品、饲料、医药、工业、农业等行业有着广泛应用。因此，氨基酸的生产和应用早已受到人们的重视。在20世纪50年代以前，氨基酸都是采用蛋白质水解方法生产的，如谷氨酸钠（味精）就是从黄豆蛋白水解得到的，当时的价格非常昂贵。日本科学家发现，谷氨酸棒杆菌或黄色短杆菌能够积累谷氨酸，从而诞生了氨基酸发酵工业，使味精成了大众化的调味品。现在氨基酸的生产方法有发酵法、提取法、合成法、酶法等，其中最主要的是发酵法。目前全世界天然氨基酸的年产量在百万吨左右，其中谷氨酸是目前氨基酸生产中产量最大、最典型、最成熟的一种，主要由三部分组成：淀粉水解糖的制备、谷氨酸发酵和谷氨酸的提取。现以谷氨酸的发酵为例简单介绍氨基酸的发酵生产。

（一）淀粉水解糖的制备

谷氨酸发酵生产以淀粉水解糖为原料。淀粉水解糖的制备方法一般有酸水解法和酶水解法两种。国内常采用的是酸水解工艺：

原料（淀粉、水、盐酸）→调浆（液化）→糖化→冷却→中和、脱色→过滤→糖液

（二）谷氨酸发酵

1. 生产菌种

谷氨酸生产菌主要是棒状杆菌属、短杆菌属、小杆菌属及节杆菌属的细菌。除节杆菌外，其他3个属中有许多菌种适用于糖质原料的谷氨酸发酵。

2. 谷氨酸菌种扩大培养

斜面菌种 $\xrightarrow[\text{32℃，12 h}]{\text{种子培养}}$ 一级种子培养液 $\xrightarrow[\text{32℃，7～10 h}]{\text{种子培养}}$ 二级种子培养液 $\xrightarrow[\text{30～32℃，0～18 h}]{}$ 发酵 $\xrightarrow[\text{34～37℃，19～30 h}]{}$ 发酵液

3. 谷氨酸发酵生产

发酵初期，即菌体生长的延滞期，糖基本没有被利用，2～4 h 后，进入对数生长期，代谢旺盛，糖耗快，尿素大量分解，pH 上升很快。为了及时供给菌体生长必需的氮源及调节培养液的 pH 至 7.5～8.0，必需流加尿素，同时保持温度在 30～32℃，菌体繁殖的结果为菌体内的生物素含量由丰富转为贫乏。这个阶段主要是菌体生长，几乎不产酸，一般为 12 h 左右。

当菌体生长基本停止就转入谷氨酸合成阶段，此时菌体浓度基本不变，糖与尿素分解后产生的α-酮戊二酸和氨主要用来合成谷氨酸。这一阶段，必须及时流加尿素，为谷氨酸合成提供必需的氨及最适 pH（7.2～7.4），同时需要加大通气量，并将发酵温度提高到谷氨酸合成的最适温度 34～37℃。

发酵后期，菌体衰老，糖耗缓慢，残糖低，此时需要相应减少流加尿素量，当营养物质耗尽，谷氨酸浓度不再增加时，需及时放罐，发酵周期一般为 30～36 h。

（三）谷氨酸提取

从谷氨酸发酵液中提取谷氨酸的方法，一般有等电点法、离子交换法、金属盐沉淀法、盐酸盐法和电渗析法，以及将上述某些方法结合使用的方法。其中以等电点法和离子交换法较普遍。

1. 等电点法

谷氨酸的等点电为 pH3.22，此时谷氨酸的溶解度最小，所以将发酵液用盐酸调节 pH 值到 3.22，谷氨酸就可结晶析出。

2. 离子交换法

当发酵液 pH＜3.22 时，谷氨酸以阳离子状态存在，可用阳离子交换树脂（如 732 离子交换树脂）来提取，并可用热碱洗脱下来，收集谷氨酸洗脱流分，经冷却，加盐酸调 pH=3.0～3.2 进行结晶，再用离心机分离即可得到谷氨酸结晶。

（四）谷氨酸制味精

从发酵液中提取出来的谷氨酸，是味精生产过程的半成品，味精（谷氨酸单钠的商品名称）具有强烈的鲜味，是将谷氨酸用适量的碱中和得到的。从谷氨酸制造味精要经过中和、脱色、真空煮晶、分离、干燥等操作才能制成味鲜透明、晶莹洁白的成品味精。

三、酶制剂生产工艺

酶是由细胞产生的具有催化作用的蛋白质，生物体进行的各种生物化学反应都是在酶的催化下进行的，没有酶，代谢就会停止，生命也会停止。随着科学技术的进步，微生物酶制剂的种类愈来愈多，其中最主要的水解酶类是淀粉酶、糖化酶、蛋白酶、葡萄糖异构酶和果胶酶等，广泛应用于食品、纺织、制革、医药、日用化工和“三废”治理的各个方面。枯草杆菌 BF7658 α-淀粉酶是我国产量最大、用途最广的一种液化型α-淀粉酶。现在仅以枯草杆菌 BF7658 α-淀粉酶生产工艺为例，简单介绍酶制剂的发酵生产工艺过程。

（一）枯草杆菌 BF7658 α-淀粉酶工艺流程

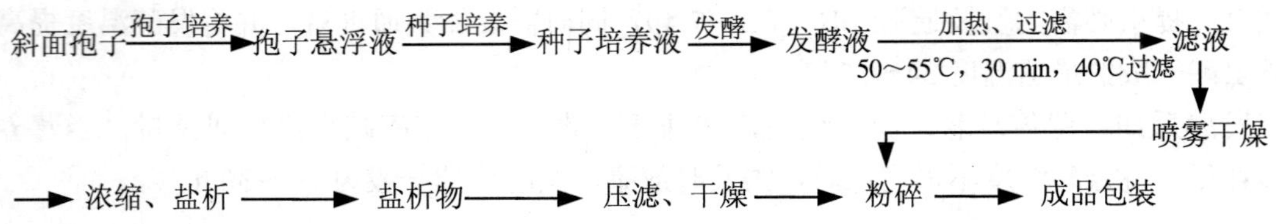

（二）发酵

将试管斜面菌种接种到马铃薯茄瓶斜面，于 37℃培养 3 d 后，接入种子罐。种子培养采用如表 4-4 所示的培养基。发酵补料从 12 h 开始，每小时 1 次，分 30 余次补完，补料总体积相当于基础料的 1/3。料液成分如表 4-4 所示。停止补料后 6～8 h，温度不再上升，菌体衰老（80%菌体形成空胞），酶活性不再升高，发酵即可结束。发酵完毕，发酵液中加入 2% $CaCl_2$ 与 0.8% Na_2HPO_4，并加热至 50～55℃维持 30 min（破坏蛋白酶，促使胶体凝聚），然后，冷却至 40℃进行提炼。

表 4-4 枯草杆菌 BF7658 α-淀粉酶生产的培养基组成

培养基		种子	发酵		
			基础料	补料	占总量
成分	豆饼粉/%	4	5.6	5.8	5.5
	玉米粉/%	3	7.2	22.3	
	Na_2HPO_4/%	0.8	0.8	0.8	0.8
	$(NH_4)_2SO_4$/%	0.4	0.4	0.4	0.4
	$CaCl_2$/%		0.13	0.4	0.2
	NH_4Cl/%	0.15	0.13	0.2	0.15
	α-淀粉酶		100 万单位	30 万单位	
	体积/L	200	4 500	1 500	6 000

（三）提取

一般采用盐析法提取。在热处理后冷却到40℃的发酵液中加入硅藻土（助滤剂）过滤，滤饼加2.5倍水洗涤，将洗涤水和滤液合并，于45℃真空浓缩数倍，加硫酸铵40%盐析，盐析后加入硅藻土进行压滤，滤饼于40℃烘干磨成粉即为成品。本工艺的总收率为70%。

还可以将滤液直接进行喷雾干燥制成酶粉，但这样做成品含杂质多且有臭味，蒸汽耗量大，并且容易吸湿。

复习思考题

1. 发酵工程的应用领域有哪些？
2. 发酵生产中常用的微生物有哪些种类？
3. 发酵培养基的主要成分有哪些？
4. 发酵的基本过程有哪些步骤？
5. 常见的液体发酵设备有哪些以及各自的主要特点？
6. 常见的固态发酵设备有哪些以及各自的主要特点？
7. 下游处理过程分为哪几个阶段？相应的分离、提取方法有哪些？
8. 简述青霉素的生产工艺。
9. 简述谷氨酸的生产过程。

主要参考文献

[1] 岑沛霖. 生物工程导论. 北京：化学工业出版社，2004.
[2] 熊宗贵. 发酵工艺原理. 北京：中国医药科技出版社，2003.
[3] 宋思扬. 生物技术概论. 北京：科学出版社，2004.
[4] 肖冬光. 微生物工程原理. 北京：中国轻工业出版社，2004.
[5] 陈洪章. 生物过程工程与设备. 北京：化学工业出版社，2004.
[6] 陈坚，等. 发酵工程实验技术. 北京：化学工业出版社，2004.
[7] 刘如林. 微生物工程概论. 天津：南开大学出版社，1995.
[8] 贺小贤. 生物工艺原理. 北京：化学工业出版社，2003.
[9] 廖湘萍. 生物工程概论. 北京：科学出版社，2006.

第五章　酶工程

【知识目标】

了解酶的概念，酶工程和酶制剂工业发展的现状。掌握微生物酶发酵过程中优良菌种的筛选、发酵方法、培养基制备及发酵条件控制。掌握固定化细胞发酵产酶技术、酶的分离纯化技术、酶和细胞固定化技术、酶的修饰改造、酶反应器和生物传感器的原理及应用。

第一节　酶工程概述

酶不仅是一种催化剂，同时，还具有作用专一性强、催化效率高等特点，并可以在常温常压和低浓度条件下进行复杂的生物化学反应。概括地说，如果没有酶，那么生物体的一切生命活动就会终止。酶工程是近几十年才发展起来的高新技术产业之一。酶工程是研究酶的生产和应用的一门技术性学科，它的主要内容包括：酶的发酵生产、酶的分离纯化、酶分子修饰、酶和细胞固定化等。随着 20 世纪微生物发酵技术的应用和酶分离纯化技术的不断更新，使酶制剂的研究得到不断深化并逐步形成了商业化生产，并开发出了各种类型的酶制剂，继而又通过酶的固定化技术的发展推动了新型生物反应器、生物传感器和生物芯片等现代高科技的快速发展，酶工程的发展前景令人欣慰。

酶工程是生物技术的主要内容之一，随着酶学研究的迅速发展，特别是酶制剂生产开发及相关技术的推广应用，使酶学和工程学相互渗透、有机结合。同时酶工程是从应用的目的出发研究酶，是在一定反应装置中利用酶的催化性质，将相应的原料转化成有用物质的技术，因此，它构成了生物技术的重要组成部分。那么要想了解酶工程，我们有必要先来学习一下酶的基本知识。

一、酶的概念

（一）酶的定义

酶是由细胞产生的具有催化能力的蛋白质，它存在于细胞体内，部分分泌到细胞外，控制各种代谢过程，将营养物质转化成能量和用于细胞合成。在生物体外，只要条件适宜，某些酶亦可催化各种生化反应。酶和其他蛋白质一样，基本组成单位是氨基酸。无论是动物与植物，高等生物与低等生物如细菌、真菌、藻类等，其生命活动中的生长发育和繁殖等的一切生物化学变化都是在酶的催化下发生的，可以说，没有酶，生物体的一切生命活动就会终止，代谢就会停止，也就没有生命。

（二）酶的特性

酶具有催化的共性，只要少量的酶存在即可大大加快反应速度，它可使反应迅速达到平衡，但不改变反应的平衡点；有时它也加入反应，但在反应前后本身无变化。酶与非酶催化剂相比，将其特性分述如下。

1. 催化效率更高

酶的催化反应速率是相应的无酶催化反应速度的 108～1 020 倍，至少高出非酶催化剂催化反应速率几个数量级。

2. 反应专一性强

酶对反应底物和产物都有极强的专一性，但不同的酶专一性不同。生物降解中常见到专一性低的酶，而合成中很少见到，具有中等程度专一性的酶为基因专一性，如己糖激酶可以催化很多己醛糖的磷酸化。大多数的酸为绝对或近乎绝对专一性，它们只催化一种底物进行快速反应。酶催化反应几乎无副产物。

3. 反应条件温和

酶催化反应都发生在温和条件下。如温度低于 100℃、正常大气压、中性 pH 环境等。

（三）酶的分类和命名

酶种类繁多，习惯名称混乱，为了准确识别某一种酶，以免发生误解，国际生物学联合会酶学委员会根据酶催化反应的类型将酶分为六大类，并提出酶的命名法。酶的六大类分别是氧化还原酶、转移酶、水解酶、裂合酶、异构酶、合成酶或连接酶。

根据国际酶学委员会的建议，每种酶都有其推荐名和系统命名。

推荐名是在惯用名的基础上加以选择和修改而成的。酶的推荐名由底物名和催化反应类型两部分组成。例如，葡萄糖氧化酶表明该酶作用底物是葡萄糖，催化反应类型属于氧化反应。

酶的系统命名更详细准确地反映了酶的种类和催化反应。在系统命名中，每种酶都有一个系统名称和一个由 4 个数字组成的分类编号。系统名称包括酶作用底物、酶作用的基团及催化反应类型。酶若有两种底物，它们的名称均列出，中间用“：”隔开。如胰蛋白酶分类编号为 EC3.4.4.4，其中 EC 为酶学委员会英文缩写；“3”表示大类水解酶类；第二个数字“4”表示亚类，该酶作用于肽键；第三个数字“4”表示亚亚类，该酶作用于肽—肽键而不是作用于肽链两端的肽键：第四个数字“4”表明该酶在亚亚类的序号。

酶的系统名、编号、习惯名、催化性质等可以从《酶学手册》中查到。

二、酶的研究及发展

早在几千年前，人类已开始利用微生物酶来制造食品和饮料。但要准确地说出酶是什么时候，由谁最先发现的，那是件困难的事。人们早就感觉到它的存在，但真正认识它只是近百年的事。我国在 4 000 多年前的夏禹时代酿酒已盛行，酒是酵母发酵的产物，是细胞内酶作用的结果。公元 10 世纪左右，我国已能用豆类制酱，豆酱是在酶菌蛋白酶的作用下，豆类蛋白质水解所得的产品。酱油制酱过程中不自觉地利用了酶的催化作用。1578 年，Kunne 首先把这种物质称之为酶（enzyme），这个词来自希腊文，意思为“在酵母中”。然而，真正认识酶的存在和作用，是从 19 世纪开始的。1833 年，Payen 和 Persoz 从麦芽的水抽提物中，用酒精沉淀得到一种对热不稳定的活性物质，它可促进淀粉水解成可溶性的糖，他们把这种物质称为淀粉酶制剂，其意为“分离”，表示可从淀粉中分离出糖来，并指出了它的热不稳定性，初步触及了酶的一些本质问题。随后 Pasteur 等人对酵母的酒精发酵进行了大量研究，指出酵母中存在一些使葡萄糖转化为酒精的物质。1896 年，Buchner 兄弟无意中发现酵母无细胞抽提液也能将糖发酵成酒精，这表明酶不仅在细胞内可催化反应，而且在一定条件下于细胞外也可进行催化反应，阐明了发酵是酶作用的化学本质，为 20 世纪酶学和酶工程的发展揭开了序幕，因而获得了 1911 年诺贝尔化学奖。

1894 年，E.Fisher 对一些代谢碳水化合物的酶进行了研究，发现了酶对底物的专一性，提出了锁匙模型，成功地解释了酶和底物契合关系。1903 年，Henri 提出酶与底物的作用是通过酶与底物形成配合物而进行的。1913 年，Michaelis 和 Menten 根据中间配合物学说，导出了米—门方程。1925 年，Briggs 和 Handane 对米—门方程作了一项重要修正，提出了稳态学说。Willslatter 进行了大量酶的提纯工作，提出酶是一类吸附在蛋白质载体上的催化剂的假说。1926 年，Sumner 从刀豆中提取了脲酸蛋白质结晶，确立了酶本质上是蛋白质的观点，为酶化学奠定了基础，因此获得 1947 年诺贝尔奖。1958 年，Koshland 提出了“诱导契合”理论，以解释酶的催化理论和专一性，同时解释酶的催化活性与生理条件变化有关。1961 年，Monod 提出“变构模型”，用以定量解释某些酶的活性可以通过结合小分子进行调节，提供了认识细胞中许多酶控制作用的基础。重组 DNA 技术已经证实用定点突变法在指定的位点进行突变，可以改变酶的催化活性和专一性，这一发现有助于认识酶的作用机制，并为设计所需要的特定性质的酶开辟了新领域。

三、酶工程及酶制剂工业的概况

（一）酶工程简介

酶工程是指酶的工业化生产和酶制剂的大规模应用技术。酶工程的主要内容有酶的生产、酶的分离纯化、酶的固定化、酶的修饰与改造、酶的应用、酶反应器等。随着酶工程的发展，出现两大分支即化学酶工程和生物酶工程。化学酶工程是酶学与化学工程技术相结合发展起来的，它包括酶的化学修饰、酶的固定化、酶的人工模拟技术及应用，主要目的是提高酶的稳定性；生物酶工程是酶学与以 DNA 重组技术为主的现代分子生物学技术相结合的产物，主要包括用基因工程技术大量生产工程酶或克隆酶、修饰基因产生遗传修饰酶即突变酶和设计新的酶基因合成自然界不曾有过的酶。

（二）酶制剂工业概况

目标明确地利用生物体生产酶制剂是从 19 世纪末开始的。1894 年，日本高峰让吉首先从米曲霉中制得高峰淀粉酶，用作消化剂，开创了近代酶的生产和应用的先例。1908 年，德国的罗姆（Rohm）从动物胰脏中制得胰酶，用于皮革软化；同年，法国波伊定（Boidin）制得细菌淀粉酶，用于纺织品褪浆；1911 年，威尔斯坦（Wallstein）从木瓜中获得木瓜蛋白酶，用于啤酒澄清。此后近半个世纪，酶的生产和应用逐步发展，但停留在从动物、植物或微生物细胞中提取酶并加以应用的阶段，受原料和分离纯化技术限制，难以进行大规模工业化生产。

1949 年，采用微生物液体深层培养进行细菌α-淀粉酶的发酵生产，揭开了现代酶制剂工业的序幕。1960 年，法国的雅各（Jacob）和莫诺德（Monod）提出了操纵子学说，阐明了酶生物合成调节机制，使酶的生物合成可以按人们的意志加以调节控制。20 世纪 80 年代迅速发展起来的动植物细胞培养技术，使动植物细胞在生物反应器中培养，通过细胞生命活动获得人们所需要的各种代谢物质，其中包括酶，成为酶生产的又一种途径。从酶工程的进展和动态中可以预料，今后将会出现一批基因工程表达的酶制剂，并会出现一个应用经分子改造与修饰的酶制剂的热潮。

第二节　酶的生产

酶的生产是指经过预先设计，通过人工操作控制而获得所需的酶的过程。商业用酶来源于动植物组织和一些微生物。一般由植物提供的酶有蛋白酶、淀粉酶、氧化酶等；由动物组织提供的酶有胰蛋白酶、脂肪酶和用于奶酪生产的凝乳酶。但是，从动物组织或植物组织提取的酶，通常受到技术、经济及社会伦理等方面局限，致使很多酶源不能适应现代经济发展的需要。为了扩大酶源，人们把视角转向了微生物。那么微生物成为重要的酶源的原因何在？又如何通过微生物发酵来获取酶，这是我们即将要学习的重要内容。

一、优良产酶菌种的筛选

微生物因其种类繁多，适应性强，容易培养，合成酶种类齐全，发酵不受季节、气候和地域限制成为重要的酶源，常用于生产酶的微生物有细菌、真菌和酵母菌等。任何一种生物在一定条件下都能合成某些酶，但不是所有生物细胞都能用于酶的发酵生产。筛选符合需要的菌种是酶发酵生产成败的关键。一个优良菌种应具备以下几个条件：①繁殖快，酶产量高，生产周期短；②适应性强、易培养和控制，便于管理和降低生产成本；③产酶性能稳定，不易退化，不易受噬菌体侵袭；④菌种本身和代谢产物安全无毒，对生产人员、生产环境，酶的应用不会产生不良影响。

菌种的筛选方法一般是先在培养基上添加目标酶的底物，观察或检测底物变化来确认菌株是否产生酶以及产酶的能力。例如，在筛选α-淀粉酶菌种时，在培养基中加入 1%的淀粉，再在培养基上涂布待测菌，经一段时间培养后，在培养基上均匀喷洒稀 I_2-KI 溶液，在产α-淀粉酶菌的周围会出现透明圈，活力越强，透明圈越大，无活力菌周围呈蓝色。然后采用与生产相近的培养基和培养条件，通过三角瓶进行小型发酵实验，确定能用于工业生产的菌种。

二、微生物酶的发酵过程

酶的发酵生产过程包括菌种活化、菌种扩大培养、培养基制备和发酵生产等。

（一）菌种活化与扩大培养

为保证产酶菌种的优良性能，在生产之前都对菌种采取了妥善的保藏，在应用于生产时，保藏菌种必须接种于新鲜的斜面培养基或液体培养基，在合适的条件下培养，以恢复菌种的生命活力，称之为菌种活化。

为了保证发酵生产时有足够的优质菌种，活化的菌种一般要经过一级至数级的扩大培养，从而获得大量健壮、充满活力、产酶能力强的菌体细胞，以保证发酵正常生产。活化的菌种经过种子罐扩大培养后得到的菌种称一级菌种，可用作发酵罐大规模生产；如果生产规模非常大，还需将菌种再扩大培养一次，称为二级菌种。菌种培养必须是纯菌种培养，不允许有杂菌污染，否则危害严重。种子培养一般采用氮源丰富、碳源相对较少些的培养基，一般培养至对数生长期，即可接入下一级扩大培养或接入发酵。

（二）发酵方法

微生物酶的发酵方式有固体发酵法、液体深层发酵法和固定化细胞发酵法。固体发酵法简单，但发酵条件难于控制。目前大多数酶是通过液体深层发酵生产的。

（三）培养基

尽管产酶微生物千差万别，但培养基一般包括碳源、氮源、无机盐和生长因子等几个方面。由于酶是蛋白质，酶的形成也是蛋白质合成过程，因此在设计和配制培养基时，既要特别注意各种组分的含量，有利于蛋白质的合成，调节适宜的 pH 和渗透压，也要注意有些微生物生长繁殖的营养与产酶的营养要求不同，要根据不同的阶段配制不同组分的培养基。

1. 碳源

能够向细胞提供碳水化合物的营养物质。因碳水化合物是构成细胞成分的主要元素，也是各种酶的主要组成成分，通常碳源也提供能源，还是多种诱导酶的诱导物。不同的微生物要求碳源不同，这是由菌种自身的酶系决定的，在选择时尽量选用对所需的酶有诱导作用的碳源，而不使用或少使用有分解代谢阻碍作用的碳源。目前在酶发酵生产中最常用的碳源是淀粉及其水解物如糊精、麦芽糖、葡萄糖等。

2. 氮源

氮是组成细胞蛋白质和核酸的重要元素之一，也是酶分子的主要组成元素。氮源分为有机氮和无机氮，一般异养型微生物用有机氮，自养型微生物用无机氮。氮源使用要结合碳源含量进行配比，即所谓碳氮比（C/N）。不同菌种或酶对培养基中碳氮比要求不同，一般蛋白酶生产采用较低的碳氮比，淀粉酶要求较高的碳氮比。

3. 无机盐

无机盐提供多种金属和非金属离子，它们都是微生物不可缺少的，但需要量较少的营养物质。无机盐对培养基的 pH、氧化还原电位和渗透压起调节作用。各种无机元素功能各不相同，有的是细胞主要组分如磷、硫等；有的是酶组分如磷、硫、锌、钙等；有的是酶激活剂或抑制剂如钾、钙、镁、铁、铜、锰、钼、钴、氯、溴、碘等。

4. 生长因素

微生物需要微量的维生素一类物质才能正常地生长繁殖，这类物质称为生长因素，如氨基酸、嘌呤碱和嘧啶碱等。它们大多数是辅酶或辅基的组分，对酶的生产极其重要。在酶的发酵生产中，通常在培养基中加入玉米浆、酵母膏或纯化生长因素等，以提供各种必需的生长因素。

5. 产酶促进剂

能显著增加酶的产量的某种少量物质称为产酶促进剂。它们多属于酶的诱导物或表面活性剂。有些物质不仅是酶作用的底物或底物结构类似物，而且是诱导物的前体物质。可供作产酶促进剂的物质有 Tween80、脂肪酰胺磺酸钠、聚乙烯醇、糖脂、乙二胺四乙酸（EDTA）等。

6. 阻遏物

多数工业用酶如淀粉酶、纤维素酶、蛋白酶等属于诱导酶，其生产过程受到代谢末端产物阻遏和分解代谢阻遏的调节。如葡萄糖等易利用的碳源，一旦在培养液中存在，它会抑制代谢产物，抑制酶合成。为了避免分解代谢阻遏，提高酶产量，可采用难于利用的多糖类或聚多糖作为碳源，或分次限量添加碳源，保持不致引起分解代谢阻遏的碳源浓度。

（四）发酵条件控制

发酵工艺条件对产酶影响十分重大，除培养基外，其影响因素还有温度、pH、通气搅拌、消泡沫、溶解氧等。

1. pH 对酶生产的影响及控制

pH 对微生物生长繁殖和代谢产物积累都有很大影响，不同微生物生长繁殖最适 pH 不同，大多细菌最适 pH 为 6.5～7.5；霉菌和酵母最适 pH 为 3～6。酶生产的最适 pH 通常和酶反应最适 pH 接近，因此，生成酸碱不同的酶类应在不同 pH 环境下培养产酶微生物。有些细胞能同时生产多种酶类，调节 pH 可以改变各种酶产量比例。

2. 酶生产的温度控制

温度是影响微生物生长和代谢活动的主要因素，严格保持最适温度可稳定发酵过程、缩短发酵周期、提高产量。一般产酶温度低于生长温度。酱油曲霉蛋白合成酶的最适温度为 20℃，而其生长的最适温度为 40℃。

3. 发酵过程中溶解氧的控制

产酶菌种一般为好氧微生物，发酵过程中必须提供大量的氧以满足细胞的生长繁殖和产酶的需要，为提高氧气溶解度，应对培养液加以通气和搅拌，但通气量应适当。一般通气量少，对霉菌孢子萌发和菌丝生长有利，对产酶不利；通气量大，则促进产酶而对菌丝生长不利。

4. 发酵过程中间补料的控制

发酵产物常是微生物培养中期的代谢产物，培养前期是菌体增殖期，绝大部分发酵产物产生于培养中后期，因此，设法延长中期以提高产量，其有效的措施便是中间补料，即在发酵过程中补充某些营养物质。

三、固定化细胞发酵产酶

20 世纪 70 年代后期，固定化细胞发酵技术发展起来。所谓固定化发酵是指利用固定在载体上的活细胞进行发酵的技术。

（一）固定化细胞发酵产酶的特点

1. 产酶效率高

细胞被固定化后，只能在一定空间范围内生长繁殖，细胞密度增大，生化反应就加速，提高酶产率。

2. 可进行连续发酵

细胞固定在载体上，不宜脱落，可反复使用多次。

3. 发酵稳定性好

细胞固定化后受载体的保护，对 pH 和温度适应范围增宽，能比较稳定地发酵产酶。

4. 缩短发酵周期

固定化细胞发酵，第二批次及以后批次发酵周期缩短。

5. 酶容易分离纯化

固定化细胞颗粒很容易与发酵液分离，发酵液中游离细胞很少，因此，有利于酶的分离纯化。

（二）固定化细胞发酵产酶的工艺条件控制

1. 预培养

固定化细胞制备好以后，一般要进行预培养，以使固定在载体上的细胞生长繁殖，待生长良好，才用于发酵产酶。因此，预培养应采用有利于生长的生长培养基和工艺条件，然后再换成有利于产酶的培养基和最佳发酵工艺条件。有时预培养和发酵也采用相同的培养基和工艺条件。

2. 培养基成分控制

固定化细胞发酵的培养基，一般与游离细胞发酵的培养基没有多大差别。但某些固定化载体的结构会受到一些成分的影响，配制培养基时应注意。如用海藻酸钙凝胶制备的固定化细胞，过量的磷酸盐会使结构破坏，故应限制其浓度，同时加入一定浓度的钙离子，以保持其稳定性。另外，为了有利于氧的溶解和传递，培养浓度不宜过高，尤其是培养基的黏度应尽量低些为好。

3. 温度控制

固定化细胞对温度适应较广，在分批发酵和半连续发酵中，温度不难控制，但在连续发酵中稀释率较高，反应器内温度变化较大，若只在反应器内调节温度，则在添加的培养液温度差别较大时，难以达到要求。因此，一般在培养液进入反应器之前，必须预先调节适宜温度。

4. 溶解氧的供给

固定化细胞在培养和发酵过程中因受载体影响，氧的溶解和传递会受到一定的阻碍作用，特别是包埋法固定化细胞，氧要通过凝胶层扩散到凝胶粒内部才能供细胞利用，因此，必须增加溶解氧量才能满足细胞生长和产酶需要。因固定化细胞不能强烈搅拌，增加溶氧的方法是加大通气量。

第三节　酶的分离纯化

一、酶制剂生产的基本过程

要获得具有工业生产价值的酶制品，必须将酶从发酵液中或菌体中分离出来，使酶完全溶解到溶剂中，这一过程，称之为酶的提取，也称作酶的抽提。

如果微生物发酵生产的是胞外酶，液体发酵的培养液或固体培养物的抽提液就是出发酶液；如果发酵生产的是胞内酶，先分离收集菌体，将其破碎，再利用提取液将酶抽提至液相即获得出发酶液。除去出发酶液中的悬浮固形物，获得澄清的酶液，然后利用各种技术将酶沉淀分离、浓缩、干燥，并加入适当的稳定剂、填充剂等，制成粉剂。当酶产品纯度要求很高时，还要精制。此即酶的分离纯化的一般程序。

（一）破碎细胞

微生物细胞最外层是一层牢固的细胞壁，其内部是细胞膜，在提取细胞内酶时，需要破碎细胞和破坏细胞膜，使酶溶解到溶液中。细胞破碎的方法有很多，归纳起来有机械法、物理法、化学法和酶法等，在实际生产中可选取一种或几种方法。

1. 机械破碎法

利用机械运动产生的剪切力使细胞破碎。常用的有捣碎法、研磨法、匀浆法。

2. 物理破碎法

通过温度、压力和声波等物理因素使细胞破碎。如温度差破碎法、压力差破碎法、渗透压差破碎法、冻融法和超声波破碎法等。

3. 化学破碎法

应用各种化学试剂使细胞膜的结构改变或破坏的方法，它包括有机溶剂和表面活性剂两大类。常用的有机溶剂有甲苯、丙酮、丁醇、氯仿等；表面活性剂常采用非离子的Triton、Tween 等。

4. 酶法

利用外加酶或细胞自身含有的酶在一定条件下使细胞壁溶解，如利用溶菌酶，破坏革兰氏阳性菌的细胞壁。

（二）溶剂抽提

大多数酶蛋白都可用稀酸、稀碱或稀盐溶液浸泡抽提。选用何种溶剂和抽提条件视酶的溶解性和稳定性而定，抽提时应注意溶剂种类、溶剂量、溶剂 pH 等的选择。一些与脂质结合紧密或分子中含非极性基团较多的酶不溶或难溶于水、稀盐、稀酸、稀碱溶液，需用有机溶剂抽提，常用的有机溶剂是能够与水混合的乙醇、丙醇、丁醇等。

（三）过滤和离心分离

离心分离是目前分离纯化中最常用的方法，主要用于分离发酵液中的菌体残渣、固形物质和悬浮固体物质或抽提过程中生成的沉淀物。在离心分离时要根据欲分离物质以及杂质的大小、密度和特性等不同，选择适当的离心机、离心方法和离心条件。工业上常用板框压滤机和真空转鼓过滤机来完成酶的粗分离。

1. 板框过滤机

适合于固体含量 1%～10%的悬浮液分离。在发酵工业中广泛应用于培养基过滤及霉菌、放线菌、酵母菌和细菌等多种发酵液的固液分离。

2. 真空转鼓过滤机

大规模工业生产常用过滤设备，特别适合于固体颗粒大、固体含量高（＞10%）的悬浮溶液的分离。受真空所产生的压力差的限制，一般不适用于菌体较小和黏度较大的细菌发酵液的过滤。

（四）浓缩

发酵液或酶提液中，酶浓度一般都比较低，必须经过浓缩才能进一步纯化，以便于保存、运输和应用。浓缩的方法很多，如膜分离、沉淀、层析、吸附等。目前常用的方法是蒸发浓缩和超滤浓缩，效果比较好。

（五）干燥

酶溶液或含水量高的酶制剂，即使置于低温下，也极不稳定，只能短期保存。为了便于酶制剂长时间运输和贮藏，防止酶变性、变质，必须对酶进行干燥，制成含水量低的制品。干燥的方法有真空干燥、冷冻干燥、喷雾干燥、气流干燥和吸附干燥等。

二、酶的纯化与精制

生物化学、分子生物学等研究以及医药用酶均要求酶达到接近单一蛋白的高纯度，因此对酶需进一步纯化与精制。酶的精制技术有多种，可根据酶的特性选用。

（一）透析和超滤技术

1. 透析

利用小分子盐离子的扩散作用，不断透过选择性通透膜（透析膜）到膜外，大分子被截留，达到除盐的目的即透析。分子量在 15 000 以上的大分子物质不能通过透析膜，所以利用透析方法可将酶与盐分离。

2. 超滤

膜分离是利用不同物质通过膜的能力不同而将物质分离的方法。膜分离技术有多种，其中截留分子量500以上大分子的膜分离过程为超滤。

（二）层析分离

利用混合物中各分子大小、形状、分子极性、吸附力、分子亲和力和分配系数等不同使各组分在两相中的分布程度不同而达到分离的目的。层析分离中的一个相是固定的，称固定相；另一个相是流动的，称为流动相。当含有待分离物质的流动相经固定相时，各组分的移动速度不同，而使不同组分被分离纯化。常用的层析技术有吸附层析、离子交换层析、凝胶层析、亲和层析等。

（三）电泳分离技术

带电粒子在电场中向着与其本身所带电荷相反电极移动的过程称为电泳。带正电荷颗粒向电场阴极移动；带负电荷的颗粒向电场阳极移动；净电荷为零的颗粒在电场中不向电极移动。颗粒在电场中移动的速度主要取决于其本身的净电荷量，同时受颗粒形状和大小的影响，不同物质因其带电性质及颗粒大小和形状不同，在一定电场强度下，它们在支持物上移动方向和移动速度也不同，因此可使它们相互分离。

电泳方法有多种，按使用的支持体不同，可以分为纸电泳、薄层电泳、薄膜电泳、凝胶电泳和等电聚焦电泳等。

三、酶的纯度与酶的活力

因为酶难以纯化，而且不稳定，所以要定量描述生物催化剂的存在数量时，不能直接用质量或体积表示，通常需要根据酶具有专一性催化能力的特点，用酶活力来表示酶的存在数量。

所谓酶活力，是指酶催化一定化学反应的能力。规定用单位酶制剂中酶活力单位数表示。对液体酶制剂，用每毫升酶液中的酶活力单位数（U/ml）表示；对固体酶制剂，用每克酶制剂中酶活力单位数（U/g）表示。在一定的条件下酶的活力大小表现在反应速度上，酶促反应速度越大，表明酶的活力越高；反之酶活力就越低。

酶单位（U）是人为规定的对酶进行定量描述的基本度量单位，其含义是在一定条件（酶反应最适条件）下，单位时间（1 min 或 1 h）内完成一个规定的反应量（底物减少量或增加量）所需的酶量。在规定条件下，单位时间内完成一个规定反应量，就代表参加反应的酶制剂的实际酶量为一个单位，完成 10 个规定反应量，便有 10 个单位酶量。为消除酶单位混乱现象，1961 年国际生化学会酶学委员会对酶单位做了统一规定：在最适条件（最适底物、最适 pH、最适缓冲液的离子强度及 25℃）下，每分钟催化 1.0 μmol 底物转化为产物的酶量为一个酶活力国际单位（IU）。国际单位在实际应用中较繁琐，一般常采用各自规定单位。如我国标准 QB 546—80 中对α-淀粉酶活力单位规定为每小时分解 1 g 可溶性淀粉酶的酶量为 1 个单位。当应用任何一种酶制剂时，不能只看有多少单位，还要注意所采用的单位是怎样定义的。

单位酶制剂中的酶活力单位数即为酶比活力。随着酶的纯化处理，杂蛋白被除去，酶的比活力会升高，直到纯化到不再增加比活力时，称为恒比活力。恒比活力表明酶制剂已经很纯了，此时的比活力可以认为是每毫克酶蛋白的活力单位数。

四、酶制剂的保存

一般酶制剂的纯度越高，杂蛋白越少，酶越稳定。将酶制成晶体或干粉更有利于保存。通过加入各种稳定剂如底物、辅酶、无机盐离子等来加强酶稳定性，延长酶的保存时间。除此以外，酶的保存还需要一定的物理化学条件。酶的保存温度一般为 0～4℃，但有些酶在低温下反而易失活，因为在低温条件下亚基之间的疏水作用减弱会引起酶的解离。0℃以下溶质的冰晶化还可引起盐分浓缩，导致溶液的 pH 发生变化，使酶的巯基连接成为二硫键，破坏酶的活性中心，从而使酶变性失活。大多数酶在一定 pH 范围内稳定，超出一定范围便会失活，如溶菌酶在酸性区稳定，而固氮酶则在中性偏碱区稳定。

由于巯基基团或 Fe-S 中心等容易被分子氧所氧化，故这类酶应加巯基保护剂或在氩气或氮气中保存。

第四节　酶分子改造

酶作为大分子活性物质，在应用过程中常常出现不稳定现象，尤其在高温、强酸、强碱和高渗等极端环境下更易失去活性，因而限制了酶在工业上的应用。用化学方法对酶进行修饰增强酶的稳定性，可扩展酶的应用范围。

一、酶分子修饰

（一）酶分子修饰的概念

酶是由各种氨基酸通过肽键连接而成的高分子化合物，具有完整的化学结构和空间结构。酶的结构决定了酶的性质和功能，只要使酶的结构发生某些精细变化，也就是对酶分子进行修饰，就有可能使酶的某些特性和功能随之改变。即通过各种方法使酶分子结构发生某些改变，从而改变酶的某些特性和功能的过程，称为酶分子修饰。

酶分子经过修饰后，可以提高酶的活力、增强酶的稳定性、消除或降低酶的抗原性等，显著提高酶的使用范围和应用价值。

（二）酶分子修饰方法

酶分子修饰是通过主链的剪接切割，侧链的化学修饰和活性中心离子置换等方法对酶分子进行改造。

1. 大分子结合修饰

利用各种水溶性的大分子物质与酶结合而使酶的空间结构发生某些精细变化，从而改变酶的特性和功能的方法称大分子结合修饰法，简称为大分子结合法。通常使用的水溶性大分子修饰剂有右旋糖苷、聚乙二醇、肝素、蔗糖聚合物等。这些大分子在使用前一般需经过活化，然后在一定条件下与酶分子以共价键结合，对酶分子进行修饰。大分子结合修饰是目前应用最广泛的酶分子修饰方法。经过此法修饰的酶可显著提高酶的活力，增加稳定性和降低抗原性。

2. 金属离子置换修饰

通过改变酶分子中所含金属离子，使酶的特性和功能发生改变的方法称为金属离子置换修饰法，简称为离子置换法。这种方法只适用于含金属离子的酶，在这种酶中，金属离子往往是酶活性中心的组成部分，若除去其所含有金属离子，酶往往会失活；若重新加入原有金属离子，酶则可以恢复活性；若加进不同的金属离子，则可使酶呈现出不同的特性，如酶的溶性提高或降低，酶的稳定性增强或减弱等。用于酶分子修饰的金属离子，往往是二价金属离子，如 Ca^{2+}、Mg^{2+}、Mn^{2+}、Zn^{2+}、Co^{2+}、Cu^{2+}、Fe^{2+}等。在进行离子置换时，先在酶液中加入一定量的乙二胺四乙酸（EDTA）等金属螯合剂，将酶分子中的金属离子螯合，然后通过透析、超滤或分子筛层析等方法将 EDTA 金属螯合物从酶液中除去，再将其他金属离子加到酶液中与酶蛋白结合。

3. 侧链水解修饰

有些酶的肽链经有限水解后其性质改变或催化活力提高。这种利用肽链的有限水解改变酶的特性和功能的方法称为肽链有限水解修饰。对酶进行水解，通常使用专一性较高的蛋白酶或肽酶修饰剂。

酶具有的抗原性与其分子结构大小有关，大分子的外源酶蛋白往往表现较强的抗原性，而小分子的蛋白质或多肽，其抗原性较低或无抗原性，因此将酶分子有限水解，使其分子量减小，在保持其酶活力的前提下，使酶的抗原性显著降低甚至消失。如胰蛋白酶原没有催化活性，用蛋白酶将其水解掉一个六肽，即表现酶蛋白活性；木瓜蛋白酶用亮氨酸氨肽酶进行有限水解，使其全部肽链的 2/3 除去，该酶活力不变，而其抗原性大大降低。

4. 侧链基团修饰

酶蛋白侧链基团是指组成蛋白质的氨基酸残基上的功能基团。这些功能基团主要有氨基、羧基、巯基、咪唑基、吲哚基、酚羟基、胍基、甲硫基等。这些基团对蛋白质空间结构的形成和稳定性起着重要作用。采用各种小分子物质对酶蛋白的侧链基团进行的修饰称为侧链基团修饰。这些小分子化合物称为侧链基团修饰剂。不同的侧链基团使用的修饰剂不同。如氨基修饰剂主要有二硝基氟苯、醋酸酐、琥珀酸酐、二硫化碳、亚硝酸、乙亚胺甲脂、顺丁烯二酸酐等，它们可与氨基共价结合，将氨基屏蔽起来，或导致脱氨基作用，从而改变酶蛋白构象和性质；羧基修饰剂有乙醇—盐酸试剂等，可使羧基酯化、酰基化或结合上其他基团；胍基修饰剂有环己二酮、乙二醛、苯乙二醛等；巯基修饰剂有二硫苏糖、巯基乙醇、硫代硫酸盐、硼氢化钠等还原剂，酰化剂和烷基化剂等。

二、酶分子修饰与蛋白质工程

近 20 年来，随着蛋白质工程的兴起与发展，已把酶分子修饰与基因工程技术结合在一起，通过基因定位突变技术，可把酶分子修饰后的信息储存在 DNA 中，经过基因克隆和表达，就可通过生物合成方法不断获得具有新特性功能的酶，使酶分子修饰展现出更广阔的前景。如水蛭素是一个由 65 个氨基酸组成的蛋白质，由水蛭的唾液腺分泌，它是一个效果很好的凝血抑制剂，于是科学家们考虑对它进行改造以使其成为一种效果很强的抗凝血剂。当人们把 47 位的 Asn 变成赖氨酸（Lys）或精氨酸（Arg）时，它在试管中的抗凝效果提高了 34 倍，在动物模型上检验其抗血栓形成效果，其效率提高了 20 倍。又如生长素对人的生长发育具有重要作用，它要与特定的受体结合方能进入细胞内部而行使功能，但生长素既可与生长激素的受体结合，也可与催乳激素的受体结合，选择性地降低其与催乳激素受体结合的活性，提高其与生长激素受体结合的活性，提高治疗效果，用定点诱变的方法来完成。生长激素和催乳激素受体高亲和性必须有锌离子参与，而与生长激素受体结合则不一定需锌离子，因此，改造配基，使生长激素侧链无法结合锌离子，最终使人的生长激素只结合生长激素受体而不结合催乳素受体。

第五节　酶和细胞的固定化

由细胞合成的酶是游离态的，它易变性、失活，随着反应时间的延长，反应速度下降，而且在催化结合后难以回收，不能重复利用，生产不能以连续化方式进行。为了建立一个可以使酶得到回收或以某种方式重复利用的系统，于是人们模仿人体酶的作用方式，将酶固定在一种惰性的固体支撑物上实现这个目的，这就是固定化技术，它的研究始于 20 世纪 50 年代，先后制成了羧肽酶、淀粉酶、胃蛋白酶、核糖核酸酶等固定化酶，并在 60 年代实现固定化酶的工业应用。随后迅速发展了固定化细胞技术，固定化原生质技术。近年来，人们又提出了联合固定化技术，它是酶和细胞固定化技术发展的综合产物，这些技术可以代替游离细胞进行酶的发酵生产，具有提高产酶率，缩短发酵周期等优点。

一、酶的固定化方法

固定化酶是指在一定空间内以闭锁状态存在的酶，它能连续地进行反应，反应后的酶可以回收并重复使用。酶的固定方法主要有载体结合法、包埋法和交联法，但没有一种方法能够适用于所有的酶。

（一）载体结合法

载体结合法是一种将酶结合在非水溶性载体上的方法。载体结合法又分为物理吸附法、离子吸附法、共价结合法和螯合法。

物理吸附法是利用具有活泼表面的固相载体吸附酶分子，如活性炭、高岭土、淀粉、氧化铝、硅胶、石英砂、多孔玻璃等；离子吸附法是利用离子键使酶与载体结合而将酶固定，所用的载体是一些不溶于水的离子交换剂，如DEAE纤维素、TEAE纤维素、DEAE葡聚糖凝胶、CM衍生物等；共价结合法是通过共价键将酶的非必需基团与载体表面的反应基团结合而将酶固定在载体上，酶分子中的氨基、羧基、巯基、羟基等可与载体结合，常用的载体有纤维素、琼脂糖凝胶、葡聚糖凝胶、氨基酸共聚物、甲基丙烯醇共聚物、甲壳质等；螯合法是将酶螯合到载体表面的钛（二价或四价）、锆（四价）和钒（三价）等金属氢氧化物上。

（二）交联法

共价交联法又称架桥法，借助于双功能团或多功能团试剂与酶分子中的氨基或羧基进行反应，使酶分子之间发生交联，结成网状结构而制成固定化酶。最常用的交联试剂有戊二醛、顺丁烯二酸酐等。交联法制备的固定化酶结合牢固，可以长时间使用，但反应条件比较激烈，酶回收率比较低，一般不单独使用。

（三）包埋法

将酶包裹在高分子凝胶微孔中或高分子半透膜微囊内，酶被包埋后不会扩散到周围介质中，而底物和产物却能自由出入。用于酶包埋的凝胶高分子化合物有琼脂、海藻酸钠、明胶、淀粉等。该法制得的固定化酶、酶蛋白几乎不起变化，可用于多种不溶酶的制备，酶的回收率较高，但酶被包埋在内部，对大分子底物难以发生催化作用，只能用于催化小分子底物和产物。

二、细胞的固定化方法

固定化细胞是指固定在一定空间范围内的能够进行生命活动，并且可以反复使用的活细胞。固定化细胞的方法大体与固定化酶的方法相似，有吸附法和包埋法等。

（一）吸附法

很多细胞都具有吸附固体物质表面或其他细胞表面的能力。依靠这种吸附能力使细胞吸附在载体表面而使细胞固定在载体上的方法称为吸附法。在吸附法制备中，常用的吸附剂有：硅藻土、多孔玻璃、陶瓷、塑料、中空纤维和金属丝网等。如酵母菌常带有负电荷，在pH 3～5的条件下，能够吸附在多孔陶瓷或多孔塑料等载体表面，制成固定化细胞，用于酒精和啤酒的发酵生产。吸附法是制备动物固定化细胞的主要方法，它所需条件温和，操作简便，对细胞生长、繁殖和新陈代谢没有明显影响，但吸附能力较弱，易脱落。

（二）包埋法

将细胞包埋在多孔载体内部而制成固定化细胞的方法称为包埋法。包埋法可分为凝胶包埋法、纤维包埋法和微胶囊法。其中凝胶包埋法应用最广泛，使用的载体主要有琼脂、海藻酸钙凝胶、角叉菜胶、明胶、聚丙酰胺凝胶和光交联树脂等。

三、固定化酶（细胞）的性质

酶被固定化之后，由于载体和酶的相互作用以及载体对底物的影响，酶的作用性质会发生一些变化。

（一）酶的活性变化

酶被固定化之后，多数情况酶的活性降低。究其原因，可能是①因为酶固定化改变了酶的构象，从而导致酶与底物结合能力和酶催化活力的改变；②载体的存在影响底物和其他效应物对酶调节部位的调节作用及调节效应；③在固定化酶体系中，底物和产物的扩散受到限制。

（二）酶的稳定性提高

酶被固定化后，酶的热稳定性、有机溶剂稳定性、pH 稳定性、抗蛋白酶水解能力及贮存稳定性等都有提高。

（三）最适 pH 变化

酶被固定化后，催化底物的最适 pH 和 pH 活性曲线常发生变化，其原因是微环境表面电荷的影响。如当载体带负电荷时，载体内的氢离子浓度要高于溶液主体的氢离子浓度，为了使载体的 pH 保持游离酶的最适 pH，载体外的 pH 要相应高些，因而表面上最适 pH 向碱性一侧偏移。

（四）最适温度提高

在一般情况下，固定化的酶失活速度下降，所以最适温度也随之提高。如色氨酸酶经共价结合后最适温度比固定前提高 5～15℃。

（五）反应动力学常数变化

当酶固定于中性载体后，表观米氏常数往往比游离酶高，而最大反应速度变小；而当酶与带负电荷的载体结合后，表观米氏常数往往变小。

第六节　酶反应器

一、酶反应器的概念

以酶作为催化剂进行反应所需的设备称为酶反应器。这些设备包括游离酶、固定化酶和固定化细胞的容器及其附加设施如混合、取样、检测等设备。酶反应器的作用是以尽可能低的成本，按一定的速度由规定的反应物制备特定的产物。酶反应器的特点是在低温、低压的条件下发挥作用，反应时消耗能和产能都比较少，它不同于发酵反应器，因为它不表现自催化方式，即细胞的连续再生。

二、酶反应器类型

酶反应器有多种分类方式。如按进料和出料方式可粗分为分批反应器、半分批反应器、连续流动反应器；如按功能结构可分为膜反应器、液固反应器及气液固三相反应器。

（一）搅拌罐型反应器

搅拌罐型反应器是目前常用的反应器，由容器、搅拌器及保温装置所组成，具有结构简单、温度和 pH 容易控制、内容物混合均匀等特点，可用于游离和固定化酶催化反应。

（二）固定床型反应器

把催化剂填充在固定床中的反应器称为固定床型反应器。当前工业上多采用此类反应器，它具有结构简单、容易放大、剪切力小、单位体积催化剂负荷量高，催化效率高等特点。反应时，底物按一定方向以恒定速度通过反应床。但它也有一些缺点，如温度和 pH 难以控制；底物和产物存在轴向浓度梯度；清洗和更换部分催化剂麻烦；床内有自压缩倾向而易堵塞；床内压力大，底物需加压才能流入。

（三）流化床型反应器

装有较小固定化酶颗粒的垂直塔式反应器。底物以一定的速度自下而上流过，使固定化酶颗粒处于浮动状态下并进行反应，主要用于处理一些黏度较高的液体和颗粒细小的底物。它具有良好的传热传质性能，温度和 pH 易控制和气体供应方便，不易堵塞，能处理黏度高的液体。但为保持固定化酶颗粒处于充分浮动状态，需维持一定的流速，运转成本高，难于放大；由于酶颗粒处于流动状态，易于机械磨损；由于流化床的空隙大，单位体积酶浓度不高。

（四）膜式反应器

利用膜的分离功能同时完成反应和分离功能的反应器。包括平板型和螺旋卷型反应器、转盘型反应器、空心酶管反应器、中空纤维膜反应器等。

平板型和螺旋卷型反应器与填充塔型相比，压力降低，容易放大，但反应器内单位体积催化剂的有效面积小。转盘型反应器主要利用包埋法，将酶制成圆盘状或叶片状的固定化凝胶薄片，然后把许多凝胶薄片装配在反应器的旋转轴上，在反应时整个装置浸在底物溶液中，广泛应用于污水处理，具有更换催化剂方便的特点。空心酶管反应器的酶被固定于细管的内壁上，底物流经细管时，与管壁接触的部分进行反应，除应用于工业外，主要与自动化分析仪组装在一起，用于定量分析。在中空纤维膜反应器中，酶被固定在数千根中空纤维上，中空纤维由醋酸纤维构成，内层紧密、光滑，可截留大分子，允许小分子物质通过，外层为多孔的海绵状支持层，酶被固定在海绵状支持层中，当底物溶液流经反应器时，与酶发生反应。

三、酶反应器性能评价

酶反应器性能评价尽可能在接近生产条件下进行，主要评价指标有以下几个。

（一）空时

指底物在反应器中的停留时间在数值上等于反应器体积与底物体积流速之比，常称为稀释率。当底物或产物不稳定或容易产生副产物时，应使用高活性酶，尽可能缩短反应物在反应器内的停留时间。

（二）转化率

指每克底物中有多少被转化为产物。

（三）生产强度

每小时每升反应器体积所生产的产品克数。

好的酶反应器应该是空时少、转化率高、生产强度大。

四、酶反应器的操作

利用酶反应器进行生产，首先要根据生产目的、生产规模、生产原料、产品的质量要求选择合适的酶反应器，以便充分利用酶的催化功能，生产出预期产品，降低反应成本，用最少量的酶，在最短的时间内完成最大量的反应，为达此目的，还需要合理地配置、使用和操作反应器。

（一）酶反应器中微生物污染的控制

酶反应器与发酵反应器不同，反应不需要在完全无菌条件下进行，但仍需要控制微生物污染。因为微生物污染会降低酶反应器的生产效率和降低产品质量，不仅会堵塞反应柱，还能使固定化酶活性载体降解，它们产生的酶和代谢物会使产物降解和增加反应副产物，减少产物的产出，增大产物分离难度。因此，应采取适当的方法对底物进行灭菌，酶反应器每次使用后要选择合适的方法消毒。

（二）酶反应器中流动状态的控制

在反应器中酶的催化效率和反应器的寿命都与反应器中流体流动状态有关。流动方式的改变会使酶与底物接触不良，造成反应器生产率降低，同时还会造成返混程度变化，为副反应提供了机会。

影响流动状态的因素主要有载体填充不规则、底物上柱不均匀、载体自压缩、固体和胶体物质沉积造成壅塞等。解决的方法有选择体积较大、表面光滑、不可压缩的填充材料；采取间隔式填充；间歇通上行气流；对过浓的黏性材料进行预处理等。对于搅拌型反应器应严格控制搅拌速度，防止搅拌不均匀或搅拌速度过快造成固定化酶破碎和失活。

（三）反应器中恒定生产能力的控制

在酶反应器工作过程中，如果操作和维护不当会导致反应器催化能力的迅速下降。许多因素都影响酶反应器的稳定性，如温度过高、pH 过高或过低、离子强度过大均会造成酶变性失活；微生物及酶会对固定化酶造成破坏；氧化剂存在会导致酶氧化分解；重金属等有毒物质会对酶活性产生不可逆抑制；剪切力会对酶结构造成破坏；载体磨损会造成酶的损失；长期在高浓度底物和盐浓度中，固定化酶会逐步解吸。因此，在酶反应器使用和维护过程中，必须采取有针对性的措施进行有效控制。

第七节　生物传感器

人能通过眼、耳、鼻、舌等感觉器官将外界的光、声、温度及其他各种物理和化学信号经神经系统传递到神经中枢，由神经中枢发出指令，使人产生相应的反应。生物的基本特征之一，是能够感受到外界的各种刺激信号，并将这些信号转换成体内信息处理系统所能接收并处理的信号，对各种刺激做出反应。现代和未来的信息社会中，信息处理系统要对自然和社会的各种变化做出反应，首先要通过传感器将外界的各种信息接收下来并转换成信息处理系统中的信息处理单元即计算机能够接受和处理的信号。随着工业生产、医疗卫生以及环境保护等领域的迅速发展，对研究对象的测试要求越来越高，需要开发能够测定各种无机盐或有机化合物的新型有效的传感器。生物传感器便是其中之一。

一、生物传感器的概念

生物传感器是利用某些生物材料的特异性生化反应，使被测物质的变化量转换成一种可输出的信号的装置。通常由感受器、换能器和电信号处理装置三部分组成。

二、生物传感器的原理

传统的传感器完全是由非生命物质组成，而生物传感器中含有生物活性物质如纯化酶、免疫系统、组织、细胞器或完整细胞等。这些生物活性物质对被测分子具有高度选择能力，利用固定化技术将这些生物活性材料固定化，并制成固定化膜，作为传感器的关键组成部分。膜的制备原理与固定化酶和固定化细胞相似，常用的方法有包埋法、吸附法、共价结合法、交联法和微胶囊法等，理想的固定化方法不应破坏生物材料的活性并延长材料的活性。

在检测物质时，被测分子与感受器上的生物活性材料相互作用，瞬间发生能量转移，产生带电活性物质，或导致 pH 变化，或发光、发热，或导致压力变化等，这些变化由换能器接受并转化为电信号。例如，可用电极检测离子性物质并转换成电信号；用 pH 电极检测 pH 变化；量子计数器检测光量子数变化；热敏电阻感受反应所发出的热量；压力计测定压力反应所引起的压力变化。换能器所产生的电信号经放大、数据处理，通过显示屏显示或其他装置输出。

三、生物传感器的类型

生物传感器按检测器件的检测原理来分类，大致可分为热敏生物传感器、场效应管（FET）生物传感器、压电生物传感器、光学生物传感器及声波生物传感器；按感受器所选用的生物材料可分为酶传感器、微生物传感器、免疫传感器、组织传感器等。

（一）酶传感器

酶传感器是问世最早，技术最成型的一类生物传感器，它是由纯化酶制成的酶膜结构，能在常温常压下检测待测液中的糖类、醇类、有机酸、氨基酸等生物分子的量。其原理是传感器中的酶能将待测物质氧化或分解，然后经换能器将反应所导致的化学物质变化转变为电信号并进行放大和处理，从而推算出被测物质的浓度。最典型的酶传感器是葡萄糖传感器，其感受器由葡萄糖氧化酶制成的酶膜，它将扩散进入传感器的葡萄糖氧化转变为葡萄糖酸，同时消耗氧气，使反应体系中氧浓度下降。氧浓度变化由换能器氧电极检测。

（二）微生物传感器

微生物传感器是应用细胞固定化技术，将各种微生物固定在膜上的生物传感器。它可分成两大类，一类是利用微生物呼吸作用；另一类是利用微生物体内所含的酶。该种传感器寿命长，非常适用于发酵过程中物质变化的测定。

（三）免疫传感器

免疫传感器是利用抗体与抗原的特异性反应来检测物质的。已有几种免疫传感器获得初步成功。如绒毛膜促性腺激素（HCG）传感器，将 HCG 抗体固定在二氧化钛电极的表面制成工作电极，通过它与固定尿素的参比电极之间形成一定的电位差，当电解液中加入含有 HCG 抗原时，工作电极的电位差立即发生变化，从电位变化可求出 HCG 浓度。由 HCG 浓度可以判断动物是否怀孕。

（四）组织传感器

组织传感器是利用动物和植物组织中多酶系统的催化作用来识别分子的。由于所用的酶存在天然组织内，无需进行人工提取纯化，因而比较稳定，制备成的传感器寿命长。例如猪肾组织切片含有丰富的谷氨酰胺酶，将其与氨气敏感电极结合可制成检测谷氨酰胺的传感器。

（五）场效应晶体管传感器

场效应晶体管技术是将生物技术与晶体管工艺结合的第三代生物传感器。它具有所需酶或抗体量小的优点。但由于器件的成品率很低，实际应用不多。如青霉素传感器，将青霉素固定在场效应管的栅极上，当遇到青霉素时，产生水解反应生成青霉素唑酸，这是一种比较强的酸，因此 pH 下降，并在仪表上显示出来，因而可以求出青霉素的浓度。

复习思考题

1. 什么叫酶？酶有何特性？
2. 什么叫酶工程？酶工程包括哪些研究内容？
3. 固定化发酵产酶的工艺条件有哪些？如何控制？
4. 酶的分离纯化有哪些步骤？
5. 何谓酶分子修饰？酶分子修饰方法有哪些？
6. 酶的固定化方法有哪些？
7. 什么是生物传感器？生物传感器的原理是什么？

主要参考文献

[1] 程备久. 现代生物技术概论. 北京：中国农业出版社，2003.

[2] 廖湘萍. 生物工程概论. 北京：科学出版社，2004.

[3] 李志勇. 细胞工程. 北京：科学出版社，2003.

[4] 徐凤彩. 酶工程. 北京：中国农业出版社，2003.

[5] 贺小贤. 现代生物工程技术导论. 北京：科学出版社，2005.

[6] 陶兴无. 生物工程概论. 北京：化学工业出版社，2005.

[7] 刘国诠. 生物工程下游技术. 北京：化学工业出版社，2004.

第六章　蛋白质工程

【知识目标】

熟悉蛋白质工程的研究方法；理解蛋白质的结构层次和蛋白质的全新设计目标的选择；掌握改变蛋白质结构的核心技术——基因的人工定点突变；了解蛋白质工程的研究进展。

第一节　蛋白质工程概述

蛋白质不仅是大多数生物细胞中含量最丰富的有机物质，约占细胞干重的一半或更多，是生物体的主要组分，而且也是生命活动的体现者，各种生物功能、生命现象和生命活动大多通过蛋白质来实现。体内的生物催化剂——酶是蛋白质，控制和保证新陈代谢能有序地进行，从而表现出各种生命的现象；蛋白质通过激素的调节作用，以确保动物正常的神经活动；机体产生的抗体蛋白，使人和动物具有防御疾病和抵抗外界病原体侵袭的免疫能力；蛋白质构建成的各种生物膜，形成了生物体内物质和信息交流的通道和能量转换的场所。这一系列功能充分说明了蛋白质在生命活动中的重要作用，生命活动离不开蛋白质。随着对生命过程研究与探讨的不断深入，人们的认识已不仅局限于对生命现象的描述和了解生命本质规律上，还希望能够在掌握现象与本质规律的基础之上，人为地干预生命过程，按照人们自己的意愿改良、改造生物，甚至能够创造出自然界未曾有过的生物新种。蛋白质作为生物最基本的功能大分子之一，几乎是所有生物功能的体现者，因此，弄清蛋白质的结构、功能及其相互关系，并且定向地改良蛋白质，甚至构建全新的蛋白质分子成了科学家迫切的需要。

正是在这种背景下，20 世纪 80 年代初，一个新兴生物技术领域——蛋白质工程（protein engineering）诞生了。1983 年，美国 Gene 公司的厄尔默在《Science》上发表以“protein engineering”为题的专论，标志着蛋白质工程的诞生。蛋白质工程是以蛋白质结构和功能的研究为基础，运用遗传工程的方法，借助计算机信息处理技术的支持，从改变或合成基因入手，定向地改造天然蛋白质或设计全新的人工蛋白质分子，使之具有特定的结构、性质和功能，能够更好地为人类服务的一种生物技术。它是继基因工程以后又一个可以根据人们自己的意愿改造天然生物大分子，甚至可设计和创造全新的非天然的生物大分子的生物技术。由于蛋白质工程通常是以基因操作为基础的，是基因工程技术的发展和延伸，故又被称为“第二代遗传工程”。

一、蛋白质工程的内容和目的

蛋白质工程是在基因重组技术、生物化学、分子生物学、分子遗传学等学科的基础之上，融合了蛋白质晶体学、蛋白质动力学、蛋白质化学和计算机辅助设计等多学科而发展起来的新兴研究领域。其内容主要有两个方面：①确定蛋白质化学组成、空间结构与生物功能之间的关系；②根据需要来合成具有特定氨基酸序列和空间结构的蛋白质。蛋白质工程的目的是以蛋白质分子的结构规律及其与生物功能的关系为基础，通过可控制的基因修饰和基因合成，对现有蛋白质加以定向改造、设计、构建并最终生产出性能比自然界存在的蛋白质更好、更加符合人类社会需要的新型蛋白质。

二、蛋白质工程的分子基础

（一）蛋白质结构

蛋白质结构就像一座美丽的建筑，层次丰富，构造多彩。蛋白质的结构有四个层次，即从一级到四级结构。

1．蛋白质的一级结构

从蛋白质的水解产物得知蛋白质的分子组成，蛋白质在酸、碱或酶催化下，逐渐分解为相对分子量较小的多肽、寡肽、二肽，最终成为α-氨基酸。蛋白质的一级（primary structure）是指蛋白质或多肽链中氨基酸残基的排列顺序或氨基酸线性多肽键的排列。图6-1是胰岛素的一级结构及不同动物胰岛素在A链中的差异。

2．蛋白质的空间结构

线性多肽链在空间折叠成特定的三维空间结构，被称为蛋白质的空间结构。蛋白质空间结构的确定是通过 X 射线衍射法，形成衍射图像，经过数学推导和计算得出的。蛋白质的空间结构包括：二级结构、超二级结构、结构域、三级结构和四级结构。

（1）蛋白质二级结构（secondary structure）是指蛋白质分子的肽键螺旋卷曲或折叠所形成的空间结构。二级结构仅指多肽链主链的构象，不包括侧链基团的空间排布。天然蛋白质分子存在的主链构象只有少数几种类型，有α-螺旋、β-折叠、转角等，如图 6-2、

图 6-3 和图 6-4 所示（图 6-1 至图 6-10 引自河北大学生物信息中心蛋白质数据库）。

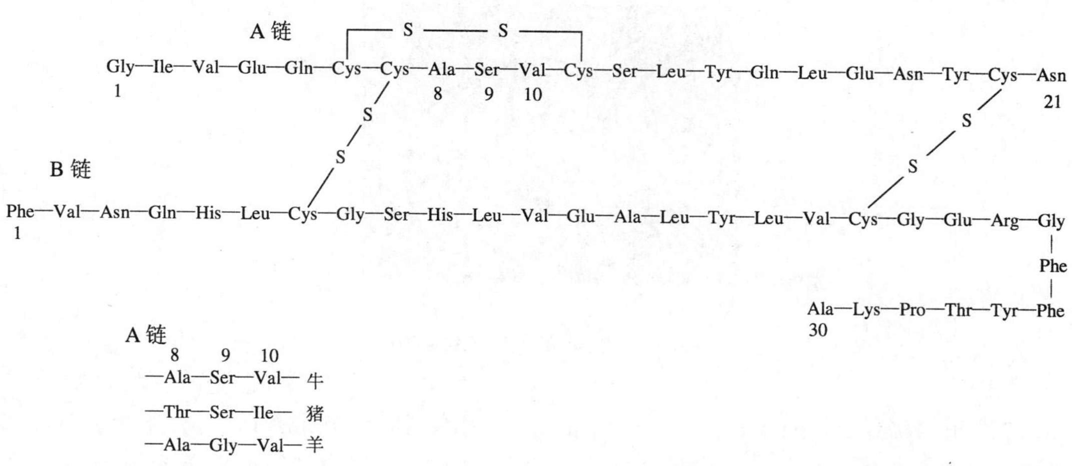

图 6-1　胰岛素的一级结构及不同动物胰岛素在 A 链中的差异

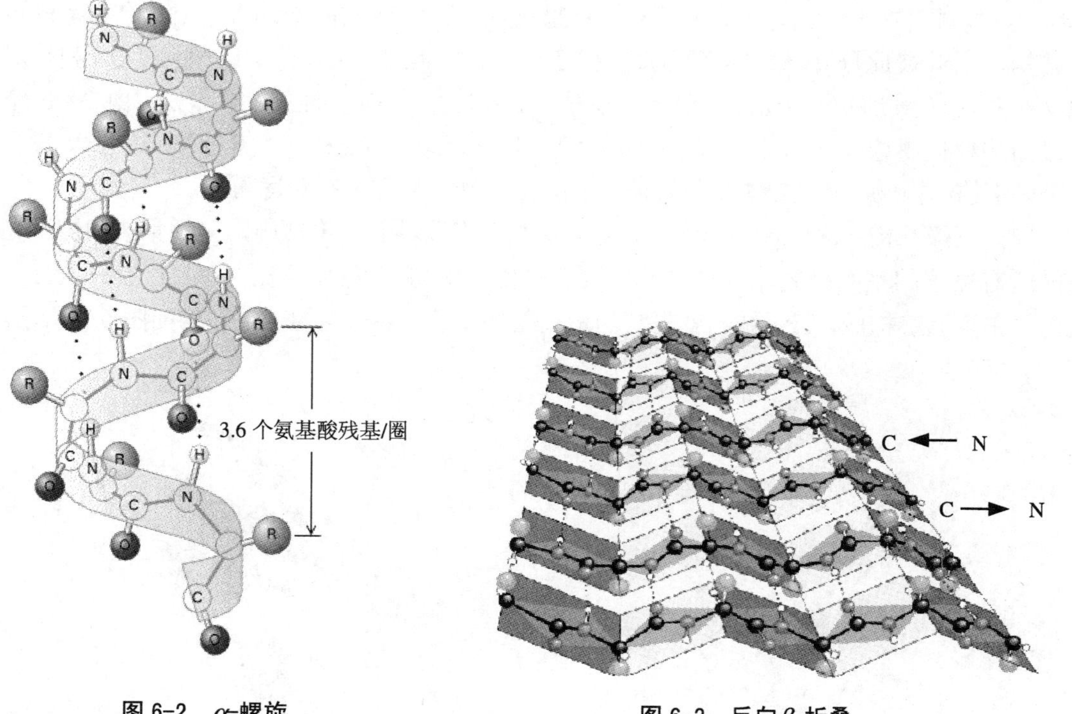

图 6-2　α-螺旋

图 6-3　反向β-折叠

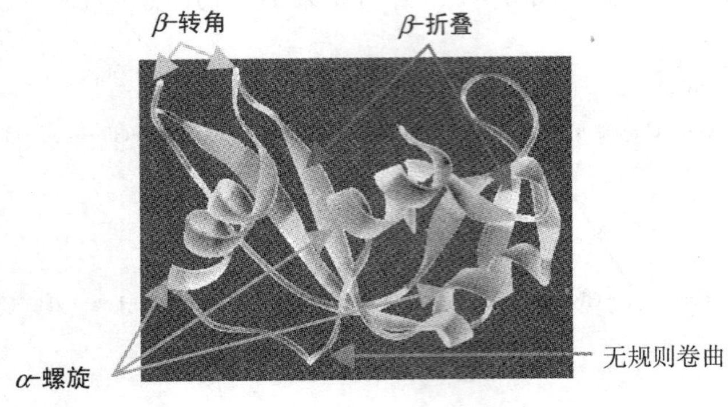

图 6-4　RNase 的某些二级结构

（2）超二级结构（supersecondary structure）和结构域（domain）为介于蛋白质二级结构和三级结构之间的一种空间结构。超二级结构是指相邻的二级结构单元组合在一起，彼此之间相互作用，排列形成规则的，可在空间结构上辨认的二级结构组合体，并可充当三级结构的构件（block building），其基本形式包括α-α、β-α-β和β-β-β等（图 6-5 至图 6-8）。结构域是在较大的球蛋白分子中，多肽链在超二级结构的基础上形成几个紧密的球状结构，之间彼此分开，以松散的肽链相连。其特点是在三维空间可以明显区分和相对独立，并具有一定的生物功能。模体或基序（motif）为结构域的亚单位，通常由 2～3 个二级结构单位组成，一般是α-螺旋、β-折叠和环（loop）。较大一些的蛋白质分子一般含两个以上的结构域，其间以柔性的铰链（hinge）相连，以便于相对运动。

（3）三级结构（tertiary structure）是指在整条多肽链的三维结构，包括骨架和侧链在内的所有原子的空间排列，这种结构主要由盐键、氢键和疏水键来维持。若蛋白质分子仅由一条多肽链构成，三级结构就是它的最高结构层次。胰岛素的三级结构如图 6-9 所示。

图 6-5　细胞色素 C 的α-α结构

图 6-6　纤溶酶原的β-β-β结构

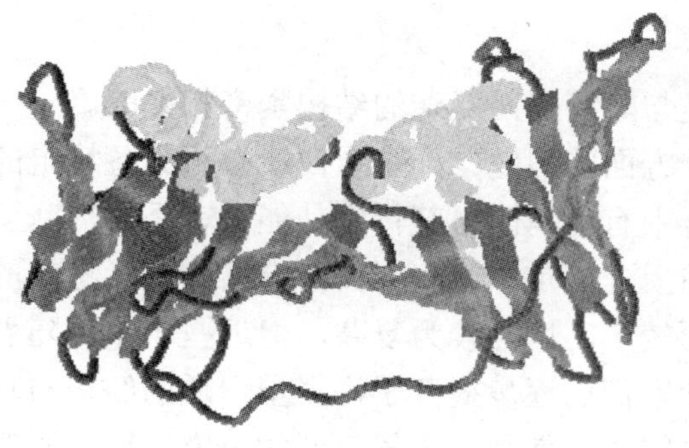

图 6-7　细胞核抗原的β-α-β结构

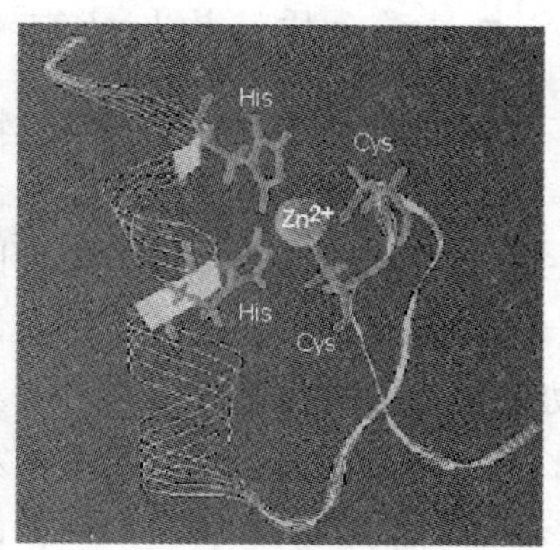

图 6-8　Zn^{2+}模序

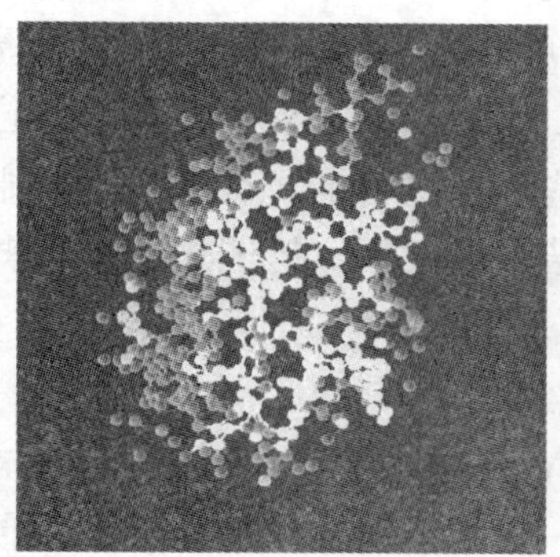

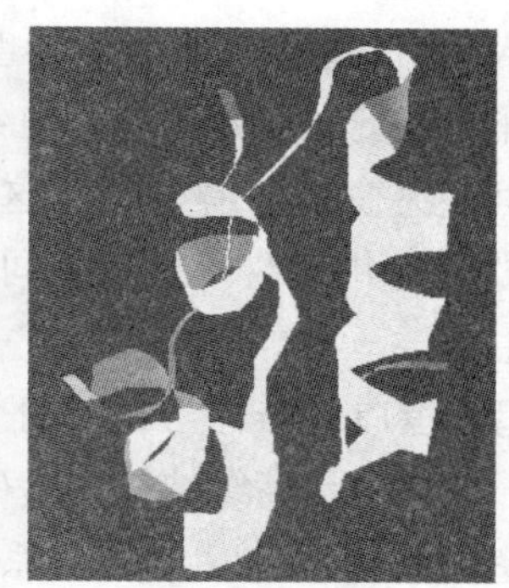

图 6-9　胰岛素的三级结构

（4）四级结构（quaternary structure）是指由几个或数十个以上的亚基形成，是由亚基和亚基之间通过疏水作用等次级键结合成的有序排列的特定空间结构。亚基通常由一条多肽链组成，有时含有两条以上的多肽链，单独存在时一般没有生物活性。见图 6-10。

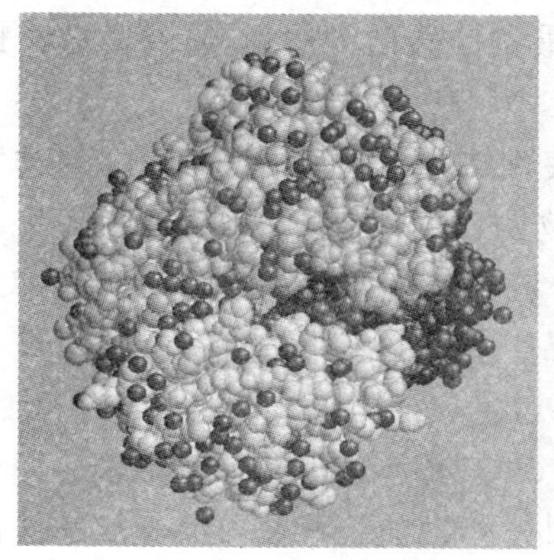

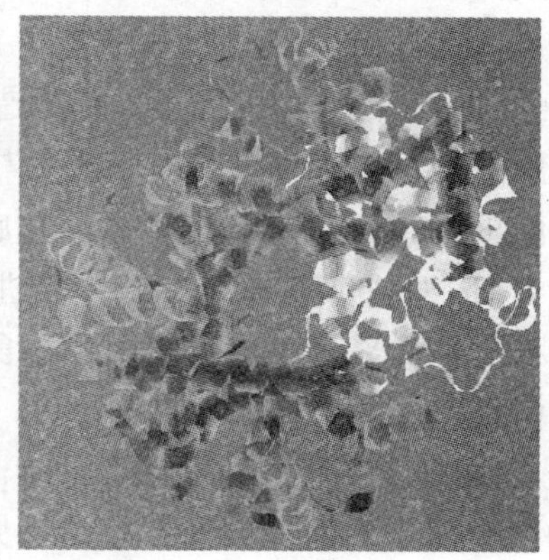

图 6-10　血红蛋白的四级结构

（二）蛋白质结构与功能的关系

前面介绍的蛋白质丰富的生物学功能是与其特殊而复杂的结构紧密相关的。一般来说，蛋白质结构与功能的关系包含以下两个方面的问题：一是蛋白质必须具备特定的结构，才能表现特定的功能，在蛋白质多肽链中有些基团对其特定功能而言是必需基团，另一些则为非必需基团；二是在体内，蛋白质分子是如何利用其特定结构执行特定的生物功能的。虽然这两个问题所涉及的知识面较广，情况较为复杂，但近些年来，随着生物化学与分子生物学技术的迅速发展，科学家们已逐步揭开了许多蛋白质的结构与功能关系的奥秘。如蛋白质组与神经信号传导之间关系就是一个很活跃的研究领域。同源蛋白质是指在不同的有机体中能实现同一功能的蛋白质，但这些同源蛋白质中的氨基酸序列存在着一定的种属差异性，如图 6-1 所显示的猪、牛和人等胰岛素都有降低血糖的生物学功能，且都由 A 和 B 链构成，分子量也几乎是一样的，但它们的氨基酸序列却存在着个别的差异。而镰刀型贫血病则是由于血红蛋白β-链从 N 端开始第六位上的一个氨基酸残基由正常的谷氨酸突变为了缬氨酸。这些例子说明了一级结构对功能而言的重要性。而酶变性后，一级结构并未改变只是空间结构被破坏，但催化功能却丧失了，这说明了高级结构的重要性。

因此，概括起来蛋白质结构与功能的关系是：

（1）蛋白质一级结构是高级结构的基础，从根本上决定蛋白质的功能。

（2）蛋白质空间结构决定功能的关系，空间结构一旦改变，就会影响蛋白质的生物活性。

三、蛋白质工程的研究进展

目前，蛋白质工程的发展比较迅速。这主要是因为在进行蛋白质分子设计后，可以应用高效的基因工程技术来进行合成蛋白。最早的蛋白工程是福什特等在 1982—1985 年间对酪氨酰 tRNA 合成酶进行了分子改造工作，利用 X 射线衍射技术实测了该酶与底物结合部位的结构，用定位突变技术改变与底物结合的氨基酸残基，并用动力学方法测量所得变体酶的活性，深入探讨了该酶与底物的作用机制。1984 年，佩里（Perry）通过将溶菌酶中 Ile（3）变成 Cys（3），并进一步氧化生成 Cys（3）-Cys（97）二硫键，提高了酶热稳定性，显著改进了溶菌酶在食品工业中的应用价值。福什特在 1987 年通过将枯草杆菌蛋白酶分子表面的 Asp（99）和 Glu（156）变成 Lys，导致了活性中心 His（64）质子 pK_a 从 7 下降到了 6，使该酶在 pH 6 时的活力提高了 10 倍。这种对工业用酶最佳 pH 的改变将预示着巨大经济效益。另外，蛋白质工程还可改变酶的催化活性、底物专一性、抗氧化性、热变性、碱变性等。由此我们可以看出蛋白质工程的光辉前景。

上述各例均是通过对关键氨基酸残基的置换与增删进行蛋白质工程的一类方法。另一类是对某个典型的折叠进行“从头设计”的方法。1988 年杜邦公司宣布，成功地设计并合成了由四段反平行α-螺旋组成 73 个氨基酸残基的成果。这说明，人们可以根据需要，通过从头设计以折叠成新蛋白的目标是可以实现的。预测结构的模型法，在奠定分子生物学基础时曾起过重大作用。有关蛋白的一级结构，包含关于高级结构的信息这一点已日益明确。结合模型法，通过分子工程预测高级结构，已成为人们所关注的问题。

蛋白质工程是汇集了当代分子生物学等学科的一些前沿领域的最新成就，并把核酸与蛋白质结合、蛋白质空间结构与生物功能结合起来研究。蛋白质工程将蛋白质与酶的研究推到了一个崭新的时代，为蛋白质和酶在工业、农业和医药方面的应用开拓了崭新的前景。蛋白质工程开创了按照人类意愿改造和创造符合人类需要的蛋白质的新时期。

第二节　蛋白质工程的研究策略

一、蛋白质工程的研究方法

蛋白质工程是运用基因工程的 DNA 重组技术，将克隆后的基因编码序列加以改造，或人工合成新的基因，再将上述基因通过载体导入合适的宿主细胞内进行表达，从而产生数量几乎不受限制、有特定性能的“突变型”蛋白质分子，甚至全新的蛋白质。其基本任务就是研究蛋白质分子结构规律与生物学功能的关系，对蛋白质加以定向修饰改造、设计与剪切，构建生物学功能比天然蛋白质更优良的新型蛋白质。由此可见，蛋白质工程的目标是从预期功能出发，设计改变的结构，合成目的基因且有效克隆表达或通过诱变、定向修饰和改造等一系列工序，合成新型优良蛋白质。完成这些任务的主要研究方法包括：蛋白质的分离纯化鉴定方法、结构分析方法、功能研究方法和进行结构改造的分子生物学研究方法。其中蛋白质分离纯化鉴定方法与生物化学中的常规方法无本质的区别，是对结构、性质相似的一系列突变蛋白质的分离、纯化和鉴定，其难度比较大，需要运用多种高精度的方法才能实现，如亲和层析、免疫沉淀等，这里不予详细介绍。蛋白质功能研究方法必须根据不同种类的蛋白质所具有的不同功能，相应地采用不同的研究方法，如对有催化活性的蛋白质——酶，用酶学的稳态动力学方法；对抗体用免疫学方法；其他蛋白质如激素、生长因子、受体类以及核酸结合类蛋白质也都有相应的研究方法，这里不详细介绍。下面我们重点介绍蛋白质的结构分析方法和分子生物学研究方法。

（一）蛋白质结构分析方法

蛋白质结构分析方法主要指与研究蛋白质的空间结构有关的理论与技术。主要包括：蛋白质一级结构的测定方法、蛋白质晶体学、核磁共振、蛋白质折叠过程研究、蛋白质生物物理研究法和蛋白质工程的计算机辅助设计与模拟研究等。

1．蛋白质一级结构分析方法

蛋白质一级结构研究主要是氨基酸序列的测定，最常用的方法是片段重叠和逐级降解，另外还有 cDNA、质谱法和最近几年已经广泛应用的微量氨基酸序列自动分析仪等。

2．蛋白质构象研究方法

蛋白质空间构象的主要研究方法是用于研究结晶蛋白质的 X 光衍射技术和研究溶液中蛋白质的三维核磁共振技术。

3．蛋白质折叠过程研究方法

目前，蛋白质折叠研究主要是通过对蛋白质变性、复性过程的热力学和动力学的研究，及对折叠中间体的研究而进行的。其中研究折叠中间体即蛋白质从天然状态到变性状态，或从伸展状态折叠到天然构象的中间过渡态的主要方法是一维核磁共振技术和氢交换技术及快速混合技术。随机成核理论是目前流行的蛋白质折叠过程理论，即线性多肽链折叠呈现“成核—折卷—凝集”三个阶段。成核作用是由于挤压效应或疏水作用，多肽链中的一些小肽段可迅速形成螺旋性的核心区；折卷是已成核的结构散落成较大的超二级结构单元的集合体；凝集是集合体在原子水平上凝集，形成较密的三级结构。

（二）分子生物学研究方法

蛋白质的分子生物学研究方法主要是基因工程方法，包括寡核苷酸片段及基因的人工合成、目的基因的克隆与分析、目的基因的定位诱变或随机诱变、目的基因在载体系统中的高效表达等。分子生物学研究方法的目的是通过改变编码蛋白质的基因的核苷酸实现蛋白质结构的改变。

二、蛋白质的全新设计方案

蛋白质的全新设计是根据所希望的结构和功能设计序列，为有目的的蛋白质改造提供设计方案，即在知道了需要改造的蛋白质的性能和相应的结构基础之后，通过理论的方法提出蛋白质改造的设计方案。其中设计目标的选择很关键。

（一）设计目标的选择

蛋白质全新设计分为功能设计和结构设计两个目标。目前的研究重点和难点偏重从结构设计出发，从蛋白质的二级结构开始，来摸索蛋白质结构的稳定性。在超二级结构和三级结构设计中，通常选择一些蛋白质结构较稳定的蛋白质作为设计目标。在蛋白质功能设计方面，主要进行天然蛋白质功能的模拟，如哺乳动物铁蛋白氧化酶活性中心的模拟。

（二）设计技术与方法

1. 结构设计

全新蛋白设计要求较好地了解蛋白质结构和稳定性的规律。在了解氨基酸残基形成二级结构单元的倾向性后，要使残基的最大的疏水相相互作用形成一个紧密的疏水内核。离子相互作用及氢键可进一步用于稳定蛋白质的结构。另外一种途径是根据主链的构象来设计二级结构。主要包括以下几类。

（1）二级结构模块单元的自组装

设计新的蛋白质结构的最简单、最直接的方法是合成一些单一的二级结构单元（α-螺旋或β-折叠股）作为多肽链的片段的模块途径，然后，复制这些二级结构片段并把它们连接为整个蛋白质结构。通常，这些二级结构是两亲性的。疏水表面埋藏在核内形成紧密的蛋白质结构，如图 6-11 所示。

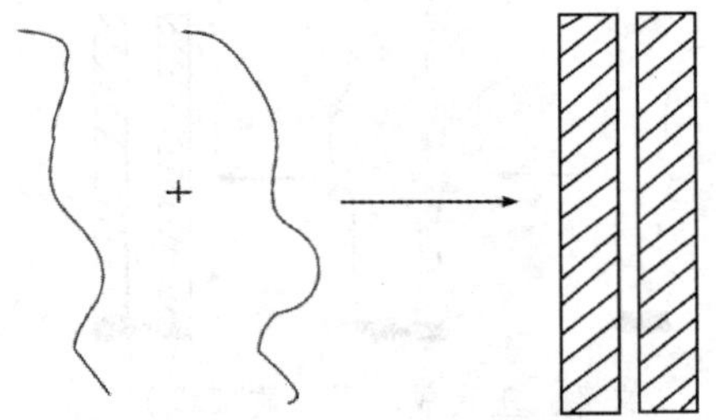

（来源：王大成，蛋白质工程）

图 6-11　两条肽链自组装为有序的二级结构

模块方法有具有简单和容易合成（α-螺旋或β-折叠股可通过固相合成仪直接大量合成）等优点，这使它成为蛋白质设计有吸引力的第一步。但模块方法的简单也限制了它作为蛋白质设计一般方法的能力。二级结构模块自组装蛋白与单链天然类蛋白比较有以下几个缺点：①涉及蛋白质的稳定性必须依赖于浓度；②结构的简单重复多。尽管有上述缺点，但模块设计模拟了天然蛋白质共同的结构和热力学特征，故可代表蛋白质从头设计的一个重要手段。

（2）配体诱导组装

全新蛋白质设计的第二个方法是使用一个配体（典型的为一个金属离子）诱导模块蛋白片段的组装，如图 6-12 所示。一个配位结合位点设计在结构中几个相互作用片段的界面处。若这个位点对配体有很高的亲和力，则结合配体合适的自由能将充分克服熵消耗并驱动肽自组装。

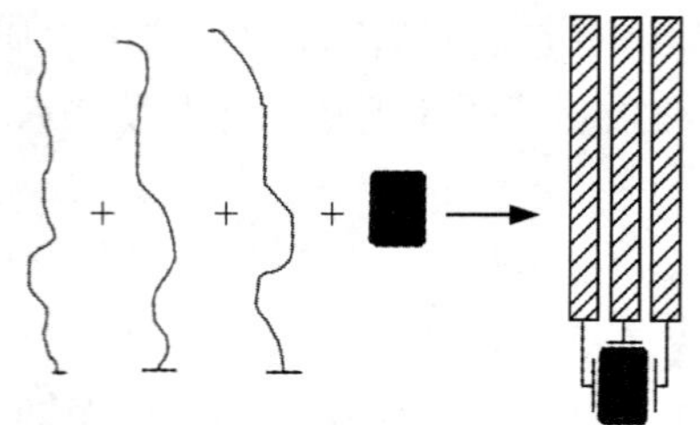

（来源：王大成，蛋白质工程）

图 6-12 配体诱导组装示意图

（3）通过共价交连实现肽的自组装

设计全新蛋白的主要障碍是肽链的构象熵。当将几个没有连接的肽链进行自组装时，熵势垒是比较难以克服的。通过共价交叉连接可减少构象熵。因而通过共价连接它们的预组织肽是直接形成所设计蛋白结构的有效方法，如图 6-13 所示，在自然界中唯一用于交叉连接的方法是二硫键。

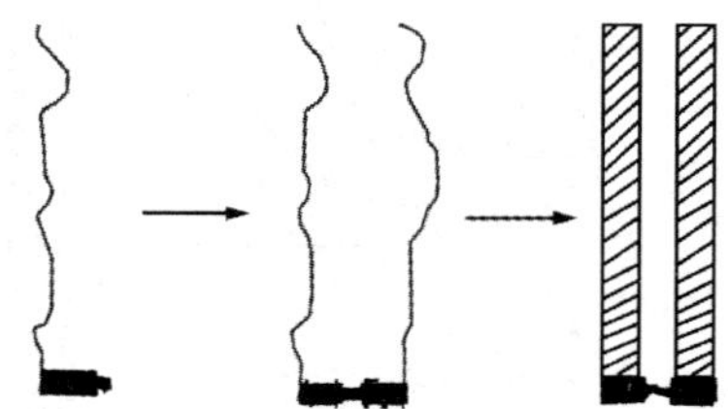

（来源：王大成，蛋白质工程）

图 6-13 被共价交叉所稳定的结构的组装

（4）在合成模板上肽的组装

模板组装合成蛋白（TASPs）的方法是 Mutter 及其合作者开发的，是使用图 6-14 中所显示的人工模板使螺旋和股通过模板结构导向形成所希望的构象。α-螺旋和β-折叠股在一个特殊折叠过程中有了一个正确的相对取向。

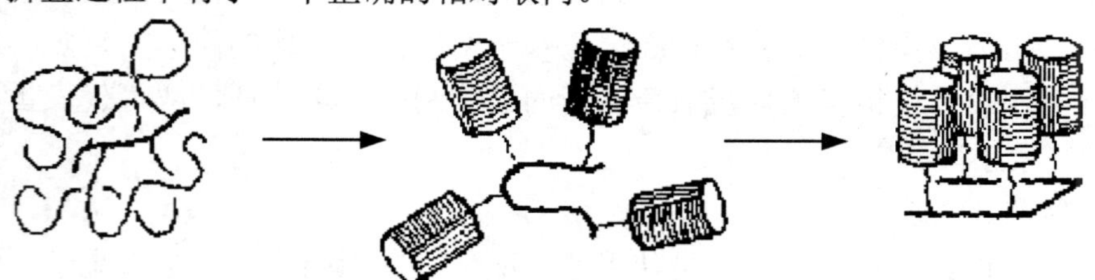

（来源：王大成，蛋白质工程）

图 6-14 模板组装合成蛋白质示意图

2．功能设计

蛋白质设计的目标是产生既可折叠为预想的结构又有有用的功能。功能设计主要涉及键合与催化，为达到这些目的可采用两条不同的途径：一是通过反向实现蛋白质与工程底物的契合，改变功能；二是从头设计功能蛋白质。下面介绍蛋白质功能的全新设计。

（1）键合及催化的从头设计

1979 年，Gutte 及其合作者开展了能结合特殊配件的新蛋白质设计的早期工作。他们报道了能与核酸相互作用的 34 个残基肽的设计、合成与表征。通过固相方法合成了 34 肽单体和 68 肽的由二硫桥连接的二聚体，并进行了分离。如图 6-15 所示的序列形成β-β-α结构，可结合三核苷酸 2′-甲基-鸟嘌呤-腺嘌呤-腺嘌呤。在这个模型中，Thrl2、Glnl4 及 Gin16 侧键与碱基部分形成氢键；Phel、Phe3 及 Tyr5 与碱基堆积或插入；Lys28 和 His32 与三核苷酸配体磷酸盐形成稳定盐桥；Cysl0 与 Cys33 之间的二硫键加强了结构的稳定性。

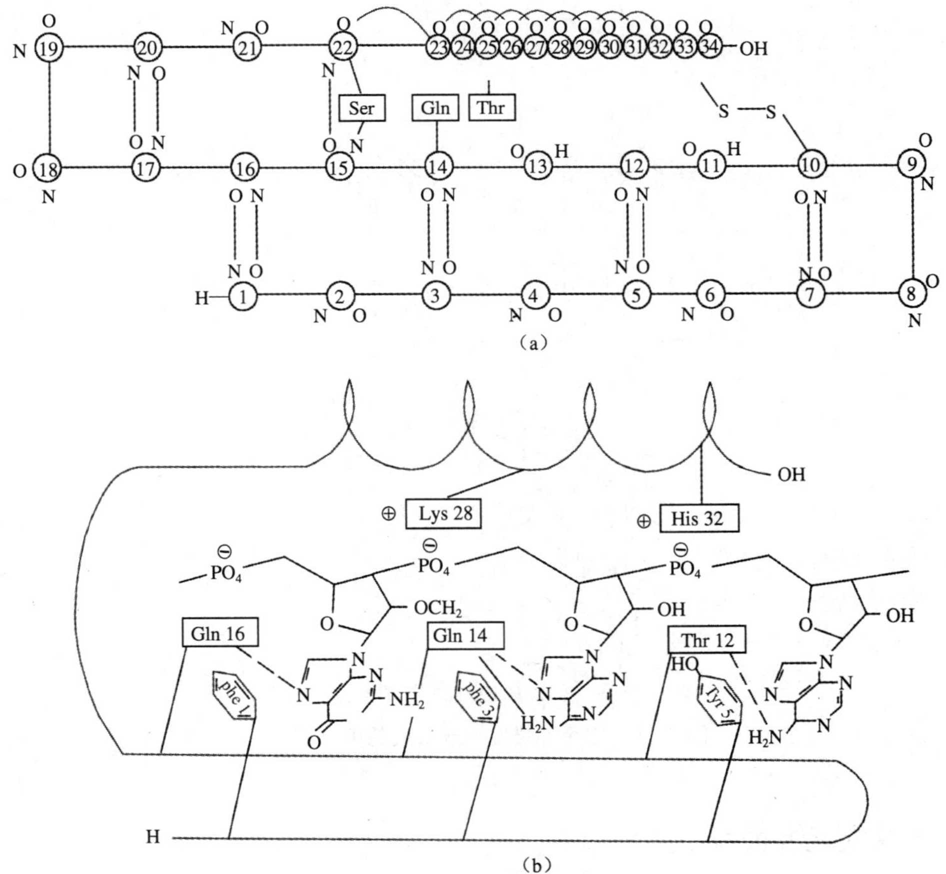

（来源：王大成，蛋白质工程）

图 6-15　合成 34 肽的β-β-α二级结构图（a）及三核苷酸 2-甲基-GAA 相互作用模型（b）

(2) 通过反向拟合天然蛋白质设计新的功能

反向拟合天然蛋白质设计新的功能是指通过修饰天然结构来得到专一性及活性改变的天然蛋白质。它能把新奇的性质附加到原来蛋白质骨架的结构上。催化抗体的设计是反向拟合天然蛋白质最广泛、最有力的应用，通过改变 Loop 区免疫体系可产生新奇的结合专一性，免疫学家以及化学家诱导哺乳动物免疫体系产生不仅能结合专一抗原且能催化不同化学反应的抗体。

除上述两种方法外蛋白质功能设计还有催化活性蛋白质的设计和膜蛋白、离子通道的设计以及新材料的设计（如纳米管材料，图 6-16）等方法。

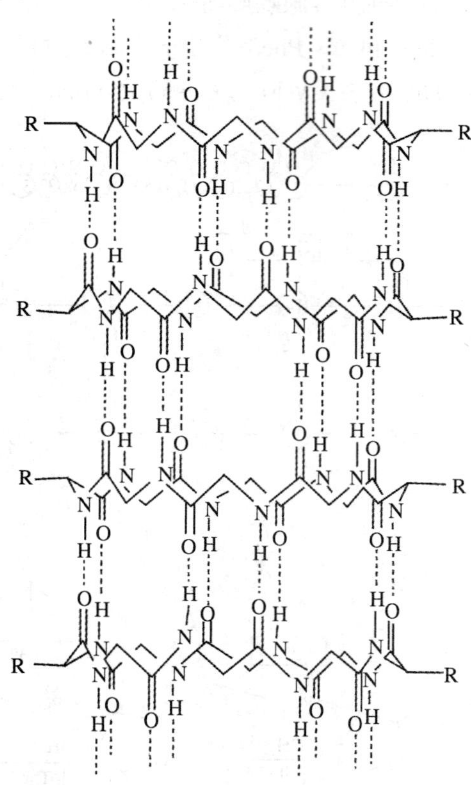

（来源：王大成，蛋白质工程）

图 6-16　四个环堆在一起形成的纳米管

（三）改变现有蛋白质的结构

1. 改变现有蛋白质结构的基本步骤

目前蛋白质工程主要集中在改变现有蛋白质结构这一领域，改变现有蛋白质结构分三类方法。一是小改，即小范围内改造，是通过基因工程的突变技术，对已知结构的蛋白质的少数几个氨基酸残基进行的替换，以研究和改善蛋白质的性质和功能，常用定点诱变技术；二是中改，即较大程度的改造，是替换蛋白质中的一个肽段或者一个特定的结构域。常用缺失诱变技术和结构域互变技术；三是大改，即蛋白质从头设计。就是给定一个目标三维结构，要求找出与已知顺序无明显同源，能够折叠成目标结构的氨基酸顺序来。蛋白质从头设计与蛋白质结构预测恰恰相反，后者是从顺序出发，来预测其所折叠成的三维结构。在这三类方法中基因的人工定点突变技术是蛋白质工程中最广泛应用的方法。

2. 改变蛋白质结构的核心技术——基因的人工定点突变

蛋白质中的氨基酸是由基因中的三联密码决定的，只要改变其中的一个或两个核苷酸就可以改变蛋白质的氨基酸组成。基因的人工定点突变是通过取代、插入或缺失基因DNA 序列中任一特定的核苷酸来改造蛋白质的方法。

（1）核苷酸引物诱变

寡核苷酸引物诱变技术原理是以化学合成的含有突变核苷酸的寡核苷酸短片段为引物，对单链 DNA 分子进行复制，随后这段寡核苷酸引物便成了新合成的 DNA 子链的一个组成部分，因此所产生的新链便具有已发生突变的核苷酸序列。为了使目的基因的特定位点发生突变，所设计的寡核苷酸引物除了具有所需的突变核苷酸外，其余部分应与目的基因编码链的特定区段完全互补，而且能形成稳定的唯一的双链结构。寡核苷酸引物诱变技术基本过程为：先将待研究的基因插入 M13 噬菌体，制得单链模板，以人工合成一段含突变碱基的寡核苷酸序列作为引物进行复制；再用 T4 连接酶连接成闭环双链分子；转染大肠杆菌；双链分子在细胞内复制，得到两种类型的噬菌斑，含错配碱基的是突变型，然后转入合适的表达系统合成突变型蛋白质。

（2）盒式诱变

盒式诱变是利用一段人工合成的具有突变序列的双链寡核苷酸片段，取代野生型基因中的相应序列，又叫盒式取代诱变。在寡核苷酸引物诱变技术中一次位点诱变只能改变一个氨基酸，若一条链上，某一位点尝试用 20 种氨基酸逐一取代则很难实现。若采用盒式诱变技术，一次可以在一个位点产生 20 种不同氨基酸的突变体，可对蛋白质分子中重要的氨基酸进行“饱和性”分析，弥补了寡核苷酸引物诱变技术的缺陷。该方法有简便易行、突变效率高的优点。

（3）PCR 诱变

在寡核苷酸引物诱变技术中所用的 M13 噬菌体系统，操作较繁琐，且诱变周期长。将 PCR 技术应用在诱变技术中，使操作简化，突变效率提高。为减少引物数量及简化操作步骤，人们常用寡核苷酸介导的 Pfu-PCR 直接诱变法。

通过基因的人工定点突变技术可以改变蛋白质的很多性能。

①提高蛋白质的专一活性。如根据推测进行定点诱变，把干扰素的Cys17突变成Ser，可大大提高干扰素的抗病毒活性和稳定性，这一点对于任何一种蛋白治疗药物来说都很重要。

②提高蛋白质的温度稳定范围。如将酿酒酵母的磷酸丙糖异构酶的Asn与GIn突变为Asp与Glu，可提高蛋白质的热稳定性。

③提高蛋白质抗氧化能力。如通过寡核苷酸介导的定点诱变把α1抗胰蛋白酶Met358转变为Val358，既可有效地抑制弹性硬蛋白酶的活性，又不会因氧化作用而失活。

④提高酶对底物的亲和力，增强酶的专一性。如通过对芽孢杆菌的Tyr RNA合成酶的突变改变了其与底物结合的特异性，从而提高了其催化效率。

⑤改善酶的特异性。如葡萄球菌DNA酶经突变后，蛋白产物可与单链寡核苷酸共价结合从而得到具有新的序列特异性的单链DNA核酸酶。

⑥提高蛋白质生物学活性。例如，人们设想通过对胰岛素的结构加以修饰，避免人体消化道酶的水解破坏，以使其适合口服，来减少胰岛素注射带给病人的痛苦。

复习思考题

1. 蛋白质的结构层次有哪些？
2. 蛋白质分子设计的技术与方法有哪些？
3. 在蛋白质工程中用到了哪些研究方法？
4. 改变蛋白质结构的核心技术是什么？用到哪些方法？
5. 请举出蛋白质工程应用的实例。

第七章　生物技术与农业

【知识目标】

了解现代生物技术在农业领域中的重要应用；理解杂种优势、植物抗逆性和生物农药的概念；动物克隆、动物转基因、体外胚胎生产、人工授精和家畜性别控制的概念；熟悉利用现代生物技术选育植物、动物新品种的方法；初步掌握利用现代生物技术选育抗除草剂、抗病虫害植物新品种的方法；初步掌握动物克隆、动物转基因、体外胚胎生产、人工授精的基本操作技术。

农业是人类赖以生存的重要产业。21 世纪，中国农业已进入了一个崭新的发展时期。成功加入世界贸易组织，农业产业化进程加快，人口持续增长，人均耕地资源十分有限，这对于我们这样一个农业大国来说，既有机遇也有挑战，依靠科学技术进步是实现农业高产、优质、高效，促进农业经济持续快速发展的必要条件，更是我们建设社会主义新农村的需要。近年来，现代生物技术被越来越广泛地应用于农业领域中，并产生了可观的经济效益和社会效益，它能够使人们在减少成本的情况下获得更高质量的产品。发展以现代生物技术为基础的农业势在必行。

第一节　生物技术与种植业

前面提到生物技术在农业领域的重要性，那么，生物技术与种植业究竟有什么样的密切关系呢？其应用又重点体现在哪些方面呢？为了寻找上述问题的答案，我们来学习以下内容。

植物利用光合作用所生产的产品，是人类及其他生物直接或间接的食物来源。长期以来，人们不断地探求提高主要作物品质及产量的途径和方法。传统的育种方法虽是一个漫长而艰辛的过程，但它却获得了世人瞩目的重大成功。比如，现在品质优良的水稻、玉米、小麦等作物就是从它们原始的野生种经过漫长的自然选择和人工选择得来的。传统的育种技术，特别是有性杂交育种技术，将仍然作为现代改良作物农艺性状的主要育种方式，但随着科学技术的进步，一些诸如组织培养，单倍体育种，细胞质融合和基因工程等现代生物技术的育种手段将会发挥更重要的作用。

一、杂种优势与植物雄性不育研究

（一）杂种优势

1. 杂种优势的概念

杂种优势是生物界的一种普遍现象，是指两个性状不同的亲本杂交产生的杂种第一代（F_1），在生长势、生活力、繁殖力、适应性、产量以及品质等性状方面超过其双亲的现象。

2. 杂种优势的表现

（1）F_1 的优势表现

杂种优势的表现是多方面的，而且是很复杂的。按其性状表现的性质，大致可以分为三种类型：一是杂种营养体发育较旺的营养型；二是杂种生殖器官发育较盛的生殖型；三是杂种对外界不良环境适应能力较强的适应型。这三种类型的划分只是相对的，事实上它们的表现总是综合的，这里不过是按其优势明显的性状作为一个划分的标志。但不论哪种优势类型，归纳起来，F_1 的优势表现都具有以下几个基本特点。

① 杂种优势不是某一两个性状单一地表现突出，而是很多性状的综合表现。许多禾谷类作物的杂种第一代，在产量和品质上表现为穗多、穗大、粒多、粒大、蛋白质含量高等；生长势上表现为株高、茎粗、叶大、干物质积累快等；在适应性上表现为抗病、抗虫、抗寒、抗旱等。F_1 具有多方面的优势表现，就足以说明杂种优势是由于双亲基因型的异质结合和综合作用的结果。

② 杂种优势的大小，一般取决于双亲性状间的相对差异和相互补充。育种实践证明，在一定范围内，双亲之间亲缘关系、生态类型和生理特性上差异越大，双亲间的相对性状的优缺点越能彼此互补，则其杂种优势就越强；反之，就较弱。例如，高粱的品种间杂交种，如果以我国原产的品种与西非或南非原产的品种相杂交，则其杂种优势一般均高于同一地区原产的品种间杂交种；用玉米马齿型与硬粒型间的自交系杂交比同类型的自交系间杂交表现的杂种优势就更加明显。由此可见，杂种基因型的高度杂合性是产生杂种优势的重要根源。

③ 杂种优势的大小与双亲基因型的高度纯合有密切关系。杂种优势一般是指杂种群体的优势表现。只有在双亲基因型的纯合程度都很高时，F_1 群体的基因型才能具有整齐一致的异质性，不会出现分离混杂，这样才能表现出明显的优势。玉米自交系间杂种优

势之所以比品种间杂种优势强，就是因为自交系是通过连续自交和选择而具有纯合的基因型。这说明，杂种优势不仅需要双亲基因型具有相适应而互补的差异，而且需要双亲基因型具有高度的纯合性。

④ 杂种优势的大小与环境条件的作用也有密切的关系。性状的表现是基因型与环境综合作用的结果。不同的环境条件对于杂种优势表现的强度有很大的影响。我们常常可以看到，同一杂交种在甲地区表现显著的杂种优势，而在乙地区却表现不明显；在同一地区由于土壤肥力和管理水平不同，杂种优势表现的程度也会有很大的差异。但是，一般来讲，在同样不良的环境条件下，杂种比其双亲总是具有较强的适应能力。这正是因为杂种具有杂合基因型，因而对环境条件的改变能表现出较高的稳定性。

（2）F_2 的衰退表现

根据性状遗传的基本规律，F_2 群体内必将出现性状的分离和重组。因此，F_2 与 F_1 相比较，生长势、生活力、适应性和产量等方面都表现为显著地下降，即所谓衰退现象。并且，两个亲本的纯合程度愈高，性状差异愈大，F_1 表现的杂种优势愈大，则其 F_2 杂种优势的衰退现象也就更加明显。例如，中国农业科学院作物育种栽培研究所进行玉米杂种优势的试验结果（表 7-1），品种间杂交种的 F_2 比其 F_1 减产 11.6%；双交种减产 14%；而以单交种减产最多，为 34.1%。这说明杂种与其亲本相比较，杂种第一代的优势愈高，F_2 的减产往往就愈显著。

表 7-1　玉米不同的杂交组合的 F_1 和 F_2 的产量比较

杂交类型	杂 交 组 合	世 代	产量/（kg/hm^2）	F_2 对 F_1 的比率/%
品种间杂交	金皇后×华农 1 号	F_1	4 750．5	100
		F_2	4 248．8	89.4
双交种	（WF_9×Hy）×（L_{289}×C.I.7）	F_1	5 241．0	100
		F_2	4 508．3	86.0
单交种	L_{289}×C.I.7	F_1	5 252．3	100
		F_2	3 463．5	65.9

F_2 的优势衰退，主要表现在 F_2 群体中的严重分离，其中虽然有极少数个体可能保持 F_1 同样的杂合基因型，但是大多数个体的基因型所含有的杂合和纯合的程度是很不一致的。致使 F_2 个体间参差不齐，差异极大，引起 F_2 群体表现明显的衰退现象。因为单交种是两个纯合自交系直接选配的杂种；而双交种是四个纯合自交系先后经过两次选配的杂种。实质上，双交种本身已是两个单交种的杂种一代，因此在杂种群体内的植株整齐度上，单交种一般均优于双交种。也因此在 F_2 由于基因重组所表现的性状分离上，单交种显然比双交种更为严重。正如表 7-1 所列试验结果，单交种的 F_2 比双交种的 F_2 优势衰退更为强烈。

所以，在农业生产上杂种优势只利用杂种一代，F_2不能利用，需要年年配制杂种。

（二）植物雄性不育

作物利用杂种优势可以大幅度增产早已被人们所公认，但自花授粉的水稻、小麦等作物去雄问题却成为制约其杂种优势利用的重要因素之一。雄性不育主要应用在杂种优势的利用上。配制杂交种时，如杂交母本获得了雄性不育，就可以省去人工去雄，降低生产成本，提高杂种种子质量，进而达到作物增产的目的。

植物雄性不育是自然界中的普遍现象。早在 1763 年德国学者 Kueitter 就观察到植物雄性不育的现象，1890 年达尔文对植物雄性不育现象作了报道，以后很多学者在欧洲夏季薄荷、甜菜、烟草、玉米、高粱、小麦、水稻等作物中发现雄性不育并开展系统研究。在农业生产中，以植物雄性不育理论为基础，建立了三系育种体系。在这个体系中包括不育系、保持系和恢复系。不育系的雄蕊中的花药是不育的，无法实现传粉受精作用，而其雌蕊是可育的；保持系的作用是给不育系授粉，杂交后代仍然保持不育性状；恢复系含恢复基因，给不育系授粉受精后其后代是可育结果的，并且能够形成杂种优势，从而提高农作物产量与品质。三系中不育系的寻找和培育是关键。20 世纪 70 年代中期，我国首先在水稻中发现野生型雄性不育系，并实现了三系配套，大面积用于农业生产，从而大大提高了粮食产量，也使我国杂交水稻的研究和运用处于世界领先水平。随后在小麦、棉花、油菜、萝卜、马铃薯等作物的生产中雄性不育也被广泛地运用。

1. 植物雄性不育的类型

植物雄性不育从基因控制水平可分为质核互作雄性不育和细胞核雄性不育两种类型。

质核互作雄性不育的性状既有核基因控制又有核外细胞质基因控制。它是研究植物的线粒体遗传、叶绿体遗传和核遗传的极好材料，能够结合性状遗传、细胞遗传、分子遗传进行研究。为此，植物质核互作雄性不育的研究，已成为近年来植物遗传学研究十分活跃的领域。

2. 获得雄性不育的方法

随着雄性不育研究的不断深入，研究技术也不断改进，获得可遗传的不育性状的技术方法很多，主要有：远缘杂交核置换、基因工程技术、辐射诱变、体细胞诱变，组织培养，原生质融合和体细胞杂交等方法。远缘杂交核置换仍然是目前培育植物雄性不育的主要方法。如 1972 年育成的红莲型不育系就是利用海南红野生稻与莲塘早远缘杂交育成的。中国水稻所利用巴斯马提品种进行胚根组织培养，然后，将愈伤组织进行辐射，从而选育出巴斯马提雄性不育系。

目前采用植物基因工程的原理和方法，已人工创造了一批不育系，并在生产上得到了利用，而且获得了可喜的成果。其中最典型的例子是在油菜和烟草上的应用。人们从一种芽孢杆菌中分离出一种 RNA 酶（barnase）基因，该基因编码的酶可降解高等植物细胞内的 RNA，从而阻止蛋白的生物合成，破坏细胞的生理功能。同时，也分离得到一种 bastar 基因，其表达产物能抑制 barnase 酶的活性从而能保护植物细胞内的 RNA 免受降解。TA29 启动子是一个只在花粉发育过程中，在花粉绒毡层中特定打开的启动子，而在植物其他组织和其他发育时期处于关闭状态。将 TA29 启动子与 barnase 基因连接构建的重组子，通过 Ti 质粒和根癌农杆菌的方法转入油菜和烟草形成转基因植株。该植株在花粉发育过程中的绒毡层时期，TA29 启动子打开，barnase 基因表达，其产物降解花粉中的 RNA，从而阻断了花粉正常的发育而造成败育。用 TA29 启动子和 bastar 基因构成的重组子，转化植株中 bastar 基因的产物可遏制 barnase 酶的活性，从而起到了恢复系的作用，形成二系配套。

目前，已经获得的一些显性雄性不育基因植物见表 7-2 所示。今后一定会有更多的新品种植株问世，从而大大地推进育种工作。

表 7-2　显性雄性不育转基因植物表

基因名称及特性	转入的植物名称	是否影响雌性育性	可否恢复育性
p23S-rolc，组成型	烟草，马铃薯，拟南芥	影响	通过反义基因可恢复育性
pTA29-DTA，绒毡层特异性	烟草	未做检测	不可恢复
pTA29-barnase，绒毡层特异性	烟草、油菜、玉米	没有影响	通过导入阻遏蛋白可恢复育性
pTA29-RNase Tl，绒毡层特异性	烟草、油菜	没有影响	不可恢复
pA3-β-1,3-葡聚糖酶基因，绒毡层特异性 pA9-β-1,3-葡聚糖酶基因，绒毡层特异性	烟草	没有影响	不可恢复
pA9-barnase，绒毡层特异性	烟草	没有影响	不可恢复
p35S-花药表达“盒”（box）PCHS-CHS cDNA 的反义基因，组成型	矮牵牛	没有影响	不可恢复
p35S-CHS，组成型	矮牵牛	没有影响	不可恢复
ptaPl-rolB	烟草	未做检测	不可恢复
p35S-酵母结粒体肽 coxIV-小麦 atp9，组成型	烟草	没有影响	不可恢复
pAP3-DTA，花瓣、雄蕊原生殖细胞特异性	拟南芥	没有影响	不可恢复
p-rolB，花粉特异性	烟草	没有影响	不可恢复
pBcpl-反义 Bcpl cDNA	拟南芥	没有影响	不可恢复

二、植物的抗逆性研究

在自然界中，植物与环境之间存在着密不可分的关系。环境为植物体的生长、发育和繁殖提供了必不可少的物质基础，如阳光、水分、土壤、空气等。同时，环境也给植物的正常生长发育以很大的选择压力，如气候寒冷、土壤含盐量过高、发生病虫害等。面对这些不利的环境条件，许多种植物就自然消亡了。但同时也有许多植物体发生遗传变异，以适应恶劣环境条件的影响，表现出一种抗逆性，如抗旱、抗寒、抗盐、抗倒伏、抗病虫等。然而，在自然条件下，植物体的这种自然变异是一个漫长的、且发生频率很低的过程，而植物生长发育中遭遇的逆性环境，尤其是病虫害的发生则是相当频繁的，这就需要人们利用现代生物技术的手段来培育抗逆性植物。

（一）抗除草剂作物

据统计，世界每年将有 100 亿美元的资金用于生产上百种不同的除草剂，然而世界的农作物仍因不断出现的杂草危害减产约 10%。除草剂的应用不仅费用高，而且除草剂的使用还有其局限性。比如，有些除草剂无法区分作物与杂草；有些除草剂必须在杂草长起来之前就施用；有些除草剂在土壤中残效期过长等。因此，培育抗除草剂的转基因作物是克服这些缺点的有效途径。

许多研究者对培育抗除草剂的农作物的生物学方法提出了多种设想：

① 抑制作物对除草剂的吸收；

② 过量产生对除草剂敏感的靶蛋白，使它的量足以中和除草剂的作用，使作物细胞在除草剂存在下能够执行正常功能；

③ 降低对除草剂敏感的靶蛋白与除草剂的亲和力。

④ 赋予作物在新陈代谢过程中使除草剂失活的能力。

上述这些设想中，后三种方案已经用于培育抗除草剂的转基因作物上（表 7-3）。

现在抗草甘膦除草剂的转基因植物已经培育成功。草甘膦是一种对环境无害的除草剂，在土壤中易降解为无毒的化合物，其功能是作为 5-烯醇丙酮酸莽草酸-3-磷酸合酶（EPSPS）的抑制物。EPSPS 是莽草酸途径中的一个重要的酶，在细菌及植物芳香类氨基酸的合成中均有重要作用。研究人员从抗草甘膦的大肠杆菌中分离到了与抗性有关的大肠杆菌的 EPSPS 酶的基因，并将其置于植物启动子、转录终止子及加 poly（A）信号序列的控制之下，克隆到植物细胞中。包括烟草、番茄、马铃薯、棉花在内的转基因植物都表达了足量的抗草甘膦的大肠杆菌 EPSPS 酶，替代植物自身被抑制的酶而发挥功能，从而达到了抗草甘膦的效果。这样当使用草甘膦抑制杂草的生长代谢时，转基因植物的新陈代谢丝毫不受影响，因而能够存活下来。

表 7-3　一些除草剂及其抗性产生的机理

除草剂	抗性机理
均三氮苯类除草剂	这类除草剂作用于叶绿体蛋白 D-1，改变其编码基因 psbA 即可产生抗性
磺酰脲类除草剂	这类除草剂作用于乙酰乳酸合成酶，改变其编码基因即可产生抗性，已成功用于杨树、油菜亚麻和水稻
咪唑啉酮除草剂	这类除草剂作用于乙酰乳酸合成酶，改变其编码基因即可产生抗性，已成功用于乳酸组织培养筛选
苄氧苯氧丙酸盐类 环己二酮	这些除草剂作用于乙酰辅 A 羧化酶。改变其编码基因使之不敏感即可产生抗性；降解该除草剂也可产生抗性。用于组织培养筛选
草甘膦	其作用目标是 EPSPS，过量表达 EPSPS 可产生抗性（已用于大豆）。转入草甘膦氧化还原酶基因也可产生抗性（已用于烟草），因为该酶使草甘膦降解
3,5-二溴-4-羟基苯腈	光系统Ⅱ的抑制剂。转入腈水解酶基因可以获得抗性，因为腈水解酶可以分解这种除草剂（已用于烟草和棉花）
苯氧羧类除草剂 （如 2,4-D 和 2,4,5-T）	转入双加氧酶基因 tfdA 可产生抗性，因为双加氧酶使这类除草剂降解（已用于烟草和棉花）
膦丝菌素 氰氨 茅草枯	转入细菌膦丝菌素-乙酰转移酶可产生抗性，该酶可使除草剂失活； 转入真菌的氰氨水合酶基因可产生抗性，该酶可将氰氨变成尿素（用于烟草）； 转入细菌的脱卤素酶基因可产生抗性，该酶可使茅草枯脱毒（用于烟草）

另一种通过失活除草剂而获得对除草剂产生抗性的转基因植物也已培育成功。bromoxynil（3,5-二溴-4-羟基苯腈）是一种可抑制光合反应的除草剂。在实验中，将细菌中编码腈水解酶的基因转入植物，它能使 bromoxynil 在起作用之前就失活。具体方法是：首先从肺炎克雷伯氏菌臭鼻亚种中分离腈水解酶的基因，置于光调控启动子的控制之下，然后转入烟草，在转基因植物中能够表达腈水解酶，从而对除草剂产生抗性。

（二）抗昆虫作物

虫害是造成作物减产的主要原因之一，世界每年因此损失约数千亿美元。长期以来人们普遍采用化学杀虫剂来控制害虫，全世界每年用于化学杀虫剂的总金额在 200 亿美元以上，但是化学杀虫剂在经过半个多世纪的大范围使用之后已经暴露出了严重的问题。第一，由于长期施用农药，尤其是化学农药不合理的滥用，致使很多害虫对多种常用的化学杀虫剂产生了抗性。目前已有几百种害虫对杀虫剂产生了耐受性。第二，化学杀虫剂的施用还对环境造成了极其严重的危害。由于化学杀虫剂在环境中的大量残留，导致多种益虫以及以捕虫为生的鸟类、爬行类、两栖类，甚至哺乳动物都受到毒害。DDT 的广泛施用就是一个典型的实例，研究表明连南极的企鹅体内都发现有 DDT 残留，可见化学杀虫剂很容易沿着食物链扩散，从而会在大范围内破坏整个生态系统。基于上述原因，所以在全球范围内要求控制使用化学杀虫剂的呼声也越来越高。控制使用化学杀虫剂的主要方法有二：一是用生物杀虫剂取代化学杀虫剂；二是用基因工程的方法培育抗虫作物新品种。后者具有的优点是：① 从长远效果看，成本较低，因为抗虫作物一旦培育成功可以获得对害虫的持续抗性，在作物生长的任何时期对害虫危害都有保护作用，而不像化学或生物杀虫剂那样在一个生长季节就需喷药多次，因而降低了生产成本；② 保护作用遍及全株，使得一些很难被化学或生物杀虫剂接触的部位如根部都能受到保护；③ 由于抗虫基因存在于植物体内，因而扩散的可能性较小，相对而言比较安全；④ 一般仅对特定的昆虫种类具有高度特异的毒性，即只杀死摄食害虫，而对其他生物没有伤害。目前转基因农作物的种植已使得化学农药的使用得到了控制（表 7-4）。

表 7-4　转基因农作物的种植对农药用量的减少

转基因农作物	农药施用减少量
油菜	在美国减少 29%
大豆	在美国减少 10%
棉花	在美国减少 21%
玉米	在美国减少 33%

1．抗虫基因——苏云金杆菌（Bt）毒蛋白基因

在 20 世纪 50 年代初，人们发现在苏云金杆菌孢子形成期产生的伴孢晶体中的蛋白质可以特异性地毒杀鳞翅目昆虫。这些蛋白质被称作杀虫晶体蛋白（ICP）或δ内毒素或 Bt 毒蛋白。现在人们面临的挑战是怎样利用它培育一种转基因作物，要求不仅能够表达并合成有功能的 Bt 毒蛋白，而且 Bt 毒蛋白质的表达量还要足以对抗昆虫。

截至目前，Bt 毒蛋白基因的一些形式已在多种植物中进行了转化和表达，包括番茄、烟草、马铃薯、棉花和水稻等。1987 年比利时 PGS 公司 Vaeck 等人首先报道了转 cryIA 基因烟草对烟草天蛾的毒杀率在 3 d 后可达 95%～100%。接着，美国 Monsanto 公司 Fischhoff 等人和 Agroceus 公司 Barton 等人也相继报道了他们用 3′ 端缺失的 cryIA（b）和 cryIA（a）转化番茄和烟草的结果，所有这些转基因植物都获得了对烟草天蛾的较高抗性。但由于蛋白表达量仍很低，对一些不太敏感的昆虫的防治效果较差。为了提高表达量，Perlak 等人在保留原基因的氨基酸顺序的前提下，采用了植物偏爱密码子，人工合成了全长 cryIA（a），在转基因棉花中，表达量比原来提高了 50～100 倍，能有效地抵抗对 Bt 毒蛋白不敏感的棉铃虫。Bt 毒蛋白基因转化马铃薯获得了对科罗多马铃薯甲虫有很强抗性的植株。这两种转基因植物已被美国农业部批准应用于商业性种植。

我国科研人员获得了转人工合成 Bt 毒蛋白基因的棉花，对棉铃虫有很强的毒杀作用；同时还对 Bt 毒蛋白基因进行修饰改造，获得了转基因烟草、欧洲黑杨、水稻、杨树。上述各种转基因植物都有很强的杀虫效果。

2．抗虫基因——蛋白酶抑制剂基因

单独一种苏云金杆菌原毒素不能有效地对抗多种昆虫，这可能会给它的用途带来局限性。不过，作为植物体本身早已演化出一种抗虫机制，它足以保证植物存活，但却不能有效地抵御害虫的危害。例如，有些植物产生蛋白酶抑制剂，在昆虫消化食物时，能抑制植物蛋白的水解，从而导致昆虫“营养不良”。因此，如果分离植物的蛋白酶抑制剂基因，使用强启动子驱动在植物内进行表达，那么只要表达量足够高，人们就可能有办法减轻昆虫侵蚀带来的农业损失。

蛋白酶抑制剂通常为 60～120 氨基酸的多肽，相对分子质量为 8×10^3～2.5×10^4，它存在于多种植物如豆科、茄科植物的种子和块茎中。蛋白酶抑制剂的作用机制是能与昆虫消化管内的蛋白消化酶相互作用，形成酶—抑制剂复合体，阻断或减弱消化酶的蛋白水解作用，影响其正常消化，使昆虫得不到足够的营养。并且该复合体能刺激消化酶的过量分泌，通过神经系统的反馈，迫使昆虫产生厌食反应，最终导致昆虫的非正常发育以至死亡。

目前发现的有较强抗虫能力的蛋白酶抑制剂有豇豆胰蛋白酶抑制剂、马铃薯蛋白酶抑制剂、水稻巯基蛋白酶抑制剂等几种。人们已经将它们转入植物，并获得了一些具有抗虫活性的植株。

蛋白酶抑制剂在基因工程中应用较方便，不易使昆虫产生耐受性，杀虫谱广，对人畜无害，但在植物中表达量较低，为此人们还需要再寻找更合适的启动子、增强子来提高外源基因的表达量；人们还可以考虑外源与内源抗虫物质的协调性，如将外源蛋白酶抑制剂基因转入具有较高棉酚和（或）丹宁酸含量的棉花植株，可望得到对棉铃虫具有高抗性的棉花新品种。

3．抗虫基因——外源凝集素基因

凝集素是自然界中广为存在的一组蛋白质，在豆科植物种子中含量最为丰富。外源凝集素是指能特异地识别并能可逆地结合糖类复合体的糖基部分，但不改变被识别糖基的共价结构的一类非免疫性球蛋白。

凝集素主要储存在植物细胞的蛋白粒中。一旦被害虫摄食，外源凝集素就会在昆虫的消化管中释放出来，并与肠道周围食膜上的糖蛋白结合，从而影响营养物质的正常吸收。同时，还可能在昆虫的消化管内诱发病灶，促进消化管内细菌的繁殖，对害虫本身造成危害，进而达到杀虫的目的。

研究人员对麦胚凝集素的 lecD 基因用 PCR 方法进行修饰之后转化给玉米，使转基因玉米对欧洲玉米螟具有良好的抗性。

外源凝集素虽有很强的抗虫作用，但如将其转入食用农作物特别是生食蔬菜中，对人和家畜有无毒副作用尚需进一步验证，因此，目前外源凝集素的大面积应用受到一定限制。

（三）抗病毒作物

1. 抗 CMV/TMV 病毒的转基因烟草和辣椒

在我国，CMV 和 TMV 自然条件下混合感染的情况比较普遍，并发生在烟草、辣椒、香蕉等重要作物上，造成严重病害。研究人员经过 6 年努力将合成的 CMV 和 TMV 外壳蛋白基因用 Ti 质粒介导引入国内烟草良种 NC89，经攻毒，Southern、Northern、Western 印迹分子杂交选出抗 TMV/CMV 两种病毒感染的转基因 NC89 纯合系。在大田试验中又进一步检测抗性及其遗传稳定性，结果证明目前至少能稳定到第 6 代；在自然感染条件下移栽 75 d 后统计，保护率为 60%～70%。转基因 NC89 的化学成分和品吸评价与非转化的基本一致，现已推广 3.7 万 hm^2；抗 TMV 一种病毒的转基因 NC89 在自然感染或攻毒条件下，保护率可高达 90%～95%，已推广 1.3 万 hm^2 之多。

2. 抗黄矮病毒的转基因水稻

目前，国内外大多利用 Tobamovirus、Cucumovirus、Potyvirus 或 Potexvirus 等裸露的外壳基因获得抗病毒转基因植物。带外膜的番茄斑萎病毒组的 N 蛋白基因也已成功地转入番茄。但利用同样策略来防治植物弹状病毒却无人问津。我国籼稻或杂交稻区的一个重要病害是水稻黄矮病，就是由植物弹状病毒组的水稻黄矮病毒所引起的。其 N 蛋白基因已被克隆并利用基因枪方法转入水稻获得抗该病毒的株系。这是第一个报道利用植物弹状病毒核衣壳蛋白基因达到抗病毒目的的。有关这方面的研究工作尚在进行中。

（四）耐盐作物

据报道，目前世界上约有 30%的灌溉地由于土壤中含盐量太高而无法耕种，因为高盐土壤会严重影响植物的生长发育。一般来讲，很多植物都能合成一些低相对分子质量的化合物（称为渗透保护剂），来促进植物吸水保水，以保护生物大分子免于高盐损害。这些渗透保护剂包括糖、醇、脯氨酸和季胺化合物等。但是仅靠这些渗透保护剂，植物耐盐能力仍然是十分有限的。为了使植物增加耐盐性，人们设想通过基因工程的方法使植物生产并积累更多的渗透保护剂，比如海藻糖、甘露醇、山梨醇、甜菜碱和 3-二甲基磺丙酸等。

季胺化合物——甜菜碱，是在有些植物中积累的很有效的渗透保护剂。无论是在受高盐胁迫还是在涝胁迫时都起作用，但有些重要的农作物（包括水稻、马铃薯和番茄）中都不积累甜菜碱。因此，人们就想通过基因工程把甜菜碱合成的酶转入这些农作物以提高耐盐或耐涝能力。研究人员已经清楚细菌和植物中的甜菜碱都是由胆碱经两步合成的。如在大肠杆菌中，胆碱经胆碱脱氢酶两次作用变成甜菜碱，而在菠菜中，胆碱先在胆碱单加氧酶（CMO）的作用下变成甜菜碱醛，然后再在甜菜碱醛脱氢酶（BADH）的作用下变成甜菜碱。显然，大肠杆菌的甜菜碱合成系统操作起来更为方便一些。于是有人把大肠杆菌的胆碱脱氢酶基因 betA 用 35S 强启动子介导转入烟草，结果发现转基因烟草可以在 300 mmol/L 盐浓度条件下存活，比非转基因的烟草耐盐能力提高了 80%。现在人们正在采用根特异性的强启动子介导 betA 基因转入植物，来测验植物的耐盐能力是否还能提高。

在对拟南芥的研究中，研究人员发现，把胞内的 Na^+集中于液泡中可提高植物对盐的抗性。具体作法是，把一个拟南芥自身的 Na^+/H^+对向运输蛋白基因在 35S 启动子介导下过量表达。Na^+/H^+对向运输蛋白利用液泡的 H^+转运酶所产生的质子电化学梯度把 Na^+运入液泡。过量表达了 Na^+/H^+对向运输蛋白基因的拟南芥可以在用 200 mmol/L 盐水浇灌的土壤中茁壮成长。采用同样的策略在番茄中也获得了很好的效果，因为 Na^+全运入液泡，胞质中的盐浓度就会降低，这样由渗透压导致的细胞失水就会减少，从而促进了水的有效利用。因此，这种方法的应用前景将会十分广阔。

（五）耐寒作物

低温不仅会限制农作物的种植区域，也会造成农作物的减产。冻害则会给农业生产带来严重的损失。传统的抗冻害方法是对农作物采取熏烟、覆盖、灌水、保护地种植及喷洒生长调节剂等防冻措施，但是解决作物抗寒问题的最有效措施是培育出具有抗寒能力的作物新品种。而植物基因工程可以为抗寒新品种的培育提供强有力的技术支持。

低温对植物细胞造成损伤的主要原因是造成细胞内膜结构中的双层脂分子流动性减弱，最终导致膜结构的损伤，从而影响植物细胞的正常生理活动。生物膜中的双层脂分子能否保持流动性，与磷脂上脂肪酸的不饱和程度密切相关。磷脂中不饱和脂肪酸的含量越高，则细胞的耐寒能力越强。甘油-3-磷脂酰转移酶可以催化酰基载体蛋白，把酰基转移到甘油-3-磷脂的 Cl 位置上，从而合成构成膜结构的磷脂酸。甘油-3-磷脂酰转移酶对底物的选择性就决定了脂肪酸的饱和程度。因此，人们可以通过分离能催化形成高不饱和脂肪酸的甘油-3-磷脂酰转移酶的基因，并将其转入植物而获得具有一定耐寒能力的转基因植物。目前这方面的研究工作已有报道，获得的转基因植物包括烟草、水稻、甜椒、玫瑰等，均表现出一定的耐寒特性。

目前人们还从一些生活在高寒水域的鱼类分离出一些特殊的血清蛋白，即鱼抗冻蛋白及其基因。许多研究人员正在尝试将这些基因转入植物，从而培育出耐寒植物新品种。目前已得到的鱼类抗冻蛋白可分为 4 种，即抗冻糖蛋白（AFGP）、Ⅰ型抗冻蛋白（AFPⅠ）、Ⅱ型抗冻蛋白（AFPⅡ）、Ⅲ型抗冻蛋白（AFPⅢ）。这些抗冻蛋白可以降低在低温下细胞内冰晶的形成速度，从而保护细胞免受低温损伤。目前，已经获得了转鱼抗冻蛋白的烟草和番茄，它们的耐寒能力都有所提高。世界上对在植物中表达鱼抗冻蛋白的工作日益重视，从事这一工作的科研人员也在不断增加，足见这种方法具有广阔的应用前景。采用同样方法，人们还可以从昆虫或微生物体内获得抗冻蛋白基因，并在植物体内表达这些基因。从而为耐寒植物基因工程的研究工作开辟了一条新的途径。

（六）抗真菌作物

目前，美国科学家已从灵杆菌中分离出几丁质酶基因并导入烟草、番茄、马铃薯等作物中。这一技术对作物抗真菌感染具有重要作用。

（七）抗重金属镉的作物

利用哺乳动物基因组编码的金属硫蛋白基因转化植物，可以使受体植物获得抗重金属镉的能力。加拿大科学家将中国仓鼠金属硫蛋白基因插入 CaMV 衍生的载体中，而后用这种重组子去感染野生油菜叶片，被感染的叶片能高水平产生金属硫蛋白，并能产生对镉的抗性。

以上研究和应用成果充分表明了作为现代农业生物技术重要组成部分的植物基因工程技术的强大威力。当然作为转基因抗性植物的研究工作，由于目前各方面条件的限制，因此还存在着许多问题，其中引起人们争议和探讨的两个主要问题，一是这种植物的安全性问题；二是耐受性问题。例如，转入了抗虫基因的棉花，获得稳定遗传后，在一定时期内，都能使昆虫吞食叶片后引起死亡从而起到抗虫的作用。不过，随着时间的推移，昆虫面对抗虫棉所给予的这种选择压力，它自身的遗传物质就会发生变异，从而使昆虫产生耐受性，导致抗虫棉杀虫无效，棉花继续受害虫危害。解决途径有两种：一是不断培育新品种对抗耐受性昆虫；二是在农业生产中采取一些降低昆虫耐受性的措施，如采用间种法。

三、作物品质研究

随着人民生活水平的逐步提高，人们对饮食质量的要求越来越高，这就要求科学家们在关心作物产量的同时，也要关心作物的质量；将一些用传统育种方法无法培育出的优良性状通过基因工程的手段导入到作物中。比如，将单子叶作物中的性状导入到双子叶作物中，或将双子叶作物中的性状导入到单子叶作物中，以提高作物的营养价值；改进食用和非食用油料作物的脂肪酸成分，使之更有益于人类健康；引入甜味蛋白质改善水果及蔬菜的口味等。

（一）氨基酸

由于包括人在内的多数动物不具有合成某些氨基酸如 Lys、Met 的能力，因此，他们必须从食物中获取这几种必需氨基酸。谷物和豆类（种子）是人类食物的主要来源，而种子所贮存的蛋白质中所含的氨基酸种类有限，特别是 Lys 或 Met。科学家们将蚕豆中含的氨基酸种类的贮存蛋白 phaseolin 的编码基因转入烟草，得到了能正确表达 phaseolin 的烟草；将玉米中编码富含 Met 的β-phaseolin 的基因转入豆科植物，就可以大大提高豆科植物种子贮存蛋白的 Met 含量。此外，科学家们还能够在实验室中对种子贮存蛋白的编码基因进行改造，使其氨基酸组成发生改变。虽然改造后的蛋白质在转基因植物中有时不能像正常蛋白质那样被运输到种子的正确部位，但最近的研究表明，如果将所需的氨基酸插入靠近蛋白质分子 C 端的高变区域，蛋白质的整体结构就可以不受影响，而且转基因产物在种子发育过程中也能够进行正确的加工。

除了采用上述方法之外，人们还在尝试用基因工程的方法提高种子中某种氨基酸的合成能力，从而提高相应的氨基酸在贮存蛋白中的含量。例如，可以对 Lys 代谢途径中的各种酶进行修饰或加工，从而使细胞积累更大量的 Lys。在植物细胞中，Sys 是由 Asp 衍生而来的，在这个过程中有两个起重要作用的酶，天冬氨酸激酶（AK）和二氢-2,6-吡啶二羧酸合成酶（DHDPS）。这两个酶都受到它们所催化的反应的终产物——Lys 的产物抑制。因此只要能够解除 Lys 对 AK 和 DHDPS 的抑制，就可以在细胞内积累较高含量的 Lys。现在已经从玉米等植物中克隆到了对 Lys 的抑制作用不敏感的 DHDPS 的基因，并正在对转入此基因的植物进行检测。

（二）维生素

目前，世界上大约有一半的人口以稻米为主食，但实际上稻米中的营养成分并不是很全面的。稻米中没有维生素 A，而人体又必需这种营养成分。据统计，全球有超过 1.2 亿的儿童缺乏维生素 A，每年将导致一二百万的儿童丧生，而且缺乏维生素 A 会严重影响视力，轻者会患夜盲症，重者则会完全失明。科学家们的研究设想是，能否通过基因工程的方法使水稻可以直接生产维生素 A 或生产维生素 A 的前体——β-胡萝卜素。因为哺乳动物中维生素 A 都是由β-胡萝卜素合成而来的，于是有研究人员就把整个β-胡萝卜素生物合成途径转入了水稻。这个生物合成途径包括 3 个基因，分别编码为八氢番茄红素合酶、八氢番茄红素脱饱和酶和番茄红素β-环化酶。这 3 个基因同时转入水稻后，它们的表达水平都很高，转基因水稻就生产出了β-胡萝卜素，这样稻米中就会由于含有大量的β-胡萝卜素而粒粒金黄，因此被称为“金米”。另有研究表明，“金米”中的β-胡萝卜素含量超过了人日常所需的摄入量，而且更重要的是，过量的β-胡萝卜素没有过量的维生素A那样的副作用。所以，“金米”这一成果因为其对改善贫困不发达地区人们的健康具有重大意义而被评为2000年“世界十大科技进展”。

（三）甜味剂

有些水果蔬菜的营养价值很高，但适口性较差，尽管烹调过程中加入盐、糖及调味品可增加食品的味道，但如果食品本身就能变得更加美味可口，无疑会提高该种食品的市场价值。

非洲有一种植物叫应乐果，研究人员在其果实中发现了一种叫作应乐果蛋白的蛋白质，品尝时比蔗糖大约要甜 10 万倍，而它作为蛋白质，在新陈代谢过程中却又不具有与蔗糖相同的作用。它的这种特性使之成为蔗糖的理想替代品。

据测定，应乐果蛋白是由45个氨基酸残基的A链与50个氨基酸残基的B链通过弱的非共价键相互作用而形成的二聚体。但令人遗憾的是，由两条分离多肽链组成的结构局限了它作为甜味剂的用途，因为它在烹调过程中遇热、遇酸的情况下很容易解离，失去甜味。而且，还必须对两个分离基因以一种协调的方法进行克隆、表达，不论在植物中还是在微生物中，都使此蛋白的表达变得尤为复杂。为了解决这个难题，研究人员采用化学方法合成出应乐果蛋白基因，它能够编码同时包括 A、B 两条链的单链肽段。这种融合蛋白在转基因番茄和莴苣中进行了表达。在番茄中采用果实特异启动子 E8，仅在果实成熟时激活；在莴苣中则采用 35S 启动子。在转基因番茄的成熟果实中检测到应乐果蛋白的表达，而在未成熟果实中则没有表达；在转基因莴苣的叶子中检测到了应乐果蛋白。

除了应乐果蛋白之外，还可以用基因工程的方法获得新的糖类。例如环化糊精就是一种新的糖类物质。研究人员将环化糊精糖基转移酶的基因转入植物，就可以在转基因植物中获得环化糊精。据分析，在目前得到的转基因植物中有 0.001%～0.01%的淀粉转化成了环化糊精。它有可能作为一种新的甜味剂用于食品工业。研究表明，环化糊精除了具有甜味外还有分解食物中的咖啡因和胆固醇等有害物质的功能。

（四）油脂

油脂是人类希望从植物中获得的极其重要的另一大类物质。大豆、向日葵、油菜、油棕榈4种植物是全球的4大油料作物，这4大油料作物能够给全球提供价值达70亿美元的产品。其中最易用基因工程的方法进行改造的油料作物是油菜，它是最早成功地进行基因转化的植物之一，其转化技术相对来说是比较成熟的。截至目前，在世界范围内种植的良种油菜有 31%是转基因品种。表 7-5 列出了部分转基因油菜种子中所改变的主要成分和用途。

表 7-5 部分转基因油菜种子中所改变的主要成分和用途

种子中的主要成分	工业产品种类
40%硬脂酸（18∶0）	人造黄油，可可奶油
40%月桂酸（12∶0）	去污剂
60%月桂酸（12∶0）	去污剂
80%油酸（18∶1）	食品，润滑剂，油墨
40%肉豆蔻酸酯（14∶0）	去污剂，肥皂，护肤洗涤用品
90%芥子酸（22∶1）	聚合剂，化妆品，油墨，药品
蓖麻油酸（18∶1-OH）	润滑剂，塑料制品，化妆品，药品
聚β-羟基丁酸	可生物降解的塑料
植酸酶	饲料
工业用酶	发酵用酶，纸张生产用酶，食品加工酶
外源小肽	医药

四、植物作为生物反应器研究

重组细菌、真菌在生物反应器中生长，这一过程需要技术娴熟的专业人员以及昂贵的技术设备。而植物易于生长且对其进行管理的成本相对较低，对技术的要求也不高。鉴于这一特性，人们对是否可用转基因植物来生产具有商业价值的蛋白质和具有特殊化学性质的物质进行了一些尝试。这项研究需要克服的最大问题是，从转基因植物中分离纯化转基因产物以及获取目的蛋白的总费用能否比微生物生产更为低廉。在小规模试验中，研究人员已利用植物生产出单克隆抗体、有功能的抗体片段和多羟丁酸多聚物（用来制作可被细菌降解的类似塑料材料）等物质。

利用植物作为生物反应器就要充分发挥植物的生物合成能力，这就需要对植物的代谢途径及其调节途径有一个清晰而全面的了解，首先必须保证引入的与新的代谢途径有关的酶与底物具有较高的亲和性，从而保证在与植物内源性酶竞争底物时，引入的外源酶能够占优势。其次还要注意在植物体内大量表达的蛋白质等物质可能会造成转基因植物无法正常生活，或引起底物抵制。这些都是需要进一步深入研究并加以解决的问题。

（一）利用植物生产糖类物质

利用转基因植物生产糖类物质目前已有了一些成功的例子，全世界每年要生产 1×10^8 t 以上的蔗糖，2×10^8 t 各类淀粉，如果能用基因工程的方法对产糖和产淀粉作物进行改造，使其糖分和淀粉含量大大提高，将会获得可观的经济效益。要想提高作物的含糖量，就必须首先了解植物的糖酵解途径。植物可以通过光合作用在叶中合成糖类物质，再从叶中转移到根、茎等贮藏器官中。在植物中，糖类的主要贮存形式是淀粉，人们可以设法改变植物的代谢途径，从而使植物成为寡糖生产的生物反应器。还可以通过转入淀粉粒结合淀粉合成酶基因的反义 RNA 的方法，减少马铃薯淀粉中直链淀粉的含量，甚至可以得到完全不含直链淀粉的马铃薯淀粉。不含直链淀粉的马铃薯淀粉特别适合制作烘烤食品，这在以马铃薯淀粉为主食的国家具有特别的重要意义。将细菌的 ADP 葡糖焦磷酸化酶基因转入马铃薯，可以使淀粉含量低的马铃薯的淀粉含量提高 60%。还可以通过向马铃薯转入环化糊精糖基转移酶（CGT）基因，使转基因马铃薯中表达环状糊精，这比利用化学方法合成环化糊精的成本要低得多。

此外，可以通过改变淀粉的代谢途径进而在植物体内合成新的糖类。例如将枯草杆菌果糖转移酶基因转入烟草和马铃薯后，可以在这两种基本不含贮存果糖的植物中贮存果糖。在转基因烟草中获得的果糖可达植株干重的 3%～8%，转基因马铃薯叶中果糖含量达到了叶片干重的 1%～3%，在块茎中可以达到 1%～7%。来源于大肠杆菌的甘露醇-1-磷酸脱氢酶基因转入烟草后，转基因植株中的甘露醇含量可达 6 μmol/g 鲜重，并且转基因植物的耐旱、耐盐能力也大为提高。

（二）利用植物生产可降解的生物塑料的原料

聚羟基烷酯（PHA）可用于制造可降解的生物塑料，它是以乙酰辅酶 A 为前体而合成的。现在生产 PHA 的主要方法是细菌发酵，成本很高。目前的研究正在考虑用转基因植物来生产 PHA，以达到降低成本的目的，从而有利于推广可降解塑料的使用，消除白色污染。聚β-羟基丁酯（PHB）是一种具有热塑性质的聚酯。将来源于细菌产碱杆菌的有关基因转入拟南芥后，就可以在转基因拟南芥中大量生产 PHB，其产量达到了叶子鲜重的 1%。目前该项目研究尚处于实验阶段。

（三）利用植物生产蛋白质和多肽

利用植物系统进行大规模的生产各种蛋白质和多肽一直是人们的梦想，从近年来植物基因工程的进展来看，虽然还受到诸多因素的限制，但是这个梦想已经离现实越来越近了。利用植物生产各种蛋白质、多肽可以保证它们的正确加工和折叠，而且成本较低，也容易被公众所接受。

例如，在转基因烟草中生产植酸酶，其含量达到可溶性蛋白 14%。为了降低植物表达蛋白的提取、纯化成本，研究人员设法将种子的油脂体作为在植物中表达的蛋白质或多肽的载体，然后，利用油脂体中所含的油质蛋白的亲脂性从而简化下游的纯化工作。利用这一系统人们已经在植物体内生产出可以用作凝血因子的水蛭素。研究人员还利用了种子贮存蛋白高水平表达的特性来生产外源蛋白。现在已用这一系统生产了药用多肽神经肽—亮氨酸脑啡肽。另外，一些利用植物系统生产的多肽有 IgG、IgM、IgG/IgA 嵌合抗体及单链抗体等多种抗体。

当前，许多研究人员都在努力探索的一个热点问题是利用植物系统生产疫苗。人们设想通过食用植物来表达疫苗，这样人们通过食用这些转基因植物就能起到接种疫苗的作用。如果能在植物系统中大量生产疫苗，那么就可以节约大量的费用。目前已在转基因烟草中表达出了乙型肝炎的表面抗原（HBsAg），其纯化的 HBsAg 也可在小鼠体内引起免疫反应。在转基因马铃薯中表达的大肠杆菌热稳定性肠毒素 B 亚基被小鼠食用后，在小鼠体内激活了免疫反应。目前，已在植物系统中表达的疫苗还有诺沃克病毒疫苗，该病毒可以引起腹泻等症状。番茄、马铃薯、莴苣和烟草等植物已被用来生产疫苗，研究人员现在普遍认为香蕉是最合适的生产疫苗的植物，因为香蕉易于接受转入的外源基因，产量又高，而且香蕉果实对人类健康很有益，因此更易被人们所接受。

总之，利用转基因植物作为生物反应器生产人类所需的各种产品，已成为一个颇具前途的新领域，它吸引了众多的公司进行投资。现在已有多种可作为生物反应器的转基因植物问世，表 7-6 列出了利用植物作为生物反应器生产油脂、糖和蛋白质。随着现代生物技术的发展，会有更多的物质从更多种植物中生产出来，为人类更好的服务。

表 7-6　利用植物作为生物反应器生产油脂、糖和蛋白质

复合物种类	复合物类型	基因来源	应用范围	转基因植物
脂肪	中等长度脂肪酸	加利福尼亚月桂	食品工业、去污剂、其他工业部门	油菜
	单不饱和脂肪酸	兔	食品工业	烟草
	聚羟基丁酸	真美产碱菌	可降解塑料	拟南芥、油菜、
	饱和脂肪酸	油菜	食品工业	大豆、油菜
糖	无支链淀粉	马铃薯	食品工业、其他工业部门	马铃薯
	环化糊精	肺炎克雷伯氏菌	食品工业、医药工业	马铃薯
	多聚果糖	枯草芽孢杆菌	食品工业、其他工业部门	烟草、马铃薯
	淀粉	大肠杆菌	食品工业、其他工业部门	马铃薯
医用蛋白	α-天花粉蛋白	栝楼	抑制 HIV 的复制	烟草
	抗体	鼠	增强免疫能力	烟草
	抗原	细菌、病毒	口服疫苗	烟草、番茄、马铃薯、莴苣

复合物种类	复合物类型	基因来源	应用范围	转基因植物
医用蛋白	抗原	病原物	亚基疫苗	烟草
	脑啡肽	人	麻醉剂	油菜、拟南芥
	上皮生长因子	人	特殊细胞的增殖	烟草
	红细胞生成素	人	调节红细胞水平	烟草
	生长激素	鲑鱼	生长调节	烟草、拟南芥
	水蛭素	人工合成	凝血酶抑制剂	油菜
	人血清蛋白	人	原生质扩张剂	烟草、马铃薯
	干扰素	人	抗病毒	萝卜
工业用酶	α-淀粉酶	地衣芽孢杆菌	淀粉水解	烟草、苜蓿
	β（1-3、1-4）-葡聚糖酶	绿色木霉	酿酒	大麦细胞
	依赖于锰的木质素过氧化酶	金孢展齿革菌属	漂白和制备纸浆	苜蓿
	植酸酶	黑曲霉	饲料	烟草
	葡聚糖酶	热纤维端孢菌	饲料、纸浆制备、造纸、蛋糕制作	烟草

五、生物农药研究

化学农药在使用中极易造成环境污染和农产品污染。而使用生物农药，则可以减少这些隐患。所谓生物农药，就是“可用来防治病、虫、草等有害生物的生物体本身或源于生物，并可作为‘农药’的各种生理活性物质”。

（一）苏云金芽孢杆菌（Bt）

Bt 是当前国内外研究最多，应用最普遍的杀虫细菌。目前正朝着大吨位、多品种的方向发展。在 Bt 几十年的开发利用过程中，人们在生物技术育种、发酵工艺改进、新剂型研制、新产品开发等方面取得了不同程度的进展。目前国内外对于苏云金杆菌的研究和开发已深入到分子生物学的深度，对其毒理学、血清学特点及其遗传学和基因工程等都进行了广泛深入的研究和探讨。当前我国对于应用苏云金杆菌防治农、林害虫的研究，主要集中在对 Bt 制剂生产工艺研究及特异菌株筛选、飞机喷洒防治等。并且在防治时期、使用浓度、使用次数、施用方法等方面积累了一整套较为成熟的防治技术。有关 Bt 产业化应用基础的研究也在不断深化，在对一些农作物害虫如玉米螟、水稻螟虫、棉铃虫的防治上有了突破性进展。

（二）白僵菌

白僵菌是用于防治多种鳞翅目害虫的真菌制剂，目前已进入工业化生产和较大规模应用的虫生真菌有球孢白僵菌、卵孢白僵菌、金龟子绿僵菌等。近年来我国在白僵菌产业化生产方面取得巨大突破，研制成功的“液固两相快速产孢子生产工艺”，含孢量达到150亿～2 000亿个/g，纯孢子粉剂可达1 000亿个/g，比常规固体培养产孢量高了3～3.5倍。这一成果为我国白僵菌大规模生产及应用奠定了坚实的基础。目前我国是使用白僵菌防治害虫面积最大、防治害虫种类最多的国家。据统计，我国应用和试用白僵菌防治害虫种类40多种，每年防治面积约4.45万 hm^2。尤其是白僵菌成功地应用于防治松毛虫和玉米螟，取得了显著的效果。

（三）昆虫病毒

昆虫病毒杀虫剂也是生物防治的重要手段之一，这类杀虫剂具有特异性强、毒力高、稳定性能好、安全无害等优点。进入20世纪80年代以后，这类杀虫剂的研究主要集中在昆虫病毒复合剂的研制、病毒的活体增殖、病毒的提取、基因工程病毒杀虫剂的研究及昆虫病毒培养等领域，并都取得了显著的成就。目前开发应用的已进入大田试验的昆虫病毒约有50余种，绝大多数为杆状病毒，如棉铃虫NPV、小菜蛾GV、黄地老虎GV、茶小卷叶蛾GV、舞毒蛾NPV、杨尺蠖NPV等。目前研究较多、应用较广的是核型多角体病毒、颗粒体病毒和质型多角体病毒。

六、植物组织培养研究

植物是由细胞构成的，细胞是生命活动的基本单位，无数个不同功能的细胞又构成了不同生理生化特性的组织和器官。组织培养要使具有特异功能的细胞恢复分裂能力，就如同合子胚一样，可以形成一个完整的植物体，其理论基础是植物细胞的全能性。植物组织培养应用的范围很广，下面介绍几方面的发展和应用情况。

（一）快速繁殖

快速繁殖是组织培养应用最为广泛和普及的技术。因繁殖的外植体很小，故将快速繁殖又称微体繁殖或试管繁殖。快速繁殖因在人工控制的条件下能满足植物生长、增殖的环境需要，一年四季都可以生产，不受地区和气候条件的影响，所以繁殖很快。例如，1株试管苗，1个月增加4倍，通过继代培养1年后，则形成（$1\times4)^{12}$，即约为1 678万株。由于这些试管苗都是从同一母体发展来的，所以是一个无性系，这种无性繁殖能保持母本的特性，保持遗传上的一致性，即能达到商品的一致性，这在商品生产上特别重要。

自从 Morel 等人利用组织培养快速繁殖建立“兰花工业”以来，在 20 世纪 70 年代以后，世界各地都开始了花木的商业化生产。据 1990 年前后统计，欧洲 20 个国家植物组织培养室就达 642 个。通过微繁，1989 年生产各类苗木 2.5 亿株，主要以花卉和果树苗为主。微体快繁数量最大的国家是荷兰，有 67 个研究及生产单位，年产苗木 6 150 万株。其次是法国，年产苗木 4 050 万株。意大利年产苗木 2 990 万株。还有德国、英国、比利时、西班牙等国，都有几十个微繁科研和生产单位，年产苗木都在 10 000 万株以上。美洲各国，主要是美国，有 100 多个微繁实验室，1 年生产 1.57 亿株苗木。南美洲国家有 94 个商业性实验室，1 年生产各类植物试管苗，创产值达 8 100 万美元。大洋洲的澳大利亚和新西兰，有 88 个商业性实验室，年产 2 000 万株试管苗，主要是兰花、观叶植物和温带花卉，其次是果树和农作物的无性繁殖。商业性组织培养室应用最多的是韩国、日本，其次是印度尼西亚、马来西亚、印度等国。如韩国 1993 年有商业性组织培养室 192 个，总面积达 140 000 m^2，每年生产试管苗 2 000 万株。

我国初步统计全国有 2 500～3 000 个单位和个人在从事组织培养技术的研究与应用工作，人数约 1.5～2 万人，其中大部分是研究快繁、脱病毒或研究引种和育种相结合的快速繁殖。

另外，山东省临朐县中国北方果树苗木繁殖场与中国科学院植物研究所合作，从 1986—1996 年共生产脱毒苹果苗 800 万株，樱桃考特砧木 50 万株。我国进行组织培养快速繁殖成功的植物种类，木本植物有 150 种，花卉 139 种，药用植物 53 种，园艺植物（果树、蔬菜等）29 种，草本小果类 9 种，谷类和豆类 44 种，其他 16 种，总计 445 种，具有一定规模的大约有 50～60 种，年生产种苗、种薯在 5 000 万～8 000 万株。从事植物组织培养研究和开发的单位几乎普及全国各地。最多的是广东省，有约 200 个单位。广西、四川、山东约 150 个，江苏、湖南约 120 个，河北、辽宁约 100 个，甘肃 74 个。最少的是青海、西藏。从组织培养快速繁殖工作的进展来看，20 世纪 80 年代是一个高潮，到 90 年代中期参加单位和人数逐渐有所下降，从快速发展进入到稳定和提高的阶段，并向提高经济效益的方向发展。例如宁夏林科所，他们在 2～3 年内，用组培快繁的手段繁殖了“银杞 1 号”和“三倍体无籽枸杞”约 150 万株，推广了他们的新品种，在宁夏、内蒙古等地加速了枸杞的发展，推动了生产的发展并获得良好的经济效益。他们还快速繁殖了从法国新引进的酿酒葡萄 20 万株，为宁夏地区葡萄加工业的发展做出了贡献。近两年来宁夏林科所在国家大力支持下，组织培养的规模进一步扩大，以生产为导向，将为西部地区农林花卉业的发展做出更大贡献。

（二）脱病毒

通常所说的植物病毒病，实际上包括由病毒、类菌质体和类病毒等病原微生物引起的病害。病毒病对植物的危害是非常严重的，而无性繁殖又是病毒病传播的主要方式。如果母株有病毒病，就能传染给无性系后代，使病毒病的范围扩大。因此，长期用无性繁殖的植物一般都存在病毒病的危害问题，如马铃薯、甘薯、芋头、草莓及长期进行无性繁殖的花卉，如菊花、唐菖蒲、百合等。另外大多数果树，包括甘蔗、香蕉等都会由于病毒病的危害而减产或降低质量，甚至能带来毁灭性灾难。

由于引起病毒病的微生物在植物体内活动主要是通过植物输导组织，而在茎尖和根尖的分生组织并未形成输导组织，这些微生物在细胞之间的传播是很难进行的，加上顶端分生组织细胞不断分裂，因此，用茎尖培养或茎尖的微体嫁接，就可以脱病毒。如果以上方法结合热处理则效果会更好。

脱毒试管苗经过检测，证明已没有病毒病，则可以进行微体快速繁殖，组织培养快速繁殖与脱病毒结合起来快繁脱毒苗，可以达到一举两得的效果。目前快速繁殖发展快的植物多数是脱毒苗及从国外引进的新品种，例如马铃薯、甘薯、甘蔗、草莓、兰花、康乃馨、唐菖蒲、非洲菊、火鹤、香蕉及苹果、葡萄等，脱毒苗木的产量一般要提高30%以上，同时，也提高了产品的质量。如唐菖蒲是主要的切花用花卉，由于长期用鳞茎无性繁殖，普遍都传染上病毒病：花朵变小，颜色变浅或产生斑点，花朵的数量明显变少，有的1支只开5朵花左右。而脱毒苗花束长，每支能开10朵以上，且花大、色艳。

（三）育种

利用组织培养技术培育农作物、经济作物以及园林花卉新品种，是植物组织培养应用的一个重要内容，其应用的范围有以下几个方面。

1．胚胎培养

有些杂种胚发育不良，例如早熟桃、早熟樱桃、葡萄等杂交后，可育性差，生长发育期短，营养物质积累少，在正常条件下往往不能发芽，从而不能获得杂交苗，特别是亲缘关系越远就越困难。如果把发育不良的胚取出来进行胚胎培养，利用人工配制的培养基，在适宜的温度和光照条件下培养，就可以使胚进一步发育而萌发成完整的植株。国外利用胚培养在果树和蔬菜育种上早有成功的例子。我国科研人员在20世纪60年代进行了早熟桃新品种培育的研究，采用了低温处理后杂种胚胎培养的方法，培育出早熟桃京早3号新品种，并总结出完整的培养方法。近几年，又用此法选育出3个优良的红色肥桃新品种，2002年通过了省级鉴定，目前已发展为2 130 hm^2。新品种保持并超过了原有肥桃品质，风味极佳。通过以上可以看出，胚胎培养用于育种工作，具有广阔的前景。

2．单倍体育种

1964年，印度学者Guha和Maheshwari成功地从曼陀罗花药培养中获得花粉单倍体植株，引起国内外学者的高度重视。通过花药培养可以获得性状分离的单倍体植株，在试管内加倍或直接加倍就可获得纯合的后代，大大简化和缩短了育种进程。目前世界上已有 260 多种植物成功地获得了花粉单倍体植株。我国在 20 世纪 70 年代首先在中国科学院遗传研究所、植物研究所，大专院校和农业科研单位的带动下，也广泛开展了这方面的研究，与农作物的育种工作相结合，培育成功一大批高产优质的新品种，并在生产中得到应用。例如，中国科学院植物所王玉英、郭仲琛等和中国农业科学院烟草所育种组协作，1974 年在世界上首先用单倍体育种法培育出烟草新品种“单育一号”，在我国黄河、淮河流域得到大面积推广。1973 年中国科学院植物所首次在世界上获得辣椒单倍体植株，并和中国农业科学院及海淀区农科所协作，在国内首次获得茄子和甜椒单倍体植株，并培育出“73-18”茄子优良品系和“海花 3 号”甜椒新品种。据不完全统计，到 1988 年推广面积达到 5 000 hm^2 以上。在单倍体育种工作中，水稻和小麦培育的新品种最多，水稻有 60 多个，小麦有 20 个，共推广面积达 1 790 khm^2，取得了很好的经济效益，也推动了组织培养工作的进展。

3．原生质体培养和细胞杂交

自从 Cacking 用酶解法脱除植物细胞壁以来，至今已有 250 多种高等植物通过原生质培养而获得植株，为实现远缘杂交创造了条件。目前已有数十种属间体细胞杂交获得成功，并获得了杂种。还有几例科间体细胞杂交成功的报道。但至今尚未见到这些杂种实际应用的报道，还有待进一步研究。

4．基因工程育种

基因工程育种近年来特别受到重视，因为它可以克服常规育种工作中的随机性和不可控制性。例如，棉花育种工作，如果父本、母本双亲都受棉铃虫危害，其子代一般不可能培育出抗棉铃虫的品种。而基因工程可以从棉花以外的其他植物中提取抗虫基因，并将其转移到棉花中，就可以有目标地培育出抗棉铃虫的棉花新品种。

基因工程育种必须在组织培养的条件下进行，通过试管苗转移基因。一般采用通过脓杆菌在试管苗上感染，使基因通过脓杆菌转移到试管苗上，将脓杆菌杀死，而后再经过愈伤组织培养等途径，再分化形成转基因植物。因此，基因工程和组织培养技术是紧密结合的。

（四）次级代谢产物的生产

利用植物组织或细胞的大规模培养，提取由细胞和组织所产生的次生产物。工业上利用微生物培养，提取微生物产生的抗菌素等代谢产物早已获得成功。植物细胞培养像培养微生物一样，也可生产出许多有用的次生代谢物质，例如，药用植物中的有效药物成分，香料植物中的香精，植物细胞、组织中所含天然色素等。目前，有些次生代谢产物已投入工业化生产，预计今后将有更大的发展。植物次级代谢产物的市场预测见表 7-7。

表 7-7　植物次级代谢产物的市场预测

产物成分	用　途	销售额/亿美元
春花碱	治疗白血病	18～20（美国）
阿吗灵	循环系统障碍药	5～25（全世界）
奎宁	治疗疟疾	5～10（美国）
致热素	杀虫剂	20（全世界）
毛地黄	心脏病用药	20～55（美国）

第二节　生物技术与养殖业

农业动物可以为人类提供肉、蛋、奶以及毛皮、绢丝等产品，满足人类对动物蛋白等营养的需要或其他生活需要。生产农业动物的养殖业包括畜牧、水产和其他有关副业，涉及的动物门类有贝类、昆虫类、鱼类、两栖类、爬行类和哺乳类。养殖业的发展同种植业一样需要不断培育数量足、质量高的优良新品种，需要不断地改良农业动物的生产性状，才能实现高产、优质、高效的发展目标。

现代生物技术的快速发展将为养殖业的革命提供有力的技术保证。基因工程、细胞工程和胚胎工程技术的日臻成熟，将给农业动物生产注入新的生机和活力，在短时间内大量繁殖优良动物品种或创造具有新性状的良种已成为现实。那么，在农业动物生产中，我们应该着重掌握哪些关键技术呢？

一、动物克隆技术

（一）动物克隆的概念及发展简史

1．克隆的基本概念

克隆一词是由英文单词 clone 音译而来，其意译为无性繁殖系，指由单一细胞或共同祖先通过有丝分裂得到的细胞群体或生物群体。同一克隆内所有成员的遗传组成是完全相同的，在植物中有很多通过无性繁殖得到的品种，称为克隆。

2．动物克隆技术发展简史

动物克隆是产生动物无性系的过程。目前生产哺乳动物克隆的方法主要有胚胎分割和细胞核移植两种。20 世纪 30 年代，Pincus 等首先证明二细胞兔胚的单个卵裂球在假孕受体内可发育成体积较小的胚泡。1942 年，Nicholas 证明二细胞兔胚的单卵裂有发育胚胎的能力。1970 年，Mullen 等将二细胞胚分割，并对分割的卵裂球进行体外培养和移植，首次获得小鼠同卵双生后代。1974 年 Trounson 等成功地获得分割胚胎同卵双生绵羊。此后，胚胎分割技术进入了快速发展阶段。目前已通过胚胎分割获得了小鼠、绵羊、牛、山羊、马和猪等动物。不过，克隆羊“多莉”以及其后各国科学家培育的各种克隆动物与胚胎分割不同，采用的是细胞核移植技术。所谓细胞核移植，是指将不同发育时期的胚胎或成体动物的细胞核，经显微手术和细胞融合方法移植到去卵母细胞中，重新组成胚胎并使之发育成熟的过程。与胚胎分割技术不同，细胞核移植技术，特别是细胞核连续移植技术可以产生无限个遗传相同的个体。由于细胞核移植是产生克隆动物的有效方法，故人们往往把它称为动物克隆技术。

采用细胞核移植技术克隆动物的设想，最初由著名的胚胎学家 Spemann 于 1938 年提出，他称之为“奇异的实验”，即分化了的细胞核移入卵子中能否指导胚胎发育。这一设想成为现在克隆动物的基本途径。

从 1952 年起，科学家们首先采用青蛙开展细胞核移植克隆实验，先后获得了蝌蚪和成体蛙。1963 年，我国科学家童第周教授领导的科研小组，首先以金鱼等材料，研究了鱼类胚胎细胞核移植技术，获得成功。

1981 年，哺乳动物胚胎细胞核移植研究取得最初成果——卡尔·伊尔门泽和彼得·霍佩用鼠胚胎细胞培育出发育正常的小鼠。1984 年，施特恩·维拉德森用取自羊的未成熟胚胎细胞克隆出一只活山羊。其他研究人员后来又利用牛、猪、山羊、兔和猕猴等各种动物对他采用的实验方法进行了重复实验。1989 年，维拉德森获得连续移核二代的克隆牛。1994 年，尼尔·菲尔斯特用发育到至少有 120 个细胞的晚期胚胎克隆牛。到 1995 年，在主要的哺乳动物中胚胎细胞核移植都获得成功，包括冷冻和体外生产的胚胎；对胚胎干细胞或成体干细胞的核移植实验也都做了尝试。但到 1995 年为止，成体动物已分化细胞核移植一直没能获得成功。实际上，“多莉”的克隆在核移植技术上沿袭了细胞核移植的全部过程，但这并不能削弱“多莉”的重大意义，因为它是世界上第一例经体细胞核移植出生的动物，是克隆技术领域研究的巨大突破。1998 年 7 月，美国夏威夷大学 Wakayama 等报道，由小鼠卵丘细胞克隆了 27 只成活小鼠，其中 7 只是由克隆小鼠再次克隆的后代，这是继“多莉”以后的第二批哺乳动物体细胞核移植后代。此外，Wakayama 等人采用了与“多莉”不同的、新的、相对简单的且成功率较高的克隆技术，这一技术以该大学所在地而命名为“檀香山技术”。

而后，美国、法国、荷兰和韩国等国科学家也相继报道了体细胞克隆牛成功的消息；日本科学家的研究热情极为高涨，1998 年 7 月至 1999 年 4 月，东京农业大学、近畿大学、家畜改良事业团、地方（石川县、大分县和鹿儿岛县等）家畜试验场以及民间企业（如日本最大的奶商品公司雪印乳业等）纷纷报道了他们采用牛耳部细胞、臀部肌肉细胞、卵丘细胞以及初乳中提取的乳腺细胞克隆牛的成果。截至 1999 年年底，全世界已有 6 种类型的细胞——胎儿成纤维细胞、乳腺细胞、卵丘细胞、输卵管/子宫上皮细胞、肌肉细胞和耳部皮肤细胞的体细胞克隆的后代成功诞生。

2000 年 6 月，中国西北农林科技大学利用成年山羊体细胞克隆出两只“克隆羊”，但其中一只因呼吸系统发育不良夭折。据介绍，所采用的克隆技术为该研究组独创，与克隆“多莉”的技术完全不同，这表明我国科学家也掌握了体细胞克隆的尖端技术。

克隆技术已显示出广阔的应用前景，概括起来大体有如下四个方面：① 培育优良畜种和生产实验动物；② 生产转基因动物；③ 生产人胚胎干细胞，用于细胞和组织替代疗法；④ 复制濒危的动物物种，保存和传播动物物种资源。

另外，克隆技术在基础研究中的应用也是很有意义的，它为研究配子和胚胎发生、细胞和组织分化、基因表达调控、核质互作等机理提供了工具。

（二）动物胚胎分割技术

胚胎分割是将一枚胚胎用显微手术分割为两部分，甚至分割为四部分或八部分，以获得同卵双生或同卵多生后代的技术。由于所生个体遗传上完全一致，所以，这是动物克隆的一条途径。

胚胎分割可以增加具有优秀遗传特性动物的数量，还可将分割胚鉴定性别后，根据人们意愿决定另外部分是否移植，从而达到控制动物性别的目的。因此，在实践中具有一定的应用价值。同时，一卵双生或多生可为遗传学、发育生物学、动物育种学等提供宝贵的实验材料。所以，胚胎分割技术现在依然受到重视，成为动物生物技术中的一个主要应用领域。

科学研究表明，大多数哺乳动物早期胚胎属于调整发育类型，如果去掉早期胚胎的一半，剩余部分仍可发育为一个完整的胚胎。至少在八细胞以前早期卵裂阶段的胚胎，每个卵裂球都有相同的发育能力。到桑椹胚以后，单个卵裂球的调整发育能力减弱，胚胎发生初步分化，此时的胚胎分割后，虽然卵裂球具有一定的调整发育的能力，可重新分化而发育成囊胚，但往往很难进一步完成以后的发育。

胚胎分割技术经过长期的发展，现在已逐步成熟，并得到简化，目前主要方法有显微操作仪分割法和徒手分割法。

1. 显微操作仪分割法

即通过操纵特制的显微器械来实现对胚胎的分割。又可分为两种。

（1）显微针分割法

此法适用于卵裂阶段的胚胎，主要步骤包括：在显微操作仪下固定胚胎，首先，用玻璃针在透明带上做一切口，将卵裂球从透明带移出，再吹吸卵裂球使之离散，将其分别装入两个预先准备好的空透明带内，用血清—琼脂包埋，然后，移入中间受体输卵管中培养，最后，回收琼脂筒，去掉琼脂层，将发育良好的胚胎移植给受体母畜。

（2）显微刀分割法

此法适用于桑椹胚和早期囊胚等较晚阶段胚胎的分割。其主要操作方法是，在显微操作仪下固定胚胎，用显微刀将胚胎均匀分割后，将其分别装入空透明带中，再进行移植。

2．徒手分割法

徒手分割法的主要操作要领是，在实体显微镜下手持显微刀或显微玻璃针对胚胎进行方向分割操作，一般将胚胎放在玻璃或塑料培养皿中进行，皿底要事先打磨，制成磨砂面，在皿中加入20%小牛血清（NCS）的PBS液滴，并切割胚胎。在实体显微镜下，拨动胚胎，使其对称轴与玻璃针方向平行，将玻璃针置于胚胎的正中部，将胚胎一分为二。

（三）哺乳动物胚胎细胞核移植技术

哺乳动物核移植程序基本上是参照Briggs和King提出的两栖类移核方法，由Mcgrath加以改进之后使之应用于哺乳动物。首先需准备一批去核的卵母细胞。为此，需用细胞松弛素B处理卵母细胞，使细胞骨架松弛而质膜不易破碎。卵母细胞极体的对侧用固定微吸管吸住，另一只微吸管从极体一侧扎入透明带，将极体及分裂中期染色体物质连同细胞质一起吸入微吸管。当移出微吸管时，质膜则被拉断，形成两个膜包着的囊球（一个在透明带里，另一个在微吸管中）。最初吸取染色体是盲目的，现用DNA染色在荧光显微镜下显现核物质，以使卵母细胞每次都能成功地去核。然后将核供体胚胎分离的裂球移入去核卵母细胞的透明带中，放在电融槽中的两电极之间，按一定的电场强度和时间进行电融合处理，使卵母细胞与裂球融为一体，即完成了核移植的全过程。

在完成以上核移植程序之前，必须完善以下3项技术：① 不破坏受体卵的去核方法；② 分离完整的核供体技术；③ 不损伤受体卵和供体核的核移植方法。

1．卵母细胞染色体的去除或破坏的方法

除去或破坏受体卵细胞质遗传物质的方法是需要改进的主要方面。只有完全除去产卵母细胞质中的遗传物质，才能保证克隆动物之间最大限度的相似性和避免产生影响正常发育的染色体倍性异常现象。

除去或破坏卵细胞的遗传物质（去核）的主要困难是，无法在普通显微镜下直观地操作。除了兔卵母细胞的中期板可在去核微吸管中看到外，其他哺乳动物卵母细胞染色体在光学显微镜下不能区分。因此，现有4种不同的去核方法：第一种是切割卵母细胞，将卵母细胞分为二等份，一半有核，另一半无核，分别与核供体细胞融合，结果有核的一半形成3倍体，胚胎不能正常发育，所以采用此方法制作的克隆胚胎往往在着床前就夭折；第二种方法是借助第一极体判断分裂中期板的位置，将极体及其附近的细胞质一起吸出，除去核物质。但使用此方法去核是否完全，还有多少三倍体胚胎出现，目前尚无精确的数字根据；第三种方法是用 DNA 荧光染色法使染色体在荧光显微镜下显现，然后可以清晰地监视去核是否完全。有的研究者指出，使用此法去核时紫外线照射卵母细胞 30 s 就对其发育能力有明显影响；第四种方法是采用类似两栖类卵母细胞的去核方法，用紫外线照射卵母细胞破坏染色体以达到去核的目的。采用这种方法有可能完全去核，但是否对非遗传物质或细胞主要成分有影响，有待进一步研究。

2．细胞融合和卵母细胞的激活

核移植的程序中两个关键步骤是，供体细胞与受体卵细胞的融合和卵母细胞的激活。多数研究者通常是使用电脉冲作用于细胞来完成这两项步骤的。去核卵细胞与核供体（分裂球）电融合后，形成重构胚胎。重构胚胎再经过体外培养，发育至桑椹胚或囊胚后即可移植。

二、动物转基因技术

（一）转基因动物研究概述

转基因动物是指用实验导入的方法使外源基因在染色体基因组内稳定整合，并能遗传给后代的一类动物。

转基因动物的出现是重组 DNA 技术和胚胎技术发展的必然结果，其研究建立在经典遗传学、分子遗传学、结构遗传学和 DNA 重组技术基础之上。正如前文所述，重组 DNA 技术的出现，使人类首次可以分离并扩增足够数量的遗传物质 DNA。早期的研究主要是外源 DNA 在微生物中表达，而将外源基因转入动物体，使其在动物体中进行表达的研究也方兴未艾，有着十分广阔的前景。经过数年的努力，科学家已经找到了向动物转移外源基因的可靠方法，并证明了遗传物质的统一性，即无论是微生物来源的基因还是动植物来源的基因，它们在动物基因组中都可以有效地表达。生物学中一个新的分支学科——转基因动物学被确立，其研究既具有深远的理论意义，又有重大的应用价值，因而近年来成为生物工程领域的研究热点之一。

1974 年，美国学者 Jaenisch 首次应用显微镜注射法获得转基因小鼠。1981 年，美国科学家成功地将外源基因导入动物胚胎，创立了转基因动物技术。1982 年获得转基因小鼠。1987 年，世界上第一只商业化转基因绵羊在英国著名的罗斯林研究所诞生。这只转基因母羊的乳汁中可以分泌α-抗胰蛋白酶，含量高达 30 mg/L。1989 年，意大利学者用精子作为载体转移目的基因，成功地获得了纯系转基因小鼠。1997 年 2 月，英国罗斯林研究所维尔穆特博士科研组公布体细胞克隆羊“多莉”培育成功。1997 年 10 月，英国罗斯林研究所 Roslin 宣布已成功克隆出携带有人凝血因子 IX 基因的转基因绵羊。1999 年 2 月，上海遗传研究所宣布转基因试管牛“滔滔”诞生，其体内被检测出带有人的血清蛋白基因，这项成果被评为当年“中国十大科技进展”之一。

转基因动物具有很好的应用前景，其主要应用领域有如下几个方面。

① 转基因动物是对多种生命现象本质深入了解的工具，如研究基因的结构与功能的关系、细胞发育的潜能性、细胞核与细胞质的相互关系、胚胎发育调控、肿瘤、神经与发育等。

② 可以用来建立多种疾病的动物模型，进而研究这些疾病的发病机理及治疗方法。

③ 能提高动物育种效率。转基因动物技术可用于改造动物的基因组，使家畜、家禽的经济性性状改良更加有效，如使生长速度加快、瘦肉率提高、肉质改善、饲料利用率提高、抗病力增强等。此外，体细胞克隆技术能使优良动物迅速扩增，在短时间内培育出新品种，因此，对于动物遗传资源保护的意义更加深远，对濒危物种挽救是必不可少的新技术措施。

④ 转基因动物可作为医用或食用蛋白的生物反应器。把转基因动物开发成活体发酵罐，使动物像机器一样，根据工程设计的要求，通过乳腺分泌大量安全、高效、廉价的人体药用蛋白，一直是转基因动物研究的热点，国际上把这一类动物称为“动物生产反应器”。从 1987 年 Gordon 等人在转基因小鼠乳汁中得到人组织纤溶酶原激活物（t-PA），到现在已有数十种人体蛋白在家畜乳腺中表达，这些蛋白可以用于治疗人类相关疾病。到 1998 年至少已有 3 种转基因技术生产的重组蛋白用于临床试验，如从转基因山羊获得抗凝血酶III，从转基因绵羊得到的α1-抗胰蛋白酶，还有来自转基因兔的α-葡萄糖苷酶。

以转基因动物作为生物反应器生产蛋白类药物，对动物的选择很重要。在实际研究中，应该选择世代间隔短、窝产仔数多、抗感染能力强、维持成本低和专一性表达容量大的动物作为转基因受体。

另外，通过转基因动物还可以生产人体或动物进行器官或组织移植时所需的器官和组织，如发现人的胎儿神经细胞可用于帕金森综合征治疗。但由于伦理道德的原因，这种移植组织难以得到。研究表明，家畜胎儿神经细胞可以替代人类神经细胞用于帕金森综合征的治疗。人体移植器官短缺是一个世界性难题，为解决此问题，不得不把目光移向动物以寻求可替代的移植器官。猪器官的体积和形状以及 DNA 基本与人类相似，是理想的肾、心、肝等器官供应者，但这种组织器官移植面临的主要问题是免疫排斥。有两种解决办法：一是在移植前去除受体器官的抗体，但它能迅速再生成；另一种较长久的措施是通过转基因技术，特别严重是基因打靶技术，向器官供体基因组敲入某种调节因子抑制α-半乳糖抗原决定基因的表达；或敲除α-半乳糖抗原决定基因，再结合克隆技术培育大量不含免疫排斥的转基因克隆猪的器官。

（二）动物转基因技术

动物转基因的基本程序是通过适当的方法，首先将外源基因（目的基因）导入特定的载体细胞（如受精卵原核）内，然后使载体细胞进一步发育成携带外源目的基因的个体。生产转基因动物的主要操作步骤包括：外源目的基因的制备、外源目的基因有效地导入受体生殖细胞或胚胎干细胞、选择获得携有目的基因的细胞、选择合适的体外培养体系和宿主动物、转基因细胞胚胎发育及鉴定和筛选所得的转基因动物品系等。外源基因的克隆和制备属于生物工程上游技术，由于编写篇幅所限，现仅对外源基因的导入技术进行介绍。

1. 导入外源基因的方法

（1）显微注射法

这是使用最早、最常用的方法。这种方法用显微注射器直接把外源 DNA 注射到受精卵细胞的细胞核或细胞质中。如果能够成功地把 DNA 注射到细胞核中，可以得到较高的整合率。注射到细胞质中的 DNA 因为与受体基因组结合的机会较少，整合率较低。哺乳动物常用注射到细胞核的方法，鱼类和两栖类的卵是多黄卵，难以在显微镜下辨认细胞核，通常只能把 DNA 注射到细胞质中。

（2）病毒载体法

许多动物病毒在感染宿主细胞后会重组到宿主的基因组中。更重要的是动物病毒基因组的启动子能被宿主细胞识别，可以引发导入基因的表达。由于这些特征，一些病毒被选择作为目的基因的载体感染动物细胞，以期得到转化细胞。在转基因操作中，病毒载体可以直接感染着床前或着床后的胚胎，也可以先整合到宿主细胞内，再通过宿主细胞与胚胎共育感染胚胎。最常用的病毒载体是逆转录病毒。病毒载体的优点是单拷贝整合，整合率高，插入位点易分析等；缺点是安全性和公众的接受程度还难以定论。

（3）脂质体介导法

用脂质体作为人工膜包裹 DNA，以此作为载体将外源 DNA 导入细胞。

（4）精子介导法

成熟的精子与外源 DNA 共育，精子有能力携带基因外源 DNA 进入卵细胞里，并使外源 DNA 整合到染色体中。这种能力使人们看到提高动物转基因效率的希望。精子作为转移载体的机制尚在研究探索阶段，但至少为大型动物转基因的研究又提供了一个新途径。

（5）胚胎干细胞法

胚胎干细胞是从早期胚胎的内细胞团经体外培养建立起来的多潜能细胞系，被公认为转基因动物、细胞核移植、基因治疗的新材料，具有广阔的应用前景。用于动物转基因时，作为基因载体，导入早期受体细胞，整合到胚胎中参与发育，形成转基因的嵌合体动物。

2. 转基因技术在动物生产上的应用

最早问世的转基因动物是转基因小鼠。转基因小鼠证明了生物技术可以改变动物的天然属性，从而显示了动物转基因技术的广阔前景。目前已有转基因鱼、鸡、牛、马、羊等多种动物成功的报道。

（1）转基因鱼

20 世纪 80 年代中期，国内外开始转基因鱼的研究。鱼类因其产卵量大，体外受精等特点，大大简化了转基因操作的步骤。我国学者朱作言首次用人的生长激素基因构建转基因金鱼，目前已有鲫鱼、鲤鱼、泥鳅、鳟鱼、大马哈鱼、鲶鱼、罗非鱼、鲂等各种淡水鱼和海水鱼被用于转基因研究。转基因鱼的研究主要集中在提高生长速度和抗逆性，以及发育生物学和插入突变等方面的研究。已有多种哺乳类和鸟类的基因被成功地整合到鱼类的基因组中。在提高鱼的生长速度方面，已经有转生长激素基因鲤鱼明显提高了生长速度，显示出转基因鱼在渔业生产和水产养殖业的潜在经济价值。在提高鱼的抗性方面，抗冻蛋白基因被用来提高鱼类的抗寒能力。生长在北美的美洲拟鲽的抗冻蛋白基因导入虹鳟、鲑鱼的细胞系并检测到了该基因的表达；美洲拟鲽的抗冻蛋白基因转到鲑鱼卵中，也检测到了该基因表达。转抗冻蛋白基因技术有可能成为南鱼北养，扩大优质鱼种养殖范围的有效途径。转基因鱼研究还引进了反义 RNA 技术，有可能开辟鱼类抗病育种的新途径。我国的转基因鱼研究已达到国际先进水平，有许多研究小组使用鱼类基因构建了转基因鱼。使用鱼类自身基因元件构建转基因鱼，可以解决基因表达强度问题和推广转基因鱼的环境问题、伦理道德问题，已引起研究人员的高度重视。

（2）转基因家禽

将生产转基因动物的常规操作技术用于家禽的难度是很大的。这是因为鸟类的繁殖系统有别于其他动物。家禽卵的受精是在排卵时发生的，受精卵从输卵管排出需要 20 多个小时，其时已经开始卵裂，产出时的卵已有 6 000 多个细胞。转基因家禽目前只有转基因鸡获得成功的报道。生产转基因鸡的方法可分为蛋产出前的操作和产出后的操作两种类型。蛋产出前操作方法是首先在受精后第一次卵裂前取出单细胞的卵，在体外进行转基因操作，然后，用代用蛋壳作为培养器皿在体外培养至孵化。英国学者 Perry 和 Sang 等用这种方法，体外显微注射外源 DNA，获得转基因鸡。蛋产出后的操作方法可有多种，被认为较有前景的是胚胎干细胞法和原生殖细胞法。原生殖细胞（PGC）是配子的前体，实验证明原生殖细胞可以被从一个胚胎转到另一个胚胎中发育。这意味着 PGC 的转染也可以作为生产转基因家禽的备选方法。由于家禽人工授精技术已经相当成熟，精子携带基因具有很好的可行性，不少实验室正在讨论以鸟类精子作为转基因载体的途径，有待解决的问题是提高精子携带外源 DNA 的能力。

转基因技术在家禽生产上的应用，同样以提高抗病性和改良生产性状为主要目标。例如，用鼠的抗流感病毒基因 Mxl 导入鸡胚的成纤维细胞，细胞表现对流感病毒的抗性，提示了 Mxl 基因导入胚胎细胞产生抗病性的可能性。许多与鸡繁殖和生产有关的激素和生长因子基因已经被克隆，已有人将牛生长激素基因导入鸡的品系，获得高水平表达牛生长激素的鸡，体重大于对照组。因此，通过基因操作改变鸡的生产性状也是可能的。对某些可以通过常规育种手段改良的性状，通过转基因法可能会更有效，例如，导入其他物种的优良性状基因。此外，用鸡蛋生产外源蛋白，例如，抗体蛋白的生产，是转基因鸡生产的一大热门领域。

（3）转基因家畜

家畜的转基因研究是从小鼠的有关实验中得到的启示，进展较快。转基因猪、牛、马、羊、兔等家畜的研究成果不断推出，并逐步走出实验室进入实用阶段。哺乳动物体外受精和胚胎移植技术为转基因家畜的成功提供了有效的技术手段。转基因家畜除了与其他转基因农业动物一样把提高抗病性和生产性能作为主攻方向以外，还因其与人的生物学相似性，在器官移植、药物生产和特殊疾病模型等方面也显示出特殊的应用价值。

动物转生长激素基因用以提高动物生长速度的研究已有不少报道。转生长激素基因的猪，饲料转化率、增重率提高，脂肪减少。转 Mxl 基因的猪抗流感病毒的能力增强。通过转基因方法解决器官移植中的超敏排斥反应的设想在转基因猪的研究中取得令人鼓舞的结果。这个实验将人的补体（一类参与免疫排斥的蛋白质）抑制因子 hdaf 基因导入猪的胚胎，得到在内皮细胞、血管平滑肌、鳞状上皮等不同组织的不同程度的表达，说明在供体组织中表达受体的补体抑制系统，克服补体介导的排斥反应是可行的。这个研究为异种器官移植展示了美好前景。转基因的家畜作为生物反应器生产新一代的药物已有许多例子，特别是乳腺作为生物反应器，产品已经进入市场。

三、体外胚胎生产技术

（一）体外胚胎生产的概念

体外胚胎生产是指将原来在输卵管进行的精卵结合生成胚胎的过程人为地改在体外进行。

（二）体外胚胎生产的重要性

体外胚胎生产的重要性具体体现在如下 3 个方面。

① 体外胚胎生产可以提供大量胚胎进行商业性胚胎移植。在欧洲和日本，奶牛犊比肉牛犊便宜，体外生产肉牛胚胎移植给奶牛，达到用奶牛生产肉牛的目的，在经济上是合算的，生双犊就更赚钱。

② 体外胚胎生产可以为克隆胚胎提供核受体并进行胚胎切割前的体外早期培养，从而降低成本。

③ 体外胚胎生产可以为某些研究提供大量已知准确发育时期的胚胎。

（三）体外胚胎生产的工艺过程

体外生产胚胎的工艺过程包括卵母细胞体外成熟，体外受精和胚胎培养三个阶段。

（1）卵母细胞体外成熟

在家畜中，尽管体内成熟的卵母细胞体外受精后胚胎发育良好，但未成熟的卵母细胞体外受精则不能完成胚胎发育。如果让这些细胞在体外成熟，体外受精胚发育率将大大改善。目前，牛体内成熟卵母细胞体外受精的囊胚率受不同培养条件的影响，在20%～63%之间。从超排牛卵巢获取的未成熟卵母细胞的发育率明显高于未经超排处理的牛的发育率。要提高体外成熟卵母细胞的质量和数量，主要应解决以下问题：了解控制卵母细胞成熟的机制，卵母细胞的选择和合适培养体系的选择。体外培养胎儿卵巢被认为是将来发展方向，因为胎儿卵巢在体外培养可以像活体睾丸产生精子一样不断产生卵细胞。

（2）体外受精

精子必须先获能才能完成体外受精的过程。已应用多种方法进行精子体外获能。一般说来，凡能促使钙离子进入精子顶体，使精子内部 pH 升高的刺激均可诱发获能。目前牛、绵羊、猪和山羊体外受精率都已高达 70%～80%。

（3）胚胎培养

各种家畜体内成熟的卵母细胞由体外受精产生的胚胎，在 1～2 细胞期移植到本种个体输卵管内发育到囊胚期的比例都很高。牛胚胎在兔和羊的输卵管内发育也很好。但是，体外成熟的卵母细胞体外受精、体外发育到囊胚期的比例还很低，而且囊胚的发育能力也不如体内胚胎。为此，人们开始研究影响胚胎体外发育的各种因子。这项工作还在探索之中。

体外生产胚胎技术已经开始走上商业化，用于生产可移植胚和细胞移植，大大降低了成本。

四、人工授精技术

（一）人工授精的概念

人工授精就是利用合适的器械采集公畜的精液，经过品质检查、稀释或保存等适当的处理，再用器械把精液适时地输入到发情母畜的生殖道内，以代替公母畜直接交配而使其受孕的方法。

（二）人工授精的重要性

人工授精已成为现代畜牧业的重要技术之一，得到世界各国的普遍重视和广泛应用，近年来已逐步扩展到特种经济动物、鱼类乃至昆虫等养殖业中，充分显示了其发展潜势。人工授精的重要性主要体现在以下几个方面。

① 人工授精可以最大限度地发挥公畜的种用价值，提高了公畜的配种效能。人工授精利用公畜的一次射精量，给几头、几十头乃至上百头母畜授精。特别是冷冻精液技术的应用，更使优良种公畜的利用年限不再受到寿命的限制，一头公牛的冷冻精液每年可配母牛达万头之多，进而扩大了公畜优良基因在时间和地域上的利用率。

② 由于人工授精能有效地提高优良公畜的种用率，因此，就需要对种公畜进行严格的选择，选择最优良的个体用于配种，从而加速了育种工作的步伐，成为增加良种家畜和改良畜种的有效手段。

③ 由于人工授精减少了公畜的饲养头数，从而节约了饲养管理费用，降低了生产成本。

④ 人工授精使用检查合格的精液，以保证配种质量，也便于掌握适时配种，并能提供完整的配种记录，及时发现和治疗不孕母畜，因此，有助于解决母畜不孕问题和提高受胎率。

⑤ 人工授精可以避免公、母畜直接接触，同时严格按操作规程处理精液和输精，因此，能够防止各种疾病，尤其是生殖系统传染性疾病的传播。

⑥ 人工授精可以克服公、母畜因体质相差太大不易交配或生殖道某些异常不易受胎的困难。在杂交改良工作中，也可解决因公、母畜所属品种不同而造成不愿交配的问题。

⑦ 经保存的精液便于运输、交流和检疫，可使母畜的配种不受地区的限制。并为选用优良公畜配种提供了方便，也为公畜不足的地区解决了母畜配种的困难。

⑧ 人工授精也是胚胎移植和同期发情技术中一项配套技术措施，可以按计划进行集中或定时输精。同时为开展远缘种间杂交试验研究工作提供了有效的技术手段。同期发情技术又称同步发情技术，是指利用某些激素制剂，人为地控制并调整一群母畜发情的时间进程，使之在预定的时间内集中发情，以便有计划地合理地组织配种的一项技术。

五、家畜性别控制技术

（一）动物性别控制的概念

动物的性别控制是指人为地干预或操作，使动物按人们的愿望繁殖所需性别后代的技术。

（二）家畜性别控制的方法

（1）X 精子与 Y 精子的分离

家畜性别控制方法之一是实现 X 精子与 Y 精子的分离。家畜性别是在受精时决定的，因此，研究分离动物精液中 X 精子和 Y 精子，是解决家畜性别控制的关键所在。人们根据 X、Y 两种精子在形态、比重、活力、表面膜电荷等方面的差异，采用了流式细胞分类法、沉降法、密度梯度离心法、凝胶过滤法、电泳法、免疫学方法等种类繁多的精子分离技术，对家畜的精子进行分离。其中流式细胞仪进行分离 X、Y 精子的准确率为 90%以上，精子分离后受精效果以及产生后代性别的准确性均比较理想。

（2）胚胎性别鉴定

家畜性别控制方法之二是进行胚胎性别鉴定，胚胎性别鉴定的具体方法主要有以下几种。

① 细胞学方法。细胞学方法是经典的胚胎性别鉴定方法。胚胎的核型是固定的（XX 或 XY），各种家畜的染色体数目虽然不一样，但在早期胚胎发育过程中雌性胚胎中的一条 X 染色体处于失活状态。因此，从胚胎取出部分细胞直接进行染色体分析或体外培养后在细胞分裂中期进行染色体分析，可对胚胎进行性别鉴定，其准确率可达 100%。

② 免疫学方法。利用 H-Y 抗血清或 H-Y 单克隆抗体检测胚胎上是否存在雄性特异性 H-Y 抗原，从而鉴定出胚胎的性别。通常用间接免疫荧光法检测胚胎 H-Y 抗原确定胚胎性别。

③ 分子生物学方法。通过 PCR 扩增技术检测染色体上的雄性特异的 sry 基因的有无，有则判断为雄性，无则判断为雌性。该方法是近年来发展起来的一种性别鉴定的新方法。也可以从胚胎上取下少量细胞提取 DNA，与 Y 染色体特异 DNA 序列（DNA 探针）杂交，结果如为阳性，则为雄性胚胎，否则，为雌性胚胎。

六、生物技术与动物饲料工业

生物技术在饲料中的研究与应用，对于推动和维持我国在 21 世纪的畜牧业高效、持续、健康地发展，具有特别重要的意义。国外已在这方面进行了大量研究，并取得了明显的进展。具体来说，主要有以下几个方面。

（一）DNA 重组生长激素的研究与应用

大量研究表明，给奶牛注射 DNA 重组生长激素（商品名为 BST）能提高产奶量 15%～30%，其在奶中的残留在允许范围内。美国食品和药物管理局（FDA）已于 1993 年 11 月正式批准牛 BST 上市。重组猪生长激素（商品名为 PST）的试验研究表明，注射 PST 能提高猪生长速度 10%～30%，改善饲料转化率 5%～15%，提高胴体瘦肉率 10%～20%，此产品正在 FDA 的审批中。另一方面，人们正在研究因使用 BST 和 PST 引起的动物营养量的变化，如氨基酸和钙、磷需要量的变化等。

（二）发酵工程技术研究与应用

大多数饲用酶制剂、氨基酸、维生素、抗生素和益生菌是由微生物发酵工程技术生产的。由特异微生物发酵生产的饲用外源酶制剂包括β-葡聚糖酶、戊聚糖酶和植酸酶等。前两种酶制剂添加于以大麦、小麦、黑麦、燕麦和淀粉为主的家禽饲料中，能分解饲料中的抗营养因子葡聚糖和戊聚糖，提高养分的消化利用，从而提高了饲料的利用效率。在鸡、猪饲料中添加植酸酶，能明显提高以植物性原料为主的饲料中植酸磷的消化利用，降低无机磷的添加量，故能有效地减少磷排出对环境的污染，而且还能提高氨基酸和其他矿质元素的消化利用。目前，国外学者正利用转基因技术和特殊包被技术研制耐高温和耐胃内酸性环境的高活性植酸酶，并已取得一定成效。如一些公司采用转基因技术生产的植酸酶因质量提高、售价降低而越来越多地应用于鸡、猪饲料中。

目前，由特异微生物发酵生产的饲用添补氨基酸主要有赖氨酸、蛋氨酸、色氨酸和苏氨酸等。在畜禽饲料中使用外源氨基酸，可降低饲料粗蛋白水平，减少非必需氨基酸的过量，改善饲料氨基酸的平衡性，使人们研究与应用畜禽饲料的“理想氨基酸平衡模型”成为可能，因而可进一步提高动物的生产性能，同时，减少氮排出对环境的污染。由微生物发酵生产的维生素 A、D、E、C 等各种维生素除传统上普遍用于纠正畜禽的维生素缺乏症外，目前还广泛用于增强动物的免疫抗应激、抗病力和改善肉质上。随着畜禽养殖业的规模化、集约化与饲料工业的迅猛发展，必将需要大量的外源氨基酸和维生素，因此，需要不断研究与应用大量高效发酵生产外源氨基酸和维生素的各种高新技术。

在畜禽饲料中添加抗生素，可通过抑菌抗病、促进养分吸收等途径促进家禽的生长，改善饲料转化效率，给养殖业带来显著的经济效益。但使用抗生素易产生抗药性和组织残留，最终危及人类的健康。益生菌是一类可在动物和人体应用的单一的活的微生物的培养物或多种混合的活的微生物的培养物，这些活的微生物包括真菌、酵母菌和细菌，正常情况下来源于动物肠道，可通过在胃肠道中的黏膜细胞上抢先附着，并大量繁殖，建立优势菌群，从而抑制有害微生物的生长，因而促进动物的健康和生长。目前，研究人员发现这类物质具有与抗生素相似的功能而无抗生素的抗药性和组织残留问题。在许多方面，益生菌可视为抗生素的天然替代物，所以，饲用益生菌有很好的应用前景，但尚有大量的研究与开发工作要做。

（三）寡肽、寡糖添加剂研究与应用

最新研究表明，某些氨基酸组成的寡肽能在动物胃肠道不被水解、不受抗营养因子的干扰而直接被吸收，且比单个氨基酸的吸收快。此外，某些寡肽能刺激瘤胃内纤维分解菌的生长及在动物体内发挥激素功能，故以寡肽作为饲料添加剂正引起人们的兴趣，

这方面的研究正在继续深入。糖等碳水化合物传统上是供给动物作能源的，但最新的研究表明，寡糖不仅能刺激抑生菌的生长、抑制有害微生物的生长、提高机体的免疫能力、增强抗病力，而且能有效破坏饲料中的黄曲霉毒素，消除此毒素对动物的有害影响。寡糖添加剂既有抗生素的作用，又没有抗生素的抗病性和残留问题，而且还有抗生素不具备的特性，因此有人把此类添加剂也称为“益生素（prebiotics）”。由于寡糖添加剂的应用效果受到寡糖种类、饲料组成和饲养条件等很多因素的影响而效果不恒定，目前该类添加剂还处于试验研究阶段，距实际应用还有较大的差距，因而需要人们做大量的前期工作，以使该类添加剂能有效地代替畜禽饲料中的抗生素。

（四）天然植物提取物的研究开发

开发天然药物以代替现有抗生素和化学合成药物饲料添加剂，是目前的研究热点。国外所采用的方法是以有效成分作为研究天然药物的出发点，通过现代高新科技手段进行有效成分的提取、分离或合成，制成产品。如以常山酮为主要成分的抗球虫药“速丹”，荷兰 Alltech 公司从丝兰属植物中提取出消除粪臭素的活性成分“CU”等。这些产品凭借先进的技术，雄厚的资金，确切的成分及疗效，以及完善的市场机制，迅速占领了世界各国饲料添加剂市场。

（五）有机微量元素添加剂研究与应用

与无机态微量元素添加剂比较，有机微量元素络合物或螯合物有如下优点：不吸潮结块，有利于预混生产；不氧化破坏维生素，便于微量元素与维生素混合生产预混料；在胃肠道不易受抗营养因子的干扰而更多地被吸收利用，同时，减少微量元素排出的环境污染；在体内有特殊的代谢途径，能增强动物的免疫机能、抗应激、改善肉质，且不影响其他元素的代谢。基于以上原因，这类有机产品在饲料工业中有很好的应用前景。目前国外对有机微量元素络合物或螯合物在各种动物上的生物学活性进行了很多研究。另一类有机微量元素添加剂产品，是通过特异生物技术培育成能特别富集微量元素的微生物，从而生产富含微量元素的微生物产品。已有实验表明这类产品能明显提高猪的瘦肉生产，减少胴体脂肪沉积，能增强牛的免疫机能，大大减少牛的发病率和死亡率。

（六）营养重分配剂研究与应用

营养重分配可以调控动物体内的营养代谢途径，把用于生产脂肪的养分转向肌肉生产。例如，β-肾上腺素能兴奋剂在改善动物生产性能、提高胴体肌肉含量和降低胴体脂肪含量上有明显效果，且不影响肉质，但其安全性尚需进一步评估。

七、畜禽基因工程疫苗

常规疫苗制备工艺简单，价格低廉，且对大多数畜禽传染病的防治是安全有效的，但也有一些病毒需要基因工程技术开发新型疫苗。它们包括：① 有些不能或难以用常规方法培养的病毒，如新城疫弱毒株在鸡胚成纤维细胞中生长不良；② 常规疫苗效果差或反应大，如传染性喉气管炎疫苗；③ 有潜在致癌性或免疫病理作用的病毒，如白血病病毒、法氏囊病病毒、马立克氏病病毒；④ 能够降低成本，简化免疫程序的多价疫苗，如传染性支气管炎血清型多而且各型之间交叉保护性差，因此，可以将几个病毒抗原在同一载体上表达而生产出一次接种预防多种疾病的多价苗，实现这一计划只有通过基因工程技术才有可能做到。基因工程可以生产无致病性、稳定的细菌疫苗或病毒疫苗，同时，还能生产与自然型病原相区分的疫苗，它提供了一个研制疫苗的更加合理的途径，将大大有助于畜禽传染病的诊断和预防。

目前的基因工程苗主要有以下几种。

① 基因工程亚单位苗。将编码某种特定蛋白质的基因，经与适当质粒或病毒载体重组后导入受体细菌、酵母或动物细胞，使其在受体中高效表达，提取所表达的特定多肽，加免疫佐剂即制成亚单位苗。

② 基因工程载体苗。这类疫苗是将外源目的基因用重组 DNA 技术克隆到活的载体病毒中制备疫苗，可直接用这种疫苗经多种途径免疫家禽。目前以鸡痘病毒为载体的新城疫病毒 F 和 HN 基因重组活载体疫苗已在美国获得商业许可。

③ 合成肽苗。合成肽苗是根据病毒基因的核苷酸序列推导出病毒蛋白质的氨基酸序列，从而利用人工合成方法制备病毒主要抗原相应的多肽，生产合成肽苗。目前合成肽苗研究方向主要是发展合成多价苗，并向改善畜禽品质和提高生产性能方向发展。

④ 基因缺失疫苗。通过基因工程手段在 DNA 或 cDNA 水平上造成毒力相关基因缺失，从而达到减弱病原体毒力，又不丧失其免疫性的目的。基因缺失疫苗的复制能力并不明显降低，故其所导致的免疫应答不低于常规的弱毒活疫苗。

⑤ 基因疫苗。是指将含有编码某种抗原蛋白基因序列的质粒载体作为疫苗，直接导入家禽或家畜体内，从而通过宿主细胞的转录系统合成抗原蛋白，诱导宿主产生对该抗原蛋白的免疫应答，达到免疫的目的。该疫苗又称为核酸疫苗或 DNA 疫苗，这种免疫称为基因免疫、核酸免疫、或 DNA 介导的免疫。

在实际的畜禽生产中，常规方法制备的疫苗仍然在预防畜禽传染病上占有主要地位，而且在将来很长一段时间仍会占有主导地位。但在生产疫苗的最佳途径和方法以及改进和提高现有疫苗的质量的探索中，常规疫苗中的联苗与多价苗及应用现代生物技术研制新型基因工程疫苗是今后畜禽疫苗发展的重要方向。

八、动物生物反应器

自从 DNA 重组技术诞生以来，人类建立了生物表达系统来生产昂贵的药用蛋白质。尽管利用 DNA 重组技术在微生物中表达外源蛋白质的技术已经成熟，但是该系统不能对真核蛋白质进行加工，并且这个加工对于某些蛋白质的生物活性还非常重要。同时，大肠杆菌、酵母和哺乳动物细胞基因工程表达系统的成本高，分离纯化较为复杂。为此，许多研究人员就把对生产药用蛋白质的生物表达系统的研究定位到转基因动物上。实验研究表明，利用转基因动物生产的药用蛋白质具有生物活性，而且纯化简单、投资较少、成本较低，对环境又没有污染。转基因动物就犹如天然原料加工厂，只要投入饲料，就可以获得人类所需要的药用蛋白质。畜牧业也由此开辟出一片全新的天地。

（一）乳腺生物反应器

哺乳动物乳汁中蛋白质含量为 30～35 g/L，一头奶牛每天可以产出奶蛋白 1 000 g，一只奶山羊可以产出奶蛋白 200 g。由于转基因牛或羊吃的是草，产出的是珍贵的药用蛋白质，所以生产成本低，可以获得显著的经济效益。

许多药用蛋白质已经通过乳腺生物反应器生产出来。首例是荷兰人研制的转人乳铁蛋白基因的牛。乳铁蛋白能促进婴儿对铁的吸收，提高婴儿的免疫力、抵抗消化道感染。接着又培育出促红细胞生成素的转基因牛，红细胞生成素能促进红细胞生成，对肿瘤化疗等红细胞减少症有积极疗效，是目前商业价值最大的细胞因子之一。英国科学家成功培育了 1-抗胰蛋白酶（ATT）转基因羊，ATT 具有抑制弹性蛋白酶的活性，用于治疗囊性纤维化和肺气肿。美国与日本合作开发出的凝血酶原Ⅷ已进入临床试验阶段。正在研制的乳腺生物反应器药物还有人骨胶原蛋白、人溶菌酶、人凝血因子Ⅸ、谷氨酸脱羧酶等。据美国红十字会和美国遗传学会调查预测，结果显示，2005 年，仅美国的乳腺生物反应器生产的药物，年销售额就达到 350 亿美元，到 2010 年，所有基因工程药物中乳腺反应器生产的份额将达到 95%。

（二）其他生物反应器

除了乳汁之外，转基因动物的其他蛋白质产品同样也可以生产药用蛋白。转基因动物的血液生产人的血红蛋白可以解决血液来源问题，同时，避免了血液途径的疾病感染。已经有转基因猪表达出人的血红蛋白，虽然采血没有挤奶方便，但血液的巨大市场以及猪的快速繁殖能力，仍然使其显示了诱人的前景。利用鸡蛋生产重组蛋白的研究正在开展。鸡蛋的蛋白质组成及其生物合成机理均已十分清楚，为鸡蛋生产重组蛋白提供了条件。卵黄蛋白和白蛋白基因都可以进行修饰来指导外源蛋白质基因的表达，但吸收进卵黄的蛋白质需要相互识别的特殊序列，白蛋白可能更容易修饰。其中两个主要的白蛋白基因，即卵白蛋白基因和溶菌酶基因的表达与调控研究正在进行。蛋中可以积累大量的免疫球蛋白，转基因鸡的蛋用来生产重组的免疫球蛋白，用途较为广泛。同时，鸡的成熟期短，饲养管理简单；一只鸡年产蛋 250 枚，成本低廉。这些都成为输卵管作为生物反应器的优势。

复习思考题

1. 什么是杂种优势？其后代主要表现如何？
2. 植物雄性不育有几种类型？
3. 植物抗逆性研究主要包括哪些方面？其各自的研究进展如何？
4. 谈一谈作物品质研究的主要内容及其各自的研究进展概况。
5. 说明一下植物作为生物反应器的研究情况。
6. 生物农药的种类有哪些？研究程度如何？
7. 简述一下植物组织培养的研究概况。
8. 解释一下克隆、胚胎分割、转基因动物、人工授精的概念。
9. 简述一下动物克隆技术、动物转基因技术、体外胚胎生产技术及人工授精技术。
10. 说明一下家畜性别控制的方法。

第八章　生物技术与食品工业

【知识目标】

了解转基因食品的概念和安全性；理解生物技术与食品工业的关系；熟悉生物技术在食品检测中的应用；初步掌握生物技术在食品生产中的应用。

第一节　生物技术与食品生产

食品工业是生物技术应用的重要领域之一。生物技术在食品工业中的应用越来越广泛，不仅用来制造一些特殊风味的食品，还用于改进食品加工工艺和提供新的食品资源。生物技术在食品工业中的应用方向包括 5 个方面：①利用细胞融合技术、细胞大量培养技术等细胞工程，按照预定的设计，生产出各种保健食品有效成分、新型食品及食品添加剂，改造食品原料以至创造新品种；②利用基因工程在不同物种之间进行基因转移或 DNA 重组，改良食品原料，或在此基础上采用蛋白质工程，即用 DNA 分子克隆对蛋白质分子进行定位突变，提高食品营养价值和加工性能；③利用发酵工程，即新的生产菌种选育、优化发酵工艺条件、改进发酵设备等，利用现代发酵设备，根据不同发酵目的，进行放大培养和控制性发酵，获得预定的食品、食品添加剂或食品有效成分；④利用酶工程改变酶原有的理化特性，提高其催化活性和转化能力，改良食品加工工艺；⑤采用生物芯片等现代生物检测技术来增强食品的安全保障和消费者的知情权保障。

一、生物技术与蛋白类食品生产

（一）蛋白质需求概况

目前，世界上特别是发展中国家面临的主要问题之一是人口压力，发展中国家有 20% 的居民热量不足，60%的居民食物中蛋白质不足。作为饲料用的蛋白质饲料更加缺乏。而且，现在无论发达国家或不发达国家，其饮食结构都趋向于从谷物类向肉类转移，通过饲养动物获得肉类，导致了粮食消耗量猛增，每千克要消耗 3～10 kg 的粮食。因此，人们不断地寻求新的蛋白质资源，推广新兴农业，培育高蛋白谷物，大量种植大豆、花生等高蛋白作物。另外，利用微生物作为新的蛋白质生产工厂已获得成功，即所谓的单细胞蛋白（Single Cell Protein，SCP）的开发。单细胞蛋白又叫微生物蛋白或菌体蛋白，是指“生产”蛋白质的生物大都为单细胞或丝状微生物个体，而不是动物、植物等多细胞复杂结构的生物，是通过发酵酵母、细菌、霉菌以及培养蘑菇、单细胞藻类等微生物而产生的。

单细胞蛋白有以下优点：一是可以工业化生产，具有需要的劳动力少，不受地区、季节和气候的限制，产量高，质量好等优点。二是生产原料来源广，一般分以下几类：①农业废物、废水，如秸秆、甜菜渣等含纤维素的废料及农林产品的加工废水；②工业废物、废水，如食品、发酵工业中排出的含糖有机废水、亚硫酸纸浆废液等；③石油、天然气及其相关产品，如原油、柴油、甲烷、乙醇等；④废气如 H_2、CO_2 等。三是生产效率高，比动植物高成千上万倍，主要因为微生物的生长繁殖速率快。

（二）单细胞蛋白（SCP）的生产

按照生产原料的不同，单细胞蛋白（SCP）的生产可分为以下几类：

1. 利用能源物质生产 SCP

细菌和酵母可利用甲醇、乙醇、甲烷和多链烷烃来生产单细胞蛋白。由于以甲烷作为 SCP 的生产原料存在较多的技术困难，还不能顺利进行，而利用甲醇则可以生产出大量有经济效益的 SCP。一家英国的公司已建造了一座大规模的发酵工厂，来生产嗜甲醇营养菌——一种利用甲醇的细菌。德国和日本的一些公司以甲醇为原料，来生产 SCP，已被广泛用于动物饲养。

2. 利用工农业废弃物生产 SCP

工农业废弃物如有机工业废水类，城市废弃物类，农业、畜牧业废弃物类，海产废弃物类、泥炭类等，特别是利用城市、工农业生产产生的有机废水废弃物如柠檬酸生产废水、味精废水、酒精废水、豆制品废水、淀粉厂生产废水等都可用于单细胞蛋白生产。国内都已有成功的规模化生产。如利用果渣生产 SCP 的大体流程是经过原料处理、菌种的筛选、发酵和产品回收四步。利用来源丰富的工农业下脚料生产 SCP 有以下优点：①废料可转化为蛋白质；②多数国家工农业下脚料可便宜得到，因此，可保证供应；③减少环境污染；④可解决大量依赖进口蛋白质的难题。

二、生物技术与酿造类食品生产

酿造类食品主要包括调味品（酱油、醋等）和酒（白酒、黄酒、啤酒等）两大类，其生产技术属于传统的微生物发酵领域。近些年来，诸如酶制剂和活性酵母的应用、固定化酶（包括细胞）及其生物反应器的应用、基因工程技术的应用等各种现代生物技术或其成果已源源不断的渗入到传统酿造食品的生产过程中。

（一）生物技术在酒精饮料中的应用

1. 酒精

酒精（乙醇）是重要的食用、医用和化工原料。酒精生产是在酿酒的基础上发展起来的。目前国内大型酒精厂年产酒精量均在万吨以上。许多厂家生产的优质酒精远销国外，其经济效益十分显著。我国酒精的生产主要为发酵法，大多数工厂是采用薯干和玉米为原料。为进一步提高酒精生产水平，各国的工程技术人员都在研究新型的酒精发酵方法，如固定化细胞酒精发酵法，耐高温活性干酵母发酵法等新的发酵工艺，目前已在工业生产上得到应用。酒精工业化生产可分为发酵法和化学合成法两大类。大规模生产一般是采用发酵法。下面以酶制剂作用下发酵法生产酒精的工艺来阐述生物技术在酒精生产中的应用。

应用酶制剂生产酒精的工艺流程如图 8-1 所示。该工艺中加酶蒸煮是蒸煮新工艺，是利用α-淀粉酶作为液化剂的低温蒸煮工艺。而对于糖化，我国酒精生产目前已普遍采用糖化酶。酶法糖化技术的应用，大大提高和稳定了酒精生产的出流率、出酒率，减少了酒糟杂质的含量，且简化了操作和减少了人力、财力和物力，提高了经济效益。

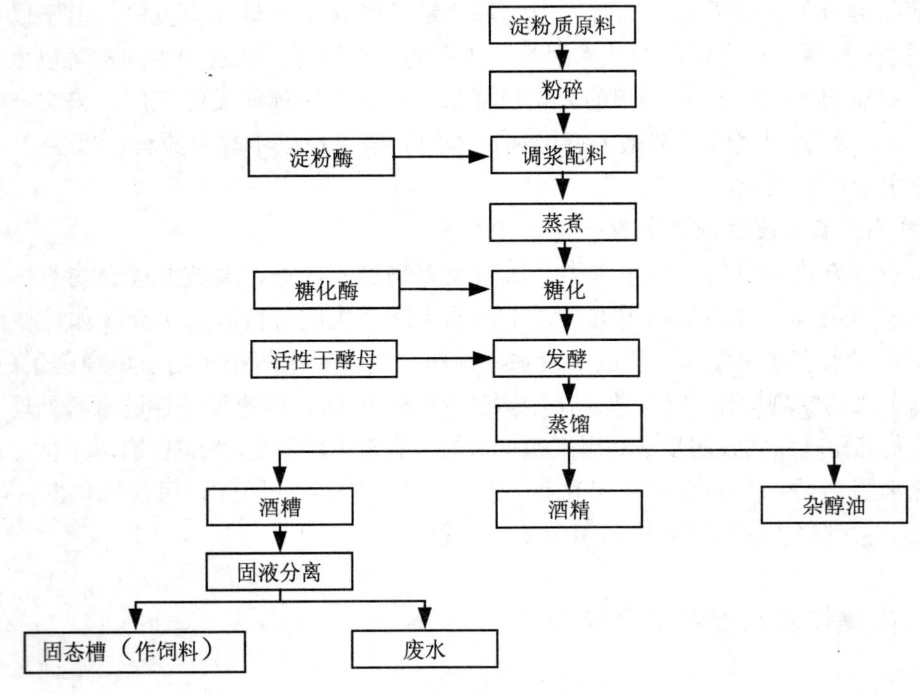

图 8-1　应用酶制剂生产酒精工艺

2. 啤酒

啤酒是以优质大麦芽为主要原料，啤酒花为香料，经过制麦芽、糖化、发酵等工序制成的富含营养物质及二氧化碳的酒饮料。啤酒主要由淀粉性谷类为原料发酵制成。下面以固定化酵母技术为例来介绍现代生物技术在啤酒生产中的作用。

固定化酵母技术用于啤酒生产是在固定化酵母技术、生物反应器设计等基础上发展起来的，它是将原来的分批发酵法改为连续生产，大大提高了生产能力，可较为容易地改进生产工艺，使产品质量均一，并缩短啤酒发酵和成熟时间。目前，用于啤酒生产的固定化酵母多采用包埋法，是将酵母细胞包埋进一个预制的基质材料中。用海藻酸钙、DEAE 纤维素等材料来固定啤酒酵母均取得了较满意的效果。填充固定化酵母的生物反应器主要分为固定床和流化床两种。固定化酵母技术多用于啤酒的主发酵和后发酵：①固定化酵母技术用于啤酒主发酵：在 8℃条件下，将麦汁通过装有固定化酵母的生物反应器，啤酒酵母迅速利用麦汁进行各种代谢过程，生成乙醇和各种副产物；②固定化酵母技术用于啤酒后发酵：在主发酵工艺阶段形成的嫩啤酒，在风味、组成等各方面需经后熟工艺才能达到产品质量要求。后熟的目的主要是：完成残糖的后发酵，增加啤酒稳定性，饱和 CO_2 充分沉淀蛋白质，澄清酒液；消除双乙酰、醛类及 H_2S 等嫩酒味，促进啤酒的成熟，尽可能使酒液处于还原态，降低氧含量。其中，酒体中双乙酰的指标，只有经过后发酵的贮酒过程，才能下降至产品要求的规定值。传统的啤酒后熟工艺需 3 周左右的时间，严重限制了生产能力。采用固定化酵母技术后可大大缩短后熟时间，只需数天即可生产出符合产品质量要求的啤酒。将主发酵工艺制得的嫩啤酒流经装有固定化酵母的生物反应器，经适当的时间，等到产品中的各项指标符合质量要求后，即可得到成品啤酒。

3. 白酒和黄酒

白酒是用曲类、酒母等为糖化发酵剂，利用粮谷或代用原料、经蒸煮、糖化发酵、蒸馏、贮存、勾调而成的蒸馏酒。黄酒是以谷物为原料，经过酒药、酒曲中多种有益微生物的糖化发酵作用酿造而成的低度发酵性原酒。白酒和黄酒都是我国历史悠久的传统酒，但它们在工艺上所存在的严重不足是出酒率低、发酵周期长。近年来糖化酶应用技术的出现，在酿酒工艺上是一大突破，既弥补了曲的不足，又不改变传统工艺主要的生产特征，是我国酿酒工业中继应用纯种曲和纯种酵母之后的又一重大应用技术。

（1）糖化酶应用的必要性

传统白酒和黄酒出酒率低的主要原因包括：①发酵方式尤其是固态发酵法不利于发酵代谢产物的及时移动，使局部代谢产物浓度过高，抑制了正常代谢活动的进行；②白酒原料破碎度低，颗粒物中心部位的利用受到一定的限制，造成大量残余淀粉的存在；③发酵周期过长，无法防止杂菌的繁殖；④曲的糖化发酵力较低，其耐酸性、耐热性都较差，在客观上减弱了对杂菌危害的自卫能力。鉴于上述原因，特别是由于制曲温度高而导致的微生物大量死亡，使曲的糖化发酵能力大为下降，故在生产中需要有较多的曲来进行糖化发酵。但用曲量增加后，曲中杂菌危害也会加大，不仅对出酒率没有好处，而且会影响酒质（酒质变苦）。所以，考虑到传统酒的香味、风味、质量，在不改变传统工艺的情况下，利用糖化酶应用技术改善传统酒发酵状况是合适的。

（2）糖化酶应用的方法

糖化酶在白酒和黄酒生产中，可单独使用，也可与酵母配合使用。若原来工艺中曲的质量较好，糖化发酵力均衡一致，则应用糖化酶时应考虑补充一定的酵母，以维持这种平衡。若曲的质量较差，糖化力明显不足，则应以补充糖化酶和增强糖化为主。糖化酶应用技术成功的关键是合理使用和充分混合。合理使用主要是指用酶量及使用方式应符合工艺要求。充分混合指的是糖化酶一定要与曲粉、原料充分混合，使酶在原料中均匀分散开，糖化酶分子与原料中淀粉颗粒充分接触，以增大接触面，保持一定的接触时间，使糖化酶充分发挥作用。

（二）生物技术在调味品生产中的应用

1. 食醋

食醋是一种传统的酸性调味品，自周朝开始我国酿醋已有 2 500 年历史。食醋可以分为酿造醋、合成醋和再生醋三大类，与我们关系最为密切的是酿造醋，它是用粮食等为原料，经微生物制曲、糖化、酒精发酵、醋酸发酵等阶段酿造而成。除主要成分醋酸外，还含有各种氨基酸、有机酸、糖类、维生素、醇等营养成分和风味成分，具有独特的色、香、味，不仅是调味佳品，也有益于健康。现代生物技术中，主要是酶技术在食醋生产中得到了应用，主要是酶法通风回流制醋。该法的特点是：①用α-淀粉酶制剂将原料淀粉液化后，再加麸曲糖化，提高了原料的利用率；②采用液态酒精发酵，固态醋酸发酵的发酵工艺；③醋酸发酵池近底处设假底，假底下面的池壁上开设通风洞，可让空气自然进入，利用固态醋醅的疏松度，使醋酸菌得到充足的氧气；④利用假底下积存的温度较低的醋汁，定时回流喷淋在醋醅上，以降低醅温，从而调节发酵温度，保证发酵在适当温度中进行。

目前，高浓度（15%）的醋在国际市场上大受欢迎，而我国市场上很少见到醋酸含量大于 10%的深层发酵食醋的产品，其中一个很重要的原因是不具备能适应高浓度醋酸条件下进行发酵的醋酸杆菌菌株。另外，北方的食醋生产大多采用生料制醋工艺，容易受到由原料、容器和空气中带来的各种微生物的污染，其中包括野生酵母菌，它们均会抑制酿造用的酵母菌的生长，损害发酵的正常进行甚至使发酵失败，这可以通过采用多次回交、基因突变和细胞融合等手段来培育嗜杀酵母和适应高浓度醋酸条件下进行发酵的醋酸杆菌菌株。除菌株选育外，采用固定化活细胞发酵法可以有效提高生产效率。

2. 酱油

我国是酱油的发源地，这一传统酿造行业已经历了几千年的发展。特别是近一时期，我国酱油产量呈稳步上升的势头。进入 21 世纪，我国的酱油年产量已达 500 万 t，占世界酱油产量的 50%。酶工程技术的应用，可大大地提高原料利用率。利用现代生物工程技术固定化复合菌种，可改善产品的风味等。

近几年还发展了一些新的酿造技术。

（1）用分子生态技术改造传统酿造工艺

分子生态学是一种通过直接分析和检测微生物的基因组 DNA，从而对某个生态环境中的微生物的种类及数量进行分析测定的技术。这种技术不需要分离微生物就可以对它们进行定性和定量分析，研究其生态学变化规律，可以大规模地平行处理多种微生物的种群动态变化规律，这是传统研究技术无法比拟的。正是由于这一点，分子生态学可以帮助人们解决过去传统方法所不能解决的生产问题。大曲微生物群落结构和动力学变化规律可以成为传统酿造业改造的突破。

（2）激活酶减曲酿造酱油技术

其生物学原理为采用米曲霉系的诱导物和激活剂，诱导米曲霉产生出更丰富的组织分解酶、蛋白酶和肽酶，同时，能够在酶解过程中激活酶的活性，使原料分解更彻底，分解作用时间更短。由于酶系丰富，酶活性强，在降低制曲量时，也可彻底利用原料中的蛋白和糖。目前，国内生产酱油每年可达 500 万 t，消耗粮食 150 万 t。若以此计算，如果全面推广激活酶减曲酿造技术，每年可节粮 15 万 t 或增产酱油 50 万 t。

三、生物技术与饮料工业

作为食品工业的支柱产业，饮料工业具有广阔的市场和显著的经济效益。在各种传统饮料产品继续得到发展的同时，生物技术的采用给现代饮料工业注入了新的活力。生物技术用于饮料生产，可在资源利用和改良品质等方面发挥巨大作用。

（一）乳酸菌及其发酵制品

目前已有的乳酸菌发酵制品有酸奶、干酪、双歧杆菌乳、酸乳酒等。

1. 乳酸菌

乳酸菌品种繁多，主要包括乳酸链球菌、乳脂链球菌、双歧杆菌、嗜热链球菌、保加利亚乳杆菌、嗜酸乳杆菌、乳酪乳杆菌、瑞士乳杆菌、乳酸乳杆菌等多种乳酸菌。

目前应用的乳酸菌基本上为野生菌株，大多没有用分子生物学检查其是否携带抗药因子，而有的菌株本身就可抗多种抗生素，在使用过程中，抗药基因可能以结合、转导和转化等形式在微生物菌群之间相互传递，从而发生扩散。可通过基因工程技术选育无耐药基因的菌株，也可去除生产中已应用的菌株中含有的耐药质粒，保证食品用乳酸菌和活菌制剂中菌株的安全性。乳酸菌发酵产物中与风味有关的物质主要有乳酸、己醛、丁二酮、丙酮和丁酮等。可通过分子育种选育风味物质产量高的乳酸菌菌株。另外，乳酸菌产生的黏性物质——黏多糖对产品的风味和硬度也起重要的作用，故筛选产生黏多糖物质多的乳酸菌菌株或将产生黏多糖的基因克隆到生产用乳酸菌菌株中具有良好的应用价值。乳酸菌不仅有一般微生物所产生的酶系，而且还可以产生一些特殊的酶系，如产生有机酸的酶系、合成多糖的酶系、降低胆固醇的酶系、控制内毒素的酶系、合成各种维生素的酶系和分解胆酸的酶系等，这些酶系赋予乳酸菌特殊的生理功能。如果通过基因工程克隆这些酶系，然后导入到用于生产干酪、酸奶等发酵乳制品的乳酸菌菌株中，将促进和加速这些产品的成熟。乳酸菌多数属于厌氧菌，这给实验和生产带来了许多不便。从遗传学和生化角度来看，厌氧菌或兼性厌氧菌几乎没有超氧化物歧化酶（SOD）基因和过氧化氢酶基因。若通过生物工程改变 SOD 的调控基因则可能提高其耐氧活性。若将外源 SOD 基因和过氧化氢酶基因转入厌氧菌中，也可提高厌氧菌和兼性厌氧菌对氧的抵抗能力。乳酸菌在肠道内发挥优良特性的重要标准之一是，该菌能否有肠道黏附能力并形成生理屏障。有研究推测，细菌的胞外多糖可提高细菌的定植力，改善肠道的黏附能力，延长菌体在肠道的存活时间。采用基因工程技术，将胞外多糖产量高、性能好的基因导入乳酸菌中，一方面发酵生产胞外多糖，另一方面可直接将这些乳酸菌制成活菌制剂，在肠道内定植，并在机体内直接生产所需的基因产物。

2. 酸牛奶

酸奶是一种传统发酵乳制品，有丰富的营养价值和良好的保健功能。酸奶，一般指酸牛奶，是以新鲜的牛奶为原料，经过杀菌后向牛奶中添加有益菌（发酵剂），经发酵后，再冷却、灌装的一种牛奶制品。目前，我国大都使用嗜热链球菌与保加利亚乳杆菌的混合发酵剂。根据加工工艺的不同及是否加入果汁、果料等，目前市场上酸奶制品多以凝固型、搅拌型和添加各种果汁果酱等辅料的果味型为多。酸奶不仅保留了牛奶的所有优点，而且某些方面经加工过程还扬长避短，成为更适合于人类的营养保健品。随着冰箱的普及及冷链系统的推广，随着人民消费水平的提高，酸奶产量以年平均 25%的速度增长，已成为我国最具盈利和发展潜力的产业。

在酸奶的传统加工工艺中，发酵剂非常重要。酸奶发酵剂是制作酸奶时所用的特定的微生物培养材料，是酸奶产品产酸和产香的基础和重要原因。酸奶质量的好坏主要取决于酸奶发酵剂的品质类型和活力。按照物理形态的不同可将酸奶发酵剂分为液体酸奶发酵剂、冷冻酸奶发酵剂和直投式酸奶发酵剂三种。液体酸奶发酵剂较便宜，但菌种活力常发生改变，存放过程中易污染杂菌，保藏时间也较短，长距离运输菌种活力会很快降低。冷冻酸奶发酵剂是经深度冷冻而成的发酵剂，其价格也比直投式酸奶发酵剂便宜，菌种活力较高、活化时间较短，但在其运输和贮藏过程中需要－55～－45℃的特殊环境条件。酸奶生产技术的一个重大突破在于改变了传统液态发酵剂的生产模式，使用直投式酸奶发酵剂。直投式酸奶发酵剂不仅可直接投入到发酵罐中生产酸奶，而且贮藏在普通冰箱中即可，运输和贮藏成本很低，使用过程中的方便性、低成本性和品质稳定性特别突出。

直投式酸奶发酵剂（Directed Vat Set，DVS）是指将一系列高度浓缩和标准化的冷冻干燥发酵剂菌种直接加入到热处理的原料乳中进行发酵，而无需对其进行活化、扩培等预处理工作。直投式酸奶发酵剂的活菌数一般为 1 010～1 012 CFU/g。直投式酸奶发酵剂的生产流程如图 8-2 所示。

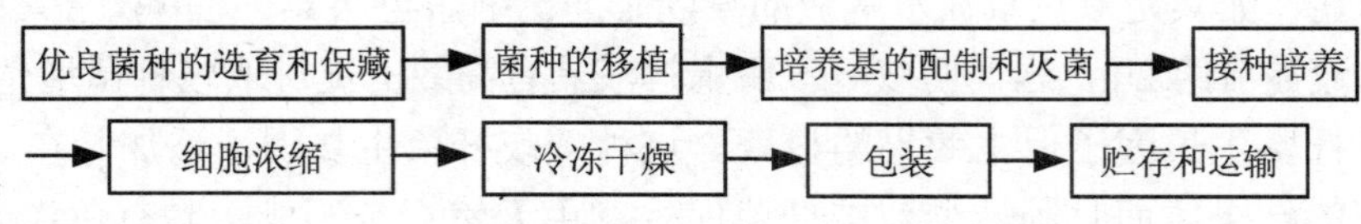

图 8-2　直投式酸奶发酵剂的生产流程图

生产优质的直投式酸奶发酵剂关键在于第一步即优良菌种的使用。在分子生物学突飞猛进的今天，一些有上百年研究和生产发酵剂经验的发酵剂公司利用筛选、诱变、基因重组等技术，选育了一系列具有优良特性的酸奶发酵剂。丹麦的汉森中心实验室在 1988 年年底生产出超浓缩的直投式酸奶发酵剂。生产过程中涉及两个关键技术：增加菌液的浓缩程度和减少干燥致死数量。目前，国内在这两方面的技术尚不够先进，因此，尚无商业化的直投式酸奶发酵剂供乳品企业采用。1997 年以后，中国的酸奶企业才开始使用国外进口的直投式酸奶发酵剂。直投式酸奶发酵剂的产品质量均一，可预先测定其活性，接种量可精确控制，而且容易混合均匀，故可以确保发酵剂和酸奶质量的稳定。再加上高浓度乳酸菌发酵剂培菌技术、深度冷冻技术和真空冷冻干燥技术的进展，使直投式酸奶发酵剂在酸奶生产中获得广泛应用。

3. 双歧杆菌乳

双歧杆菌是乳酸菌中一种具有重要生理功能的菌种。近年来，特别是人体肠道中双歧杆菌数量已被认为可作为衡量人体（尤其是婴儿）健康的标准。鉴于此，世界各国都尝试将双歧杆菌用于发酵乳制品的生产上，出现了多种双歧杆菌发酵制品，如德国的双歧杆菌酸奶、丹麦的 AB 酸奶等。双歧杆菌发酵制品工业化生产的困难在于该菌是一类专性厌氧乳酸菌，对厌氧环境及营养成分要求比较高，在 5～10℃下存放 7 d 活菌死亡率为 96%。因此，在短时间内获得尽量高的活菌数成为工业规模生产双歧杆菌活菌饮品和制剂需要解决的关键问题之一。所以，选择添加何种双歧杆菌生长因子，是解决问题的关键。

日本研制的促进双歧杆菌生长的双歧杆菌生长因子达数十种，目前仍不断开发新的品种。我国虽然也在研制和生产，但品种及数量远远不够，并且，往往这些双歧杆菌生长因子处于保密或专利形式。最近，我国有科学家提出，结合我国实际情况，充分利用农副产品研制新型双歧杆菌生长因子，这成为研究开发新型高效双歧杆菌生长因子的一种方式。他们对各种农副产品和中药材进行了广泛的普查试验，研制了几种高效的双歧杆菌生长促进物质，其中大豆和青刀豆的促生效果被认为最好，仅需 9 h 牛乳就能均匀地形成乳白色凝乳，也无异味。大豆抽提液经复合蛋白酶水解后，其促生效果可明显提高，凝乳时间可由 9 h 缩短至 7 h 以下。青刀豆的酶解液的促生效果也有了明显提高。另外，等量大豆和青刀豆混合磨浆后的提取液或加入复合蛋白酶和淀粉酶的双酶水解液的促生效果也非常明显，尤其是双豆双曲水解液的凝乳时间已缩短至 5 h，比单独用大豆或青刀豆制取的水解液提前约 2 h，这说明双豆双酶水解液具有高效的促进双歧杆菌增殖的作用，可见这种双歧杆菌生长因子促生效果的显著。这种双歧杆菌生长因子添加量在 2%～5%时已达到理想的结果。而且固液型双歧杆菌促生剂由天然豆类制成，具有色淡、味纯、安全、高效而价廉的特点，用量高达 10%也无不良影响，并且其促生效果更好，同时人们在饮用活菌饮品的同时也口服了大量双歧杆菌生长因子，因此，其产品对促进身体健康更有益。

（二）植物蛋白饮料

植物蛋白饮料是利用蛋白质含量较高的植物种子及各种核果类为主要原料，经加工制成的一种乳状饮料。在以大豆为代表的植物蛋白原料中，含较高的蛋白质、维生素、矿物质和其他营养成分。由于大豆中不含胆固醇，而含有大量的亚油酸和亚麻酸，长期食用不会造成血管壁胆固醇的沉积。以豆乳为主的植物蛋白饮料营养丰富、风味优良，原料来源充足，因此，近年来发展较快。特别在我国，由于牛奶的供应不太充足，发展植物蛋白饮料很适合于我国国情。通过生物技术对丰富的植物蛋白资源进行深加工，既可以最大程度地保留营养成分，又可改善产品的风味，消除某些对人体健康不利的因子，进而生产出较为理想的植物蛋白饮料。植物蛋白饮料分为调制型植物蛋白饮料和发酵型植物蛋白饮料两大类，前者是将原料经预处理后制浆，再经适当调制而成；后者是在原料制浆后，加少量奶粉或某些可供乳酸菌利用的糖类作为发酵促进剂，经乳酸菌发酵而成，这样既保留了植物蛋白饮料的营养成分，又利用乳酸菌的作用产生了酸味和其他风味物质，并部分脱掉植物蛋白原料中的某些异味。乳酸菌还对植物蛋白进行适度的降解，提高了植物蛋白的营养价值。因此，发酵型植物蛋白饮料兼有植物蛋白饮料和乳酸菌饮料的双重优点。豆奶饮料是一种理想的植物蛋白饮料，通过乳酸菌对其进行发酵作用，可进一步改善产品的品质。

（三）果胶酶用于果汁饮料生产

果胶酶是存在于真菌、植物和某些细菌中，能分解果胶质的多种酶的总称，是指内切或外切聚半乳糖醛酸酶，分为解聚酶和果胶酯酶两大类。果胶酶能水解聚半乳糖醛酸残基的α-1,4 糖苷键从而形成小分子果胶。因此在食品工业中应用广泛，用于葡萄、苹果、草莓等多种水果的加工，是饮料工业中有效的澄清剂。在食品工业中，果胶酶的应用主要有如下几个方面。

1. 果汁的澄清

有些水果如山楂、草莓、苹果、葡萄等含丰富的果胶，在加工制汁中，因果胶产生很高的黏性，影响了压榨取汁和果汁澄清。因此，通常在适宜条件下，将适量果胶酶加入破碎后的果实中并作用一定时间，以分解原料中的果胶，加速果汁的压榨和澄清。例如，采用果胶酶处理，可以有效地解决果汁难澄清和过滤的问题。

2. 果酒澄清

果胶可使果酒透光率差、浑浊和出现沉淀。经果胶酶澄清处理的果酒能除去果胶，保持其稳定性。果胶酶在现代果酒酿造过程中已普遍使用，对果酒质量和生产效率发挥重要作用。由于发酵后用酶处理，不仅用酶量大且需时长，因此，广泛采用发酵前或发酵中加果胶酶处理的工艺。

3. 果实脱皮

含纤维素酶和半纤维素酶的粗果胶酶制剂作用于果实皮层，破坏细胞分离结构，从而使果皮脱落。经粗果胶酶处理后的橘子囊皮、莲子肉皮等，可以很快地脱落，果胶酶对杏仁也具有一定的脱皮作用。

四、食品添加剂

食品添加剂是指为了改善食品的品质和色、香、味，以及为了防腐和加工工艺的需要而加入食品中的化学合成或者天然物质。食品添加剂对食品工业非常重要，可以说若没有食品添加剂就没有现代食品工业。虽然化学合成品仍为目前国内外主要允许使用和实际生产的食品添加剂，但随着生物技术的不断发展及人们对天然品的偏爱，利用动植物或微生物的代谢产物等作为原料经提取、酶法转化或者发酵技术生产的天然食品添加剂将不断发展。下面主要介绍利用生物技术生产食品添加剂的现状与研究进展。

（一）食用色素和维生素

1. 食用色素

食用色素是在食品添加剂中以食品着色为目的的一种食品添加剂。食用色素分为化学合成色素和天然色素两大类。化学合成色素具有色泽鲜艳、着色力强、稳定性好、无异味、易溶解和调色、品质均一以及成本低廉等优点。几十年来发展迅速，应用日益广泛。但到了 20 世纪，随着化学分析手段的提高和医学毒理学和生物学实验研究工作的不断深入，人们逐渐对合成色素进入身体后的转化机理得以了解。许多国家发现，合成色素对人体有较严重的慢性毒性，甚至可致癌。世界各国开始限用、禁用一些合成色素。世界各国使用合成色素最多时，品种可多达 100 余种，而现在美国仅剩 7 种、中国为 8 种、英国 22 种、日本 12 种。瑞典、芬兰、印度、丹麦、法国等早已禁用重氮类色素，其中挪威等一些国家已完全禁用任何化学合成色素。随着社会的发展和人民生活水平的提高，人们的卫生、健康意识加强，从健康的角度考虑，广大消费者对天然色素的安全性的呼声日益增高，正是人们这种对天然色素的兴趣推动了食品工业对天然色素的需求，使天然色素的生产和研究取得了巨大的发展。而生物技术在色素生产工艺上的应用又使色素生产的效率得到很大提高，天然色素生产涉及的生物技术有植物细胞和组织培养、微生物发酵以及细胞和酶工程等方面的研究工作。

（1）天然植物色素的种类

食用天然色素按来源分类：①植物色素：用植物的根、茎、叶、果实等经提取加工制成，如蔬菜叶绿素，胡萝卜的橙红色（胡萝卜素）等；②动物色素：如牛肉、猪肉的红色素（血红素），虾、蟹的表皮颜色（类胡萝卜素）等；③微生物色素：如红曲色素（将红曲霉接种在米上培养制成）。

（2）生物技术在天然色素的提取与纯化中的应用

生物技术在天然色素的生产上的应用主要有以下几个方面。①微生物发酵法：目前色素制造研究的一大重点是将发酵工程技术引入天然色素的制备。用发酵法利用普通级的原料能大量生产天然色素，克服了以动植物为原料生产天然色素的诸多缺点，如植物的生长和种植受季节、气候、产地限制，价格昂贵且不稳定。因此，采用微生物发酵进行大规模的天然色素的生产将逐渐成为天然色素来源的主流。② 培养法：将菌株散布于培养基中，培养以后干燥、粉碎、浸提，例如，蓝藻色素的生产。③组织培养法：在人工精制条件下，利用植物组织细胞进行培养增殖，短期内培养出大量有色素的细胞，后用通常方法提取。组织培养法生产色素不受自然条件的限制，可在短期内生产大量色素细胞。④酶反应法：通过酶反应产生所需的颜色或利用酶催化分解作用，使杂质通过酶反应除去，起到精制的作用。如蚕丝提取叶绿素，用酶精制的方法，可除去令人不快的气味，获得优质的叶绿素。这些现代生物技术方法不受自然条件的限制，克服了许多天然色素生产的不足，能在短期内生产大量的色素，为天然食用色素的开发提供了丰富的原料，也为农副产品深加工开辟新的途径。例如，利用固定化细胞技术用粉丝废水进行天然红曲色素的发酵，有菌体密度高、反应速率快、稳定性好、使用寿命长、可重复利用、便于产物的分离，减少粉丝废水排放引起的环境污染，产生极大的社会和经济效益等一系列优点。

2．维生素

维生素是维持人体生命活动必需的营养物质，主要以辅酶或辅基的形式参与生物体各种生化反应，在医疗、畜牧业、饲料工业和食品工业等方面应用广泛。传统的维生素的生产多采用化学合成法，后来人们发现某些微生物可完成维生素合成中的某些重要步骤，因此产生了利用现代生物技术的微生物发酵法。下面我们就以维生素 C 的两步法发酵工艺为例，予以介绍。

图 8-3 是维生素两步发酵法的流程图，这种方法使维生素 C 的产量得到大幅度提高。使我国的维生素 C 生产技术达到世界先进水平，极大地推动了我国迈入维生素强国的进程。

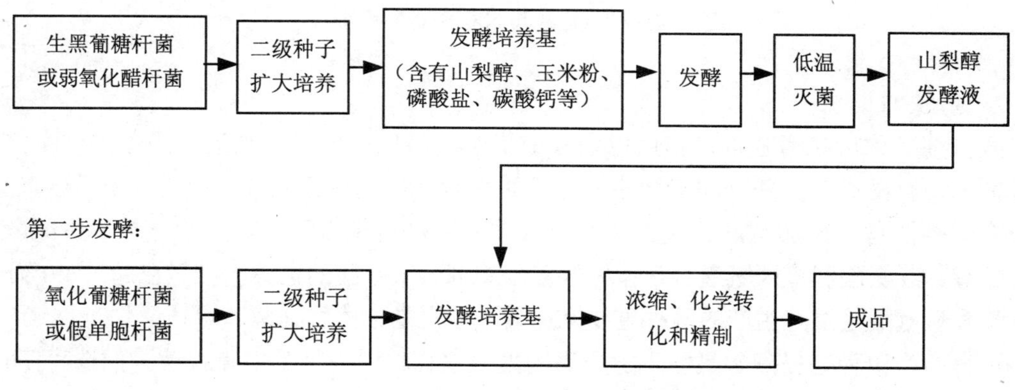

图 8-3　维生素两步发酵法流程图

（二）食用调味剂与香料

1．酸味剂

传统酸味剂有醋和乳酸。食用有机酸是重要的食品添加剂，常用的有柠檬酸、醋酸、乳酸、葡萄糖酸和苹果酸等。这些有机酸都需通过微生物的发酵制成。其中尤以柠檬酸的产量和用量最大。柠檬酸在食品工业中的用途广泛，如饮料、糖果、果酱的生产以及水果保存等方面。我国的柠檬酸年总产量已超过 4 万 t，主要以糖蜜为原料，通过黑曲菌发酵产生。

柠檬酸的发酵法有液体发酵法和固体发酵法，下面我们以固体发酵法为例来介绍。其原料是柑橘皮、苹果皮渣、猕猴桃糖等，流程如图 8-4 所示。今后，采用固定化菌体将成为柠檬酸的发酵趋向，例如，用海藻酸胶固定化菌体小球进行连续化生产，最高产量是非固定菌体的 5 倍。由于黑曲霉本身淀粉酶的含量极低，因此采用外加酶法液化是必要的。过去我国均采用中温淀粉酶，近年来随着耐高温淀粉酶的引进和投产，很多厂已在柠檬酸生产中开始使用并取得了良好效果。其他有机酸方面，由于使用一些新的生物技术，近年来产量也逐年增加，有报道，可利用固定化细胞生产乳酸，如以海藻酸固定德氏乳杆菌，由葡萄糖连续生产乳酸，最高产率达 97%。

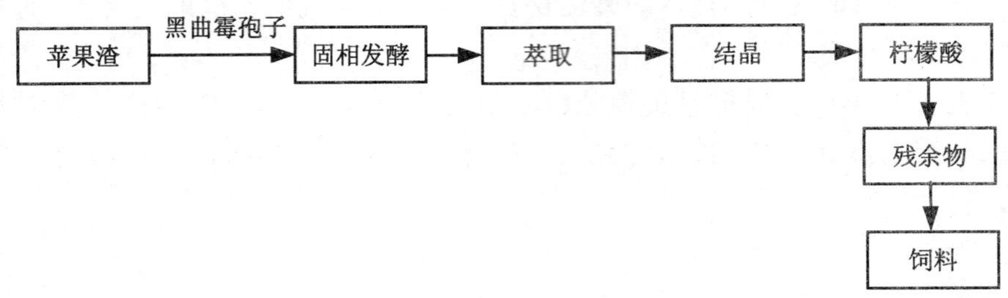

图 8-4　柠檬酸的固体发酵法流程图

2．鲜味剂

鲜味剂又称风味增强剂，指用以增补或增强食品原有风味的物质。用生物法生产的鲜味剂主要有两类：氨基酸和核苷酸。氨基酸在食品与饮料工业中，广泛用来增强口味，作为鲜味剂及营养添加剂。谷氨酸和天冬氯酸的钠盐是作为鲜味剂；赖氨酸、色氨酸、半胱氨酸、苏氨酸和苯丙氨酸等是作为营养添加剂。氨基酸的世界年产量已超过 60 万 t，谷氨酸和赖氨酸是发酵生产的两种主要氨基酸，分别是由棒状杆菌和短杆菌生产。

选育高产菌种是提高谷氨酸发酵产率的主要途径，国内外都很重视菌种的选育工作。可通过菌种自发突变过程来挑选出高产菌株；也可以利用物理或化学诱变剂处理微生物细胞群，促使其突变，后采用快速、高效的筛选方法，挑选出符合育种目的的突变株；还可采用体外 DNA 重组、原生质体融合等技术来“创造”出高产菌。

3．甜味剂

多数人在摄入某些食物时需要甜味。甜味剂可以用于饮料、糖果、点心、酱、冰淇淋、罐头食品、烘烤食品、发酵食品、泡制食品和调味剂及肉产品等。美国和欧洲甜味剂的年人均消耗量约为 57 kg 的蔗糖等同物。传统的甜味剂主要是甜菜糖和蔗糖，随着生产技术的发展和人民生活水平的提高，一方面食糖的产量已经满足不了不断增长的市场需要，另一方面人们认识到食糖摄入过多对人体健康有不良的影响，如发胖等。阿斯巴甜正是人们利用生物技术方法发展起来的广受市场欢迎的非糖甜味剂，其甜度比蔗糖高 200 倍，是由天冬氨酸和苯丙氨酸、甲酯结合所构成的二肽甲酯（L-天门冬酰-L-苯丙氨酸甲酯）。现在主要利用酶法合成阿斯巴甜，其技术路线见图 8-5 所示。嗜热菌蛋白酶为一种由嗜热细菌产生的中性含金属的蛋白酶，能专一性地催化 L-

苯丙氨酸甲酯与天冬氨酸衍生物的缩合，且反应只在天冬氨酸的氨基上发生，而羧基无需保护。该酶有很好的耐温性和对有机溶剂的稳定性，在实际应用时不用经过纯化，且可从反应液中加入丙酮回收。

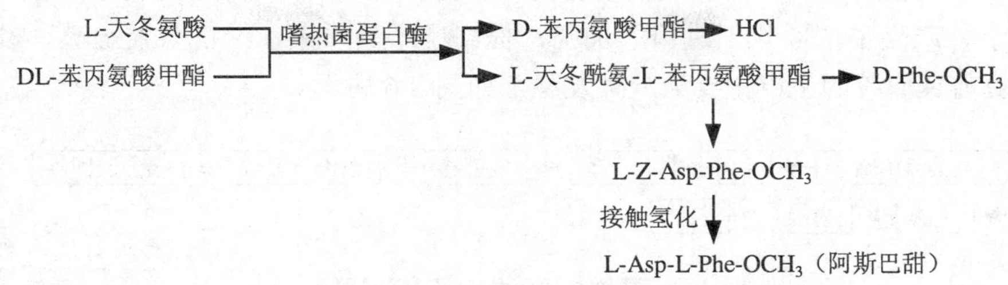

图 8-5　阿斯巴甜的酶法合成路线

由于生产工艺的不断改进，阿斯巴甜的生产成本持续下降。目前应用阿斯巴甜获得相同甜度的成本是蔗糖的 1/3～1/2，再加上健康的因素，因此，在国外阿斯巴甜已在多种食品尤其是饮料中，如汽水、可乐、运动饮料、酸奶等广泛应用。

4．香料

食用香料是具有挥发性的香物质，可以分为天然香料与人造香料两类。天然香料一般是通过动植物原料提取，但大部分植物香精及生鲜食品的香气成分是生物新陈代谢过程中的产物。与香料生产有关的生物技术有：①酶工程技术：如利用酶的不对称反应用于从 DL-薄荷醇中分离 L-薄荷醇等已有很多专利；②基因工程技术：采取突变法，将产香气能力强的遗传因子导入酵母菌中，培育出新酵母菌。用这种新酵母菌酿制葡萄酒及一些果酒，可以提高酒中乙酸异戊酯等 7 种香气的含量，使酒味香气浓郁；③植物细胞工程技术：利用植物细胞、组织和器官大规模培养技术，可大量培养香料植物，从而获得高价值香料物质。

（三）增稠剂

食品增稠剂是能改善食品物理性质或组织状态、黏滑程度的添加剂。增稠剂种类很多。最有名的微生物来源的增稠剂是黄原胶，另外还有从淀粉经微生物酶作用提取制成的β-环状糊精。

1．黄原胶

黄原胶（xanthan gum）是一种微生物多糖，是以甘蓝黑腐病黄单胞菌的菌株 B-1459 为生产菌制得的食用微生物胶体，也叫黄单胞多糖，或汉生胶，是国际上新近发展起来的一种新型发酵产品。黄原胶是以淀粉为主要原料，经微生物发酵及一系列生化过程，最终得到的一种生物高聚物，主要成分是葡萄糖、甘露糖、葡萄糖醛酸等，有突出的高黏性和水溶性，独特的流变学特性，优良的温度稳定性和 pH 值稳定性和令人满意的兼容性。这些特点使黄原胶成为一大批食品、药品和化妆品中用途最广泛的水溶性胶体之一。它可使食品及其他产品具有更长的货架寿命、良好的流动性、均一的黏度、更好的质感、口感和赏心悦目的外观。食品级黄原胶已被广泛使用于各种饮料、肉制品、糕点、方便食品等几十种产品中，取代了进口添加剂，提高了产品质量，经济效益显著，社会需求量很大。目前黄原胶的生产主要为分批发酵，如图 8-6 所示。

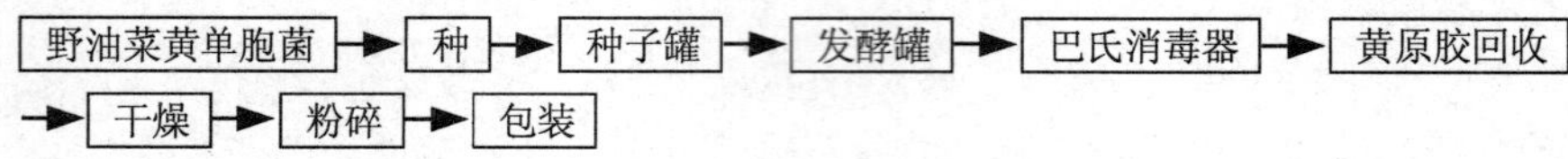

图 8-6　黄原胶发酵生产工艺流程图

其中生产菌种的选育最为关键。除利用常规方法外，采用基因工程手段，定向地改造和构建新型工程菌的高产、优质黄原胶生产菌为理想的选育方法。近年来这个研究领域发展很快，取得了一定的进展，如利用分子克隆的方法得到了利用乳糖的黄原胶生产菌。对于黄原胶的生物合成途径，目前已基本研究清楚，产胶基因簇已被分离出来，并初步确定了每个片段所执行的功能，且可通过分子克隆的方法使其在寄主细胞中表达。因此，利用基因工程手段定向改造和构建新型基因工程菌，如节能工程菌，在不久的将来将成为现实，给黄原胶的生产带来新的突破。

2. β-环状糊精

环糊精（cyclodextrin）指由 6～9 个 D-吡喃葡萄糖单元通过α-1,4 糖苷键连接形成的“锥筒”状分子化合物，对应于 D-吡喃葡萄糖的分子数，分别称为α-、β-、γ-、δ-环糊精。β-环糊精是其中的一种，具有腔内亲油腔外亲水的独特结构，在医药、食品、化妆品等领域有重要应用价值，可应用于某些食品的添加剂，具有增强稳定性，防止氧化和消除异味等功能。β-环状糊精（CD）的酶法生产阶段如图 8-7 所示。

制造β-环状糊精合成菌 → 酶作用于淀粉糊合成β-环状糊精 → β-环状糊精的分离提取精制

图 8-7　β-环状糊精（CD）的酶法生产阶段

其中环糊精葡萄糖基转移酶（CGTase）是一种具有催化功能的多糖类合成酶，可在分解淀粉的同时将开链糊精环化形成环糊精。近年来，人们开始探索制备和利用固定化环糊精葡萄糖基转移酶。如用离子交换树脂作载体并用固定化 CGTase 来制备β-环糊精或用甲醛活化的壳聚糖作为载体，固定 CGTase 等。固定化酶虽有可重复使用、环糊精产率高，并能够实现连续操作等优点，但要运用于工业化生产还需要进行深入的探索。

（四）乳化剂

食品乳化剂是食品工业中用量最多的添加剂，其作用是在食品加工过程中使互不相溶的液体（如油和水）形成稳定乳浊液。主要的食品乳化剂体系为脂肪酸、多元醇酯及其衍生物和天然大豆磷脂。其中甘油脂肪酸酯是世界各国用量最大的食品乳化剂。化学法生产乳化剂存在着催化剂效率不高、副产物多、提纯工艺复杂、收率不高、产品改性难等缺点。脂肪酶有在有机相中能够催化油脂分解、酯交换和酯合成反应的特性，因此在食品乳化剂生产中将有很好的应用前途，它在乳化剂合成及其他有机合成领域也有巨大的应用潜力。实际生产中可利用脂肪酶催化油脂选择性水解生产单酯、脂肪酸和甘油，或催化油脂醇解生产单酯。整个工艺比化学法催化效率高，副产物少，产物分离简单等优点。

（五）防腐剂和抗氧化剂

食品防腐剂（包括抑菌剂、杀菌剂、防霉剂）、抗氧化剂和保鲜剂都是有保持食品质量作用的食品添加剂。防腐剂大多为化学合成品。乳酸链球菌肽（Nisin）是已商业化生产的主要的微生物来源的食品防腐剂，是从乳链球菌发酵产物中提取的一种物质，它对革兰氏阳性菌，包括对造成食品严重危害的许多腐败菌有很强的抑制作用，是被人们广为应用的一种天然食品防腐剂，主要用于乳制品和某些罐头食品的防腐，且可能被人体消化吸收。近年来，在 Nisin 高产菌株的选育、发酵条件的探索、结构基因扩增（PCR 技术）、基因定位和构建克隆菌株等工作领域均取得了一定的进展。

抗氧化剂是一类能防止或减慢食品发生氧化作用，避免发生品质劣变的食品添加剂。抗氧化剂掺入食品后，先于食品与氧气发生反应，从而有效防止食品中脂类物质的氧化。食品的抗氧化剂必须具备无毒、无异味、加入后检测方便等条件。酶工程在食品的抗氧化方面发挥了重要的作用。如用葡萄糖氧化酶可去除果汁、饮料、罐头食品中的氧气，防止产品氧化变质，防止微生物生长，延长食品保存期。

五、功能性食品

功能食品（Functional Food）也称保健功能食品（Functional Health Food），指有调节人体生理功能，适宜特定人群食用，不以治疗疾病为目的的一类食品，除了具有一般食品具备的营养功能和感官功能外，还具有一般食品所没有或不强调的调节人体生理活动的功能。因这类食品强调食品的第三种功能，故称之“功能食品”。我国经卫生部功能评价审定的产品称之为“保健食品”（Health Food）。目前功能性食品主要包括两大类：一是日常功能性食品（日常保健用食品），是根据各种不同的健康消费群（如婴儿、老人、学生等）的生理特点与营养需求而设计的，旨在促进生长发育或维持活力与精力，强调其成分可充分显示身体防御功能和调节生理节律；二是特种功能性食品（特定保健用食品），它着眼于某些特殊消费群（如糖尿病患者、肿瘤患者、心脏病患者、便秘者和肥胖症等）的特殊身体状况，强调在预防疾病和促进康复等方面的调节功能。在功能性食品中真正起生理作用的成分，称为生理活性成分，富含这些生理活性成分的物质称为功能性食品基料或生理活性物质。目前已确定的生理活性物质达上百个品种，包括活性多糖（如真菌多糖）、低聚糖类和多元糖醇、功能性油脂和自由基清除剂等。下面介绍这些生产功能性食品基料的生物技术工艺。

（一）真菌多糖

真菌多糖是一种存在于香菇、金针菇、银耳、灵芝、黑木耳等大型食用或药用真菌中的一些多糖成分，有明显提高人体免疫能力的生理功能，且大部分有很强的抗肿瘤活性，是一种很重要的功能性食品基料。研究证明了真菌多糖不但能治疗机体因免疫系统受到严重损伤而出现的癌症及多种免疫缺损疾病，还能诱导干扰素的产生，且作为药物的真菌多糖对体细胞的毒性极小。除了临床上可用于癌症的免疫治疗，真菌多糖的独特的保健作用也为食用菌多糖在食品工业上的开发利用开辟了广阔的市场前景。近些年来，各种食用菌饮料、口服液、酒类等产品相继问世。

真菌深层发酵技术是在抗菌素发酵技术基础上发展起来的，已有研究认为适合于深层发酵的食用或药用大型真菌多达 80 余种，现以香菇的深层发酵和多糖提取为例予以说明，其流程如图 8-8 所示。

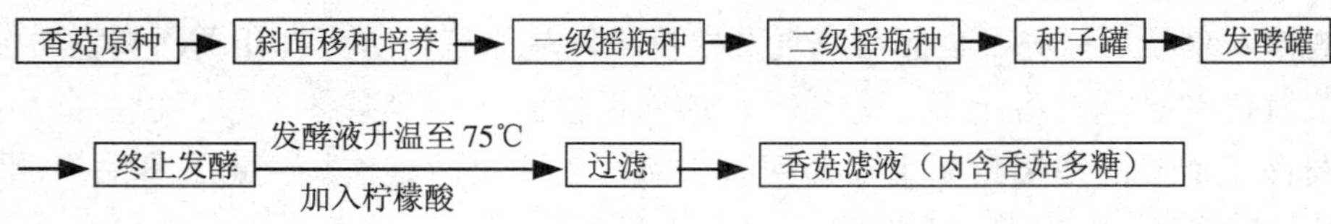

图 8-8　香菇的深层发酵和多糖提取流程

发酵法生产真菌多糖有易于实现工业化连续生产、规模大、产量高、周期短和效益高等优点。

（二）低聚果糖和多元糖醇

1. 低聚果糖

低聚果糖又叫寡果糖或蔗果二糖族低聚糖，属于果糖与葡萄糖构成的直链杂低聚糖。低聚果糖已被确认具有以下 4 个方面的生理功能：①是人体肠道内有益细菌——双歧杆菌的有效增殖因子；②是很难或不被人体消化吸收或根本不提供能量；③是不会引起牙齿龋变；④是可视为水溶性膳食纤维，具有降低血清胆固醇、预防结肠癌等生理功能。低聚果糖被广泛应用在饮料、糖果、糕点、冰淇淋、乳制品及调味料等各种食品中。迄今为止，实现工业化生产的方法有两种：一是由植物菊粉萃取的工艺方法；二是以具有果糖基转移活力的酶作用于蔗糖生产低聚果糖的方法，简称酶法。下面简介低聚果糖的酶法生产技术，如图 8-9 所示。

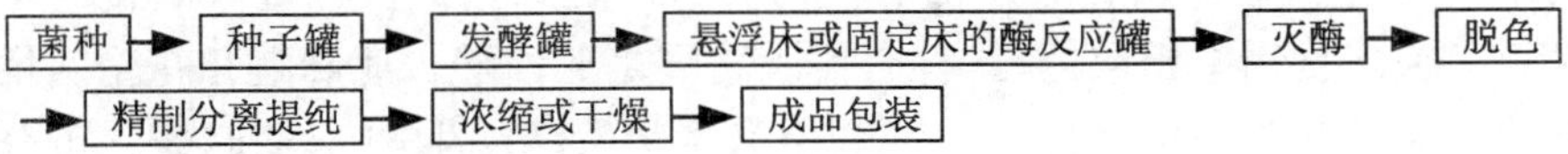

菌种 → 种子罐 → 发酵罐 → 悬浮床或固定床的酶反应罐 → 灭酶 → 脱色
→ 精制分离提纯 → 浓缩或干燥 → 成品包装

图 8-9　低聚果糖的酶法生产流程

工业化生产目前一般采用黑曲霉等产生的果糖转移酶作用于高浓度（50%～60%）的蔗糖溶液，经过一系列的酶转移作用而获得低聚果糖。

2. 多元糖醇

糖醇是一种多元醇。在自然界的水果蔬菜中，均有少量的存在，由于从天然物中提取成本高，所以国内外市场的糖醇，主要是用相应的糖，以催化剂催化加氢，使糖氢化成为相应的醇。由于糖醇有相似的特性，故一种以淀粉不同程度水解物氢化的产物，含有麦芽糖醇、山梨醇、低聚糖醇等多种糖醇的混合物，应用于食品工业，成本低廉，在欧洲、美国、日本等国，有相当的发展。鉴于糖醇是多元醇，所以在有机合成方面也有很多用途。其中特别是山梨醇，由于来源广，生产工艺简单，成本低廉，已在世界多元醇生产中占有重要的地位。

下面我们以山梨醇为例来介绍多元糖醇的生产工艺，如图 8-10 所示。

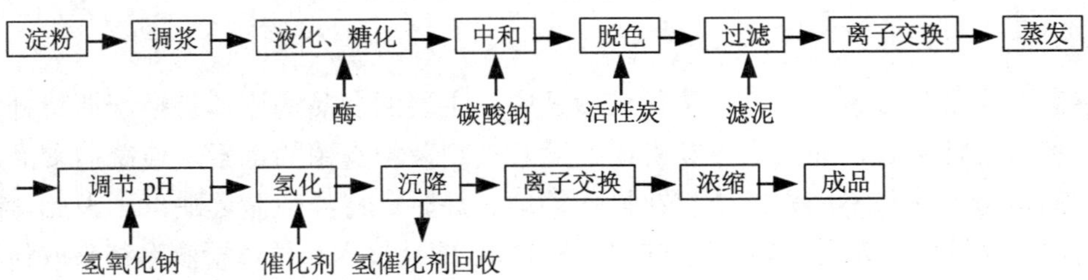

图 8-10　山梨醇酶法生产工艺流程

现今国际上使用较多的多元醇，其市场需求约 265 万 t，山梨醇占 30%，约 80 万 t。由于糖醇类具有一定生理活性，属营养性甜味剂，在口感方面，也比糖精、二肽等高甜度甜味剂优越，在食品工业方工面，可满足不同人群需要的健康食品配料，如防龋齿食品、糖尿病人食品、高血脂和肥胖病人食品等。因而，国内外利用糖醇生产无糖食品呈增长趋势。

（三）功能性油脂

富含饱和脂肪酸的脂肪摄入过多被认为与严重危害人体健康的肥胖症、动脉硬化和冠心病等病密切相关。为此，具有重要生理功能的富含不饱和脂肪酸的油脂已作为功能性食品基料用来代替以饱和脂肪酸为主的动物脂肪，达到保护机体健康的目的。人体不能自行合成而必须从食物中摄取的 3 种必需脂肪酸是亚油酸、亚麻酸和花生四烯酸。生物技术在不饱和脂肪酸生产中的应用：如利用微生物发酵法生产 γ-亚麻酸，可分为菌种选择、发酵和油脂抽提三步。γ-亚麻酸在月见草油及母乳中的含量较丰富，是合成前列腺素的前体物质，具有许多重要的生理功能。添加 γ-亚麻酸食品可对人体起到以下保健作用；①改善特异性反应皮炎；②改善高血脂；③改善糖尿病并发症；④改善胶原病；⑤缓解月经前紧张症。

（四）自由基清除剂

机体代谢过程中产生的过多自由基（Free radical），是引起机体衰老的根本原因，也是诱发肿瘤等恶性疾病的重要因素。因此，自由基清除剂是一种可以增进人体健康的重要活性物质，对食品工业而言也是一种重要的功能性食品基料。如美国、西欧等西方国家应用基因工程菌生产的超氧化物歧化酶（SOD），是生物体内产生的一类能清除氧自由基毒害物的含金属的酶，目前广泛应用在医药、食品及日用化工中。

第二节　生物技术与食品检测

有害微生物及其毒素不能存在于任何食品中。主要的食品病原体包括李斯特杆菌，沙门氏菌和弯曲杆菌等，而人们主要考虑的毒素是细菌和真菌的毒素。传统的食品成分及污染物的检验方法都不同程度地存在操作繁琐、耗时、特异性差等缺点。因此，随着现代生物技术的发展，人们开始运用 DNA 及 RNA 探针技术和抗体检测系统来取代许多传统的检测方法。这些新的方法具有省时、经济和无需非常专业的操作人员等优点。由于应用这些新方法，使食品供应标准有了很大的改善。

一、免疫学技术在食品检测中的应用

食品中的一些大分子或小分子可以直接或间接成为抗原，这使免疫学技术成为快速、灵敏、专一、高效的研究和检测食品的方法。抗原和抗体的作用是免疫学的基础。抗原和抗体的特异性结合的结果，已通过酶促显色反应、荧光反应、放射性同位素等方法显示出来，基于此建立了一系列敏感而实用的标记技术。免疫学技术已在食品生产和科研领域得到了广泛的应用。其应用范围包括食品中农药残留的检测、污染细菌、真菌及其毒素检测、食品中掺假物的免疫学识别和抗生素残留检测等方面。

（一）食品中农药残留的免疫学方法检测

食品中的农药残留包括农用抗生素残留、除草剂残留和有机磷等杀虫剂的残留。对食品中农药残留的免疫学检测和分析的研究始于十多年前。目前农药残留的检测手段主要为毛细管气相色谱、高效液相色谱及其联用技术。但由于免疫学方法具有快速、灵敏、特异、操作简便、无需昂贵的仪器设备和可在采样现场分析等优点，已成为当今农药残留检测技术的主要发展方向之一，越来越受人们的重视。

（二）食品中污染真菌、细菌及其毒素的免疫学检测技术

长期以来，免疫学技术在细菌的病原性和血清型检测与鉴定方面就得到了广泛的应用。在食品安全方面，根霉属、青霉属、曲霉属、毛霉属、拟茎点青霉属、分枝霉属、腐质霉属、散囊菌属、镰孢霉属等食品中常见的污染真菌都可通过免疫学方法进行检测和分析。沙门氏菌、金黄色葡萄球菌、大肠杆菌、李斯特菌、弯曲杆菌、蜡样芽孢杆菌、产气荚膜梭菌、志贺氏菌、耶尔森氏菌、霍乱弧菌、副溶血性弧菌等常见的污染食品的病原细菌和金黄色葡萄球菌肠毒素、肉毒素、大肠杆菌肠毒素和产气荚膜梭菌毒素等病原微生物产生和分泌于食品中的毒素也可用免疫学方法来分析和检测。检测上述病原菌及其毒素的免疫学方法包括免疫沉淀法、放射免疫分析方法和酶免疫分析方法等。

对食品中污染真菌毒素的免疫检测方法的研究开始于 20 世纪 60 至 70 年代，最初用于检测真菌毒素的免疫学方法是放射免疫方法。但由于放射免疫方法的诸多缺点，目前真菌毒素的检测方法已主要是酶免疫方法。在 80 年代，检测真菌毒素的商品试剂盒已开始销售。目前，常见的食品中污染的真菌毒素，如黄曲霉毒素、赭曲霉毒素、玉米赤霉烯酮、串珠镰刀菌毒素、脱氧雪腐镰孢菌烯醇、腐马素、橘霉素和展青霉素等已都有商品试剂盒出售，用来检测玉米、稻谷、大米、花生、小麦、大麦、牛奶、肉类及其制品等食品中污染的各种真菌毒素。

（三）食品中掺假物的免疫学识别

在识别食品中掺假物方面，免疫学方法也发挥着重要的作用。如在绵羊奶或山羊奶奶酪的生产中，假如有牛奶成分掺杂于原料奶中将会影响绵羊（山羊）奶奶酪的品质和加工特性，因此在加工过程中应避免牛奶的掺入。利用包括电泳技术在内的通常的分析

方法，一般很难鉴别出羊奶中是否掺杂有牛奶。若以牛奶中特有的酪蛋白为抗原，制备抗体，然后运用免疫学方法就能够很容易地鉴别出羊奶中是否掺有牛奶。由于牛奶中特有的酪蛋白的耐热性好，因此，免疫学方法也可用于分析和鉴别杀菌或消毒后的奶及其乳酪制品中是否含有牛奶成分。同样原理的免疫学方法也可快速鉴别绵羊奶中是否掺杂有山羊奶。目前德国的一家公司已有上述免疫试剂盒销售。另外，对食品中是否掺杂有激素、罂粟碱（壳）和肉制品中是否掺杂有非肉蛋白等，免疫技术也可进行快速的分析和鉴别。

（四）食品中抗生素残留的免疫检测

食品中的抗生素残留主要来自于农用抗生素和畜用抗生素。食品中抗生素残留的分析检测方法很多，主要有薄层层析、液相色谱、气相色谱、气质联用、微生物抑制实验、微生物受体实验、免疫学方法及这些方法相互结合在一起的衍生方法，如将微生物抑制实验和液相色谱结合在一起的所谓生物色谱。作为其中的一种检测方法，近年来免疫学方法愈来愈受到重视。目前国外的一些公司已开始出售用于检测食品中磺胺类抗生素、氯霉素、链霉素、四环素、新霉素和庆大霉素等抗生素残留的免疫检测试剂盒。

二、 分子生物学技术的应用

现代分子生物学的飞速发展也为食品检测提供了先进的技术手段，其中的 PCR 技术和分子杂交技术，由于具有快速、特异、灵敏等优点，已被广泛应用于检测食品中的致病微生物和追踪传染源等方面。

沙门氏菌是一种重要的人畜共患传染病病原微生物，主要寄生在人和动物的肠道内，可引起人的食物中毒、胃肠炎和动物腹泻。因此，不管是食品卫生还是动物检疫，沙门氏菌都成为必检项目之一。现在，可利用酚提取法或碱裂解法制备模板并利用 PCR 诊断试剂盒来检测。结果发现，用该试剂盒检测的人工感染和自然发病动物血液和粪便中的沙门氏菌，阳性率均比培养法高，而且用培养法检测阳性的样品在 PCR 法中均为阳性。用 PCR 法仅需几小时，大大缩短了检测时间。

第三节 转基因食品

随着基因工程技术在动物、植物和微生物的基因改良中广泛应用，转基因食品便由此产生和发展，并成为食品领域的新热点。转基因技术在食品生产和加工等相关领域的应用，不仅可以增加粮食和其他食品原料、辅料的产量、培育动物的优良品种或品系，而且能够提高动植物的抗病性，改善食品的性状和营养品质，优化食品加工工艺。同时，对彻底解决施用农药、化肥造成的污染问题都具有非常重要的意义。

一、转基因食品概述

简单地说，转基因食品是指利用转基因技术把有利的遗传物质转移到食品的生物细胞内，使其获得产量高、营养高和抗病能力强等特点。随着世界人口的迅猛增长及人民生活质量的日益提高，传统的农业生产技术如杂交技术已不能满足人们对物质生活的需求。转基因食品正是在这种背景下产生的具有广阔发展前景的生物技术产品。在利用基因工程手段改善农作物的品质，如口感、营养、质地、颜色、形态及成熟度等方面，科学家们具有浓厚的兴趣。利用转基因技术可使人们得到或即将得到以前各种各样从未见过或听过的食物。转基因技术应用于食品生产具有很多优点：①可提高食品的品质。如转猪生长激素基因的猪可减少脂肪的含量；②可延长水果、蔬菜的货架期及改善感官特性。如转基因番茄；③增加碳水化合物。如转基因番茄淀粉含量高，对加工番茄酱很有利；④提高必需氨基酸的含量。通过基因工程可以增加食品中必需氨基酸的含量，提高食品的功能特性；⑤增加农作物抗逆能力。如抗虫害的苹果；⑥提高肉、奶和畜类产品的数量和质量。如转牛生长激素基因的牛可提高乳牛的产奶量；⑦生产功能性食品。如基因修饰过的茶叶富含黄酮类物质；⑧生产可食性疫苗或药物。如转基因香蕉可用来生产肝炎、痢疾、腹泻等肠道疾病的疫苗。

二、转基因食品的检测

现在，转基因食品已逐步进入普通人的生活，为保证广大消费者的权益，满足其选择权和知情权及国际贸易的需要，转基因食品的检测越来越受到重视。转基因产品的检测实质就是检测转基因产品中是否存在外源 DNA 序列或重组蛋白产物。由于转基因农作物的种类多、数量大，所以检测难度很大。与庞大的植物基因组相比，转基因作物的外源 DNA 太小了，这就要求检测技术的灵敏度非常高。对植物性转基因食品的检测采用的技术路线有两条，一是检测表达的重组蛋白，主要采用 ELISA 法、蛋白杂交和生物学活性检测等；二是检测插入的外源基因，主要应用生物芯片技术、PCR 技术和核酸杂交技术等。转基因食品的快速检测已成为许多科研单位的研究重点，如上海市农科院 2006 年的主要研究方向是使市民凭一张试纸就能确定眼前的番茄、大豆、玉米是否是转基因栽培的。

三、转基因食品的安全性及其展望

自然食品是安全的，经过人工修饰的转基因食品还是安全的吗？自从转基因食品诞生以来，转基因食品的安全性一直是人们关注的焦点。转基因食品的话题在科研、经济、贸易、政治、文化和伦理领域引起了激烈的争论。人们对转基因食品的担忧主要有 3 种，①是新加入的基因能否在无意中对消费者的健康造成威胁；②是新基因给食物链其他环节能否造成无意的不良后果；③是转基因作物的生存竞争性对自然界的生态平衡有无影响。在这中间，人们最关注转基因食品对人类健康的影响。但是无论拥护者还是反对者谁都没有拿出令人信服的证据来说服对方，转基因食品的安全性争论仍然非常激烈。一些欧洲国家，如英国、奥地利等国几乎禁止销售转基因食品，而北美国家则对其大开方便之门。我国采取的是非常客观的态度，在进行转基因技术研究的同时，对转基因的安全性也很重视，建立了转基因产品的安全评价体系。

转基因食品给人类带来的好处是明显的，不仅能生产出营养丰富、产量大而且可口的食物，还能抗病虫害、便于运输，大大降低了成本，提高了人类的食物质量。因此，将转基因技术应用于动物、植物和微生物的商业化已经成为一种趋势，尽管建立在植物基因遗传修饰基础上的食品工业正在遭受挫折，如欧洲公众对这一产业的态度是怀疑的。但是，有理由相信，随着有关转基因食品技术的发展和公众认识的不断加深，公众将最终能够接受转基因食品，转基因技术将成为造福人类的一项重大技术。

复习思考题

1. 什么是 SCP，作为新的蛋白资源，其优点有哪些？
2. 生物技术在食品检测中的应用有哪些？
3. 你是如何看待转基因食品的？
4. 你熟悉 SOD 吗？你知道它的应用吗？
5. 请归纳生物技术在食品工业中有哪些应用？

主要参考文献

[1] 宋思扬. 生物技术概论. 北京：科学出版社，1999.
[2] 吴乃虎. 基因工程原理（第二版）. 北京：科学出版社，2001.
[3] 闫桂琴. 生命科学技术概论. 北京：科学出版社，2003.
[4] 廖湘萍. 生物工程概论. 北京：科学出版社，2004.
[5] 姜涌明，赵国骏. 蛋白质化学. 扬州：扬州大学农学院，1997.
[6] 陶兴无. 生物工程概论. 北京：化学工业出版社，2005.
[7] 王岁楼. 食品生物技术. 青岛：海洋出版社，1998.
[8] 尤新. 功能性发酵食品. 北京：中国轻工业出版社，2000.
[9] 良朗都. 食品添加剂在饮料中的应用. 北京：中国轻工业出版社，2005.
[10] 刘莉. 动物生物化学. 北京：中国农业出版社，2001.
[11] 王大成. 蛋白质工程. 北京：化学工业出版社，2002.
[12] 孙俊良. 发酵工艺. 北京：中国农业出版社，2002.
[13] 彭志英. 食品生物技术. 北京：中国轻工业出版社，1999.
[14] 张柏林等. 生物技术与食品加工. 北京：化学工业出版社，2004.
[15] 陆兆祥. 现代食品生物技术. 北京：中国农业出版社，2002.
[16] 河北大学生物信息中心. 蛋白质数据库. http://hpdb. hbu. edu. cn/structure.
[17] 中国食品工业网. http://www. cfiin. com.

第九章　生物技术与人类健康

【知识目标】

了解生物技术对人类的健康、生活质量等方面的重大影响；理解生物技术在疾病诊断、疫苗生产、生物制药、疾病治疗等方面的重要作用；掌握生物技术在人类健康方面的主要应用。

第一节　生物技术与疾病诊断

传染病病原体通过某种方式在人群中传播，常造成传染病流行，这对人民的生命健康和国家经济建设有着极大的危害。

对于传染病的诊断，如何尽早检测感染性因子的种类是一个很重要的问题，因为它对疾病的针对性治疗及其预后有着极其重要的意义。传统的传染病诊断技术，一是根据临床症状判断，但这要求被感染者必须发病，有了临床症状才可进行诊断，况且有些疾病其临床表现非常相似，不具有典型症状，又难以判断；二是先对病原物质进行分离培养，对培养物进行一系列的生理生化检测，从而确定病原体的种类，但这种方法需要花费较多的时间，成本高、速度慢、效率低，而且有些如病毒类、衣原体类的病原体至今仍没有有效的体外培养方法，从而影响了疾病的诊断。利用现代生物技术，发展快速、灵敏、操作简便的新的诊断技术在疾病防治上具有积极的意义。

一、酶联免疫吸附检测技术（ELISA）与单克隆抗体

（一）酶联免疫吸附检测技术（ELISA）的原理

ELISA 是以酶联免疫吸附试验为基础的测定技术。1971 年，瑞典的 Engvall 等人分别以纤维素和聚苯乙烯试管作为固相载体吸附抗原或抗体，结合酶技术建立了酶联免疫

吸附检测法。1974 年 Voller 等又将固相支持物改为聚苯乙烯微量反应板，使 ELISA 技术得以推广应用。

ELISA 法的基本原理是：先将已知的抗体或抗原结合在某种固相载体上，并保持其免疫活性；测定时，将待检标本和酶标抗原或抗体按不同步骤与固相载体表面吸附的抗原或抗体发生反应；用洗涤的方法分离抗原抗体复合物和游离成分；然后根据底物颜色的有无及颜色的深浅判断阴性或阳性反应及反应强度，所以可以用于定性或定量分析。

（二）常用 ELISA 诊断技术

目前常用于检测抗原或抗体的 ELISA 法有以下两种。

1. 测定抗体的间接 ELISA 法

病原体或其他外源大分子物质进入机体后都可能刺激机体产生相应的抗体，所以可以通过检测某种病原体的相应抗体来判断机体是否曾经被某种病原体所感染，达到诊断目的。

该方法首先将已知量的抗原（如某个病原体的蛋白质）吸附（也称包被）于固相载体（微孔滴定板的微孔内），加入待检测的样品，如病人血清，温育反应一定时间。此时，如血清中有该病原体蛋白质的抗体，将被吸附在微孔板上。然后洗涤以去除未结合的蛋白质（抗原）。最后加入酶标抗抗体（如血清为人血清，则加入抗人血清的抗体），同样保温、洗涤后加入无色的酶底物，保温一定时间进行酶促反应，观察反应后颜色的有无及深浅，判断反应结果。若有颜色反应，说明检测样品中含有相应的抗体，所以是阳性反应，根据颜色深浅，还可以进行定量分析；反之，若为无色，说明样品中无相应抗体，为阴性反应。如图 9-1（a）所示。

2. 测定抗原的双抗体夹心法

病原体及其大分子物质进入机体后都可能成为一种抗原，所以检测机体内的抗原同样可以判断机体是否感染了相应的病原体。

该方法是将抗原免疫第一种动物（如兔子、小鼠、山羊、绵羊或豚鼠中的一种）获得第一种抗体。将第一种抗体吸附在微孔板上，加入待测样品（如人的血清或其他）经保温反应后洗涤。如果待测样品中含有相应的抗原，则该抗原将被吸附在抗体上从而保留在微孔板上。加入用相同抗原免疫的另一种动物产生的抗体（第二种抗体），同样保温洗涤后，第二个抗体液将与抗原结合而保留在微孔板上，最后加入抗第二种抗体的酶标抗体，保温、洗涤后，将使酶标抗抗体也结合在微孔板上，加底物显色后判断反应结果，判定方法同上。如图 9-1（b）所示。

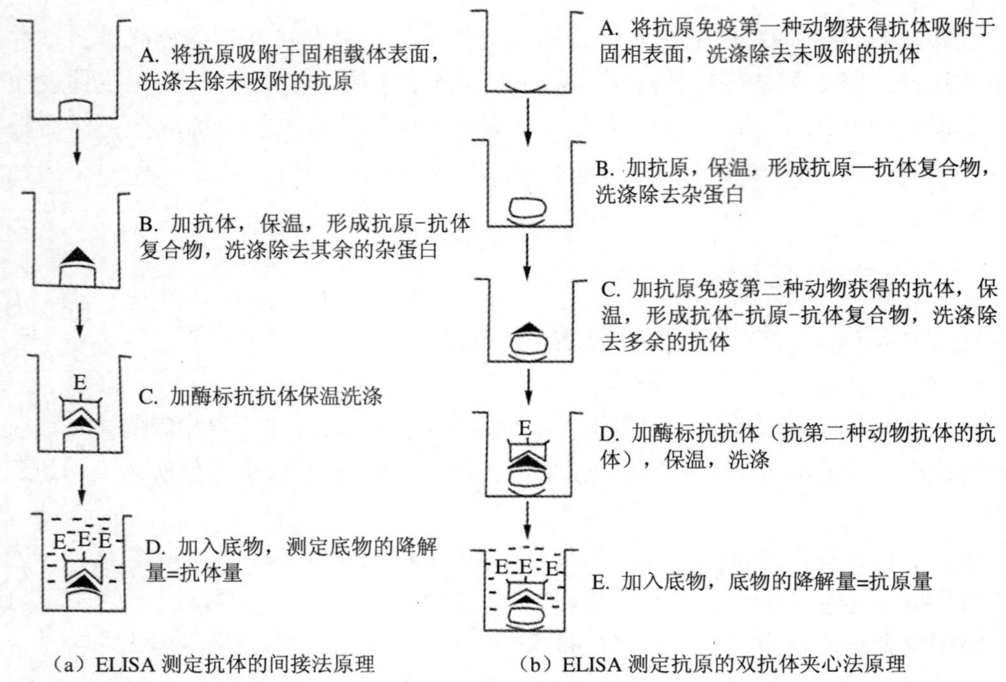

（来源：张龙翔等，生物化学实验方法和技术（第二版），1997）

图 9-1　ELISA 原理示意图

（三）多克隆抗体与单克隆抗体

ELISA 技术除了要制备抗原检测抗体外，有时还必须制备抗体，用于检测抗原。抗体的制备可以将制备的抗原直接免疫动物，在被免疫的动物的血清中将会含有相应的抗体，通过一系列的纯化技术就可获得相应的抗体。但由于一个抗原通常会有多个抗原决定簇，所以由此方法制备的抗体是含有可分别与多个抗原决定簇结合的多种抗体的混合物，这些由同一抗原而产生的不同的抗体统称为多克隆抗体。利用多克隆抗体进行疾病的诊断，至少有以下几方面的缺点。

（1）特异性较低，这是由于不同的病原体之间可能会有相似的抗原决定簇，这种多克隆抗体将会与不同的病原体产生的抗原进行反应，所以假阳性率较高；

（2）产品质量难于控制，这是因为被免疫的动物个体存在差异。同种抗原免疫后，其产生的抗体含量分别与识别不同抗原决定簇的抗体含量有所不同，而且各批次的抗体之间也会有差异；

（3）生产过程费时、步骤多、成本高。于是，人们认识到要把抗体应用于临床诊断或治疗，必须要制备单一类型的只针对某一特定抗原决定簇的抗体分子，也就是单克隆抗体。由于单克隆抗体只识别某一特定的抗原决定簇，所以它具有特异性强、成分均一、灵敏度高、产量大、容易标准化生产等优点而明显优于多克隆抗体。目前世界上已建立的单克隆抗体品种数以万计，其中数千种已经上市。

单克隆抗体虽然主要用于病原体感染的体外诊断，但其应用远远不仅如此，其应用范围相当广泛，包括：

（1）肿瘤治疗。将肿瘤治疗药物结合到抗肿瘤的特异单克隆抗体上，制成生物导弹，利用抗体与肿瘤的特异结合能力，使药物集中到肿瘤部位，减少药物的副作用。

（2）检测肿瘤相关蛋白质。通过检测与肿瘤相关的蛋白质，如癌胚抗原、甲胎蛋白等，对肿瘤进行早期诊断及治疗后的疗效评价。

（3）检验血液中的药物含量。包括检测违禁药物，检测治疗药物，如庆大霉素、环孢素等的浓度，以确定最佳用药量。

（4）确定激素水平。用于评价内分泌功能及妊娠试验，特别是早孕的检验。

（5）鉴定微生物病原体。包括细菌性、病毒性、寄生虫性传染病的临床诊断及食品、环境等可能污染物的病原体检验。

（6）其他领域的应用。包括动植物病原体的检测、分离某些贵重的生物活性物质等。

二、DNA 诊断技术

众所周知，一个生物体的各种性质和特征都是由它所含的遗传物质所决定的。从理论上讲，任何一个决定特定生物学特性的 DNA 序列都应该是独特的，都可以用作专一性的诊断标记，这就是 DNA 诊断的理论基础。

1978 年 Kan 和 Dozy 首先应用羊水细胞 DNA 限制性片段长度多态性（RFLP）作为镰刀状细胞贫血症的产前诊断，从而开创了 DNA 诊断的新技术。20 多年来，DNA 诊断技术取得了飞速的发展，建立了多种检测方法，这些检测方法可以用于遗传性疾病、肿瘤、传染性疾病等多种疾病的诊断。下面就 DNA 诊断技术的某些分析方法做一介绍。

（一）PCR 技术

聚合酶链式反应（PCR）技术是一项体外扩增特异 DNA 片段的技术。1983 年由美国 Cetus 公司的 K.Mullis 创建。采用这种方法，在反应系统中只要有一个拷贝待扩增的 DNA 片段，在短短几小时内就能扩增出大量拷贝数的特异性 DNA 片段，可满足用于常规方法的 DNA 检测和重组。这种方法除了可以用于基因工程目的基因的制备外，还可以用于某些疾病的诊断。

寻找到传染性因子的特异DNA序列，以这段DNA序列作为靶序列，设计特异引物，对待测样品进行 PCR 扩增。如果检测出了相应的扩增带，则判定为阳性反应；反之，如无扩增带，则为阴性反应。目前，能够利用 PCR 扩增技术进行检验的传染性因子有：结核杆菌、淋球菌、多种导致腹泻的肠道传染性细菌、丙型肝炎病毒、人类免疫缺陷病毒、人嗜T细胞病毒、乙肝病毒、巨细胞病毒、人乳头瘤病毒、肠道病毒、肺炎支原体等。

表 9-1 可进行基因诊断的传染因子

病毒	细菌	寄生虫
单纯性疱疹病毒	大肠杆菌	锥虫
肝炎病毒	沙门氏菌	丝虫
巨细胞病毒	耶尔森氏菌	疟原虫
腺病毒	分枝杆菌	血吸虫
风疹病毒	弯曲菌	利什曼原虫
Epstein-Barr 病毒	军团菌	旋毛虫
轮状病毒	博代氏杆菌	小泰氏梨浆虫
人乳头瘤病毒	弧菌	弓形虫
人类免疫缺陷病毒	链球菌	
细小病毒	葡萄球菌	
鼻病毒	淋病奈瑟氏菌	
	立克次氏体	
	支原体	
	衣原体	

（来源：陈仁彪等，医学遗传学，1994）

利用 PCR 技术也可用来进行遗传性疾病的基因诊断。如α-地中海贫血的 Bart 综合征是由于基因的缺失引起的一种遗传病。选择特异的引物对这一缺失区域进行扩增，如果是非缺失的正常个体将会得到一定大小的扩增片段。反之，具有缺失的遗传病个体没有扩增片段产生或扩增的片段较小。

由于大多数遗传性疾病缺乏有效的治疗手段，所以对于具有某种遗传病的家系的出生前的胎儿进行产前诊断，对患病胎儿实施人工流产或引产不失为一条避免遗传病患儿出生，从而达到优生目的的有效方法。

利用 PCR 技术及近年来发展起来的 PCR-RFLP［多聚酶链反应（PCR）-限制性片段长度多态性（RFLP）分析］、PCR-ASO［多聚酶链反应（PCR）-等位基因寡核苷酸（ASO）分析］、LCR（连接酶链式反应）等项技术进行产前诊断具有重要的意义。因为这些技术具有很高的灵敏度，只要在产前采集极微量的羊水、绒毛或脐带血就可进行怀孕早期的诊断而不影响胎儿的正常发育。

PCR 检测技术具有极高的灵敏度，可以检测极微量的病原体，所以可在感染的早期进行诊断。但同样也是由于其高度灵敏，如果操作不当很容易产生假阳性反应。

（二）生物芯片技术

生物芯片是将生物活性物质如细胞、DNA、蛋白质等以微阵列的方式有序地排布在固相载体上，在人工限定的条件下进行生化反应，用仪器读取生物信息的器件。

生物芯片的载体一般可用硅片，也可以用玻璃、塑料或尼龙。生物活性物质相当微小，有的要以纳米计，以点阵的方式排列在硅基上，很像计算机的芯片，所以科学家形象地将它取名为“生物芯片”。它主要是通过微加工和微电子技术在固体芯片表面构建微型生物化学分析系统，以实现对生命机体的组织、细胞、蛋白质、核酸、糖类以及其他生物组分进行准确、快速、大信息量的检测。目前常见的生物芯片分为三大类：即基因芯片、蛋白芯片、芯片实验室。

生物芯片的主要特点是高通量、微型化和自动化。生物芯片上高度集成的成千上万密集排列的分子微阵列，能够在很短时间内分析大量的生物分子，使人们能够快速准确地获取样品中的生物信息，检测效率是传统检测手段的成百上千倍。生物芯片将是继大规模集成电路之后的又一次具有深远意义的科技革命。基因芯片是生物芯片技术中发展最成熟和最先实现商品化的产品。

目前生物芯片在临床检验方面的应用主要有：

1. 遗传病的检测

从正常人的基因组中分离出的 DNA 与 DNA 芯片杂交就可以得出标准图谱。从病人的基因组中分离出的 DNA 与 DNA 芯片杂交就可以得出病变图谱。通过比较、分析这两种图谱，就可以得出病变的 DNA 信息。这种基因芯片诊断技术以其快速、高效敏感、经济、平行化、自动化等特点，将成为一项现代化诊断技术。

2. 传染性因子的检测

利用传染性因子的特异 DNA 序列，制作成 DNA 芯片，用于检测病人的血液或体液，从而判断病人是否被相应的传染因子感染。例如，艾滋病、丙型肝炎、肺结核等传染性因子的生物芯片已经面市，还有多种用于检测传染性因子的生物芯片正在研究之中。

3. 血液疾病的检测

1997 年，Affymetrix 公司开始将 DNA 芯片技术用于诊断地中海贫血，检测β-珠蛋白基因的突变，适用于大面积病人的筛查，具有高准确性、高自动化的特点。

生物芯片在医学领域中具有广泛的应用前景，包括基础医学研究，例如，特异性相关基因的克隆、基因功能的研究、毒理学研究、基因序列分析等；药物研究，例如，药物靶标的研究、药理学研究、新药的高通量筛选等；以及临床检验等。使用基因芯片分析人类基因组，可找出癌症、糖尿病等由遗传基因缺陷引起的疾病的致病遗传基因。生物医学研究人员可以在数秒钟内鉴定出导致癌症的突变基因；借助一小滴测试液，医生们能预测药物对病人的功效和是否有毒副作用；利用基因芯片分析遗传基因，未来可以使糖尿病的确诊率达到 50%以上。利用基因诊断，医疗将从目前千篇一律的“大众医疗”时代，过渡到依据个人遗传背景而异的“个体化医疗”时代。生物芯片技术的深入研究和广泛应用，将对 21 世纪人类生活和健康产生极其深远的影响。

第二节　生物技术与疫苗

疫苗是一种特殊的药物，是一类由病原微生物制成的、经过物理化学方法使其失去致病能力但能诱导机体产生抗这种病原微生物感染的物质，包括蛋白质、多糖、核酸、活载体或感染因子等。疫苗主要用于健康人群，特别是婴幼儿和儿童。传染病仍然是人类健康的大敌，而接种特异性疫苗是提高人体免疫力、预防传染病最有效的措施。

一、疫苗概述

（一）疫苗的研究与发展

人类利用疫苗预防传染病可追溯到公元 10 世纪，在宋朝的真宗年代（公元 998—1023 年），我国就有了接种人痘预防天花的记载。到了明代则已广泛种植痘苗。1796 年英国医生琴纳（Jenner）发现牛痘也可感染人，但症状轻微，被牛痘感染的人可终身获得对天花的免疫能力，所以他开始改用更为安全的牛痘代替人痘接种。由于科学技术的进步以及世界各国人民的共同努力，1980 年 5 月，第三十三届世界卫生大会庄严宣告全世界已消灭天花。这是人类利用疫苗战胜烈性传染病的一项伟大壮举。

19 世纪中叶，法国科学家巴斯德（Pasteur）在对鸡霍乱病的研究中，发现将鸡霍乱弧菌连续培养几代后，可以使细菌的毒力降到很低，给鸡接种这种减毒细菌后，可使鸡获得对霍乱的免疫力，从而巴斯德首次发明了细菌的纯种培养技术及减毒活疫苗的制备技术，鸡霍乱疫苗就此诞生。1885 年 6 月，巴斯德用它制备的狂犬疫苗挽救了一个被疯狗咬伤的男孩的生命，这是减毒疫苗首次应用于人类。之后，利用巴斯德建立的减毒、弱化或灭活病原体作疫苗的技术，科学家们发明了许许多多的人用传染病疫苗，有的还一直沿用至今，如百日咳杆菌疫苗、白喉杆菌疫苗、破伤风杆菌疫苗、结核杆菌疫苗（卡介苗）、脑膜炎双球菌疫苗、脊髓灰质炎病毒疫苗、麻疹病毒疫苗、乙型脑炎病毒疫苗等。这类用病原体减毒或弱化的疫苗称为经典疫苗，也称为第一代疫苗。表 9-2 所示为已用于人类疾病预防的主要疫苗（菌苗）。

表 9-2　已用于人类疾病预防的主要疫苗（菌苗）

疫苗	疫苗	疫苗
小儿麻痹	麻疹	卡介苗（结核病）
白喉-百日咳-破伤风	乙型肝炎	乙型脑炎
流行性脑炎	甲型肝炎	流行性感冒
狂犬	风疹	腮腺炎
麻疹-风疹-腮腺炎	出血热	腮病毒（Ad4、Ad7）
水痘	黄热病	轮状病毒（腹泻）
伤寒	钩端螺旋体	霍乱
鼠疫	斑疹伤寒	布氏杆菌
炭疽杆菌	痢疾	链球菌肺炎
嗜血杆菌（流感）	痘苗（天花）	纽莫法 23（肺炎）

（来源：宋思扬等，生物技术概论，2004）

经典疫苗的使用，对人们预防传染病的传播做出了不可磨灭的贡献，但它在生产和使用过程中具有不安全性及对某些传染病使用效果不明显的缺陷。在疫苗生产和使用中因减毒或灭活不彻底，使生产者和免疫接种者受到传染病的威胁。因此，科学家们一直在寻找更安全、更有效的新一代疫苗。

20 世纪 70 年代之后，由于现代生物技术的迅猛发展，人们开始利用基因工程技术来生产疫苗。基因工程疫苗是将病原体的抗原基因克隆在细菌或真核细胞内，利用细菌或真核细胞生产病原体的抗原，因为它是利用抗原而不是病原体本身作为疫苗，所以它是安全的。人们还可以利用基因工程技术，将同一病原体的不同抗原簇，重组在一个基因上以表达含不同抗原决定簇的多表位抗原，从而提高免疫效果；还可以将不同病原体的抗原克隆于同一工程菌或工程细胞内，以表达不同病原体的抗原，制备成多价疫苗。基因工程疫苗被称为第二代疫苗。

1990 年，Wolff 首次发现在小鼠肌肉内注射质粒 DNA，质粒及其所携带基因可以被细胞摄取并表达。此后，核酸疫苗（DNA 疫苗）在多个领域迅速发展起来。所谓的核酸疫苗是指将含有编码的蛋白质基因序列的质粒载体，经肌肉注射或微弹轰击等方法导入宿主体内，通过宿主细胞表达系统表达抗原蛋白，诱导宿主产生对该抗原蛋白的免疫应答，以达到预防和治疗疾病的目的。这种疫苗兼有基因工程疫苗的安全性和减毒活疫苗激发机体强免疫反应的双重性，且免疫效果持久、制备简便、省时价廉等优点，短短几年内已获得了可喜的成果并展示了诱人的前景。这种疫苗称为第三代疫苗。

（二）疫苗的应用

1. 疫苗的基本要求

当代疫苗的发展趋势是增强免疫效果、简化接种程序、提高免疫接种效率。疫苗至少应具备以下几个特点。

（1）安全性。疫苗都是用于健康人群，特别是婴幼儿和儿童的免疫接种，其质量的优劣直接关系到千百万人的健康和生命安全，因此在疫苗生产过程中，世界各国的疫苗生产企业应严格按照药品生产质量管理规范（GMP）进行生产，用科学、合理、规范化的管理方法保证药品的质量。灭活疫苗菌种为致病性强的微生物，应予彻底灭活；活疫苗的菌种要求遗传性能稳定，无复发，无致癌性；血源制品需要对献血人员进行严格检查，确保血液不含病原物质（如 HbsAg、HCV、HIV 等），无热原及过敏原；尽量减少接种后的副作用，推荐使用口服疫苗以尽量减少注射次数。

（2）有效性。疫苗接种后能在大多数人中引起保护性免疫，群体的抗感染能力增强。除疫苗本身的有效性外，在实施免疫过程中的多种因素也影响疫苗的效果，如接种对象、人体生理状态等。理想的免疫接种是接种后既能引起体液免疫，又能引起细胞免疫，而且维持的时间长。疫苗能否提供 T 淋巴细胞识别的表位直接影响疫苗的效果。细胞因子有可能成为新型佐剂，它与疫苗共同使用可以调节免疫应答的类型，增强免疫效果。

（3）实用性。疫苗的可接受性十分重要，否则难以达到高的覆盖率。要求简化接种程序，如口服疫苗、多价疫苗。同时要求无不适反应，易保存、运输，价格低廉。

2. 疫苗接种

（1）计划免疫。计划免疫是根据某些特定传染病的疫情和人群免疫状况，按照规定的免疫程序有计划地进行人群预防接种，以提高人群免疫水平，达到控制以至最终消灭相应传染病的目的而采取的重要措施。免疫程序的制定是实施计划免疫工作的重要内容，应从实际出发制定合理的免疫程序（表 9-3）。严格按照程序实施接种，提高接种率，充分发挥疫苗的作用，有效地控制相应传染病的流行。

目前，中国常规定的计划免疫所使用的疫苗分为以下三类：

① 卫生部规定的计划免疫管理的疫苗，包括卡介苗、口服脊髓灰质炎减毒活疫苗、吸附白百破三联疫苗、冻干麻疹活疫苗及白破二联疫苗；

② 卫生部规定的纳入儿童计划免疫管理的疫苗，如乙肝疫苗；

③ 各省（自治区、直辖市）纳入或拟纳入儿童计划免疫管理的疫苗，如流行性乙型脑炎疫苗、流行性脑脊髓膜炎多糖疫苗、风疹疫苗、流行性腮腺炎疫苗。

表 9-3 中国推荐的儿童免疫程序

年（月）龄	疫苗	序数	免疫途径
新生儿	卡介苗	第 1 次	皮下
	乙肝疫苗	第 1 次	肌内
1 月龄	乙肝疫苗	第 2 次	肌内
2 月龄	脊髓灰质炎减毒活疫苗	第 1 次	口服
3 月龄	脊髓灰质炎减毒活疫苗	第 2 次	口服
	百白破三联疫苗	第 1 次	皮下
	乙肝疫苗	第 3 次	肌内
4 月龄	脊髓灰质炎减毒活疫苗	第 3 次	口服
	百白破三联疫苗	第 2 次	皮下
5 月龄	百白破三联疫苗	第 3 次	皮下
6 月龄	乙肝疫苗	第 4 次	肌内
8 月龄	麻疹活疫苗	第 1 次	肌内
1.5～2 岁	百白破三联疫苗	第 4 次	皮下
4 岁	脊髓灰质炎减毒活疫苗	第 4 次	口服
7 岁	卡介苗	第 2 次	皮下
	麻疹活疫苗	第 2 次	肌内
	白破二联疫苗	第 1 次	肌内
10～12 岁	卡介苗	第 3 次	皮下

（2）疫苗技术面临的挑战。在世界范围内，使用疫苗进行预防疾病成功的事实，极大地增强了人类战胜疾病的勇气和信心，但是传染病问题依然非常严重。自 1981 年发现了人类缺陷病毒（HIV），依当时的经验和科学技术水平，认为很快会研制出针对艾滋病的有效疫苗，然而，二十多年过去了，全球艾滋病感染者已达 4 000 万。科学技术人员为防治该病已耗资数千亿美元研制 HIV 疫苗，虽然有许多实验性疫苗进入临床，但仍然没有真正有效的疫苗问世。

1989 年发现的丙型肝炎病毒，至今使人一筹莫展，它具有类型多、抗原易变、不能通过组织培养进行人工繁殖以及相互拮抗的抗原表位复杂等特点，不仅使得传统的疫苗研制方法无法着手，而且运用基因工程技术也显得无能为力。

2003 年年初我国局部地区发生的传染性非典型肺炎，即严重急性呼吸综合征（SARS），在短短的几个月之内迅速蔓延，这是 21 世纪出现的第一个严重和易于传播的新疾病，给人类的生命健康带来了威胁，造成了巨大的经济损失。面对这个突如其来的灾难，在世界卫生组织包括我国在内的世界各国科学家的协调努力下，虽然在很短的时间内确定了此次疾病流行的病因是一种新的冠状病毒，但是目前只能对症治疗，而没有很好的治疗和预防方法，研究 SARS 疫苗迫在眉睫。

总的来说，新的病毒会不断产生（HIV、HCV、SARS 等），而老的病毒又在不断变异（如流感病毒等）。研究疫苗虽然有很多的困难，但是，从理论上来讲，对于任何在恢复期能产生天然特异性免疫力的传染病，都可以研制出安全、有效的预防性疫苗。下面主要介绍第二代及第三代疫苗。

二、病毒性疾病的疫苗

（一）肝炎病毒疫苗

病毒性肝炎是目前世界上广为流行的传染病之一。已发现的肝炎病毒已达六种，分别用甲、乙、丙、丁、戊、庚命名。还有另外两种分别用己、辛命名的病毒（也称输血传播病毒，transfusion transmitted virus，TTV），尚不能最终确定是否与肝炎有关。估计全世界肝炎病毒携带者多达 5 亿人。每年新患者达 5 000 多万人。其中又以乙型肝炎为最，携带者估计达 2 亿人。乙肝病毒携带者有可能转变成慢性肝炎，慢性肝炎病毒携带者的肝癌发生率是非携带者的 100 倍，在全世界范围内约有 60%以上的肝癌发病与乙肝有关。

由于乙型肝炎（hepatitis B）的猖獗和严重危害，世界各国均将乙型肝炎的检测和预防作为医学研究的重点。1982 年，乙肝疫苗首次在美国面市，但由于当时生产的乙肝疫苗是从人携带者的血液中分离出的病毒经灭活后作为疫苗，因而受到血液来源和技术的限制。制成的疫苗数量少、价格昂贵、难以推广。并且由于是血液制品，安全上没有保障。为避免受艾滋病病毒的污染，有些国家已禁止使用乙肝血源性疫苗。为此，科学家们将眼光瞄准了基因工程疫苗。

1986 年美国 FDA 首先批准了 Merck 公司基因工程乙肝疫苗（酵母表达系统）上市。日本、英国和以色列等国的基因工程乙肝疫苗也很快地陆续上市。目前用基因工程生产乙肝疫苗主要有两种方法。一是美国和日本等国家采用的，将重组 DNA 导入酵母菌，由酵母菌产生乙肝抗原而制成的疫苗；二是以色列等国家采用的，将重组 DNA 导入仓鼠细胞，由仓鼠细胞生产疫苗。乙肝病毒的 DNA 疫苗也已进入临床观察。

我国乙型肝炎感染情况相当严重，全国无症状携带者约占抽样总人口的 1/10，约有 1 000 万人为慢性乙肝病毒携带者，每年新发现的乙肝患者约占总人口的 0.7%。由于乙肝病毒又是慢性肝炎、肝硬化、肝癌的主要病因之一，在已知的肝癌致癌因素中仅次于烟草。我国每年有 10 多万人死于肝癌，占世界肝癌死亡总数的 40%。乙肝传染途径主要通过阳性血源污染及母婴传播，为了有效控制乙肝的传播，最有效的方法之一是阻断医院内的血源传播，更重要的是给每年约 1 200 万新生儿接种疫苗，以阻断母婴传播。目前我国已在城市新生儿中开展此项免疫计划。然而要彻底消灭乙肝则需要 40～50 年坚持不懈的努力。

我国在乙肝疫苗研究和生产上取得了同样令人瞩目的成果。我国在第六个五年计划期间，经科学家们的努力，已有血源疫苗供应，并使乙肝感染得到了初步的控制。目前我国生产的基因工程疫苗，主要采用酵母表达系统表达乙肝表面抗原作为疫苗，同时也建立了哺乳动物细胞的高效表达系统。由于乙肝在我国的感染人群很大，要消灭乙肝，需要更经济、有效的新型乙肝疫苗。由于人群中约有 10%的人对现有乙肝疫苗无反应，因此目前国内外都在致力于开发新一代乙肝疫苗。

甲型肝炎和丙型肝炎是两种经由消化道传染的流行较广的病毒性肝炎。国外已有甲型肝炎病毒灭活疫苗面市。我国使用的减毒疫苗也取得了很好的效果。国内基因工程（不带病毒的遗传物质）甲肝病毒及痘苗活病毒疫苗（将甲肝病毒的抗原基因插入到减毒的牛痘病毒基因组中，构建重组病毒，经它感染可不断分泌甲肝抗原，达到长期免疫的目的）也显示了很好的免疫原性。

被丙型肝炎病毒感染后，大部分病人转为慢性肝炎，其中部分病人可发展为肝硬化甚至肝癌，目前尚无特效治疗药物或预防方法，因此对感染者的危害远大于乙肝病毒感染。因此，研制一种高效、安全、价廉的丙肝疫苗，是目前世界各国科学家们面临的当务之急。但由于丙型肝炎病毒目前尚未能培养成功，而且丙肝病毒还存在着高突变率，尤其是包膜区的多变性，目前已知至少存在 6 种不同基因型的病毒，各型之间的异源性高达 25%～30%，给丙肝疫苗的研究带来了重重困难。这也是为什么至今仍未见有丙肝疫苗上市的原因之一。核酸疫苗概念的提出，给丙肝疫苗研制带来了希望。尽管如此，丙肝核酸疫苗的研究仍有许多问题有待解决。

（二）艾滋病病毒疫苗

艾滋病（人类获得性免疫缺陷综合征，Acquired Immune Deficiency Syndrome，AIDS）是由人类免疫缺陷病毒（HIV）感染引起的，最早在中非发现。艾滋病主要传播途径包括性传播、静脉注射毒品、共用污染的注射器和针头、输血、母婴传播。由于艾滋病的迅速蔓延，已给人类的健康带来了极大的威胁。艾滋病自 1981 年发现以来已遍布全球五大洲，到 2003 年年底，已使 4 000 多万人感染，死亡人数达 300 多万。该流行趋势仍以每天 1 600 例 HIV 感染者的速度蔓延，90%新的感染者都在发展中国家。专家们认为，从长远的观点来看，疫苗是对付艾滋病的最好办法。艾滋病疫苗的研究也是目前国际上基因工程疫苗研究投入最大的项目。

目前国际上包括 DNA 疫苗在内的大约有 20 多种疫苗在进行着临床试验，其中大部分仍然处于初级阶段，只有 8 种进入较大规模的临床试验，但还没有一种疫苗能进入实用阶段。

（三）其他病毒性疾病疫苗

1. 狂犬病疫苗

狂犬病是一种由狂犬病毒引起的中枢神经系统急性传染病。目前，狂犬病仍在全世界 87 个国家和地区流行，估计每年因狂犬病而死亡者达 35 000 人。狂犬病疫苗是继天花之后，人类最早应用的第二个疫苗。狂犬病死亡率为 100%，促使人们对狂犬病疫苗的制备和使用进行了大量的研究。狂犬病疫苗经历了脑组织细胞培养、基因工程、合成肽及抗独特型抗体疫苗等几个发展阶段。由于脑组织疫苗可引起严重的神经系统副作用，目前大多已停止使用。细胞培养疫苗具有良好的抗原性、副作用少，所以在控制人类狂犬病方面发挥着重要的作用。为了克服减毒疫苗的潜在危险，曾使用基因工程方法在大肠杆菌、酵母菌、哺乳动物细胞中表达狂犬病毒糖蛋白，但由于免疫性较差，产量较低，最后转而采用狂犬病毒-痘苗活疫苗重组病毒作为疫苗。最近，又进行了动物实验，效果较好且更为安全的金丝雀痘病毒活疫苗。

2. 脊髓灰质炎疫苗

小儿麻痹症是由脊髓灰质炎病毒引起的中枢神经系统疾病。据世界卫生组织报道，发达国家由于使用疫苗，小儿麻痹症已能得到很好的控制，但在发展中国家仍然是对公众健康的主要威胁。经研究发现，脊髓灰质炎病毒衣壳蛋白 VP_1、VP_2 和 VP_3 在实验动物身上能诱导产生相应的中和抗体，使其获得对病毒的免疫能力，并已制成了注射用的小儿麻痹症疫苗。

3. EB 病毒疫苗

EB（Epstein-Barr）病毒是 5 种疱疹病毒之一。在非洲，这种病毒主要侵染 B 淋巴细胞，引起伯基特（Burkitt's）淋巴瘤；在地中海地区及包括我国在内的亚洲地区则主要侵染口、咽上皮细胞引起鼻咽癌。现在已成功地构建 EB 病毒膜抗原的重组痘苗病毒，以及中国仓鼠表达系统，并完成了成人、儿童和幼儿的免疫观察。

4. 流感疫苗

引起流行性感冒的流感病毒在世界范围内广泛流行。由于流感病毒与丙肝病毒类似，极易发生变异，其包膜蛋白的快变性使得流感病毒能逃避中和抗体的作用，因而出现流感的周期性大流行，所以流感病毒一直未能有有效疫苗面市。

除此之外，目前正在研制或已上市的基因工程病毒性疾病疫苗还有单纯疱疹病毒疫苗、流行性出血热病毒疫苗、风疹病毒疫苗、轮状病毒疫苗等。

（四）基因工程多价疫苗

所谓基因工程多价疫苗是指利用基因工程的方法将多种病原体的相关抗原融合在一起，产生一种带有多种病原体抗原决定簇的融合蛋白，或将多种病原体相关的抗原克隆在同一个载体（多价表达）上，达到对多种相关疾病同时免疫的目的。美国于 1986 年 10 月首先研制了一种含有疱疹病毒、肝炎病毒和流感病毒的疫苗。

三、细菌性疾病的疫苗

由于细菌和其他病原体的表面结构相对病毒而言比较复杂并处于动态变化状态，所以这种性质在大多数情况下不利于基因工程疫苗的开发。并且细菌感染在大多数情况下可用抗生素控制，因此目前使用的细菌基因工程疫苗没有病毒疫苗广泛。

（一）霍乱弧菌疫苗

霍乱是由霍乱弧菌感染而引起的烈性肠道传染病，主要症状是发烧、脱水、腹痛和腹泻。它可通过被污染的饮用水而传播，在自来水净化和过滤系统严重不足的发展中国家，霍乱始终是一个巨大的威胁。

霍乱弧菌不进入血液，只局限在肠道内，但它在肠道内繁殖并释放大量的肠毒素。实际上肠毒素就是真正的致病物。该毒素由 A 和 B 两个亚单位组成，A 亚单位刺激腺苷酸环化酶，产生 cAMP 并在小肠黏膜细胞内积累，导致大量水和电解质排出，引起剧烈腹泻，导致严重脱水，酸中毒而死亡。B 亚单位则能促使 A 亚单位进入细胞。A 亚单位和 B 亚单位均能诱导机体产生中和抗体。

根据霍乱弧菌的致病机制，科学家们设想如果能改造霍乱弧菌的基因结构，使编码 A 亚单位的基因突变，不能产生 A 亚单位，但保留 B 亚单位的基因，细菌能继续产生 B 亚单位。那么这种细菌将是一种不会致病但仍保留免疫原性的细菌了。

美国哈佛大学 Mekalanos 等通过诱变缺失的方法，获得了 A 亚单位缺失 0595 品系，以此制成了减毒疫苗。

（二）麻风杆菌疫苗

麻风是由麻风分枝杆菌引起的慢性传染病。这是 1837 年由 Hansen 最早确定的人类第一个致病菌。但由于这种细菌仍然未能在体外培养，因而严重地阻碍了对麻风病的诊断、免疫学和治疗学方面的研究，也严重地阻碍了疫苗的开发。

1976 年，人们发现犰狳是除了人之外唯一可以让麻风杆菌自由增殖的动物，使麻风疫苗的研制成为可能。之后，从 20 世纪 70 年代中期至 80 年代中期，人们对麻风减毒疫苗进行了许多研究，并在人及犰狳中进行了对比接种观察，发现麻风疫苗与卡介苗（一种常用的结核病疫苗）联合使用效果更佳。这种疫苗既可以预防健康者受麻风杆菌的感染，也可以控制或减轻已被感染者的病情发展和病型的恶性转化。但是应该指出，由于麻风病的潜伏期特别长，可达 5～25 年，一种有效的疫苗对一位可检查出来的麻风结节病患者的抑制只有十几年，也就是说，大约10～15年才能看出抗麻风结节疫苗的预防效果。

（三）幽门螺杆菌（HP）疫苗

自从Warren等（1983）首次成功分离幽门螺杆菌（HP）以来，大量的研究结果证实HP是慢性胃炎和消化道溃疡的主要病原体。由于慢性胃炎可发展为胃黏膜萎缩、异型增生，最终导致胃癌，故世界卫生组织（WHO）将之列为Ⅰ级生物致癌原。一些资料表明人类HP的感染可达40%～60%，故HP疫苗的研究在上述疾病的防治上具有重要的意义。

在基因工程细菌病疫苗研究与应用方面，还有致腹泻大肠杆菌疫苗、痢疾疫苗、鼠伤寒沙门氏菌疫苗、淋球菌疫苗、脑膜炎双球菌疫苗等。

四、寄生虫病疫苗

（一）疟原虫疫苗

疟原虫是引起疟疾的一种寄生虫。疟疾是一种广泛传播的人类寄生虫病。据世界卫生组织估计，亚热带地区至少有3.5亿人受疟疾的折磨，而整个世界则达8亿人，每年有1.5亿例发生。引起人类疟疾的有四种疟原虫：恶性疟原虫，感染力强、增殖迅速、引起的症状严重、死亡率高，它是由疟疾引起死亡的病因；间日疟原虫，传播范围也不小，发病率很高；而三日疟原虫和卵形疟原虫则流行较少。

由于疟原虫及其传播媒介蚊子的抗药性的获得，使得其疫苗的研究更显其重要性。目前疟原虫的基因工程疫苗有抗孢子疫苗，如GSP蛋白质；抗裂殖子疫苗；抗配子母细胞疫苗等。

（二）血吸虫疫苗

血吸虫是引起血吸虫病的病原体。感染人类的血吸虫主要有三种，即埃及血吸虫、曼氏血吸虫及日本血吸虫。该病是一种严重威胁人类健康的慢性消耗性疾病，流行于亚洲、非洲和拉丁美洲的75个国家。世界上约有5亿～6亿人受到此病影响。尽管吡喹酮的疗效及安全性较好，但除非长期重复使用，否则难于控制再感染的发生。在1991年世界卫生组织召开的血吸虫病疫苗研究策略研讨会上，与会者一致认为血吸虫病疫苗的研究是必要的、可行的。

血吸虫基因工程疫苗主要有两大类：一类是虫体蛋白质，一类是酶性抗原。

寄生虫的DNA疫苗也是20世纪90年代之后寄生虫疫苗研究的一个主要方向，目前，正在研究的有血吸虫、疟原虫、利什曼原虫、小隐孢子虫等寄生虫DNA疫苗。

五、避孕疫苗

当前，世界人口已达 60 亿，而且每年还以 0.1 亿的速度增长，人口压力一直是影响发展中国家经济发展的重要因素之一。因此，控制人口增长一直是这些国家面临的紧要问题。除了国家制定的一系列法规政策之外，避孕技术的进步和推广是有效控制人口增长的重要技术手段。基于目前免疫学在生殖机理中的研究，探索以疫苗技术达到避孕的目的，从理论和技术上都是可行的。随着疫苗技术的不断发展，避孕疫苗越来越受到学者的关注。

（一）精子避孕疫苗

精子避孕疫苗早在 20 世纪 30 年代已开始研究，但是由于其结果不肯定和出于伦理学的考虑而放弃。70 年代之后才有计划、系统性地重新开展研究工作。精子避孕疫苗就是利用精子的特异性蛋白质为抗原，免疫男性或女性，诱发产生相应的中和抗体，减少精子的产生，阻断受精过程，从而达到避孕的目的。

目前，利用基因工程技术已成功的克隆了多个蛋白质基因，但是，若要获得与天然蛋白质结构完全相同并且具有高度免疫活性的重组蛋白，还需要解决一些技术问题，还要进一步研究哪些蛋白质抗原在灵长类中最有效、毒副作用最小，同时还要考虑最佳的佐剂及最佳给药途径等一系列问题。

（二）激素类避孕疫苗

精子和卵子的产生过程、受精过程及妊娠过程需要多种激素参与，人们设想以这些激素作为抗原，免疫男性或女性以产生相应的中和抗体，降低机体内相应的激素水平使精子或卵子不能产生或不能受精或不能怀孕，同样可以达到避孕的目的。目前，进入临床实验的已有人绒毛膜促性腺激素（HCG）、促性腺激素释放激素（GnRH）和促卵泡激素（FSH）等。

第三节　生物技术与生物制药

生物技术应用于制药工业不仅可以生产出大量廉价的防治人类重大疾病的新型药物，而且将引起制药工业技术的重大变革。据统计，国际上已取得的生物技术的 60%研究成果都集中在医药工业。运用现代生物技术解决了过去常规方法不能生产或者生产成本特别昂贵的药品，开发出了一大批新的特效药物，研制出了一批灵敏度高、性能专一、实用性强的临床诊断试剂，找到了某些疑难病症的发病原理和医治的新方法。

生物药物分为两大类：一类是天然生物药物，包括从动植物、微生物等个体种制取的各种天然活性物质及其人工合成或半合成的天然物质类似物；另一类为基因工程药物，是利用重组 DNA 技术生产的多肽、蛋白质、酶、激素、疫苗、单克隆抗体和细胞生长因子等。

一、天然生物药物

自古以来，人类在同疾病做斗争的过程中，通过以身试药等途径，对天然药物的应用积累了丰富的经验，天然药物一般指来源于植物、动物、微生物、海洋生物、矿物的药物。天然来源的药物可分为原始天然化合物以及通过半合成或全合成得到的天然产物。这里我们仅以抗生素为代表的微生物来源药物为主介绍天然生物药物。

（一）微生物药物

微生物药物，包括抗生素和具有其他药理作用的微生物次级代谢产物，以及以微生物次级代谢产物为先导化合物，通过生物或化学方法制得的衍生物。

微生物制药在医药工业中占有重要的地位，目前全世界微生物药物的总产值约占医药工业总产值的15%左右。在我国，微生物制药也是医药工业的支柱行业之一。

1928 年弗来明（Fleming）发现一种被称为点青霉的真菌能产生一种被称为青霉素的物质。这种物质可以抑制许多细菌的生长，它在治疗感染性疾病中发挥了巨大作用。受青霉素的启发，极大地鼓舞和激发了人们从微生物代谢产物中筛选新的抗感染药物及新的抗菌抗生素，筛选规模不断扩大，新发现的抗菌物质数量不断增加，内酰胺类、氨基糖苷类、大环内酯类、四环素类等一系列新天然抗生素相继问世。迄今人们已发现了约 6 000 种具有抗生活性的天然物质。估计每年还会有 100～200 种新的抗生素被发现。全世界每年抗生素的产量超过 10 万 t，产值约 100 亿美元。

临床上使用的抗生素大多用于细菌感染引起的疾病，如青霉素、头孢菌素、氯霉素、四环素等。还有一些抗生素用于真菌引起的感染，如灰黄霉素；用于肿瘤化疗，如博来霉素；用于寄生虫感染，如杀滴虫霉素；用于器官移植及自身免疫性疾病的免疫抑制，如环孢菌素 A 等。

目前，广泛应用的抗菌抗生素主要由放线菌产生，特别是链霉菌属的放线菌，少数来自于真菌、细菌、动物或植物。

虽然抗生素在医疗卫生领域中的广泛应用，使许多疾病特别是细菌引起的传染性疾病得到了有效控制，但另一方面，由于抗生素的滥用，已使许多细菌产生了抗药性。例如结核杆菌引起的结核病曾是死亡率极高的疾病，抗生素的发现和应用后此病已几乎绝迹，但由于抗药性结核杆菌的出现，该病在包括我国在内的许多国家近几年来又有重新流行的趋势，我国 2002 年乙类传染病发病报告显示肺结核的发病数和死亡数仅次于肝炎而排列第二位，应引起足够的重视。

人们在寻找抗菌抗生素的过程中逐步认识到，微生物产物化学结构多种多样，生物活性十分广泛，是筛选和开发各种治疗药物的良好资源。随着抗肿瘤、免疫调节、酶抑制、受体拮抗剂或激动剂、离子通道调节、抗寄生虫等各种生物活性物质的广泛筛选和分离，众多非抗生物类活性物质不断从微生物代谢产物中被发现。免疫抑制剂环孢菌素 A 和 FK506、降血脂药物落伐他汀等一批临床极为有效的微生物药物已开发成功。

（二）其他天然药物

从植物中提取的有用次生代谢物，如生物碱、萜类、醌类、黄酮类等是现代医药的重要原料。由于植物细胞的全能性，通过离体细胞的大规模克隆，即可从收获的细胞培养物中萃取人们所需要的天然化合物，如紫杉醇、青蒿素、长春新碱、地高辛等。

由于人参疗效显著，天然资源少，生长速度慢，所以价格昂贵。人们试图寻找其他途径生产妊娠的有效成分——人参皂苷。早在 1964 年，我国科学家罗士伟教授首先成功地进行了人参组织培养，其后许多国家也先后开展了人参组织培养生产人参皂苷的研究工作。现在已经可以用组织培养方法生产，并证实其药理药性与生药——新鲜人参相同。

紫杉醇是近年来发现的重要抗癌药物，能有效地治疗卵巢癌、乳腺癌等癌症。但由于紫杉醇是从珍稀植物紫杉中提取的，所以如何得到充足的药物一直是医学家和环境学家争论的问题。紫杉醇的生产只能通过大量的砍伐这种珍稀植物，这显然将对环境产生不良影响。所以目前科学家们正在开展紫杉醇细胞培养法及真菌发酵法生产的研究，现已取得了一定成效。

利用生物技术生产或处于研究阶段的药物还有：强心苷、莨菪碱、利血平、育努皂苷原、胆固醇、β-谷甾醇、羊毛甾醇、人参二醇、人参三醇、油烷酸、胡萝卜素、维生素 C 等。

二、基因工程药物

基因工程药物是指利用重组 DNA 技术生产的多肽、蛋白质、酶、激素、疫苗、单克隆抗体和细胞生长因子等。

蛋白质是生命活动最重要的物质之一，已知很多蛋白质与人类的疾病密切相关。众所周知的侏儒症与病人缺少生长激素有关；一些糖尿病则是由于胰岛素合成不足引起的；出血不止的血友病人则是由于缺少凝血因子Ⅷ或凝血因子Ⅸ。在 DNA 重组技术出现之前，大多数的人用蛋白质药物主要是从人体血液、尿液中或动物组织或器官中提取的，成本高但产率和产量都很低，供应十分有限。并且从人体来源的材料中提取很难保证这种蛋白质药物不被某些病原体，如肝炎病毒、艾滋病病毒污染，所以存在不安全因素。

首先，基因工程技术生产药物最大的好处在于它能从极端复杂的肌体细胞内取出所需要的基因，将其在体外进行剪切拼接，重新组合，然后转入适当的细胞中表达，从而生产比原来多数百、数千倍的相应的蛋白质。例如，用传统技术 2 L 人血只能生产 1 μg 人血白细胞干扰素，而 1 L 细菌发酵液则可生产 600 μg；生产 10 g 胰岛素传统技术要用 450 kg 猪胰脏，而用基因工程技术只需 200 L 细菌培养液。

其次，通过基因工程制药，所用生产菌中细菌、酵母菌生长条件相对简单，容易大量培养，可大大降低生产成本。

再次，用基因工程生产人源的蛋白质药物将是安全有效的，不用担心其他病原体的污染，也不用担心动物源药物的抗原性。

另外，基因工程技术不仅可以获得大量的有活性的人源药物，而且可以通过基因工程的方法对蛋白质基因的结构加以改造以改变蛋白质结构，使这种被修饰后的蛋白质药物性质更加稳定、活性更高，副作用更低。

1982 年 10 月，世界上第一个基因工程药物——治疗胰岛素依赖性糖尿病的人胰岛素在美国正式获准上市。至今已有 100 多种药物经过严格的动物药理、毒理试验及临床试验已获准大批量生产并上市。300 多种处于临床阶段，近千种处于研发状态，形成一个巨大的高新技术产业，产生了不可估量的社会效益和经济效益。基因工程药物主要是医用活性蛋白和多肽类，可分为以下几类。

1. 细胞因子类

包括干扰素（IFN）、白介素（IL）、集落刺激因子类、生长因子类、趋化因子类、肿瘤坏死因子类。

2. 激素类

如生长激素、胰岛素、人促皮质激素等。

3. 治疗心血管及血液病的活性蛋白类

包括溶解血栓类、血凝因子类、生长因子类和血液用品。

4. 治疗和营养神经的活性蛋白类

此类活性蛋白如神经生长因子（NGF）、脑源性神经营养因子（BDNF）、睫状神经营养因子（CNTF）、神经营养素 3（NT-3）、神经营养素 4（NT-4）、神经营养素 5（NT-5）、NEU-配体（NAF）等。

5. 可溶性细胞因子受体类

如 IL-1 受体、IL-4 受体、TNF 受体、补体受体等。

6. 导向毒素类

（1）细胞因子导向毒素。如 IL-2 导向毒素、IL-4 导向毒素、EGF 导向毒素。

（2）单克隆抗体导向毒素。如抗-B4-封闭的蓖麻毒蛋白、抗-CD6-封闭的蓖麻毒蛋白。

基因工程药物的生产，在获准大批量生产、上市之前，必须对其安全性和有效性进行仔细、严格的测定和审批，如表 9-4 所示。

表 9-4　基因工程药物的研制与审批程序

1. 基因工程细胞（细菌）的构建
1）目的基因的分离
2）高效表达工程菌株/细胞株的构建
3）表达产物的鉴定
4）工程菌株/细胞株培养和遗传稳定性研究
2. 实验室小量生产
1）表达产物有效成分的纯化
2）有效成分理化和生物学特性的鉴定
3）产品制备工艺和质量检定的条件和方法
3. 中试生产（培养规模、产率、纯化得率、纯度、效价）
1）其表达量不能低于小试水平
2）连续三批的产量要够做临床前研究、质量检定和Ⅰ～Ⅱ期临床试验用
3）中试工艺确定后不能再做大的变动，要有详细的操作规程和质量指标（效价、纯度、理化特性等）
4. 临床前安全性研究
1）药效
2）药理
3）毒理（急性毒性、长期毒性、药代动力学）
5. 申请和进行新药临床研究
1）Ⅰ期临床试验（安全性）10～30 例自愿健康受试者
2）Ⅱ期临床试验（疗效、治疗剂量、毒副反应、禁忌症）300 例典型病例
6. 获“新药证书”
1）试生产（具备 GMP 车间和生产许可证），两年
2）Ⅲ期临床试验（不良反应、疗效、新的适应症）
7. 正式生产

第四节　生物技术与疾病治疗

利用生物技术手段可以对人体某些疾病进行有效地控制和治疗，本节将对疾病的基因疗法和干细胞应用的有关知识进行学习。

一、基因治疗

简言之，用基因治病就叫基因治疗。但必须指出，所谓用基因治病，实际上指的是把功能基因导入病人体内使之表达，并因表达产物——蛋白质发挥了功能使疾病得以治疗。这与核苷类药物的应用是两码事，不能混为一谈。

（一）基因治疗的基本原理

基因作为人机体内的遗传单位，不仅可以决定我们的相貌、高矮，而且它的异常变化也将会不可避免的导致各种疾病。某些缺陷基因可能会遗传给他们（或者她们）的后代，例如，血友病。

基因治疗的基本原理来源于人类对自身遗传机制的了解。基因治疗的提出最初是针对单基因缺陷的遗传疾病，目的在于用一个正常的基因来代替缺陷基因或者来补救缺陷基因的致病因素。1990 年美国国立卫生研究院（NIH）的 Blase RM 和 Anderson WF 用 ADA（腺苷酸脱氨酶）基因治愈一位由于 ADA 基因缺陷导致严重免疫缺损的 4 岁女孩，致使世界各国都掀起了研究基因治疗的热潮，至今基因治疗的研究内容也从单基因的遗传病扩大到多基因的肿瘤、艾滋病、心血管病、神经系统疾病、自身免疫病和内分泌疾病等。

（二）基因治疗的类型和方法

1. 基因治疗的类型

基因治疗的结果就像给基因做了一次手术，治病治根，所以，有人又形容其为“分子外科”。

我们可以将基因治疗分为性细胞基因治疗和体细胞基因治疗两种类型。性细胞基因治疗，是在患者的性细胞中进行操作，使其后代从此再也不会得这种遗传疾病。但实际上，目前的技术水平还远远没有达到要求，难以解决关键的基因定点整合（或称基因打靶）问题，加之勇于接受治疗的志愿患者甚少，还不能进入临床试验。体细胞基因治疗，是当前基因治疗研究的主流。截至 1996 年 6 月，世界上接受这一疗法的患者已达 1 537 例，说明体细胞基因治疗的技术路线具有较好的可操作性。但体细胞基因治疗的不足之处也很明显，它并没有改变病人已有单个或多个基因缺陷的遗传背景，以致在其后代的子孙中必然还会有人要患这一疾病。

2. 基因治疗的方法

从 1990 年转移 ADA 基因到现在的大部分基因治疗临床试验都是先从病人体内获得某种细胞（例如，T 淋巴细胞）进行培养，在体外完成基因转移后，筛选成功转移的细胞进行扩增培养，然后重新输入患者体内。这种方法虽然操作复杂，但效果较为可靠，称其为体外基因治疗。同时，科学家们又千方百计设计出更加简便的基因治疗方法。例如，1994 年美国科学家利用经过修饰的腺病毒为载体，成功地将治疗遗传性囊性纤维化病的正常基因 cfdr 转入患者肺组织中。这种直接往人体组织细胞中转移基因的治病方法叫做体内基因治疗。

（三）基因治疗的研究现状和发展前景

1. 基因治疗的研究现状

无论哪一种基因治疗目前都处于初期的临床试验阶段，均没有稳定的疗效和完全的安全性。因此，在没有完全解释人类基因组的运转机制，充分了解基因调控机制和疾病的分子机理之前进行基因治疗是相当危险的。1999 年 9 月，一位 18 岁美国青年 Jesse Gelsinger 因一种在医学上称为鸟氨酸转氨甲酰酶不足症的罕见遗传性疾病而在美国宾夕法尼亚州大学人类基因治疗中心接受基因治疗时不幸死亡，成为被报道的首例死于基因治疗中的患者。

2. 基因治疗的发展前景

当前，在巨大的市场利益推动下，基因治疗研究已经从简单的单基因缺陷病到更加复杂的多种基因相关性疾病，例如肿瘤。在这种情况下增强基因治疗的安全性，提高临床试验的严密性及合理性尤为重要。经十多年的发展，基因治疗研究取得了可喜的进展，但在技术方面、伦理道德方面以及安全性方面仍然面临着众多困扰。尽管基因治疗仍有许多障碍有待克服，但总的趋势是令人鼓舞的。据统计，截至 1998 年年底，世界范围内已有 373 个临床法案被实施，累计 3 134 人接受了基因转移试验，充分显示了其巨大的开发潜力及应用前景。正如基因治疗的奠基者们当初所预言的那样，基因治疗这一新技术的出现将带来医学的革命性变化。

二、干细胞的利用

干细胞是一种未充分分化，尚不成熟的细胞，具有再生各种组织器官和人体的潜在功能，医学界称之为“万用细胞”。按分化潜能的大小，干细胞基本上可分为三种类型：一类是全能性干细胞，它具有形成完整个体的分化潜能，如胚胎干细胞（简称 ES 细胞），它是从早期胚胎的内细胞团分离出来的一种高度未分化的细胞系，具有与早期胚胎细胞相似的形态特征和很强的分化能力，它可以无限增殖并分化成为全身 200 多种细胞类型，进一步形成机体的所有组织、器官。另一类是多能性干细胞，这种干细胞具有分化出多种细胞组织的潜能，但却失去了发育成完整个体的能力，发育潜能受到一定的限制，骨髓多能造血干细胞是典型的例子，它可分化出至少 12 种血细胞，但不能分化出造血系统以外的其他细胞。第三类干细胞为单能干细胞（也称专能、偏能干细胞），这类干细胞只能向一种类型或密切相关的两种类型的细胞分化，如上皮组织基底层的干细胞、肌肉中的成肌细胞或叫卫星细胞。

研究干细胞增殖和分化机制的最终目的是应用干细胞治疗疾病。从理论上讲，干细胞可以用于各种疾病的治疗，因为多能干细胞经刺激后可发展为特化的细胞，就有可能用于修复受损伤的组织和器官，从而可用于治疗各种疾病、身体不适和残疾。但其最适合的疾病主要是组织坏死性疾病如缺血引起的心肌坏死，退行性疾病变如帕金森综合征，自体免疫性疾病如胰岛素依赖型糖尿病等。

目前科学家已能在体外以干细胞为种子培育成功一些组织器官，来替代病变或衰老的组织器官。假如在年老时能使用上自己或他人婴幼儿或青年时期采集保存的干细胞及其衍生组织，那么人类长期追求的长生不老和幻想就有可能成为现实。造血干细胞移植是目前治愈白血病和某些遗传性血液病的唯一希望，在肿瘤和难治性免疫疾病的治疗中也有其独特的作用。

从总体上讲，干细胞研究还处于起步阶段，其成为研究热点还只是近几年的事，到目前为止人们已经能够分离、培养干细胞，但要诱导胚胎干细胞定向分化，还是一件很困难的事。干细胞各项功能的发现给人类战胜疾病、永葆青春展示的美好前景，使得这项研究蕴藏的巨大商机令许多人为之心动。美国目前有 40 余家风险企业在从事这一新技术的研究开发，其中一些公司已把它推向商业化阶段。据有关机构预测，干细胞医疗的潜在市场大约为 800 亿美元，如果将药物等有关的产业计算在内，2020 年前后的全球市场规模可达 4 000 亿美元。

第五节　人类基因组计划

人体细胞中有 23 对共 46 条染色体，一个染色体由一条脱氧核糖核酸，即 DNA 分子组成，DNA 又由四种核苷酸 A、G、T 和 C 排列而成。基因是 DNA 分子上具有遗传效应的片段，或者说是控制生物遗传性状的基本单位，人类基因组指的是人类生殖细胞所包含的全部基因，是人类遗传信息的总和。

20 世纪 90 年代在国际上启动的“人类基因组计划”（HGP），是美国科学家于 1985 年率先提出的，旨在阐明人类基因组 30 亿个碱基对的序列，识别其中的约 10 万个人类基因，破译人类全部遗传信息，从而获得人类最基本的生物学信息，使人类第一次在分子水平上全面地认识自我。

一、HGP 产生的背景

近年来的研究显示，除人类早已认识到的遗传性疾病受基因控制以外，肿瘤、肥胖、高血压、冠心病、糖尿病、痴呆、精神分裂症、暴力倾向、酒瘾等重大疾病或行为的产生都与基因缺陷有关，都是环境因子如化学物质、病毒或其他微生物、营养以及体内各种因素（包括精神因素、激素、代谢或中间产物等）作用于人体基因的最终结果。人类基因组包含着决定一个人生、老、病、死以及精神、行为等活动的全部遗传信息。

启动人类基因组计划最初源于人类肿瘤计划的失败。20 世纪 70 年代，美国科学家试图用传统医学方法解开肿瘤之谜，但是，不惜血本的投入换来的是令人失望的结果。人们渐渐认识到，包括癌症在内的各种人类疾病都与基因直接或间接相关。而测出基因的碱基序列，则是基因研究的基础。这时，科学家们面临两种选择：要么“零敲碎打”地从人类基因组中分离和研究出几个肿瘤基因，要么对人类基因组进行全测序。在激烈的讨论之后，“人类基因组计划”（HGP）被决定下来。

这是一项国际合作公益计划，它提出“全球合作、免费分享”，成果将由全人类分享。人类基因组计划是一项高投入的计划，一个美国司机曾形象地说：“人类基因组计划就是一美元测一个碱基对。”这项耗资巨大的工程最初引起激烈争论，但是广阔的发展前景没有阻挡科学家的脚步。美国政府预算投资 30 亿美元，承担这一工程的 55%，英国承担 33%，其余由日本、法国、德国和中国分担。2000 年 6 月 26 日，参与人类基因组计划的美国、英国、德国、法国、日本、中国的有关科学家分别宣布，人类基因组工作草图已经绘制成功。

二、HGP 的任务

HGP 的最终任务是要破译人体的遗传物质 DNA 分子所携带的全部遗传信息。完成后将获得四张图：遗传图谱，物理图谱，转录图谱，序列图谱。其中序列图谱是最重要的。遗传图谱主要用来确定生物体的基因在染色体上的排列，通过研究生物的两个多样性共遗传的表征可以推断这两个表征的基因是否在同一条染色体上。物理图谱就是人类基因组的路标。HGP 的目标之一就是完成在人类基因组中平均相隔 100 kb 的以 3 万个路标或序列标签为基础的物理图谱，确立连续重排的生物学界标。转录图谱也叫基因图谱，了解某一基因在不同时间、不同组织、不同水平的表达，有了正常的转录图谱，就奠定了构建生理条件下与异常条件下 cDNA 图的基础。序列图谱则可以这样比喻：假设人们只穿四种颜色的衣服：红、白、黑、黄，序列图谱的绘制就是要搞清楚全世界 30 亿人所穿的衣服。科学家用代表人类基因组中不同区域定好位置的标记，即遗传图谱的遗传标记和物理图的物理标记，来找到对应的人类基因组 DNA 大片段的克隆。这些克隆都是已知相互重叠的。然后分别用机器测定每一个克隆的 DNA 顺序。

三、HGP 的研究进展

人类基因组计划启动于 1990 年，原计划用 15 年时间即到 2005 年完成全部 30 亿碱基对序列测定。但由于它在科学上的巨大意义和商业上的巨大价值，使得这一计划完成时间一再提前。于 2000 年春天完成工作框架图，2003 年完成最终的系列图，这一进度比原计划提前两年多。至此，人类基因总计划共耗资 27 亿美元，比原先预计的 30 亿美元有明显节省。

四、HGP 对医学发展的影响

人类是生物界中最高等的生物，人类基因组是生物进化最高级、最复杂的信息库，所以 HGP 计划的实施无疑将大大加速医学科学基础研究的发展。通过对人类基因组的研究将进一步阐明人类基因在时空上的特异性表达及其调控机理，从而推动发育生物学和神经生物学的发展，并揭示细胞分化、胚胎发育、人类思维、人类记忆等复杂的高级生命活动的分子基础。

不同种族、不同民族之间的核苷酸序列必然存在着多态性。HGP 项目的实施，必将向人们提供有关不同种族、不同民族的起源和演进的强有力的分子证据。所以 HGP 项目的实施，将带动种族学和民族学的研究，在分子水平上揭示人类种族和民族的起源和演进过程。

HGP 除了在医学科学的基础研究上将作出重大贡献外，在人类的疾病治疗和预防方面也将作出特殊的贡献，从全球的范围看，随着科学的发展，虽然还不能说传染性疾病已得到了完全的控制，但毫无疑问，传染病的危害已大大降低。而与此同时，遗传病及与遗传有关的疾病，如癌症、心血管疾病、自身免疫性疾病、生物钟、各种老年病将在疾病谱中的比重逐渐加大。HGP 项目的开展，将使科学家们获得有关这些疾病发病的分子机理，从而根据其发病机理设计相应疾病的治疗手段及预防方针。所以 HGP 项目的开展，将使人们在疾病诊断、基因治疗、遗传保健、优生优育等方面建立全新的人类医学。人类的寿命也将得到进一步的大幅度提高。

应该指出 HGP 项目的启动已经不仅仅局限于人类的基因组，它的影响还包括对一些模式生物的基因组的研究。这些模式生物包括小鼠、果蝇、啤酒酵母、大肠杆菌、水稻等，这些模式生物基因组计划的实施无疑将为“读通”和“读懂”人类基因提供巨大的帮助，并促使整个生命科学研究的进一步发展。

复习思考题

1. 现代生物技术在人类健康方面有哪些应用？
2. ELISA 技术主要适用于哪些疾病的诊断？
3. 现代生物技术生产的疫苗与传统方法生产的疫苗相比，有哪些优点？
4. 疫苗的基本要求有哪些？
5. 基因工程药物有哪些类别？
6. 生物芯片的类型及在临床方面有哪些应用？
7. 为什么说干细胞的应用将具有广阔的前景？
8. 人类基因组计划的任务是什么？将解决什么问题？它对医学的发展有什么影响？

主要参考文献

[1] 岑沛霖. 生物工程导论. 北京：化学工业出版社，2004.

[2] 熊宗贵. 发酵工艺原理. 北京：中国医药科技出版社，2003.

[3] 宋思扬，等. 生物技术概论. 北京：科学出版社，2004.

第十章　生物技术与能源开发

【知识目标】

了解人类如何利用微生物发酵工程技术来提高石油的开采量的方法以及如何降低乙醇燃油及甲烷燃料的生产成本，并设法提高产量及减少环境污染的途径；了解人工种植能产“石油”的树木及开发各种未来新能源等途径，以满足人类需能的要求；掌握目前人类如何利用生物技术提高产能量及开发新能源的相关知识。

我们都知道，能源是人类赖以生存的物质基础之一，如何合理地利用现有的能源资源，始终贯穿于社会文明发展的整个过程。能源的人均占有量及使用量，是衡量一个国家现代化的重要标志之一，如何合理地使用现有能源，如何开发新的能源是社会发展过程中必须要考虑的问题。

2003 年我国已成为仅次于美国的世界第二大能源消耗国。2001 年我国加工原油 6 亿 t，其中进口原油 4 200 万 t；2002 年我国加工原油已达到 22 亿 t，其中进口原油 5 300 万 t，进口量已占 24%；2003 年我国进口原油已达 9 000 万 t；2004 年，我国进口原油达到 1.2 亿 t。原油进口已成为我国能源安全的重大隐患。目前我国已探明的石油储量只够 30 年开采，煤储量可开采 100 年左右。因此新型能源的开发已经变得非常重要，它不但对我国国民经济的发展有重要推动作用，也是国家安全必须考虑的问题。

再生能源包括风能、核能和水利能等，但只有生物能源可以显著地降低温室气体如 CO_2 等的排放量，对改善我国生态环境和社会可持续发展有重要意义。我国每年燃油 13 亿 t，造成的 CO_2 排放量达 0.94 亿 t。如果 1 500 万 t 燃料油采用生物柴油和燃料乙醇代替的话，每年可减少 CO_2 排放量 0.17 亿 t，也会减轻我国的酸雨危害。同时因为光合作用生产生物能源要消耗的 CO_2 量可达 0.18 亿 t，综合二者，年生产 1 500 万 t 生物燃料可减少 CO_2 排放量 0.35 亿 t，因此发展生物能源将对人类生态环境作出巨大的贡献。

生物能源是以生物质（包括生物糖类、秸秆、生物油脂等可再生的原料）为原料生产的能源，包括燃料乙醇、生物柴油、生物氢气、生物沼气、生物质气化或液化产品等。生物能源的生产既可采用生物方法如发酵、酶转化等，也可采用物理和化学方法如汽化和液化等。

第一节　微生物与石油资源开采

一、利用微生物勘探石油

常规的石油开采是利用地震法、地球物理法和地球化学法。在石油勘探中，地球地层结构的复杂性常常使勘探结果的可靠性降低，有时还会造成开采失误，浪费了人力和物力。为了尽可能地减少损失，人们一直致力于新的勘探技术的研究，以期获得比较可靠的结论，并从中准确地定出钻井和开采位置。20 世纪 60 年代以来，利用微生物勘探石油的技术一直受到国内外的广泛关注，尤其是近十几年来，微生物勘探石油技术的迅速发展已经取得了较好的经济效益。

很早以前，人们就发现在油气矿藏的附近，一些生物会产生某种特异变化，于是，就利用这种生物形态的特性来寻找油气资源，并且很快发展成为一门完善的专业技术。地下烃类向地表渗透，会使地表和地球化学环境发生变化，从生物圈角度来看，无论是植根于地下的高等植物，还是散布于其间的低等生物都会由此发生变异。用现代手段分析检测这种变异，再经过适当的数据处理，就能达到预测油气藏的目的。美国一些油田曾对地表生长的草本植物——灌丛滨藜进行系统的微量元素测量，结果发现在产油区边界上长大的这种植物，由于微渗透烃类在土壤上部的氧化，使植物对过渡元素（铁、锰、钒）的吸收加强，而对碱土元素（钙、锶、钡）的吸收减弱。在油气田地表底土中存在着能利用气态烃为碳源的微生物，这些微生物在土壤中的含量与在土中的烃浓度存在着对应关系，这些微生物就可作为勘探地下油气藏的指示菌，常用的有甲烷、乙烷、丙烷和丁烷氧化菌以及己烷氧化菌等。测量微生物群落的耐毒性，也是一种颇为新颖的生物找油方法，由于向地表渗漏的烃类常常吸附金属离子，因此近地表成了微生物群落所必须适应的环境，通过微生物质粒的遗传突变，形成了能耐受环境中毒素的种群，耐毒性大小与环境的毒素浓度成正比，其大小具有检测和统计的意义，这种方法既能探测石油矿藏，也能探测天然气矿藏。随着生物技术的拓宽和深化，研究生物形态、变异与石油的相关规律，将会取得进一步发展，有可能在目前尚未开发的区域，比如深山密林、深海谷底、冰川、南北极等地域，会探测到更多的油气藏。1957 年有人报道，用微生物勘探确认的 16 个油矿中，就有 13 个是具有开采价值的油气田。

近十几年来，虽然随着计算机应用的普及和先进的分析技术的不断涌现，勘探石油的技术不断提高，但利用微生物勘探石油这一生物工程技术仍是一项具有科学性的行之有效的辅助性技术。

二、利用微生物二次采油

在石油开采过程中，钻油井并建立一个开放性的油田是开采石油的首选采油技术。石油通过油层的压力自发地沿着油井的管道向上流出、喷出或被抽出。但是这种依靠油层自身的压力来采油的方法，其采油量仅仅占油田石油总储量的 1/3 左右，其余石油就需要借助其他采油技术才行。强化注水是二次采油广泛应用的有效增产措施，注水的目的是进一步提高油层的压力。多年来的生产实例已经证实，用注水法能使采油量由原来的 30%提高到 40%～50%。

利用微生物采油也是二次采油的重要技术之一，微生物采油的目的是利用微生物发酵技术进一步获得更多的石油开采量。其基本方式是：利用微生物在油层中发酵产生的大量酸性物质及 H_2、CO_2、CH_4 等气体，降低原油的黏度，使原油能从岩层缝隙中流出而聚集，便于开采。此外，微生物还可产生表面活性剂，降低油水的表面张力，把高分子碳氢化合物分解成短链化合物，使之更加容易流动，避免堵住输油管道。例如，磺弧菌属和梭状芽孢杆菌属中的许多微生物能在油层中生长繁殖，它能代谢产生一定量的酸和 H_2、CO_2 等气体，改善油层的黏度并增加气压，从而使油田中剩余的油继续向上喷。据报道，微生物技术处理后的采油量可提高 20%～25%，有的甚至达到 30%～34%。

美国得克萨斯州一口 40 年井龄的油井中，加入蜜糖和微生物混合物，然后封闭，经细菌发酵后，出油量提高近 5 倍，澳大利亚联邦科学研究院和工业研究所组织的地学勘探部也曾利用细菌发酵工艺使油井产量提高近 50%，并使增产率保持了一年。

三、利用微生物三次采油

尽管利用气压、水流、微生物产酸及释放气体和内热技术等方法均能提高石油开采率，但油层中仍有占原油田 30%～40%的油气量需要设法进一步开采，因此才有了三次采油的措施。在三次采油工艺中，主要是利用微生物分子生物学技术，构建能产生大量 CO_2 和甲烷等气体的菌株，把这些菌体连同它们所需要的培养基一起注入到油层中，这些菌株在油层中不仅产生气体增加井压，而且还能分泌高聚物、糖脂等表面活性剂，降低油层表面压力，使原油从岩石、沙土中松开，黏度降低，从而提高采油量。

利用微生物发酵产物可以进一步降低石油与注入水之间的黏度差，减轻由注入的水不均匀推进所造成的死油现象。微生物发酵产物可以让注入的水在渗透率不同的油层中均匀推进，提高采油率，延长油井的使用寿命。

油田注入水中的硫酸盐还原菌、腐生菌、铁细菌、硫细菌等，会在油层中大量繁殖并不断沉积菌体代谢产物，使地层渗透率发生变化，造成地层堵塞，影响产油量。尤其是硫酸盐还原菌，它能把硫酸盐还原成 H_2S，生成硫化亚铁沉淀，或者直接使硫酸盐与含钙的盐类生成硫酸钙沉淀，引起地层堵塞。通过添加另类微生物，使之代谢产酸溶解沉淀是消除地层堵塞的有效方法。另外还可以利用产酸菌发酵产生的大量酸性物质，提高水的酸度，降低地层堵塞现象。

利用黄单胞菌属发酵生产杂多糖，在杂多糖中加入甲醛改性后，作为增黏剂与油井注入水混合，因为该混合物具有耐热的特点，能进一步增强油和水之间的溶解度，有效减少死油块现象，提高产油率。

1989 年，前苏联《能源》刊物介绍，在开采钻井的同时便在油层内注入细菌，通过菌体发酵的代谢产物来改善水和油的黏度差，增加了水驱油的能力，提高了油的流动性，使开采率得到大幅度提高。据报道，英国科学家已经获得一株能在 92℃下生存的厌氧菌，这种细菌能够在油层深部、温度较高、压力较大的原油中生长，为开采油田深部区域的原油提供了可能。

第二节　燃料乙醇

一、采用燃料乙醇的意义

20 世纪，科学家利用石油作为主要能源为人类社会发展做出了巨大的贡献。但随之也出现了两个严重的问题：一是石油为不可再生的资源，由于大量开采，消耗过快，已面临枯竭；二是用石油作为燃料引起了严重的环境破坏，特别是 CO_2 的温室效应。怎样才能解决这样的问题呢？燃料乙醇的发展为我们提供了思路。

燃料乙醇是指向汽油或柴油中加入一定比例的无水乙醇，一来解决汽油、柴油的潜在数量有限的问题，二来可以提高汽油和柴油的燃烧水平，有利于环境保护。燃料乙醇具有和矿物燃料相似的燃烧性能，但其生产原料为生物源，是一种可再生的能源；乙醇燃烧过程所排放的一氧化碳和含硫气体均低于汽油，所产生的二氧化碳和生物生长所消耗的二氧化碳在数量上基本持平，这对减少大气的污染及抑制“温室效应”意义重大。因此，燃料乙醇也被称为“清洁燃料”。

二、燃料乙醇的生产方法

（一）淀粉微生物发酵法

淀粉微生物发酵是我国生产酒精的主要方法。由于其可发酵性物质为淀粉，而发酵生产乙醇的高活性菌株均不能直接利用淀粉发酵来生产酒精，因此，淀粉原料生产酒精要经过原料粉碎以破坏植物细胞组织，便于淀粉的游离，再加入淀粉酶，经过蒸煮处理，使淀粉糊化、液化，并破坏细胞形成均一的发酵液，然后再加入糖化酶将其转化为可发酵性糖后才能被微生物发酵来生产酒精。其流程如下：

原料→粉碎→拌料→加入α-淀粉酶并蒸煮→冷却至 60℃→加入糖化酶糖化→冷却至30℃→加入酒母发酵→蒸馏→酒精

（二）纤维素、半纤维素发酵法

纤维素、半纤维素发酵法所用原料的主要成分为纤维素或半纤维素，而目前可生产乙醇的高活性菌株均不能直接利用纤维素或半纤维素作为发酵过程中所需要的糖类物质。因此，必须对所含的纤维进行一系列的酸碱处理或利用纤维素酶对纤维素进行水解使之变成微生物可利用的糖类。其流程如下：

纤维素原料→预处理→加入酸或酶形成水解液→加入酒母发酵→蒸馏→酒精

三、燃料乙醇的发展状况

（一）燃料乙醇在国外的发展状况

目前，世界上使用燃料乙醇时间最长、成效最大的国家应当是巴西和美国。由于乙醇和汽油在燃料性能上的差别，世界上对乙醇汽油的使用方法也不同。一般分为两大类：用汽油发动机的汽车，乙醇加入体积分数为 5%～22%；专用发动机的汽车，乙醇加入体积分数为 85%～100%，世界上已有约 400 万辆这样的汽车在运行。20 世纪 70 年代末，在石油危机的背景下，美国为减少对进口原油的依赖制定了“乙醇发展计划”，开始大力推广车用乙醇汽油。作为重要能源战略，美国还制定了相关的法律和扶持政策，对车用乙醇汽油的生产和使用给予财政补贴。美国主要以玉米为原料生产燃料乙醇，所耗玉米占全美玉米总产量的 7%～8%。1990 年，全美燃料乙醇销售量为 265 万 t，到 2000 年已达 559 万 t，年均增长率为 20%。1999 年，美国环保局与国会合作，针对汽油增氧剂 MTBE（汽油添加剂甲基叔丁基醚，由于汽油含氧量极低致使燃烧不充分，添加该物质后可使汽油较充分燃烧，但该物质有很强的致癌性和毒性，经汽车尾气排出后非常易于渗入地下水，造成水污染）对地下水资源的污染，研究了2002—2011年间新的国家“清洁燃料替代计划”，一些州已明令禁止使用MTBE。美国推广使用车用乙醇汽油，不但在一定程度上缓解了石油供求矛盾，同时由于扩大了玉米消费市场，从而刺激了农业生产，增加了农民收入；另外，还有效降低了汽车尾气中有害气体排放，改善了环境和空气质量，经济效益和社会效益得到显著提高。巴西政府于1975年推行车用乙醇汽油计划，并在税收、补贴和优惠贷款等方面对燃料乙醇产业发展实施了完整的支持政策。与美国不同的是，巴西是以甘蔗、糖蜜、砂糖为主要原料生产燃料乙醇。2000年该国燃料乙醇总产量达793万t，约占该国汽油消耗总量的1/3。目前巴西是世界上最大的燃料乙醇生产和消费国，也是唯一不使用纯汽油作为汽车燃料的国家。欧共体积极发展车用乙醇汽油最直接的原因是解决农产品过剩问题。目前，在税收优惠政策的支持下，车用乙醇汽油在欧共体的使用也呈上升趋势。

（二）燃料乙醇在国内的发展状况

我国推广使用车用乙醇汽油，燃料乙醇的加入量初步确定从体积分数为10%起步。这样做的好处是，现有车辆和加油装置不需任何改装，油耗、动力基本不受影响，汽车尾气的污染可大幅度降低，又不消耗过多的粮食。燃料乙醇的国家标准GB 18350—2001和车用乙醇汽油的国家标准GB 18351—2001已于2001年颁布并实施。我国燃料乙醇使用区域和数量从2001年开始，先后在河南、黑龙江开始，采取地方立法的手段在试点城市封闭运行。河南先在南阳、洛阳、郑州三市使用车用乙醇汽油，2001年消耗了147 t燃料乙醇，2002年消耗了约500 t燃料乙醇。黑龙江先在肇东和哈尔滨使用车用乙醇汽油，2001年消耗了127 t燃料乙醇，2002年消耗了约500 t燃料乙醇。我国对生产燃料乙醇制备了一系列财政扶持政策：免征燃料乙醇5%的消费税；燃料乙醇的增值税实行先征后返；使用陈化玉米原料生产燃料乙醇执行陈化粮补贴政策；项目新增建设用地有偿使用费上缴中央部分实行先征后返；通过调整原料玉米价格来实现燃料乙醇保本微利等。2005年随着党中央国务院建设节约型社会的号召，更多的省份和城市开始使用乙醇汽油。

第三节 植物“石油”

一、能产“石油”的灌木

树上能长出石油来，对我们来讲是不可想象的事情，今天却已经变成了现实，而且在植物界中有很多能够生产“石油”的植物。

美国著名化学家、诺贝尔奖获得者卡尔文教授应该说是“生物石油”之父。他为寻找能产石油的植物跑遍世界，最终发现能够产生石油的植物有很多种类。在巴西，卡尔文教授找到了当地人称为“苦配巴”的一种“石油树”。这种植物能长到 30 m 高，1 m 粗，在树干上挖个小孔，两三个小时就能够流出约 30 L 的黄色透明液体，该液体可以加工制成汽油。卡尔文还从属于大戟科的一种橡胶树中提炼出“高级汽油”。卡尔文及其他科学家发现大量可直接生产燃料油的植物大多为大戟科。大戟科有草本、灌木或乔木，约有 290 属 7 500 种，其中包括许多经济植物，如油桐、蓖麻和橡胶树等。在大戟科中目前已知大约有 12 种是很有希望的石油树。如绿玉树、美国香槐、三角大戟这三种树的含油量较高。美国香槐有 1～2 m 高，用刀子划破它的树皮，就会流出胶状液体，加工后可以作为燃料。人工栽培的美国香槐每公顷可生产燃料油 50 桶。

其实，世界各地还有一些“石油树”。澳大利亚有一种桉树，含油率高达 4.2%，1 t 桉树可获得 5 桶的燃料。在马来西亚和菲律宾有一种高产的“石油树”银合欢，它分泌的汁液中“石油”含量很高，菲律宾已经栽种了 18 万亩银合欢树。1981 年，我国科学家在海南发现了一种叫油楠的树，一棵油楠一年可产 10～25 kg 的“柴油”，而且见火即着，非常易燃。在南美洲、非洲、印度、加勒比海的干旱和半干旱地带，生长着一种阔叶长绿灌木大牛角瓜，它的茎、叶、果实也可以加工成与石油成分非常接近的燃料油。

二、油料植物

人类在植物中提取油料已经有相当长的历史，我们一般将能提取油料的植物称作油料植物，像向日葵、椰子、油菜、花生、大豆等。近年来，一些研究人员用改良的油菜种子油作为内燃机燃料，是一种有效且经济效益明显的方法。这种改性的基本过程是：将 1 t 的菜子油与 0.1 t 乙醇反应生产 1 t 的生脂和 0.1 t 甘油，其中甘油起到固化的作用，脂可以燃烧，其燃烧特性与柴油相似。这种植物油的另一好处是没有毒性、生物降解性高于 80%，其对地球的温室效应影响比普通内燃机燃料低 3～4 倍。法国、意大利、德国等欧洲国家非常重视这种油料的环境效益和农业经济效益，是使用这种油类的先驱者。

三、藻类产油

藻类能产生大量的脂类，可用来生产柴油、汽油等燃料。英国的《新科学家》曾经报道，美国设在科罗拉多州的太阳能研究所用一个直径 20 m 的池塘来养殖藻类，每年生产藻 4 t 多，可生产石油 3 000 L。目前，该研究所正在从分子生物学的角度开发能够生产更多油脂的藻类。其目标是准备在 2010 年之前，通过藻类生产的汽油能够提供美国机动车所用燃料总量的 8%～10%。可以预见，利用分子生物学方法，将会使藻类生产更多的燃料成为可能。

第四节　沼气发酵

一、发展沼气的意义

我国很多农村已经广泛使用沼气，可是很多人对沼气了解并不多，这里对沼气的应用和发生机理进行简单的介绍。沼气是由有机物质（粪便、杂草、作物、秸秆、污泥、废水、垃圾等）在适宜的温度、湿度、酸碱度和厌氧的情况下，经过微生物发酵分解作用产生的一种可燃烧的气体。这种可燃烧的气体最先是在沼泽地、池塘中发现的，所以我们又称它为沼气。沼气是一种混合气体，主要成分是甲烷。一般人工制取的沼气中都含有甲烷 60%～70%，其次是二氧化碳，含量为 28%～40%，此外还有少量的氮气、硫化氢和一氧化碳等气体。甲烷是无色、无味、无毒的气体，比空气轻一半，是一种优质燃料，氢气、硫化氢和一氧化碳也能燃烧。一般沼气因含有少量的硫化氢，在燃烧前带有臭鸡蛋味或烂蒜气味。甲烷燃烧时呈蓝色火焰，并放出大量的热。每立方米甲烷气体能放 39 580 kJ 的热量，燃烧的温度最高可达 1 400℃，1 m^3 沼气完全燃烧时可放出 23 012～27 196 kJ 的热量，这相当于 0.7 kg 汽油或 4.5 kg 煤炭燃烧所释放的热量。

沼气是利用人畜粪便等有机物，在厌氧条件下，通过沼气池内微生物能量代谢和呼吸作用产生的可燃性气体。普通农家年排放的人畜粪便，按理论计算每年可产 810～950 m^3 沼气，扣除粪便散失和沼气发酵压力损失，实际可利用沼气 500～550 m^3。采用传统的人畜粪便堆沤制肥方法，这部分能量同样被微生物分解释放出来，但这些能量无法收集利用，只能散失到周围环境中。沼气是一种优质的燃料，热值较高，热效率比较稳定，使用方便，其技术经济性仅次于液化石油气。如果每户每年实产沼气 500 m^3，就可以解决全家当年 90%左右的生活用能，减少薪柴消耗 2 t 左右，因此我们说沼气具有较高的燃料效益。

沼气肥还具有较高的肥料效益。评价沼气肥的肥效价值，关键是要了解投入沼气池发酵的有机物主要养分（氮、磷等）的保存率及传统堆沤制肥方法中主要养分的保存率。据报道，人畜粪便投入沼气池发酵全氮保存率为 114%，氨态氮增加 20%以上，磷、钾等养分没有明显损失。沼气发酵是在厌氧条件下进行的，虽然微生物代谢过程也需要消耗一定的养分，但其数量很少，而且在微生物的作用下，还能分解一些植物不易吸收利用的养分（如脂肪类，难溶性物质等），吸收固定游离氮，合成可溶性富含多种养分的活性肥料。

发展沼气还具有较好的环境效益。人畜粪便投入沼气池发酵后，能有效地将寄生在人畜粪便的细菌性病原、病毒性病原、寄生性病原及蚊蝇虫卵杀灭；人畜粪便直接投入沼气池发酵，在沼气池密闭条件下，微生物分解产生的物质和能量代谢呼吸释放出的惰性物质可在池内循环利用，不存在堆沤方法产生的环境污染；人畜粪便经过沼气池发酵，可直接用作肥料、养鱼、喂猪、浸种或直接排入河流，不产生二次污染。

二、沼气发酵

（一）沼气发酵原理

沼气发酵是一个复杂的微生物学过程，了解这一过程中的各类微生物的作用及其活动规律，才能把沼气发酵建立在科学的基础上。人们往往只注意修建什么样的沼气池，供给什么样的原料，能产多少气。却往往忽略了怎样充分发挥发酵微生物的生长繁殖能力这一重要环节。因为只有大量的发酵微生物得到较好的生长繁殖条件，才能更好地发酵，使发酵原料产生更多的沼气。

1. 沼气菌群

在沼气发酵过程中，多种细菌构成一条食物链，从各种细菌的生理代谢产物和它们的活动对发酵液的酸碱度影响来看，可分为下列几种类型。

①发酵性细菌。发酵性细菌将用于发酵的可溶性物质吸收进入细胞后，经发酵作用将它们转化为乙酸、丙酸、丁酸等脂肪酸和醇类及一定量的氢和二氧化碳。参与上述水解发酵过程的发酵性细菌种类繁多，已研究过的就有几百种。包括梭状芽孢杆菌、拟杆菌、丁酸弧菌、乳酸菌、双歧杆菌和螺旋体属的细菌。我国已经分离的有乳酸链球菌、粪链球菌、乳酸杆菌等，这些菌多数为厌氧菌，也有兼性厌氧菌。

②产酸产氢菌。发酵性细菌将复杂有机物分解发酵所产生的有机酸和醇类，除甲酸、乙酸和甲醇外，均不能被产甲烷菌所利用，必须由产氢产乙烷菌将其分解转化为乙酸、氢和二氧化碳后才能被利用。由于技术上的困难，有关产氢产乙酸菌的报道不多。

③耗氢产乙酸菌。耗氢产乙酸菌也称同型乙酸菌，它是一类既能自养生活又能异养生活的混合营养型细菌，它们既能利用氢和二氧化碳生成乙酸，也能代谢糖类产生乙酸。

④产甲烷菌。在沼气发酵过程，甲烷的形成是由一群生理上高度专一化的一类细菌——产甲烷菌所引起的，产甲烷菌包括食氢产甲烷菌和食乙酸产甲烷菌。它们是厌氧消化过程食物链中的最后一组成员。它们在厌氧条件下将前三种细菌的终产物在没有外源受氢体的情况下，把乙酸和二氧化碳转化为气体产物——甲烷，使有机物在厌氧条件

下的分解作用得以顺利完成。

2. 沼气发酵的机制

甲烷是在厌氧条件下，通过微生物发酵而获得的。1979 年，Bryant 等人提出了厌氧发酵的三阶段理论。在不同的发酵阶段，对应着不同的底物，也对应着不同的微生物。在这个过程中，发酵细菌和产甲烷细菌相互作用、相互制约，组成了一个复杂的微生物网络。自然界中，最有效的甲烷厌氧发酵"装置"应该是反刍动物的瘤胃，该过程受各种细菌、真菌、原生动物调控，发酵条件也一直变化。在农村，利用农业废弃物发酵生产甲烷，并将其能源加以利用，在很多地区均已经获得广泛推广利用。图 10-1 是一种简单的家庭式生产甲烷的发酵装置示意图。

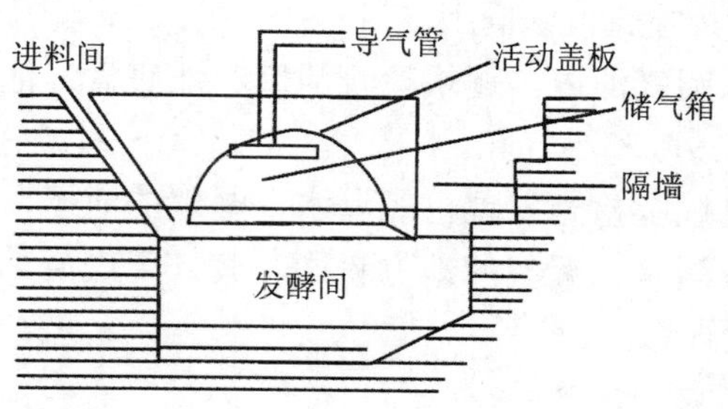

图 10-1 简易甲烷发酵装置

（二）沼气发酵工艺

一般沼气池普遍采用半连续投料沼气发酵法。这种发酵法兼顾了生产沼气、积造有机肥和农业生产集中用肥的需要，具有良好的综合效益。其工艺流程见图 10-2。

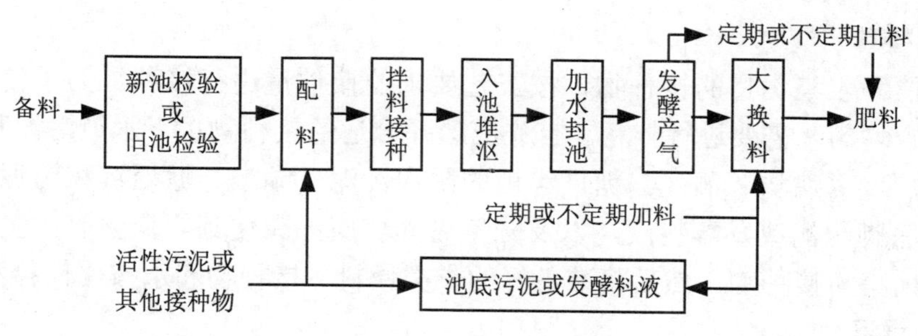

图 10-2 沼气发酵一般工艺流程

1. 备料

备料是沼气发酵科学管理的首要步骤，就是在沼气池大换料前准备好充足的发酵原料。一个家用 8 m^3 的沼气池，换一次料至少要准备 500 kg 以上的作物秸秆作为发酵原料，并同人粪、猪粪一起装入"三结合"的沼气池。农村中可以用来作沼气发酵原料的有很多，最常用的是人、畜（猪、牛、马、羊、鸡、鸭）粪便，各种作物秸秆（稻草、麦草、玉米秸）、青杂草、烂菜叶、水葫芦、废渣废水（酒糟、制豆腐的废渣水、屠宰场废水）等，这些都是很好的沼气发酵原料。

2．检查沼气池

①池外检查。将输气管装入盛水的容器中，打开输气管道的开关、阀门，一端向里打气，观察其输气管道、开关、阀门、接头等处有无漏水的地方；在输气管道和导气管上涂抹肥皂水，打气后，看是否鼓起气泡；导气管扣池盖的接触部位、活动盖座缝处也容易漏气，要重点检查，检查方法同上。

②池内检查。进入沼气池内，逐块检查池壁、池底盘、池盖、进出料间和池体接茬部位，检查有无裂缝、沙眼和小气孔。

③试压检查。通过以上检查发现已经漏水、漏气的池子，应先将池内粪水抽干，并排出残存气体，然后在漏水、漏气的地方粉刷灰浆，干燥后，若有湿线湿点，便能准确找到漏水部位从而进行维修。

3．配料

原料入池前应按下列要求配料：①浓度以原料的总固体含量计算。发酵原料的浓度，南方各省夏天以 6%为宜，冬天以 10%为宜。北方地区，沼气最佳发酵时间一般在 5～10 月，浓度为 6%～11%。不同季节投料量不同，初始浓度低些有利于启动，早产气、早用气、早用肥。按 6%的浓度，每立方米池容需投入鲜人畜粪 300～350 kg，水（包括接种物）650～700 kg；按 8%的浓度，每立方米池容需投入鲜人畜粪约 430～470 kg，加水 530～570 kg，其中接种物占 20%～30%。②碳氮比值。沼气发酵比较适宜的碳氮比值是（20～30）∶1。

4．拌料接种

首先选取和收集优良的接种物，按工艺要求的接种量进行接种。为了使接种物与入池原料混合均匀，需要进行拌料。首先应选择合适的接种物：下水道污泥和屠宰场、肉食品加工厂、豆腐坊、酒厂、糖厂等地的阴沟污泥，湖泊、塘堰沉积污泥，正常发酵的沼气池底脚污泥或发酵料液，以及陈年老粪坑底部粪便等，均含有大量沼气微生物，都可以采集为接种物。然后将准备好的粪类原料、接种物和水按比例拌和均匀。

5．入池堆沤

将拌和的发酵原料从沼气池顶部加入。全部用人畜粪尿作发酵原料的装料方法是：初次投料，人畜粪、接种物及水等的总量，在保证原料浓度的情况下，应占池子容积的 70%，以后随着的生产的进行再逐步添加，最大投料量为池子容积的 75%。

6. 加水封池

当池内发酵原料温度上升到 40～60℃时（夏 1～2 d，秋冬 3～5 d）加水，要注意总的加水量应扣除拌料时加入的水量。加水完毕，可用 pH 广泛试纸检查发酵料液的酸碱度，一般 pH 在 6 以上时可封池；如果 pH 低于 6，可加上适量草木灰、氨水或澄清石灰水调整到 7 左右，再封池。封池后，应及时将输气导管开关和灯、炉具安装好，并关闭输气管上的开关。

7. 放气试火

按上述工艺流程操作，沼气池封盖以后开始几天所产的气主要是二氧化碳，甲烷含量较少，再加上池内原来有很多空气，所以开始放出来的气体难以燃烧，要排放数次废气才能试火，一般封盖后 2～5 d 即可点火试气。但应特别注意，试火一定在灶具上进行，不能在沼气池导气管上直接试火，以防回火引起沼气池内爆炸。在炉具上开始试火时要先关闭炉具的风门，到风门敞开，火焰能稳定不灭时，表明发酵起动阶段已经完成。

三、沼气应用实例

我国是沼气生产量最大的国家，生产量高达 7×10^6 生物气单位，相当于 2.2×10^7 t 煤炭的能量。据报道，国内农村正在使用的沼气池超过 500 万个。此外，工厂和大型畜牧场还有 1 万个大中型沼气池。印度也是生产沼气的大国，到 1981 年年底已经有沼气池总量高达 11 万个，现已经有近百万个。

美国一个牧场建立了一座发酵池，主体是一个宽 30 m，长 213 m 的密封池，利用牧场粪便和其他有机废物等，每天可处理 1 640 t 厩肥，每天可为牧场提供 113 000 m^3 的甲烷，足够 1 万户居民使用。

菲律宾的一家农工联合企业拥有近 4×10^5 m^2 的稻田和经济林，养殖了 100 头牛、25 000 头猪和 11 000 只鸭子，且设有养鱼塘、肉食品加工厂等。它利用工业废水和农业废物巧妙地建立了一套大型联合开发利用的生物工程体系，每天可生产 2 000 m^3 的沼气，可供十几台内燃机和一台 72.5 kW 的发电机组使用，并为附近居民提供燃气。

第五节　新能源的开发

氢气能源是可燃气中最理想的气体燃料之一，因为氢气在燃烧时，除了释放发热量相当于汽油的 3 倍以上，其燃烧剩余物均为水，不会造成环境污染，称得上是清洁的“绿色燃料”。利用微生物的代谢作用进行清洁能源——氢气的生产，是 20 世纪中叶以后新兴的一项新技术。早在 18 世纪，有关藻类和微生物产氢的研究已经开始，但是直到 20

世纪70年代世界性的能源危机爆发，生物制氢的实用性及可行性才得到高度重视。

（一）产氢微生物

在生理代谢过程中能够产生分子氢的微生物可分为两大类群：一是包括藻类和光合细菌在内的光合微生物；二是兼性厌氧和专性厌氧的发酵产氢细菌。

①光合微生物。产氢的光合微生物可分为藻类和光合细菌。藻类有颤藻属（*Oscilayoria*）、螺藻属（*Spirulina*）、念珠藻属（*Nostoc*）、项圈藻属（*Anabaena*）、小球藻属（*Chlorella*）、珊列藻属（*Scenedesmus*）、衣藻属（*Chlamydomonas*）等；光合细菌有绿硫菌属（*Chlorobium*）、红硫菌属（*Chromatium*）和红螺菌属（*Rhodospirillum*）等。

②发酵细菌。能够发酵产氢的细菌很多，如梭菌属（*Clostridium*）、类芽孢菌属（*Paenibacillus*）、肠杆菌科（*Enter-obacteriaceae*）、巨型球菌属（*Megasphaera*）、韦荣球菌属（*Veillonella*）、互养球菌属（*Syntrophococcus*）、醋弧菌属（*Acetivibrio*）、线形醋菌属（*Acetofilamentum*）、醋微球菌属（*Acetomicrobium*）、拟杆菌属（*Bacteroides*）、闪烁杆菌属（*Fervidobacterium*）、盐厌氧菌属（*Halomaerobacter*）、拟盐杆菌属（*Halobacteroides*）、互营杆菌属（*Syntrophobcter*）、栖热袍菌属（*Thermotoga*）、栖热粪杆菌属（*Coprothermobacter*）、盐胞菌属（*Halocella*）、盐厌氧杆菌属（*Halonaerobiacter*）、嗜热盐丝菌属（*Halothermothix*）、嗜热产氢菌属（*Thermohydrogenium*）、科里杆菌属（*Coribacterium*）、真杆菌属（*Eubacterium*）、毛螺菌属（*Lachnospira*）、热厌氧菌属（*Thermoanaerobium*）、粪球菌属（*Coprococcus*）、瘤胃球菌属（*Ruminococcus*）等。

（二）产氢机理

20世纪60年代初期就已经证实，将电子供体、含有氢化酶的细菌提取物、菠菜叶绿体混合后能产生氢气。微生物产氢是利用太阳光、叶绿体膜、电子供体、电子载体和氢化酶等组分进行混合反应后产生的。提高产氢量的关键措施是寻找对氧不敏感的氢化酶，另外采用补料的方式可以提高产氢量。

（三）应用实例

Weissman 和 Benemam 将项圈藻固定于筒形容器中能够连续 18 d 产氢；Jeffries 等可利用该藻类产氢 30 d。哈尔滨工业大学于 1990 年开始对有机废水发酵法生物制氢技术进行研究和开发，成功研制了高效发酵生物制氢设备。

复习思考题

1. 简述微生物在石油开采中的作用。
2. 简述采用燃料乙醇的意义及燃料乙醇的生产方法。
3. 能产石油的植物分成几大类？
4. 产氢的微生物分为哪几类？

主要参考文献

[1] 陈坚. 环境生物技术. 北京：中国轻工业出版社，1999.

[2] 陈欢林. 环境生物技术与工程. 北京：化学工业出版社，2003.

[3] 宋思扬，楼士林. 生物技术概论. 北京：科学出版社，1999.

[4] 周孟津，张榕林，蔺金印. 沼气实用技术. 北京：化学工业出版社，2003.

[5] 黄亚继，张旭. 氢能开发和利用的研究. 能源与环境，2003，（2）.

[6] 张远欣. 燃料乙醇的发展状况. 甘肃科技，2005，（4）.

[7] 黄治玲. 燃料乙醇的生产与利用. 化工科技，2003，11（4）.

[8] 行志军，译. 生物技术在石油工业中的应用. 国外油田工程，2000，（12）.

[9] 周明霞. 沼气池的使用及管理. 甘肃农业，2005，（6）.

第十一章　生物技术与环境保护

【知识目标】

了解环境生物技术的基本原理；了解环境生物技术在污水、废气和废料处理以及环境监测、评价方面的应用及发展。

第一节　污水的微生物净化

一、污水的生物处理概述

水是地球上一切生物生存和发展不可缺少的。但是人类的生产和生活活动排出的污水，尤其是工业污水、城市污水等大量进入水体造成污染。因此，急需防止、减轻和消除水体污染，改善和保持水环境质量。

污水处理的基本方法可分为物理法、化学法和生物法等。物理法是利用物理作用来分离污水中呈悬浮状态的污染物质；化学法是利用化学作用来处理污水中的溶解性污染物质或胶状物质；生物法主要是利用微生物的作用，使污水中溶解的有机污染物转化为无害的物质。根据微生物的类别，目前常用的生物法可分为好氧生物处理和厌氧生物处理。好氧生物处理是污水生物处理中应用最为广泛的一大类方法。好氧和厌氧生物处理又分成许多具体的使用方法，在实际应用中往往需要配合使用。

（一）好氧生物处理的基本原理

好氧生物处理是在有分子氧的情况下进行的生物氧化方式。好氧处理过程是当营养物质进入好氧微生物体内后，通过一系列氧化还原反应获得能量的过程。

1．有机物的吸附过程

在微生物表面覆盖着多糖类的黏滞层，其在与污水接触时，污水中呈悬浮状和胶体状态的有机物被凝聚和吸附而得以去除。

2．有机物的降解途径

有机物被吸附到微生物表面后，小分子有机物能够直接进入微生物体内，大分子有机物在水解酶的作用下先分解为小分子后被摄入体内。进入微生物体内的有机物作为营养物质被微生物加以利用。

3．微生物的增殖

在好氧条件下，微生物将部分有机物降解为二氧化碳和水等无机物质，同时释放能量，即为分解代谢。另外的大部分有机物被微生物合成新的细胞物质，实现微生物的增殖。

4．微生物类群

可用于好氧生物处理的微生物几乎包括了微生物的各个类群，主要有：属于原核生物的细菌、放线菌、蓝细菌和立克氏体；属于真核生物的原生动物、多细胞微型动物、酵母、丝状真菌和单细胞藻类；另外还有后生动物和病毒。

（二）厌氧生物处理的基本原理

1．有机物厌氧降解的过程

目前认为厌氧生物处理过程可分为三个阶段：水解发酵阶段、产氢产乙酸阶段和产甲烷阶段。在水解发酵阶段，有机物首先通过发酵细菌的作用生成乙醇、丙酸、丁酸和乳酸等；在产氢产乙酸阶段，产氢产乙酸菌将丙酸、丁酸等脂肪酸和乙醇降解为乙酸、氢气和二氧化碳；在产甲烷阶段，产甲烷菌利用乙酸、氢气和二氧化碳产生甲烷。

2．厌氧消化微生物

厌氧消化微生物可以分为发酵细菌、产氢产乙酸菌和产甲烷菌三大类。

①发酵细菌。发酵细菌主要包括梭菌属、拟杆菌属、丁酸弧菌属、真细菌属和双歧杆菌属等。这类细菌可先通过胞外酶将不溶性的有机物水解成可溶性有机物，再将可溶性大分子有机物转化为脂肪酸、醇类等小分子有机物。

②产氢产乙酸菌。主要包括互营单胞菌属、互营杆菌属、梭菌属、暗杆菌属等，这类细菌的主要功能是将各种高级脂肪酸和醇类氧化分解为乙酸和氢气。

③产甲烷菌。该类菌在自然界分布极其广泛，都是专性厌氧菌，氧和任何氧化剂都会对其造成严重伤害。它们的主要功能是将产氢产乙酸菌的产物乙酸、氢气和二氧化碳转化为甲烷。

（三）影响污水生物处理的因素

1．温度

微生物的最适温度范围介于 10～45℃之间。在适宜的温度条件下，微生物的生理活动得到加强，反之，微生物的活动将被减弱甚至破坏。

2. pH

pH 值从以下几个方面影响微生物的生理活动：通过影响微生物细胞质膜上的电荷性质，使微生物细胞吸收营养物质的功能发生变化；影响微生物酶系统的催化功能；改变微生物细胞质膜的等电点，使微生物的呼吸作用和代谢功能受到抑制。高酸度会使菌体表面蛋白质核酸水解变性，微生物活动的最佳 pH 范围是 6.5～8.5。

3. 溶解氧

溶解氧过低，会影响微生物正常的代谢活动，使污水的净化效果下降；溶解氧过高，有机污染物分解加快，会使微生物缺乏营养。一般曝气池出口处的溶解氧浓度应控制在 2 mg/L 左右。

4. 营养物质

在微生物的生命活动过程中，需要不断地从环境中摄取碳、氮、无机盐、生长素等各种营养物质。通常微生物对碳源、氮源和磷的需求比为 100∶5∶1。

5. 有毒物质

对微生物生理活动有毒害作用或抑制作用的物质大致有以下几种：重金属、氰化物、硫化氢、卤族元素及其化合物，酚、醇、醛等。

二、好氧生物处理技术

好氧生物处理技术是污水生物处理中应用最为广泛的一类技术。有机污染物在溶解氧充足的条件下成为好氧微生物的营养基质，被好氧微生物氧化分解，达到污水净化的目的。

（一）氧化塘法

氧化塘又称为稳定塘或生物塘，是一种类似天然或人工池塘的污水处理系统。污水在塘内经长时间缓慢流动和停留，通过微生物（细菌、真菌、藻类和原生动物）的代谢活动，使有机物降解，污水得到净化。

（二）活性污泥法

活性污泥法已经成为当前生活污水、城市污水以及有机工业废水的主要处理技术。这种方法的实质就是在充分曝气供氧的条件下，以污水中的有机污染物作为底物，对活性污泥进行连续或间歇培养利用，将有机物转化为无机物。活性污泥法的基本流程如图 11-1 所示。

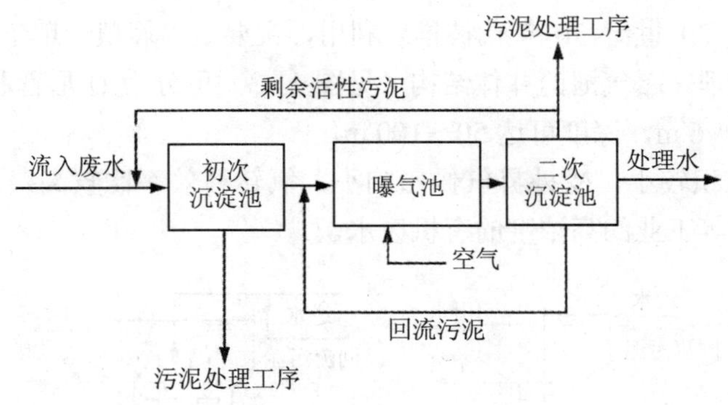

图 11-1　活性污泥法的基本流程示意图

1．传统活性污泥法

传统活性污泥法也叫普通活性污泥法，是最早的活性污泥的应用方式，目前仍然在广泛应用，该方法的主要特征是污水净化过程中的第一阶段的吸附和第二阶段的微生物代谢，是在一个统一的曝气池内连续进行的。

2．完全混合活性污泥法

完全混合活性污泥法与传统活性污泥法不同，污水和回流污泥进入曝气池后，立即与池内原有的混合液充分混合，池内各个点的有机物浓度都是均一的（其流程见图 11-2）。完全混合活性污泥法的优点是：水质的变化对活性污泥的影响降到最低程度，可以较大限度地承受水质变化；微生物的代谢速率很高；建筑面积较小；动力消耗比传统的活性污泥法要低。该方法的不足之处主要是：净化效果不如传统活性污泥法；微生物对有机物的降解能力低下，容易产生活性污泥膨胀现象。

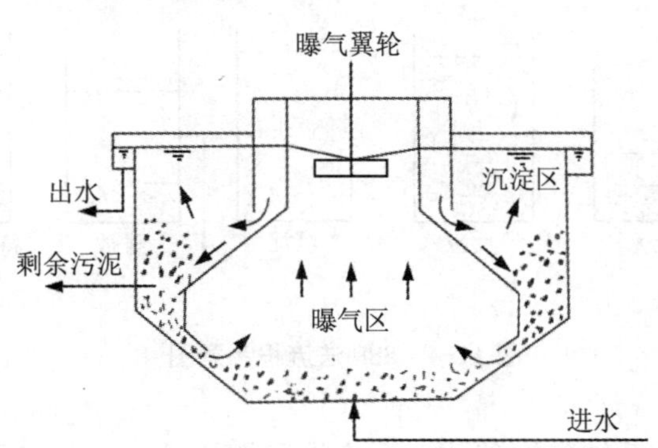

图 11-2　完全混合活性污泥法流程示意图

3. 深井曝气法

深井曝气法于 20 世纪 70 年代被推广利用，主要是以埋植于地下的井体装置作为曝气池来进行污水处理。曝气池的井体结构（见图 11-3）可分为 U 形管和同心圆式两大类，通常井的直径为 1～6 m，深度可达 50～100 m。

该方法占地面积较小，受外界气候影响小，氧转移效率比较高，适用于处理化工、造纸、啤酒、制药等工业的高浓度的有机废水。

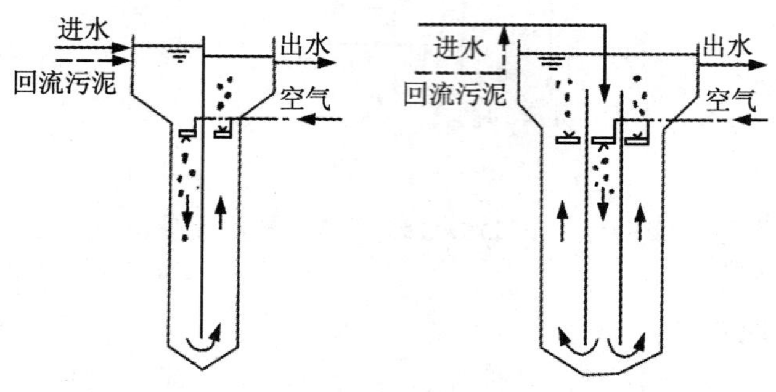

图 11-3 深井曝气法井体结构示意图

4. SBR 法

SBR（Sequencing Batch Reactor）又叫序批式活性污泥法或间歇式活性污泥法。整个系统中约由 2～6 个以上的曝气槽组成，可以满足连续进水的需要。一个 SBR 过程包括了进水、曝气、沉淀、排水、静置 5 个步骤。进水期用来接纳污水，起到调节池的作用；曝气过程微生物开始降解有机物，这就是反应期；沉淀期污泥和水开始分离；排水期将水排出，剩余污泥；静置期等待下一个进水循环。SBR 法流程见图 11-4。

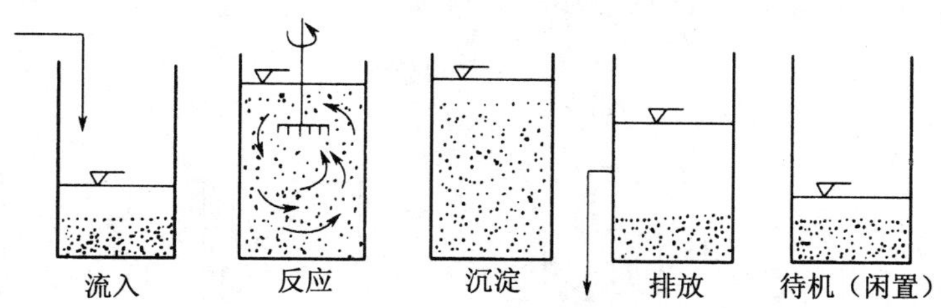

图 11-4 SBR 法流程示意图

该方法的优点是：系统集调节池、反应池和沉淀池为一体，不需要设回流污泥泵等回流装置；不会出现污泥膨胀现象；可以根据具体污水性质、出水质量与运行功能要求来灵活掌握各个阶段的运行时间；占地面积小，建设成本低；反应动力大；净化效果好。

5．AB 法

AB 法又叫生物吸附氧化法，20 世纪 70 年代首创于德国。该方法不设初沉池，由 A 段和 B 段二级活性污泥系统串联组成，并分别有独立的污泥回流系统。A 段以极高的污泥负荷运行，污水停留时间较短，对于难降解的污染物有很强的吸附能力，B 段则以较低的污泥负荷运行。AB 法流程见图 11-5。

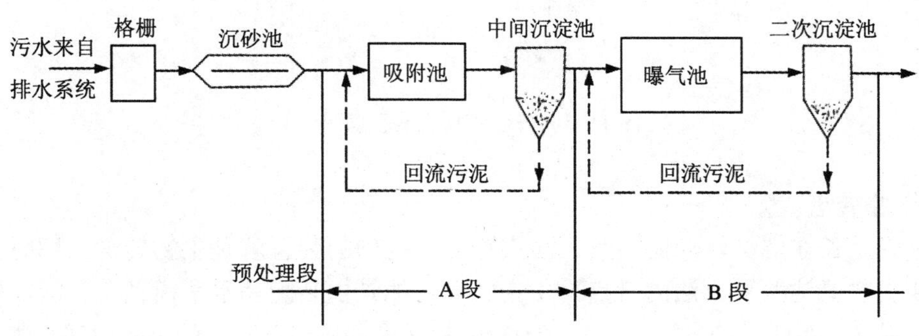

图 11-5　AB 法工艺流程示意图

该方法突出的优点是：适于处理浓度较高、水质水量变化较大的污水；占地面积小，建设费用低。主要缺点是产泥量大，净化效果较差。

（三）生物膜法

相对活性污泥法而言，生物膜法是将细菌、原生动物等活性微生物固定在滤料或某些载体上，并在这上面形成膜状生物污泥，即生物膜。污水在与生物膜接触的时候，污水中的有机污染物作为营养基质被微生物所摄取，达到污水净化的目的，微生物自身也得到繁衍增殖。由于生物膜的生长方式及水流和结构等方面的不同，生物膜法也具有普通生物滤池、生物转盘、生物接触氧化法、生物流化床等很多种形式。

1．普通生物滤池

普通生物滤池主要是利用土壤自净的原理，在污水灌溉的基础上，经过较原始的间歇砂滤池和接触滤池而发展起来的人工生物处理技术，已经有百余年的发展历史。普通生物滤池由池体、滤料、布水装置和排水系统四部分组成（图 11-6）。

滤料是普通生物滤池中很重要的环节，对滤池的净化效果起到决定性的影响作用，另外，滤料的表面特性也会影响生物膜的生长和生物膜的厚度。一般情况下，滤料的选择应具备下列条件：质地坚硬，抗压能力强，耐腐蚀性能好，不会溶出对活性微生物有害的物质；有较大的表面积，表面比较粗糙；应有适宜的孔隙率；应考虑就地取材，便于加工运输。

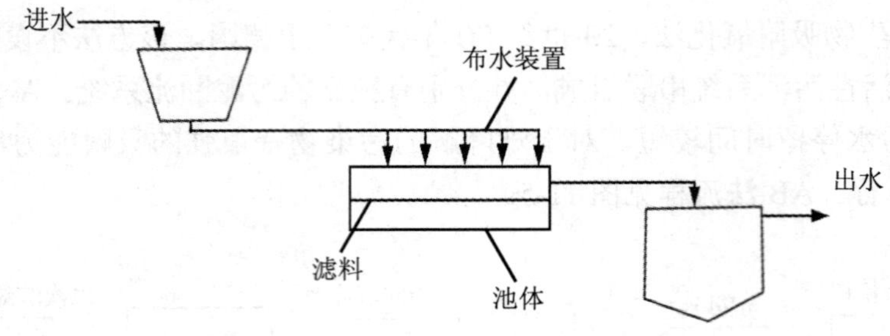

图 11-6 普通生物滤池示意图

2. 生物转盘

生物膜生长在能够转动的圆盘表面进行污水处理的装置就是生物转盘，同时具有活性污泥和生物滤池两种方法的特点。生物转盘滤池是由装配在水平横轴上、间隔较小的一系列大圆盘所组成，圆盘以 0.013～0.05 r/s 的速度缓慢转动。它的工作原理与生物滤池相似，浸在废水中的盘片生物膜会吸附污水中的有机物，转出水面以后，生物膜又会从大气中吸收所需要的氧气，通过微生物的作用，将吸附于膜上的有机物分解。随着转盘的不断转动，最终使槽内的污水得以净化（图 11-7）。

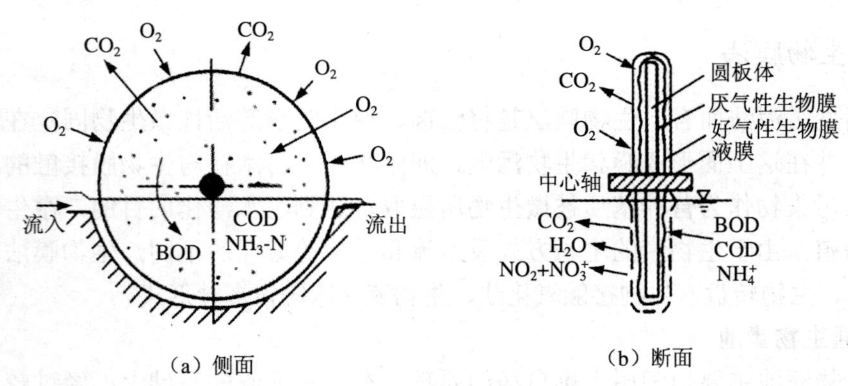

图 11-7 生物转盘净化原理示意图

生物转盘与活性污泥和生物滤池相比，具有以下几方面的优点：不会发生像生物滤池中的滤料堵塞现象或活性污泥中的污泥膨胀现象，能够处理高浓度的有机污水；适应性强，净化率高；沉淀速度快，易于沉淀分离和脱水干化，剩余污泥量少；操作简单，不需要污泥回流系统，便于管理和控制；设备简单，运行费用低。

3．生物接触氧化法

生物接触氧化法是在曝气的条件下，将滤料完全淹没在污水中进行反应，实现净化的生物膜法，也叫淹没式生物膜法。构筑物中包括格栅、初次沉淀池、生物接触氧化池和二次沉淀池，通常没有回流系统（如图 11-8）。生物接触氧化池是该方法的中心构筑物，由池体、填料、布水装置、曝气系统和排泥系统组成。

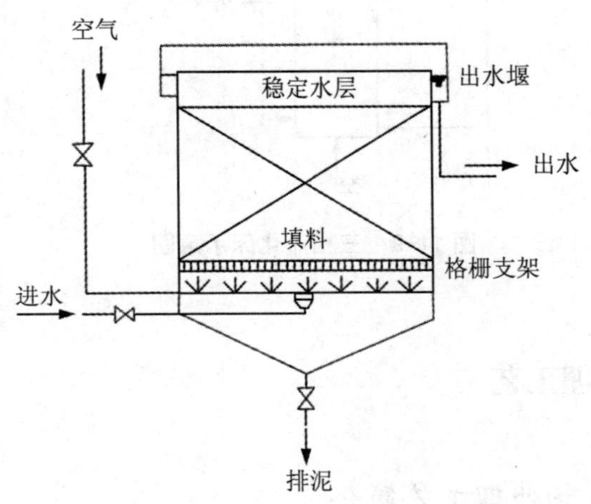

图 11-8　生物接触氧化池构造示意图

生物接触氧化法与其他方法相比，具有以下几方面的优点：由于接触氧化池内的生物浓度较高，所以对水冲击负荷具有较强的适应性；由于使用了曝气装置，使系统微生物对有机物的代谢速度加快，从而缩短了处理时间；设备体积小，占地面积少；可以有效避免污泥膨胀。

4．生物流化床

在上述几种生物膜的污水处理方法中，生物膜和污水都是处于一静一动的相对运动状态，而生物流化床则使生物膜和污水都处于运动状态中。流化床以砂、活性炭、焦炭等一类较轻的惰性颗粒为载体充填在床内，载体表面覆盖着生物膜。污水以一定的流速从下向上流动，使载体处于流化状态，污水中的污染物有机会与生物膜发生广泛而频繁的接触，加上小颗粒载体的相互摩擦碰撞，使得生物膜的活性较高，又由于载体在不停地流动，很好地防止了堵塞现象。

三相流化床工艺是目前广泛采用的流化床形式（如图 11-9），它将空气（或氧气）直接通入流化床，构成气-固-液三相混合体系，不需要另外的充氧设备。

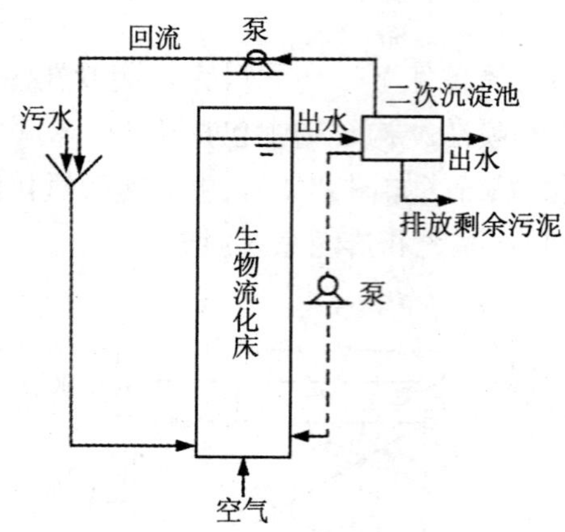

图 11-9　三相流化床示意图

三、厌氧生物处理工艺

（一）早期厌氧生物处理工艺简介

早期的厌氧生物处理工艺即为传统的厌氧消化池，已有百余年的历史。其工艺流程如图 11-10。污水定期或连续地进入消化池，消化后的污水从消化池上部排出，产生的沼气则由顶部排出，污泥从底部排出。消化液的搅拌形式有三种：用水泵从外部循环消化液；在池内设有叶轮进行搅拌；用压缩机循环沼气进行搅拌。这种处理工艺结构简单，可以直接处理固体悬浮物含量较高或颗粒较大的料液，但它缺乏补充厌氧活性污泥的特殊装置，消化池中难以保持大量的活性微生物，管理不善。

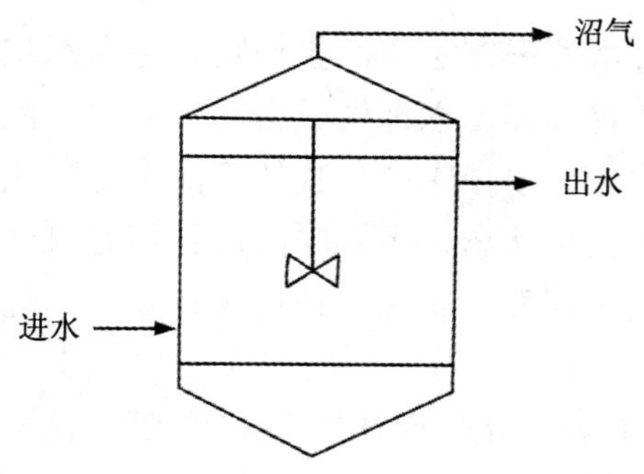

图 11-10　普通厌氧消化池示意图

（二）厌氧滤池

厌氧生物滤池是一种内部装微生物载体的厌氧反应器，其构造与一般的好氧生物滤池相似，池内也设有填料，但池顶密封（如图 11-11）。厌氧微生物以生物膜的形态生长在填料表面，污水淹没地通过填料，在生物膜的吸附作用、微生物的代谢作用和填料的截留作用下，污水中的有机污染物被去除，达到污水净化的目的。

该方法的优点是：由于生物量较高，使有机负荷较高；产泥量少，不需要污泥回流；能耗低，管理简便。不足之处主要是：填料价格较高，且容易堵塞；生物滤池难以均匀布水。

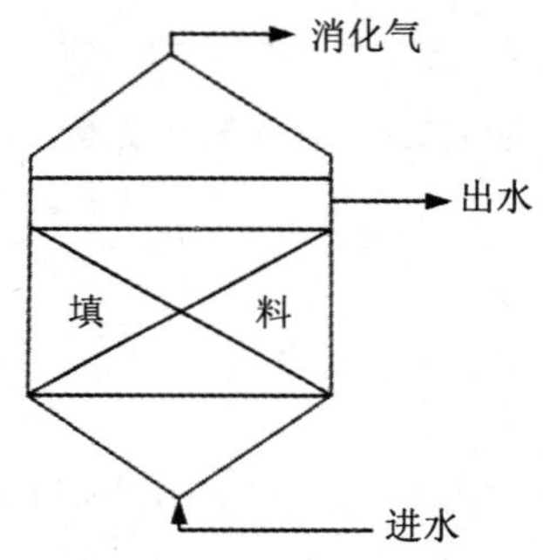

图 11-11　厌氧生物滤池示意图

（三）升流式厌氧污泥床

该方法是在 20 世纪 70 年代由荷兰科学家 Lettinga 等研制成功的。整个系统由进水配水系统、反应区、三相分离器、气室及排水系统组成（如图 11-12）。污水从底部进入反应器，污水首先与颗粒污泥层中的污泥混合，其中的有机物被微生物分解为沼气。沼气的气泡在上升过程中结合成大气泡，使颗粒污泥区以上的污泥呈松散悬浮状态，在这个区域里，悬浮污泥和污水充分混合接触，使污水中的大部分有机物被分解转化。固液混合液进入分离器后进行固液分离。沉淀下来的污泥返回反应区，使得反应器中有足够的生物量来完成有机物的分解作用。

升流式厌氧污泥床的优点主要有以下几个方面：可实现污泥的颗粒化；污泥床内保持有大量的微生物存在；气、固、液分离实现了一体化；能耗低，成本低，占地面积小；污泥产量低；能够回收沼气作为生物能利用。

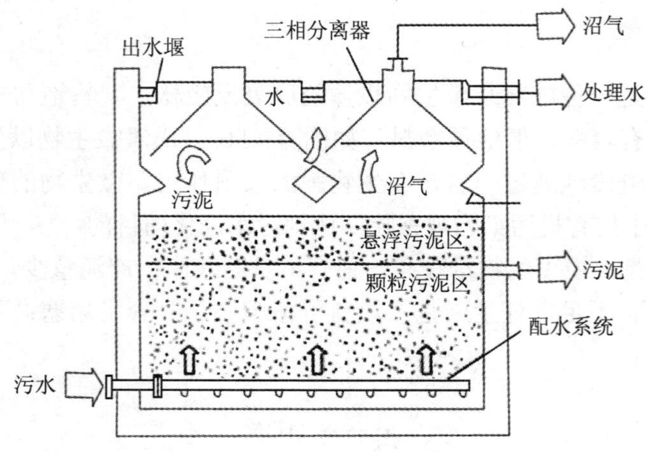

图 11-12　升流式厌氧污泥床反应器结构示意图

（四）新型高效厌氧反应器

1. 厌氧膨胀颗粒污泥床

厌氧膨胀颗粒污泥床（简称 EGSB）是 20 世纪 90 年代初在荷兰研制成功的，其构造由主体部分、进水分配系统、气液固三相分离器和出水循环等部分组成（如图 11-13）。污水从床底部流入，载体颗粒在反应器内均匀分布、循环流动，一部分出水回流后再与进水混合，出水与沼气在上部分离并排出。

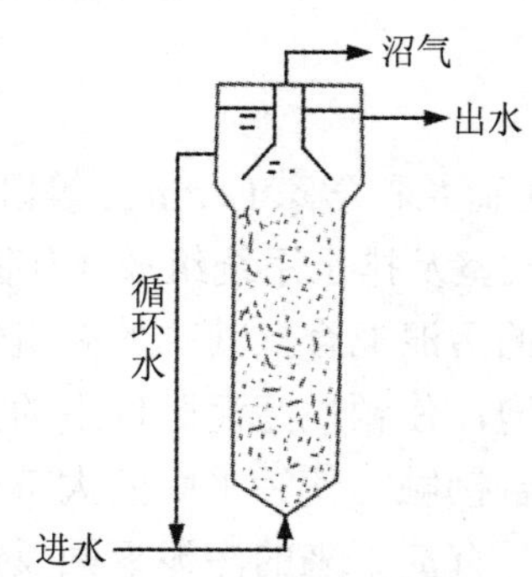

图 11-13　厌氧膨胀颗粒污泥床示意图

厌氧膨胀颗粒污泥床的优点在于：能减轻或消除静态床中常见的底部负荷过重的状况，可以增加反应器的有机负荷；由于出水循环比率较高，使污水中的有毒物质得到有效稀释，提高了系统对毒性物质的承受能力；污水与微生物之间能够充分接触，促进了微生物对基质的降解，提高了处理效率。

2. 内循环式厌氧反应器

内循环式厌氧反应器（简称 IC）是荷兰 Paques 公司于 20 世纪 80 年代中期在升流式厌氧污泥床的基础上开发成功的高效厌氧反应器。它是由底部和顶部两个循环式反应器的单元相互重叠而成，可以分为四个不同的功能部分，即混合部分、膨胀床、精细处理部分和回流系统（图 11-14）。

该反应器内循环的结果是使得反应器内形成致密的厌氧污泥膨胀床，由于液体上升流速很高，使该部分内的颗粒污泥完全达到流化状态，从而大大增加了反应器内的传质效率，使生化反应速率明显提高，可以高效地去除有机物。

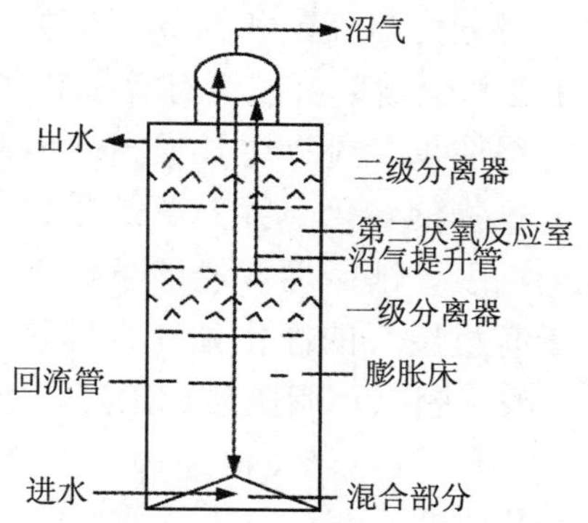

图 11-14 内循环式厌氧反应器示意图

3. 升流式厌氧流化床

升流式厌氧流化床（简称 UFB）是介于流化床和升流式厌氧污泥床之间的一种反应器。内有微粒填料，载体流化的动力来自液体的流动和产生气体的上升。基质和微生物接触紧密，可以承受较高的有机负荷。

第二节 大气净化生物技术

随着现代工业的发展，大气中的废气来源越来越多，各种化工厂生产过程中排放各种有机和无机废气；汽车排放尾气；污水处理厂和垃圾处理厂产生臭气等。这些废气中含有多种有毒有害物质，给工农业生产和人体健康带来了极大的危害，废气治理已经到了刻不容缓的地步。利用微生物处理废气是 20 世纪 80 年代以后发展起来的生物技术，其净化效果良好，已经得到人们的广泛重视。与常规的物理化学方法相比，生物技术处理废气具有效果好、无二次污染、安全性好、投资及运行费用低、便于管理等优点。

一、生物处理废气的原理

大气净化生物技术是利用微生物的生命活动，将废气中的有毒有害物质转化为二氧化碳、水等简单的无害无机化合物及细胞物质的过程。与污水的生物处理不同，在废气的生物净化过程中，气态污染物首先要从气相转移到液相或固相表面的液膜中，然后才能被液相或固相表面的微生物吸附并降解。

特定的气态污染物都有其特定的适宜处理的微生物群落，根据营养来源划分，能进行气态污染物降解的微生物可分为自养菌和异养菌两类。自养菌主要适于进行无机物的转化，如硝化菌、反硝化菌和硫酸菌可在没有有机碳和氮的条件下靠氨、硝酸盐、硫化氢、硫及铁离子的氧化获得能量，进行生长繁殖。但由于自养菌的新陈代谢活动较慢，主要应用于较低浓度无机物的转化。异养菌是通过对有机物的氧化代谢来获得能量和营养物质的，在适宜的温度、酸碱度和氧的条件下，它们能较快地完成微生物的降解，因此，异养菌多用于有机废气的净化处理。目前，适于生物处理的气态污染物主要有乙醇、硫醇、酚、甲酚、吲哚、脂肪酸、乙醛、酮、二硫化碳、氨和胺等。

二、废气生物处理的工艺

（一）生物洗涤法

生物洗涤法就是利用一个悬浮活性污泥处理系统，将微生物及其营养物质溶解于液体中，使气体中的污染物通过与悬浮液接触后转移到液体中而被微生物降解的过程。如图 11-15 所示为生物洗涤法工艺流程示意图。

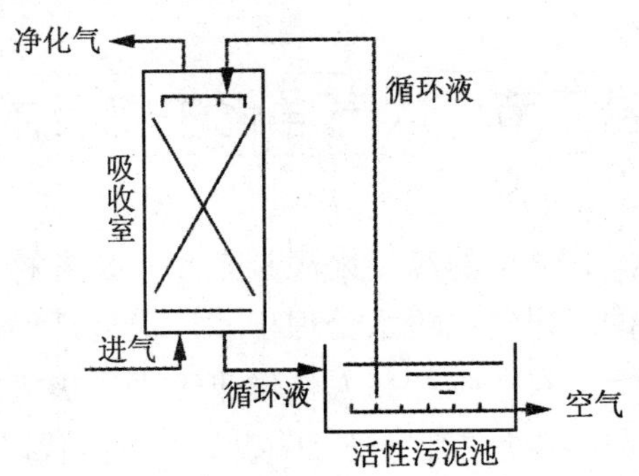

图 11-15　生物洗涤法工艺流程示意图

生物洗涤装置是由一个装有惰性填料的传质洗涤器和生物降解反应器组成，出水需要设有二沉池。含微生物的水从塔顶喷淋而下，含有机污染物的气体则从底部进入，与惰性填料上的微生物及由生化反应器回流过来的泥水混合物进行传质吸附、吸收。由于水相和生物相都循环流动，生物为悬浮状态，因此，洗涤器中有一定生物量和生物降解作用，使得部分有机物在此被降解。液相中的大部分有机物进入生化反应器，通过悬浮污泥的代谢作用被降解掉，处理后的气体从塔顶排出。生化反应器的出水在二沉池实现泥水分离，上清液排出，污泥则回流到生化反应器中。

生物洗涤法的优点是设备少，操作简单，运行费用低。其不足之处是反应条件不易控制，占地面积大，基质浓度高时，生物量会快速增长而堵塞滤料。

（二）生物滤池

生物滤池是一种装有生物填料的滤池，其简易流程见图 11-16。含污染物的气体首先在调节器内润湿，然后进入生物滤池。当湿润的废气通过附有生物膜的填料层时，其中的有机成分被微生物吸收，一般被分解为二氧化碳；有机氮则先被转化为氨，然后转化为硝酸并氧化分解为无机物；硫化物先被转化为硫化氢，然后再被氧化为硫酸。净化后的气体从滤池顶部排出。

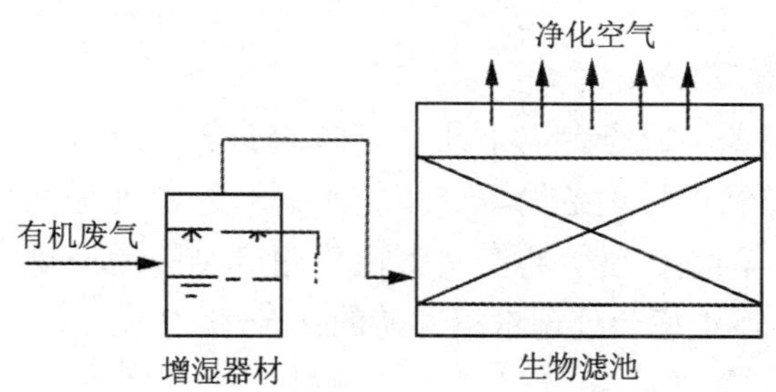

图 11-16　生物滤池工艺流程示意图

生物滤池所用的填料的特性，影响着其废气的处理效果。填料选择的过程中要考虑其比表面积、机械强度、化学稳定性、持水性和市场价格。因为过滤层的均衡润湿性制约着生物滤池的透气性和处理效果。若润湿不够，过滤器的物料会变干并生成裂纹，破坏空气均匀地通过过滤层；但是过分湿润又会形成高气压下的无氧区，从而会减少被净化的空气与过滤层的接触时间，生成带有气味的挥发物。当用生物氧化某些有机物时，过滤层材料也会发生氧化，导致微生物的氧化能力降低，甚至完全失去氧化能力。

（三）生物滴滤池

生物滴滤池是一种介于生物滤池和生物洗涤法之间的处理工艺，流程见图 11-17。

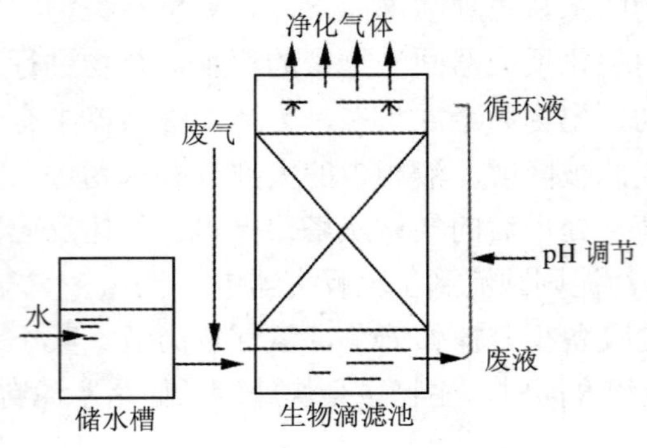

图 11-17　生物滴滤池工艺流程示意图

生物滴滤池与生物滤池的最大区别在于其填料上方喷淋循环水，且池内具有附着微生物的填料，为微生物的生长、有机物的降解提供了条件。启动初期，首先要在填料的表面挂上生物膜。具体做法是：在循环液中接种微生物菌种，微生物利用溶解于液相中的有机物进行代谢繁殖，并附着于填料表面，形成微生物膜。挂膜后，当气相主体的有机污染物和氧气经过传输进入微生物膜时，微生物进行好氧呼吸，将有机污染物分解，其代谢产物则通过扩散作用外排。

生物滴滤池所用的填料应符合以下几个方面的要求：易于挂膜、不易堵塞、比表面积大等。生物滴滤池的优点是设备简单、填料不易堵塞，处理高污染负荷的废气效果较好，适宜处理卤代烃，含硫、氮等会产生酸性代谢产物的污染物。不足之处是需要外加营养物，运行成本较高，不适合处理水溶性差的化合物。

三、二氧化碳的生物处理

近年来，由于工业规模和水平的急速发展和人口的迅猛增加，大气中 CO_2 等温室气体的浓度一直呈现逐年上升的趋势，造成了温室效应的存在。全球变暖、极地冰川融化、海平面上升以及由这些现象引发的一系列不良后果都与温室效应有关。另一方面，CO_2 又是最丰富的碳资源，只要有合适的技术，CO_2 又可以转化为巨大的可再生资源。因此，CO_2 固定在能源、环境方面具有非常重要的意义。大气中游离的 CO_2 主要通过陆地、海洋生态环境中的植物、自养微生物等的光合作用来实现分离和固定。

（一）固定 CO_2 的微生物

人们一直认为植物的光合作用是固定 CO_2 的最好方法。实际上，CO_2 的微生物固定也是一种不能忽视的方法。这是因为在地球上各种各样的生态系统中，特别是植物不能生长的特殊环境中，自养微生物能很好地发挥固定 CO_2 的优势。同时，高效固定 CO_2 的微生物，可在温和条件下将 CO_2 转化为有机碳，从而获得许多高营养、高附加值的产品。

固定 CO_2 的微生物一般分为两类，分别是光能自养型微生物和化能自养型微生物。前者主要包括微藻类和光合细菌，它们都含叶绿素，以光为能源、CO_2 为碳源合成菌体组成物质或代谢产物；后者以 CO_2 为碳源，能源主要有 H_2、H_2S、$S_2O_3^{2-}$、NH_4^+、NO_2^- 及 Fe^{2+} 还原态无机物质等。固定 CO_2 的微生物种类见表 11-1。

利用微藻类固定 CO_2 的光生物技术被认为是一种有希望的、经济高效的新方法。微藻可在高温、高浓度的环境下生长与繁殖，为通过生物法净化动力工厂排放的大量含有 CO_2 的燃放气提供了新思路。同时，微藻可用来制备各种高价值的生物活性物质，如类胡萝卜素和蛋白质等。

表 11-1　固定 CO_2 的微生物种类

碳源	能源	好氧/厌氧	微生物
二氧化碳	光能	好氧	藻类
		好氧	蓝细菌
		好氧	光合细菌
	化学能	好氧	氢细菌
		好氧	硝化细菌
		好氧	硫化细菌
		好氧	铁细菌
		好氧	甲烷菌
		好氧	醋酸菌

（二）微生物固定 CO_2 的机理

固定 CO_2 的机理很复杂，现在比较清楚的微生物固定 CO_2 的生化途径，主要有卡尔文循环、还原三羧酸循环、乙酰 CoA 途径和甘氨酸途径。

1. 卡尔文循环

卡尔文循环（Calvin cycle）中，碳以二氧化碳的形态进入循环并以糖的形态离开该循环。整个循环是利用 ATP 作为能量来源。卡尔文循环将每个个别的 CO_2 附着在一种五碳糖上进行合并，叶绿体中的一种蛋白质起到该反应的催化作用。既不是单独的光反应也不是单独的卡尔文循环就可以利用 CO_2 来制造葡萄糖。光合作用是一种在完整的叶绿体中会自然发生的现象，而且叶绿体整合了光合作用的两个阶段。

2. 还原三羧酸循环

通过还原三羧酸循环最终使 CO_2 还原为[CO_2H]，再进一步合成复杂的细胞成分。

3. 乙酰 CoA 途径

对卡尔文循环中由 CO_2 产生的糖类继续进行转化，进入甘氨酸途径。

4. 甘氨酸途径

甘氨酸途径即四碳途径，承接乙酰 CoA 途径和还原三羧酸循环，每循环一次可固定 4 个 CO_2 分子。

（三）微生物固定 CO_2 的应用

自养微生物在固定 CO_2 的同时，可以将其转化为菌体细胞以及许多代谢产物，如单细胞蛋白、聚 3-羟基丁酸酯、甲烷等。这些产物可以作为工业原料，有的还可以作为健康食品及医药制品而获得较好的经济效益。

1. 单细胞蛋白（SCP）

单细胞蛋白又叫微生物蛋白、菌体蛋白。所含的营养物质极为丰富，其中，蛋白质含量高达 40%～80%，比大豆高 10%～20%，比肉、鱼、奶酪高 20%以上。氨基酸的组成较为齐全，含有人体必需的 8 种氨基酸，尤其是谷物中含量较少的赖氨酸。单细胞蛋白中还含有多种维生素、碳水化合物、脂类、矿物质，以及丰富的酶类和生物活性物质，如辅酶 A、辅酶 Q、谷胱甘肽、麦角固醇等。单细胞蛋白不仅能供人们直接食用，还常作为食品添加剂，用以补充蛋白质或维生素、矿物质等。由于某些单细胞蛋白具有抗氧化能力，使食物不容易变质，因而常用于婴儿粉及汤料、作料中。

2. 聚 3-羟基丁酸酯（PHB）

聚 3-羟基丁酸酯是由不同的细菌将碳水化合物在可控的营养条件下发酵生成的，类似于其他有机体中的淀粉和糊精的功能。由于它是从可再生资源制备的塑料，具有可生物降解性，因此商业应用潜势较大。

3. 甲烷

微生物利用 CO_2 和 H_2 合成甲烷，可作为高效燃料和化工原料，既降低了 CO_2 排放量又提供了能源，对全球能源供应和环境保护都具有非常重要的意义。

四、废气生物处理的现状与展望

生物法净化有机废气的研究，国外在 20 世纪 80 年代就已经逐步展开，最初的应用是在堆肥场和动物脂肪加工厂有机废气的脱臭处理方面。

不同成分、浓度及气量的气态污染物各有其有效的生物净化系统。生物洗涤法适宜于处理净化气量小、浓度大、易溶且生物代谢速率较低的废气处理；对于气量大、浓度低的废气可采用生物滤池处理系统；而对于负荷较高以及污染物降解后会生成酸性物质的则以生物滴滤池为好。在目前的废气生物净化实践中以运行操作简单的生物滴滤池系统使用得最多。

有机废气生物处理是一项新的技术，由于生物反应器涉及气相、液相及固相传质及生化降解过程，影响因素多而复杂，因而有许多问题急需研究，特别是一些基础性理论的研究将为废气处理提供理论依据与支持，促进该项技术的更大发展。

第三节　固体垃圾的处理

随着城市数量的不断增多，人口的不断增加和规模的急剧扩大，全球城市废弃物的数量迅速增长，其中固体垃圾在现代城市产生的废弃物中占据的比例越来越大。以我国为例，自 1979 年以来，城市垃圾平均以每年 8.98%的速度增长，由 1980 年的 3 132 万 t 猛增到 1995 年的 10 748 万 t，增加了 243.2%。从 1985 年到 1995 年，垃圾清运量平均增长 8.6%，到 2000 年我国城市垃圾产生总量达到 1.2 亿～1.4 亿 t。大量的垃圾在收集、运输和处理过程中，含有或产生的有害气体，对大气、土壤和水体造成了严重污染，不仅影响了城市环境卫生质量，而且危害人们的身体健康。世界各国处理城市垃圾的方法主要有三种，即填埋、堆肥和焚烧。其中填埋和堆肥主要是通过微生物的作用来完成的。

一、填埋技术

填埋技术就是将固体垃圾存积在大坑或低洼地，通过科学的管理来恢复地貌和维护生态平衡的工艺。填埋法处理垃圾量大、简便易行、投入少，是长期以来人们处理生活垃圾的一种主要方法。据统计，目前大约 70%以上的垃圾都是通过填埋技术处理的。

填埋过程中，每天填埋的垃圾应被压实，并铺盖上一层土壤。这些地点的完全填埋需数月或数年，因此如果处理不当，填埋地不仅不雅观，还有可能导致二次污染，如产生异味、污染空气、滋生蚊蝇、卫生状况恶化等；有害废物还可能对填埋地的微生物作用产生严重的影响，并伴随着有害径流的发生，或渗漏到地下水中，不断污染城市水源；被填埋的垃圾发酵后产生的甲烷气体，易于引发爆炸事故，给人们的生命财产安全带来危害。

针对上述问题，现代填埋技术已经有了很大改进。在选择填埋场时，其底层应高于地下水位 4 m 以上，而且填埋地的下层应有不透水的岩石或黏土层，防止废水下渗，如果没有自然的隔水层，则需要铺垫沥青或塑料膜等不透水的材料以避免渗漏物污染周围的土地和水源。填埋场应设置排气口，使填埋过程中产生的甲烷气体及时排出，以防止爆炸起火，同时也便于气体的收集。另外，填埋场还要有能监测地下水、地表水和环境中空气的污染情况的监测系统。这种经过合理构建的封闭填埋场可以较好地处置填埋物，并可以将产生甲烷气体用作商业用途。甲烷气体通常在合理填埋数月后开始产生，并渐渐达到高峰期，几年后，产量开始逐渐下降。另外，通常不能在填埋地上建房，以防止下陷，但填埋地可作为农田、牧场或绿地公园等进行利用。

过去，填埋场一般被视为垃圾的转移地或存积容器，通过它将垃圾废物与周围环境隔离开来。现在人们已经开始把填埋场当作生物反应器来进行管理，使其发挥更大的经济效益和环境效益。我国于 1995 年在深圳建成第一个符合国际标准的危险废物填埋场，此后，一些城市相继建成一些大、中型垃圾卫生填埋场，日处理量一般在 1 000～2 500 t。目前在大多数西方国家中通过减少填埋物的数量来降低对土地的要求，并相应增加了操作的安全性。填埋技术肯定会在以后的固体垃圾处理中发挥更大的作用。

二、堆肥法

堆肥法就是依靠自然界广泛分布的细菌、放线菌、真菌等微生物，人为地促进可生物降解的有机物向稳定的腐殖质的生物转化过程。堆肥法的产物称作堆肥，是一种具有改良土壤结构，增大土壤溶水性、减少无机氮流失、促进难溶磷转化为易溶磷、增加土壤缓冲能力、提高化学肥料的肥效等多种功效的廉价、优质土壤改良肥料。根据堆肥过程中微生物对氧的需求关系可分为好氧堆肥法和厌氧堆肥法两种。

（一）好氧堆肥法

好氧堆肥的原理是以好氧菌为主对废物进行氧化、吸收与分解，转变为有利于作物吸收生长的有机物，好氧堆肥的基本生物化学反应过程与污水生物处理相似，但与污水处理不同的是，堆肥只进行到腐熟阶段，并不需要有机物的彻底氧化，废物的降解过程可分为三个阶段。

①发热阶段。堆制初期，在好氧条件下，那些容易被微生物分解的有机物质迅速分解，产生大量热量，温度逐渐升高，但基本上在中温（低于 45℃）范围。这一阶段中的微生物以嗜温的好氧微生物为主，包括细菌和真菌。

②高温阶段。当堆肥的温度超过 50℃以后，进入高温阶段。这一阶段中，除少数残留下来的和新形成的水溶性有机物继续分解转化外，复杂的有机物开始被分解，同时开始了腐殖质的形成过程。此时，嗜温细菌逐渐死亡，嗜热细菌开始活跃。

③降温和腐熟阶段。随着生物降解有机物的减少，嗜热微生物活动减弱，产热量减少，温度开始下降，中温微生物又逐渐成为优势菌群，残余物质又进一步分解，腐殖质继续不断积累并趋于稳定，堆肥进入腐熟阶段。

总之，好氧堆肥从堆积到腐熟，微生物在分解有机物的生物化学过程中，改变了周围环境，且自身群落也发生了一系列变化。

（二）厌氧堆肥法

厌氧堆肥法是指在不通风的条件下，使物料厌氧发酵，该方法堆制温度低、堆制周期长，成品肥中氮素保留较多。奶牛场、饲养场的粪肥常用该法。现代化的堆肥是在厌氧反应器中进行的。厌氧消化过程与废水厌氧处理中的有机物降解相似，但水解需要时间更长。该技术在城市下水道污泥、农业固体废弃物和粪便中已广泛应用。

第四节　生物修复技术

被污染了的土壤、水和大气给人类带来巨大危害，各个国家已经投入大量资金对受污染的环境进行修复，相关的修复技术在国外也得到迅速开发。修复技术基本上分为两大类：物理化学类型和生物学类型。物理化学类型的修复技术一般将受污染的土壤或地下水移走，再进行适当的处理和处置。生物修复技术是环境工程领域刚刚兴起的一门新技术，用一种或多种微生物来降解土壤中的有机毒物，如农药、石油烃类和有机磷、有机氯等，使这类物质变成无毒物质或二氧化碳，这个过程国际上叫“生物修复工程”，目前已成功应用于土壤、地下水、河道和近海的污染治理。这类技术能够彻底清除土壤和地下水中的污染，缺点是严重影响土壤的结构和地下水所处的生态环境，而且成本非常高。相比较而言，现场生物修复技术不会破坏生态环境，因此受到重视。

一、生物修复的基本原理和主要方法

（一）生物修复的基本原理

生物修复的基本原理是透过环境改良与微生物菌的培养，强化土壤中微生物的同化作用与共代谢作用，而达到降低或除去污染物毒性的目的。生物修复技术的最大优点在于能使污染物经微生物作用，而最终以稳定无害的状态并存于土壤体系中。

利用微生物和它们的酶制成固定化生物催化剂，这种生物催化剂可以将不少化学毒物转化成无毒的生物可降解物质。这既可用于有毒废料的销毁又可用于对已染毒环境的恢复。

有机磷化合物是人类制造出来的一类毒性极大的物质。全世界每年至少花费几十亿美元用于处理有机磷杀虫剂（如对硫磷）和神经毒剂（如沙林）。常规的处理方法是燃烧或化学漂洗法，但存在成本高和脱毒不够彻底等缺陷。从假单胞杆菌取得的磷酸酯酶，固定到聚胺酯泡沫上后，已用于野外原地降解有机磷神经毒剂和杀虫剂。磷酸酯酶能降

解空气和乳浊液中的毒剂，还可作清洗剂。40℃时，酶水解杀虫剂要比 0.1 mol/L 的氢氧化钠脱毒的速度快 40～2 450 倍。生物法原地处理污染毒物是目前最经济有效的脱毒方法。酶在治理来自石油的污染物中也起到良好作用。

（二）生物修复的主要方法

1. 接种微生物

目的是增加降解微生物的数量，提高降解能力。针对不同的污染物可以接种单种或多种微生物，一般以土著微生物为主。

2. 添加营养物

除了污染物作为营养物外，为增强微生物活动，提高降解速度，需要添加氮、磷等其他营养物质。

3. 提供电子受体

一般为好氧环境通过不同的供氧方式通气或加入氧发生剂 H_2O_2，为厌氧环境降解提供硝酸盐、甲烷等。

4. 提供代谢底物

对于有些难降解的有机污染物，为微生物提供代谢底物有利于代谢的进行。

5. 添加表面活性剂

研究表明，添加表面活性剂可以显著提高一些污染物的生物降解速度，这是因为微生物对污染物的生物降解主要是通过微生物酶的作用来进行的。许多酶并不是胞外酶，污染物只有同微生物细胞相接触，才能被微生物利用并降解。表面活性剂可以增加污染物与微生物细胞接触的几率。表面活性剂已用于煤焦油、石油烃和石蜡等污染物的生物修复中和现场规模处理。添加的表面活性剂应满足以下条件：能够促进污染物的生物可得性；对微生物和其他土壤作物或水体生物无毒害作用；本身易被生物降解；不会造成被污染物的物理性质恶化。有些表面活性剂就是由于不能满足上述条件而不能大规模应用。

（三）生物修复的前提条件

应用生物技术解决污染问题应具备下列条件：存在具有代谢活性的微生物，并且这些微生物能以较大的速率降解目标污染物；降解过程中不会产生有毒有害副产物；污染场地不含对菌种有抑制作用的物质，否则要先稀释或进行无害化处理；具有较低的处理费用。

（四）影响生物修复技术的主要因素

1. 微生物种类

利用生物修复技术就是利用微生物对有机污染物进行降解，使之变成无毒无害的物质。在这个过程中，微生物种类起到至关重要的作用。特定的微生物只能降解特定类型的化学物质，状态稍有变化的化合物就可能不会被同一种微生物酶所破坏，实现不了生物修复的目的。另外，微生物不能降解所有进入环境的污染物，污染物的难降解性、不溶性以及与土壤腐殖质或泥土结合在一起常常使生物修复不能进行，特别是对重金属及其化合物，微生物也常常无能为力。实验表明，土著微生物对环境的适应性强，是生物降解的首选微生物。外加菌种的投放要考虑到环境安全和生态风险。

2．污染物的特性

影响生物修复过程的有机污染物的物理化学性质主要是指：溶解与吸附、挥发、化学反应和可生物降解性这四个方面。需要了解有关污染物的内容包括以下几个方面：污染物的类型，即属于酸性、碱性或中性的化合物，氧化性或还原性物质等；污染物的物理性质，即分子量、熔点、结构和水溶性、脂溶性等；化学反应性，如氧化、还原、水解、沉淀、聚合等；降解性，包括半衰期、一级速率常数和相对可生物降解性等；土壤挥发参数，如气水分配系数、蒸汽压、亨利常数等；土壤污染状况，包括该污染物在土壤中的浓度、污染的深度、污染的时间和污染分布等。了解污染物的上述情况是为了判断能否采用生物修复技术，选择何种生物修复技术和采取哪些强化措施来加速生物修复的过程。例如，对于因水溶性低而导致在土壤中生物可得性差的化合物（如石油类），可以使用表面活性剂增加其生物可得性。

3．环境因子

利用微生物进行生物修复这一技术受环境因素的影响较大，因为微生物活性受温度、氧气、水分、pH 等环境条件的变化影响。与物理法、化学法相比，应用这一技术治理污染所需要的时间相对较长。

影响生物修复技术效果的环境因素包括以下几个方面：坡度和地形；污染物类型和污染的面积与程度；土壤表面特点，如边界特性、深度、结构、大碎块的类型和数量、颜色、总密度、黏土类型、离子交换容量、有机质含量、pH 和通气状态等；水力学性质和状态，如土壤水特征曲线、持水能力、渗透性、渗透速度、不渗水层的深度、地下水深度、洪水频率和径流潜力等；地理因素，包括地形地貌、地下水流类型和特点等；气候气象因素，包括日照、温度及其季节变化、风速、降水和水量预算等。上述数据将为生物修复技术的决策和具体操作提供基本资料。另外，土壤水也影响污染物、溶解氧和代谢产物的传质速度、土壤的曝气状态、营养物质的量和性质。在干旱地区，土壤中的氧比较充足，但微生物的活性较低，污染物的生物可得性差，代谢产物不易从土壤中去除，因此在采用生物修复技术时要考虑增加土壤湿度。我国南方土壤含水量大，氧传递速率低，对好氧生物修复技术的采用不利。

pH 值对大多数微生物都是适合的，只有在特定地区才需要对土壤的 pH 进行调节。

温度对微生物的活性有较大的影响，通常决定着生物修复过程的时间长短，但在实际处理时是不可控制的因素。在设计方案时应充分考虑温度对土壤修复过程的影响及土壤温度的变化，土壤表面温度日变化和季节变化比较剧烈，但随土壤深度的增加而减小；因水的比热大，含水多的土壤温度变化小。另外一些影响土壤温度的因素包括坡向、坡度、土色和表面覆盖情况等。

二、土壤污染的生物恢复技术

（一）原位生物处理

这种方法是在受污染地区直接采用生物处理技术，不需要将土壤挖出或运输。该工艺处理方法简单，费用较少，不过由于采用的工程强化措施较少，处理时间会有所增加，而且在长期的生物修复过程中，污染物可能会进一步扩散到深层土壤和地下水中，因而适用于处理污染时间较长，状况已基本稳定的地区或受污染面积较大的地区。

1. 土壤处理

向遭受污染的土壤中接入外源的污染物降解菌，并提供这些细菌生长所需要的营养物质，从而达到将污染物就地降解的目的。目前使用较多的有“超级细菌”法和混合菌群法。由于微生物对一些有机物的降解是由染色体外的遗传物质——质粒所控制的，因此采用遗传学方法将降解不同组分的质粒整合到一个细胞内，便可构建“超级细菌”。由于一种烃类降解菌只能降解一种或几种石油烃类，将不同烃类降解菌混合培养可形成混合菌群，可以显著提高石油的降解速率。

2. 生物通气

这是一种强迫氧化的生物降解方法，在污染的土壤上至少打两口井，安装上鼓风机和抽真空机，将空气强排入土壤，然后抽出。土壤中有毒挥发物质也随之去除，在通入空气时加入一定量的氨气，为微生物提供氮源增加其活性。还有一种生物通气法称为生物注射法，即将空气加压注入污染地下水下部，气流加速地下水和土壤中有机物的挥发和降解。生物通气法受土壤结构的制约，它需要土壤具有多孔结构。

①空气喷布。该方法治理的对象为土壤及地下水中石油烃类的污染，主要是鼓风供氧促进微生物降解。

②生物抽气。该方法主要用于不饱和土壤的有机污染，负压充氧、喷灌营养物促进微生物降解。

③生物抽吸。该方法主要治理对象为石油烃类泄漏量大且比较集中的状况，地下水被抽吸充氧以后渗灌回原地促进微生物降解。

3. 农耕法

对于只在表层被有机物污染且有就地处理条件的地块，可进行就地农耕处理。对被污染土地土层进行耙耕，耙耕深度以 0.2～0.4 m 为宜，以使石油烃类与土壤均匀混合，并尽可能提供微生物代谢的好氧环境。以后两周耙耕一次，雨后立即耙耕一次，以防土层板结。农耕法的主要优点是容易实施，费用低。

（二）异位生物处理

这种技术的优点是可以在土壤受污染的初期限制污染物的扩散和迁移，减少污染范围。但用在挖土方面和运输方面的费用显著高于就地处理方法，另外，在运输过程中可能会造成进一步的污染物暴露，还会由于挖掘而破坏原地点的土壤生态结构。目前的异位生物处理技术主要有以下几种方法。

1. 制备床反应器

在不泄漏的平台上铺上石子和沙子，将受污染的土壤以 15～30 cm 的厚度平铺在平台上，加上营养液和水，必要时加上表面活性剂，定期翻动充氧，将处理过程渗透的水回灌于土层中，以完全清除污染物。该方法实质上是农耕法的一种延续，但是它降低了污染物的迁移。

2. 堆肥法

堆肥法是生物治理的重要方式，是传统堆肥和生活治理的结合。它依靠自然界广泛存在的微生物使有机物向稳定的腐殖质转化，是一种有机物高温降解的固相过程。一般方法是将土壤和一些易降解的有机物如粪肥、稻草、泥炭等混合堆制，同时加石灰水调节酸度，经发酵处理，可将大部分污染物降解。影响堆肥法效果的主要因素有水分含量、碳氮比、氧气含量、温度和酸度等。

3. 生物反应器

把污染土壤移到生物反应器中，加 3～9 倍的水混合使呈泥浆状，同时加必要的营养物质和表面活性剂，泵入空气充氧，剧烈搅拌使微生物与污染物充分混合，降解完成后，快速过滤脱水。生物反应器的一个主要特征是以水为处理介质，使污染物、微生物、溶解氧和营养物质的传质速度加快，而且避免了复杂又经常不利的自然环境变化，各种环境条件（如 pH、温度、氧化还原电位、氧气量、营养物浓度、盐度等）便于控制在最佳状态，因此反应器处理污染物的速度明显加快，但其工程复杂，处理费用最高。另外，在用于难生物降解的物质时必须慎重，以防止污染物从土壤转移到水中。该方法目前还没有大面积推广使用。

（三）污染土壤生物修复实例

1989 年，Exxon 石油公司的油轮在阿拉斯加 Prince Willian 海湾发生溢油事故，溢油量达 4.17×10^3 m^3，污染海岸线长达 500～600 km，为了消除污染，该公司采用原位石油消解措施，通过投放营养物（氮源、磷源物质）加速海湾上自然存在的微生物对污染石油的降解。处理结果是：同未施加营养物的地段比较，喷施营养物的地段，石油污染程度明显减轻，并且未向周围地段及海水中扩散。

美国犹他州某空军基地针对航空发动机油污染的土壤，采用原位生物降解，具体做法是：喷湿土壤，使土壤湿度保持在 8%～12%，同时添加氮、磷等营养物质，并在污染区打竖井，通过竖井抽风，以促进空气流动，增加氧气供应。经过 13 个月后，土壤中平均油含量由 410 mg/kg 降到 38 mg/kg。

三、地下水污染的生物修复技术

（一）地下水原位修复

虽然目前地下水的污染程度不像地表水那样严重，但是其治理和恢复却比地表水要难得多。早期地下水污染的修复是通过抽取地下水到地面上，处理后经表层土壤反渗回地下水中，处理的方法是一些常规物理、化学分离方法和 20 世纪 60 年代采用的废水生物处理技术，即所谓的异位修复。70 年代初期，开发了向含水层内通入氧气及营养物质，依靠土著微生物的作用将污染物降解为二氧化碳和水或转化为无害物质的原位生物修复法。进入 90 年代以后，随着地下水污染的日益严重和基因技术的重大突破，原位生物修复技术开始在应用上逐步取代传统的地面处理形式。

原位修复实质上是通过各种方法来强化地下水中微生物对有机物的自然降解过程。由于地下水总溶解氧不足、营养成分缺乏，致使微生物生长缓慢，因此需要向水中补充各种营养物质，其中最重要的就是提供氧或其他电子受体，此外必要时可添加氮、磷等营养元素。为了提高降解效果，还可以接种经培养、驯化的高效微生物。

地下水原位修复常用的方法有：抽提、回注结合法，应用比较广泛；生物注射法，是将加压后的空气注射到地下水的下部，加快水中有机物的降解和挥发；微泡法，是将含有表面活性剂的气泡注入地下水中，为细菌代谢提供充足的氧气，增强代谢速率；有机黏土法，是将带正电的有机修饰物、阳离子表面活性剂通过化学键键合到带负电的黏土表面，并利用黏土上的表面活性剂吸附有毒化合物，然后进行生物降解的方法。

（二）生物反应器

生物反应器的处理方法是一种异位修复与原位修复相结合的工艺。它是将地下水从地下水层中抽提到地面上，然后在地面上用生物反应器对有机物进行好氧降解，处理后的地下水通过渗灌系统回灌到土壤内，并在回灌过程中加入营养物和已驯化的微生物，且注入氧气，使生物降解过程在土壤及地下水层内得到加速进行的过程。生物反应器较灵活，可以移动到现场直接处理被污染的地下水，且反应器可以连续运行也可以间歇进行。各类在废水处理中应用的生物反应器均可以在地下水修复中得到应用。同时生物反应器法不但可以作为一种实际的处理技术，也可应用于研究生物降解速率和修复模型。近年来，生物反应器的种类得到了较大的发展，出现了连续循环升流床反应器、泥浆生物反应器等多种形式。

复习思考题

1. 简述废水好氧和厌氧生物处理工艺。
2. 简述废气生物处理工艺。
3. 如何利用堆肥法进行固体垃圾处理？
4. 怎样对污染的土壤和地下水进行生物修复？

主要参考文献

[1] 宋思扬，楼士林. 生物技术概论. 北京：科学出版社，1999.

[2] 张从，夏立江. 污染土壤生物修复技术. 北京：中国环境科学出版社，2000.

[3] 程备久. 现代生物技术概论. 北京：中国农业出版社，2003.

[4] 刘仲敏，林兴兵，杨生玉. 现代应用生物技术. 北京：化学工业出版社，2004.

[5] 周家斌，等. 废气生物处理技术研究进展. 河南农业大学学报，2004，38（4）.

[6] 王德民，等. 高浓度有机废气生物处理研究. 上海环境科学，2003，22（5）.

[7] 郭洪中，等. 城市固体垃圾填埋场中污染物的浓度. 华南理工大学学报（自然科学版），1996，24（增刊）.

[8] 邢新会，刘则华. 环境生物修复技术的研究进展.化工进展，2003，23（6）.

[9] 刘娜，杨云龙. 生物修复技术在污染环境修复中的研究进展. 科技情报开发与经济，2005，15（3）.

[10] 张予川，等. 几种废水生物处理新工艺及其应用. 河南科技大学学报，2003，24（2）.

[11] 江瀚，等. 厌氧生物处理水技术研究进展. 中国沼气，2004，22（4）.

第十二章　生物技术的专利保护及安全性

【知识目标】

了解生物技术专利保护的重要性及其专利权的特点；生物武器的概念。理解生物技术专利保护与知识产权的关系；现代生物技术的伦理问题。熟悉生物技术安全性的概念、基因工程植物、动物和基因工程食品的概念。掌握在基因工程植物、动物和基因工程食品的研究方面潜在的危险性。

第一节　生物技术的专利保护

当今世界，随着生物科学和工程技术的发展，人们在生物领域实施各种技术控制和技术干预已成为现实，比如，可以利用发酵工程、酶工程、基因工程、细胞工程及蛋白质工程等创造新物种或新的生命物质已不再是幻想。与此同时，生物技术产品和工艺在发展中凸显出巨大的经济价值。为此，将生物技术的发明创造纳入专利保护也是大势所趋。

一、生物技术专利保护概述

（一）生物技术专利保护的重要性

二十多年来，现代生物技术的发展在全球范围内方兴未艾，尤其是在医药和农业方面，取得了令人瞩目的成就。在生物技术领域取得的每一项创新性的、具有潜在经济价值的研究成果，都需要高度密集的专业知识作依托，先进的实施条件作支撑，巨额的资金作保障。但如果研究出来的成果得不到保护，合法的发明人和投资者不能得到相应的经济上的回报，则这样的成果就难以转化为社会生产力，这样就会影响相关产业及技术的进一步发展，甚至会影响社会科技的进步。为此，现代生物技术领域也同其他学科领域一样，采取切实有效的措施来保护创造和发明是非常重要的。

（二）生物技术专利保护与知识产权

目前生物技术领域的发明创新者可以用各种不同的形式来保护他们的权益，这种权益在法律上统称为“知识产权”。知识产权包括专利、商业秘密、版权和商标四大类，其中最重要的是专利，取得专利的发明创造者由国家颁发专利证书。早期欧洲各国的王室和皇家通常都向发明人颁发这种证书，赋予发明人对自己的发明成果的独占经营权。这种做法既鼓励了发明创造，也推动了生产力的迅速发展。后来，从中衍变成现在流行的专利制度。对于生物技术而言，专利也同样是知识产权最重要的形式。一方面，一项专利就是一份法律文件，它可以赋予专利拥有者以特权来完成其发明的商业开发过程；而且，在一项专利的基础上，专利拥有者可以从最初的发明直接开发出其他衍生产品。对其他竞争者来说则需要购买这种权利来开发该发明衍生出来的产品。另一方面，一项专利又是一份公开的文件，它必须包含发明的详尽说明，因此它可以告诉其他人该项发明的本质和局限性，让人决定是否还应在某一方向上继续工作下去，或是考虑干脆购买这项已获专利的发明，以加快新产品的开发进程。随着世界范围内科学技术交流的加快、应用范围的扩展，专利保护就越发显得尤其重要。同时，各国的专利法之间差异很大，国际通用标准正在发展酝酿之中。通常情况下，自开始申请专利起，要花 2～5 年的时间申请才能被批准。由于一项专利被批准以后，都具有潜在的巨大商业价值和可观的经济效益，因此，为了公平、公正，对发明的认定和对专利申请的受理、批准都必须有一套非常严格的衡量标准。

（三）生物技术发明创新专利保护的发展背景

尽管人类应用生物技术有上千年之久，并且已经在人们生活的各个角落生根、开花和结果，但在专利制度创建之初，生物技术发明创新总是被拒之于专利大门以外，专利保护范围只局限在用化学或物理方法的创造发明。造成这种状况的原因在于，专利法是以技术内容为其保护对象的，包括技术方法和运用技术方法做出的结果，并且要求技术内容应体现人们运用自然规律实施的控制和干预，而且这种控制和干预程度需体现技术的含量。过去人们对生物方法的运用程度远没有达到像对化学和物理方法那样的运用程度，当人们利用化学或物理方法实施控制和制造的产品已达到相当水平的时候，而在生物方法的运用方面却还极为有限。正是因为早期的生物技术主要是依靠生物界的自然因素选择那些优良性状的菌种并加以应用，绝大部分属于经验继承的范畴，所以在很长时间内生物技术发明被排除在专利保护之外。

如今，这种状况发生了很大的变化，随着生物科学与工程技术的发展，人们在生物领域实施技术控制和进行技术干预已成为可能，例如，通过发酵工程、酶工程、基因工程、细胞工程、蛋白质工程等创造新物种或新的生命物质已成为现实。同时，生物技术产品和工艺在社会发展中凸显了巨大的经济价值。因此，将生物技术创造发明纳入专利保护也就成为必然趋势。

二、生物技术发明创新专利的特点

生物技术发明创新专利也同其他专利一样，是由专利局授权许可的一种合法权利，它以国家立法的形式赋予发明创造以产权属性，它包括经济权利和精神权利，并以国家行政和司法力量确保这些权利得以实现。

（一）专利权的主要特点

专利权具有独占性等三个特点。

1. 独占性

独占性又称排他性、垄断性、专有性。独占性是指对同一内容的发明创造，国家只授予一项专利权。被授予专利权的人（专利权人）享有独占权利，未经专利权人许可，任何单位或个人都不得以生产经营为目的制造、使用、许诺销售、销售、进口其专利产品。或者使用其专利方法及使用、许诺销售、销售、进口依照该专利方法直接获得的产品。如果要实施他人的专利，必须与专利权人订立书面实施许可合同，向专利权人支付专利使用费。

2. 地域性

地域性即空间限制。是指一个国家或地区授予的专利权，仅在该国或该地区才有效，在其他国家或地区没有法律约束力。因此，一件发明若要在许多国家得到法律保护，必须分别在这些国家申请专利。

3. 时间性

时间性指的是专利权有一定的期限。各国专利法对专利权的有效保护期限都有自己的规定，计算保护期限的起始时间也各不相同。例如，我国《专利法》规定："发明专利权的期限为二十年，实用新型专利权和外观设计专利权的期限为十年，均自申请之日起计算。"

（二）授予专利的发明应具备的条件

在专利申请被审查并被授权后，专利以书面的形式存在。内容包括发明者的姓名（如果发明者与专利人不同，则还要写明专利人的姓名）、对专利的简介以及相关的权利。

授予专利的生物技术发明必须满足四个条件：

（1）发明必须具有实用性；

（2）发明必须具有创造性，以前完全没有做过；

（3）发明必须具有新颖性，它在其特定的领域并不是一项显而易见的普通技能；

（4）在申请专利说明书中对发明做详尽的描述，使在同一领域的其他人能够了解执行。

（三）授予生物技术发明专利的局限性

《专利法》保护发明创造，但并不是所有发明创造都受《专利法》的保护。对于生物技术发明创造来说，它们与其他领域内的技术发明不同，通常与生物材料有关，这给对它们进行法律保护带来一些特殊的困难。对于生物技术发明创造专利的界定关键在于专利申请必须是与生命物质有关的发明，同时对该项发明应给予多大范围的保护。在中国《专利法》的规定中，与生物技术相关的发明创造中有几项不授予专利权，包括科学发现、疾病的诊断及其治疗方法、动植物品种等。

科学发现是指人们揭示自然界早已存在、但尚未被人们认识的客观规律的行为。科学发现不同于科学发明，因为它并不直接设计或制造出某种前所未有的东西，它只是一种正确的认识。科学发现，包括科学理论，从一定意义上讲，也是人们通常所讲的发明创造，但它有别于《专利法》中所规定的发明创造，因而不能授予其专利权。例如发现一条自然规律或者找到一种新的化学元素都不能获得专利。但应指出的是，科学发现是科学发明的基础，如果将新发现的化学元素与其他物质用特殊的方法结合而产生一种新的组合物，这种新的组合物若有新的用途，则是发明，属于《专利法》保护的范畴。不过，对于生物技术方面的科学发现的保护也可以通过其他形式，例如版权、保密等形式实现。

疾病的诊断和治疗方法是以人体（包括动物）为实施对象的而不能在工业上应用，所以不属于《专利法》所称的发明创造，因而不受《专利法》的保护。如西医的外科手术方法、中医的针灸和诊脉方法，都不属于《专利法》保护的对象。但是诊断和治疗中所用的仪器、器械等医疗设备，都可以在工业上制造、应用，因而可以获得专利权。

动植物品种发明是指新的动植物品种的培育。目前，世界上有美国、法国、德国、日本、意大利、丹麦、瑞典等国授予植物新品种专利权；罗马尼亚、匈牙利授予动物新品种专利权。他们认为，动植物新品种和其他发明一样，具有新颖性、创造性、实用性，理应受法律保护。中国不对动植物品种授予专利权，但对培育动植物新品种的方法，可依照《专利法》的规定授予专利权。应当说明的是，国内已于 1997 年 3 月经国务院批准颁布了《植物新品种保护条例》，自 1997 年 10 月 1 日起实行。该条例中明确规定，对凡属经过人工培育或者对发现的野生植物加以开发，获得具有新颖性、特异性、一致性和稳定性并有适当命名的植物品种，经植物品种保护机关审查批准后，将对完成育种的单位或者个人授予品种权予以保护。

三、现代生物技术专利类型

根据现代生物技术发明专利的特点，可以将其分为产品发明专利、方法发明专利和生物特性的应用发明专利三大类。

（一）产品发明专利

产品发明专利是现代生物技术专利申请中最为普遍的一类，它主要包括动植物新品种，新的微生物重组菌，新的的宿主细胞类型以及其他一些现代生物技术中常用的单一物质和复合体，如新载体、新的限制性内切酶等。过去，人们一直就有为农业、发酵、医疗和药用工业的发明申请专利的传统，这些传统意义上的生物技术专利为社会的进步和发展作出了极为突出的贡献。例如，早年路易斯·巴斯德就申请了一项发酵法制备啤酒过程的专利。随着现代生物技术的发展，特别是 DNA 重组技术、杂交瘤技术等分子生物学技术的应用，使得现代生物技术在专利申请上具有更大的发展空间。通过采用基因工程技术创造的新物种，就是这方面专利申请的范例。

（二）方法发明

方法发明主要包括改造动物、植物、微生物甚至生物部分组织的方法，分离、纯化、增殖和检测生物或生物类物质的方法等。例如，利用 Ti 质粒转化植物细胞的方法（美国专利号 4459355）、cDNA 克隆的方法（美国专利号 4440859）、组建含有编码人的干扰素β基因的重组质粒的方法（美国专利号 4686191）等，其中最著名的方法发明就是 PCR 技术，这项发明是 1985 年由美国的 Cetus 公司人类遗传研究室的 Mullis 完成的，它被认为是现代生物技术的一次革命，现在已被广泛地应用于涉及生物技术的各个领域。

（三）应用发明

应用发明主要是指对植物、动物、微生物和生物类物质新的应用。例如，有一项应用发明专利是对一种克隆载体的应用，该项发明包括载体本身以及相应的真核宿主细胞的培养。这项专利中的真核宿主细胞本身不能产生胸苷激酶，如果培养基中没有胸苷激酶，那么该真核宿主细胞即不能生长。专利中的克隆载体则带有编码胸苷激酶的基因，它转入该真核宿主细胞以后，细胞能在没有胸苷激酶的培养基中生长。这一应用发明于 1984 年，获得了欧洲专利局的应用发明专利，专利号为 0022685。

目前已经批准的专利包括对核酸序列、酶、抗生素、克隆基因、杂合质粒、基因克隆或生物活性物质的纯化方法，以及经过基因工程改造修饰过的微生物、植物和动物。其中值得一提的是对克隆的人的基因（包括 cDNA）申请专利的问题。由于人类目前已发现有几千种遗传病，因此，对于各遗传病目的基因拥有专利无疑将使专利拥有者在这种遗传病的治疗竞争中处于有利的地位，同时就其专利本身而言，也具有重大的经济价值和社会价值。

四、生物技术发明专利保护的紧迫性及负面影响

（一）生物技术发明专利保护的紧迫性

生物技术研究开发的高投入和高风险性决定了对其实施保护的重要性。专利保护是实现其投资补偿和确保其良性循环的有利法宝，许多国家都视其为生物技术生存发展的关键。

1. 发达国家在生物技术专利保护方面的做法

以美国为代表的一些发达国家，他们在生物技术专利，尤其是基因专利保护方面表现出了不同寻常的超前意识。他们采取抢占基本专利、向专利禁区挑战、先期收购专利和专有技术等基本策略，不失时机，先发制人。例如，1990 年 10 月，美国国立卫生研究院（MIH）在对其所分离出的 347 个 DNA 片段的功能和应用还一无所知的情况下就将其申请专利；1991 年 6 月 20 日，MIH 又把从人体细胞中分离出来的 315 个不同 DNA 序列直接提交专利局，要求申请专利，却未阐明它们的功能及应用。紧随其后，英国医学研究委员会和其他一些同行也效仿美国，在抢夺基因的基本专利上展开了一场前所未有的竞争与较量。此外，美国人在向专利禁区挑战方面也表现得特别擅长，尽管在某些生物技术专利保护方面心理上存在法律和观念上的障碍，但美国所确立的判例法制度却给这些生物技术领域的先驱者们带来了曙光。例如，1980 年授权的“超级细菌”专利、1988 年授权的携带癌基因的“哈佛小鼠”专利、1990 年授权的“转基因人体细胞”专利以及西斯秦密克斯公司获得的“人体骨髓原始细胞”专利等，都是运用这种战略的成果。再如，1987 年加州 Amgen 生物技术公司为其发现的能命令细胞制造血液生长因子的基因申请了专利，获权后在 1993 年便赢得了 5.87 亿美元的高额收入，这会使人不难费解，为什么生物技术专利申请会如此热门。

人类基因组计划取得的进展推动了基因专利争夺战的进一步升级。据日本特许厅调查，1995 年世界各国在生物领域提出的专利申请为 1 063 件，而 2001 年“解读人类染色体之后”的专利申请就超过 5 000 件。1995 年这种专利申请在整个生物领域仅占 30%，到 2000 年则超过了 50%，这说明世界上生物技术专利争夺战已经达到白热化的程度。

2. 我国在生物技术专利保护方面的做法

我国生物技术研究起步较晚，资金少、基础差，条件比较艰难。然而就在这个时候，国外的专利申请却无情地抢占国内市场。截至 1994 年年初统计，外国已在我国申请生

物工程方法和产品专利共518件，其中200件已经授权；此外，还有一些项目已在我国申请行政保护。在这种情况下，我国某些投入大量资金开发的生物技术项目，在后期实施产业化的过程中，因遇到国外专利在先的冲击而造成法律障碍的事件已有发生。

自2001年12月10日起，我国已正式成为世贸组织成员。今后，我们必须遵照世贸组织的游戏规则进行一切经济和科学研究活动。

3. 关于生物技术专利保护方面的建议

我国在科学发明方面，以往的做法是申报研究成果，申请新药证书等。而现在，采用成果和新药证书等形式已不再能够保护我们的知识产权了，我们必须依靠专利。相对于应用性成果来说，专利则更加可靠、唯一，便于保护。在我国，经常有所谓填补空白的研究成果。显然，如果不说是填补国际空白的话，就意味着该成果可能已经有了先例。这样的成果，企业要是接手生产，就很可能引起知识产权的纠纷。即使是创新性成果，如果未申请专利，不仅无法保护，而且在成果的鉴定、评奖乃至再转让等过程中，会使成果公开化，这就为成果的失密和成果被他人抢先申请专利创造了机会。为此今后对这类研究成果，理想的做法是，要先申请专利，否则会存在侵权风险。

为了保护自己的利益和知识产权，我们必须认清申请专利是唯一出路。我们应该向国际上在知识产权保护方面做得好的国家学习，积极实行“设计未动，专利先行”的政策。如果现在还意识不到这一点的话，我们将在未来为专利的使用权上付出高昂代价。

当前，生物技术正处在一个飞速发展时期，近十年来大量专利申请的不断涌现是形成巨大产业的前奏，我们必须抓住这一机遇，不断加快生物技术创新发明的步伐。生物技术工作者在研究、开发和应用的过程中，绝不能忽视对生物技术发明的保护。

（二）生物技术发明专利保护的负面影响

任何事物都有其两面性，发明专利保护也是如此。特别是生物技术发明专利，虽然能够对发明给予有效保护，但是它也存在着严重的缺点。首先，专利权的垄断性使专利拥有人具有决定专利转让价格的权力。对一些具有很高应用价值的专利，其转让价格也相对较高，这一点对贫困的国家而言是很难承受的。其次，一项重大的发明的取得是极其缓慢的，是渐进式的，有许多研究人员及研究机构为这样的重大发明作出了很大贡献，但最终也只有小部分人能够拥有专利权，而许多做出贡献的研究人员和机构却榜上无名，这显然影响了他们投资和工作的积极性，并因此而减慢了科学技术与社会发展的步伐。

关于这方面的例子还有很多。美国的一家名为 Myriad Genetics 的公司发现携带有BRCA1 和 BRCA2 基因的妇女更容易患上乳腺癌。就这项“发明”，他们曾对数项专利提出申请，首先在美国提出，1995 年以来也向欧洲专利办公室提出过。授予这些专利意味着现在只有他们才能对全世界的乳腺癌 DNA 测试制定规则。不幸的是，这种情形并非只有 Myriad Genetics 一家。近来有39家跨国医药公司因南非使用抗艾滋病的专利药品而对其提起诉讼。美国孟山度公司把获得专利的不能产生种子的转基因种子卖给发展中国家。因为这些种子是不能产生新种子的，这样一来，新种子只有孟山度公司能够生产，这意味着那些农民不得不每年从孟山度公司购买新种子。现在，美国的实验室已经停止了血液色素沉着病的临床遗传检验服务，原因是使用专利的成本太高。现在，很多分子遗传学发现在临床实践中具有很高的价值，而且这些发现也已经能够商业化，但是却因为其昂贵的价格而无法得到应用。这一矛盾已经引起人们越来越多的关注，而美国实验室此举则是证明这一关注并非没有道理的第一证据。专利对于保证成本高昂的研究工作得到应有的回报固然是重要的，但专利使用费也固然应该更加切合实际，因为它们是为了促进而不是阻碍科学进步的。

上述事例提醒我们，在完善和加强专利保护的同时也应该注意到由专利本身带来的一些负面影响。

第二节　生物技术的安全性及其影响

通过对生物技术相关知识的学习，我们了解到，作为以生物技术为基础的每一项产品和工艺中，都需要知识的高度密集，需要先进的科研条件，也需要高额的投资。因此，如何采取行之有效的举措来保护这些生物技术的产品和工艺，以确保合法的发明人和工业投资者都能得到经济利益方面的回报，就必须要了解和掌握生物技术安全性的知识。

一、生物技术的安全性概述

（一）生物安全的概念

对于“生物安全”这一概念的界定，存在不同的理解。广义的生物安全是指在一个特定的时空范围内，由于自然或人类活动引起的外来物种入侵，并由此对当地其他物种和生态系统造成改变和危害；人为造成环境的剧烈变化对生物多样性产生影响和威胁；在科学研究、开发、生产和应用中造成对人类健康、生存环境和社会生活有害的影响等。狭义的生物安全特指通过基因工程技术所产生的遗传工程体及其产品的安全性问题。由于 DNA 重组技术是作为现代生物技术的核心，因此，谈及现代生物技术的安全性一般指狭义的生物安全。

（二）人们对生物技术安全性的争议和担忧

生物技术，本来是以一种为人类谋福利的姿态出现的，然而它本身却可能潜藏着某种危机。人类社会从很久以前就一直安全地利用生物技术产品和工艺，但是，随着生物技术日新月异的发展，特别是基因工程技术的诞生，人们对其可能产生的后果越来越心有余悸。起初，人们还在对食用一些经辐射处理的作物和食品产生的后果争论不休，但我们突然间又发现，这种危害与基因工程技术所带来的后果相比简直就是微乎其微。而更关键的是，基因工程已经渐渐地渗入了我们的生活，并影响着我们的饮食起居。基因工程作为科学发展的成果，它为我们人类带来的是幸福还是祸患，不同处境、不同立场的人有不同的见解：科学家和商人大都对其贡献赞叹不已，认为基因工程是 20 世纪生物工程的一项重大创举；而环保人士和一般市民则质疑基因工程的产物对人类和自然生态的安全性。

事实上，生物技术的安全性很早以前就引起过人们的争论，并产生种种担忧。人们的担忧主要有以下几个方面：

① 基因工程对微生物的改造是否会产生某种有致病性的新微生物，而这些新的微生物都带有特殊的致病基因，如果它们从实验室逸出并且扩散，势必造成类似鼠疫那样的可怕疾病的大流行。

② 转基因作物及食品的生产和销售，是否对人类和环境造成长期的影响；擅自改变生物基因能否会引起一些难以预料的危险。

③ 分子克隆技术在人体上的应用将造成巨大的社会问题，并对人类自身的进化产生影响；而应用在其他生物上同样会具有危险性，因为所创造出的新物种可能具有极强的破坏力而引发一场灾难。

④ 生物技术的发展将不可避免地推动生物武器的研制与开发，使笼罩在人类头上的阴影会愈来愈大。

⑤ 动物克隆技术的建立，如果被某些人用来制造克隆人、超人，将可能破坏整个人类的和平。

可以说，这种种忧虑在理论上都是很有道理的，并且都存在着实现的可能性。令人值得庆幸的是，人们（包括科学家与公众）从生物技术诞生之日起就对生物技术的安全性问题一直加以关注并采取了积极的防范措施，因此截至目前，尚没有出现大规模的灾难。

二、基因工程作物的安全性

（一）基因工程作物的概念

基因工程作物又称为转基因作物，是指利用以 DNA 重组技术为核心的现代生物技术，将外源基因整合于受体作物基因组，通过改造作物的遗传组成所获得的具有某种新的遗传特性的作物。基因工程作物通常至少含有一种非近源物种的遗传基因，如其他植物、病毒、细菌、动物甚至人类的基因。

（二）基因工程作物及其产品的潜在风险

基因工程作物及其产品在以下几个方面存在潜在风险。

1．基因转移

通过传粉植物可将基因转移给同一物种的其他植物，也可能转移给环境中的野生亲缘种。

（1）可能引起杂草化

植物通过传粉进行基因转移，可能将一些抗虫、抗病、抗除草剂或对环境胁迫具有耐性的基因转移给野生亲缘种或杂草。在自然环境中，如果野生亲缘种获得了这些抗逆基因，其表达的性状将对该野生植物种群及其与病、虫体天然种群间的互相作用产生一定影响。杂草具有种子多、传播力强和适应性强等特点，它一旦获得转基因生物体的抗逆性状，将在农业生态系统中比其他作物具有更强的竞争能力，由此影响其他作物的生长和生存。

（2）可能导致遗传多样性和物种多样性

如发生转基因作物与其他植物杂交，并大规模释放，则近缘劣势显现，降低物种多样性和遗传多样性。例如在推广杂交水稻的同时，地方水稻品种很大程度被取代，一些地方品种的基因流失掉了；由于地方品种的一再缩小，它们发生近亲繁殖、遗传漂变、基因随机固定和丧失，从而使基因多样性枯竭。

2．新性状对目标和非目标生物的影响

转基因植物的抗虫、抗病和抗除草剂等新性状不仅对目标生物的种群大小和进化速度产生直接的影响，而且也对非目标生物，特别是有益生物和濒危物种产生直接或间接的影响。由于杂草、昆虫和微生物都趋于使其种群及其个体的相关性状向最适应的生存环境方向演化，因此，转基因植物的广泛使用将可能有利于选择在抗性上更强的害虫和致病体的遗传种群。

3．抗病毒转基因

大田作物中的转基因病毒序列有可能与侵染该植物的其他病毒进行重组，从而提高新病毒产生的可能性。由于作物转基因活生物体的病毒基因随时随刻都生活在寄生植物的细胞里，因此随着释放规模的增加，将有可能提高相关病毒的重组风险。

4．毒性和过敏性

大多数作物转基因活生物体可作为人类食物和动物饲料，如果转入的外源基因增加了受体植物的毒性，则会对人类或其他动物健康造成威胁。此外，自然界有许多物质是人类的过敏源，如果外源基因转入受体作物后，其产物是人类的过敏源，那么，将增加受体作物的过敏源性。

由于转基因作物的经济效益高，随着这些作物的推广，原有的品种会逐渐消失，最终将可能出现人工物种取代天然物种的现象，将会导致自然界的多样性受到严重破坏，由此可能会改变自然界的营养循环，同时也就改变了自然界的生物链。

（三）基因工程作物推广使用过程的重要事件

自 1983 年世界首例转基因作物问世以来，科学家对转基因作物的安全性进行了大量的研究，近年来引起社会广泛关注的代表性事件有：

① 为了改良大豆营养组成，曾将巴西豆的基因转入大豆。而有些人对巴西豆蛋白过敏。1996 年，Nordlee 等报道，转基因大豆中含有巴西豆的过敏源，可能会引起部分人群发生过敏反应。该产品投放市场的计划因此而终止。

② 1998 年秋，苏格兰 Rowett 研究所 Pusztai 报道，用转雪花莲凝集素基因的马铃薯饲喂大鼠后，大鼠体重及器官质量明显减轻，免疫系统受损。英国皇家学会对此组织评议并指出，该研究缺乏科学性，在试验设计、方法、研究结果及数据分析等方面都有严重缺陷，如供试的动物数量太少、未用大鼠的标准饲料、未添加蛋白质从而造成大鼠饥饿、统计方法有缺陷、实验结果无一致性等。

③ 1999 年，美国康奈大学 Losey 等报道，将转基因玉米花粉撒在黑脉金斑蝶幼虫的食物马利筋叶片上，然后将它饲喂黑脉金斑蝶幼虫，与对照组相比，黑脉金斑蝶幼虫生长缓慢，4 d 后幼虫死亡率为 44%。其实，杀虫蛋白也能杀伤玉米螟以外的某些非目标昆虫是早已知道的事实。这项结果是在人为条件下强制给黑脉金斑蝶幼虫饲喂大量玉米花粉的实验中得到的，而玉米田边杂草叶片上散落的花粉数量则要少得多，因此实验室的结果并不能完全反映田间的实际情况。

大规模应用转基因生物已有十几年的历史，截至目前尚未出现因转基因生物引起危害的事件。2000 年 7 月 11 日，中国科学院和英国皇家学会、美国科学院、巴西科学院、印度科学院、墨西哥科学院以及第三世界的科学院就“转基因植物和世界农业”发表联合声明指出，转基因技术在消除第三世界的饥饿和贫穷方面具有不可替代的作用，同时认为应加强转基因生物的安全性研究，以确保转基因生物研究与应用的健康发展以及环境和食用的安全性。

三、基因工程动物的安全性

（一）基因工程动物的概念

基因工程动物是指人类按照自己的意愿，通过现代生物技术手段有目的、有计划、有预见地改变动物的遗传组成所培育出的新型动物。从 1980 年年底至 1981 年，世界上有 6 个研究小组相继报道成功地获得了转基因小鼠，开创了基因工程动物研究的先河。

自此，多种基因工程动物相继培育成功。目前，包括采用微注射、胚胎干细胞、基因敲除等多种手段对动物内源性基因组进行改造和修饰的，都属于动物基因工程的范畴。

（二）基因工程动物的潜在风险

对基因工程动物的研究和应用相对滞后于基因工程植物。除在转基因药物生产和作为生物反应器方面的工作已达到实用化水平外，转基因动物作为食品和饲料尚没有一例在中国获准进行试用和商品化生产。因为动物的遗传和生理特点有其特殊性，所以转基因动物的潜在生态风险与转基因植物有所不同。它们的主要潜在风险包括以下几方面。

1．外源表达物对人体可能产生毒性和过敏性

某些外源蛋白和其他物质在受体动物表达后，作为食品进入人体可能使原来食用这类非转基因动物食品的人群出现某些毒理作用和过敏反应。

2．外源表达物可能影响人体的正常生理过程

为加快食用动物的生长发育，最常使用的供体基因是生长激素类基因，而同源或异源生长激素类的外源基因表达物对人体生长发育的生理影响将是在短期内难以察觉的。

3．外源表达物可能对非目标生物的影响

如果受体动物是生态系统的被食者，那么外源表达物有可能对捕食者的生理产生影响，而且这种影响可以通过食物链影响更多的物种。

4．转基因动物种群可能对同种动物正常种群的影响

在某些情况下由于转基因动物在生长发育上占有优势，如与同种的非转基因动物发生竞争，结果可能导致正常自然种群的数量发生很大变化，甚至消失，从而造成种内遗传多样性降低。

5．改变种间竞争关系导致对生态系统的影响

鉴于转基因动物可以具有正常动物不具备的优势特征，因此在一定范围和程度上可以改变处于同一群落中不同物种间的竞争关系，进而引起整个生态系统发生变化。

四、基因工程食品的安全性

（一）基因工程食品的概念

基因工程食品是指利用现代生物技术手段，特别是转基因手段获得的食品。

（二）基因工程食品的潜在安全性问题

转基因食品本身的安全性问题一直是人们普遍关心的问题，其潜在的安全性主要包括以下几个方面。

① 转基因食品中基因修饰导致了“新”基因产物的营养学评价（如营养促进或缺乏、抗营养因子的改变）、毒理学评价（如免疫毒性、神经毒性、致癌性或繁殖毒性）以及过敏效应评价（是否为过敏源）。

② 由于新基因的编码过程出现差异造成现有基因产物水平的改变。

③ 新基因或已有基因产物水平发生改变后，对作物新陈代谢效应的间接影响，如导致新成分或已存在成分含量的改变。

④ 基因改变可能导致突变，例如，基因编码序列或控制序列被中断，或沉默基因被激活而产生新的成分，或使现有成分的含量发生改变。

⑤ 转基因食品加工过程中产生的残留物、食品中致病菌的污染以及转基因食品和食品成分释放到环境中引起的相关环境安全性问题。

五、生物武器

科学是一把双刃剑，人类在与疾病特别是传染性疾病长期斗争的过程中，对许多致病微生物有了比较清晰的认识，许多历史上危害严重的传染病，如天花、小儿麻痹症、鼠疫、霍乱等目前已经从地球上消失或得到了很好的控制，很多目前危害严重的传染病，如艾滋病、病毒性肝炎等已经具有一定的预防和治疗措施。但是，随着对这些病原微生物认识的加深，特别是现代生物技术在这些病原微生物研究中的广泛应用，有人也从另外的角度将这些微生物用于战争，从而诞生了生物武器。生物武器通常又称为细菌武器或病毒武器，由生物战剂和投放工具两部分组成。其中，生物战剂是生物武器的核心部分，是用于杀伤人和动物，或破坏农作物的致病微生物及其所产生的毒素。根据现代战争要求，能够作为武器的病毒战剂通常要具有致病性、传染性和易使用性等几个特征。

（一）生物武器的历史

在过去的战争中因传染病流行造成的战斗减员远远超过火器伤害造成的减员，部队因霍乱、恙虫病等流行而陷于瘫痪，以至于不得不停止战斗。这就促使战争指挥者设法利用传染病战胜对方，从而开始研制生物武器。随着时代的发展，20 世纪人类对病原体的认识以及对大规模杀伤性武器的渴求，更导致了生物武器的系统性发展。生物武器的发展经历了三个阶段。第一阶段是在第一次世界大战期间，当时德国人试图使英国和美国的牲畜感染鼻疽病和炭疽，他们获得了成功。由于对这种新的战争形式的恐惧，导致了 1925 年签署的《日内瓦公约》声明禁止使用生物武器。第二阶段，签署这项公约后，并没有阻止人们研究生物武器。意大利、比利时、加拿大、法国、英国、荷兰、波兰和前苏联都签署了《日内瓦公约》，但都进行了生物武器的研究。第三阶段是发展阶段，在第二次世界大战结束后，美国同意免除对日本 731 部队头目石井四郎的起诉，以换取他的研究成果，美国各地开始修建大型生产和测试设施，到 20 世纪 60 年代末，发展生物武器的计划已十分庞大，但尼克松总统后来下令停止实施计划，于 1972 年国际上达成了《生物武器公约》。

（二）生物武器的种类

目前已经可以投入实战的生物制剂有以下几种。

1. 鼠疫杆菌

由鼠疫杆菌感染人体引起的鼠疫是一种恶性传染病，主要通过与患病的啮齿类动物接触或通过跳蚤的叮咬而传染，患病死亡率极高。

2. 炭疽芽孢杆菌

由炭疽芽孢杆菌所引起的炭疽是一种人畜共患的急性传染病，为最古老的疾病之一。目前已经成为世界上第一位的战略性生物武器，被美、英等国列为重点防范对象。

3. 天花杆菌

天花曾经是世界上传染性极强、危害严重的一种传染病。由于其病原体存活力强、毒性大，并容易通过空气传播，因而很早就被许多国家研制成为致死性生物战剂。虽然目前世界上已经消灭了天花，但是人们的易感性也逐年增大，特别是天花病毒如果经过人为改造，可能造成极大的杀伤力。

4. 霍乱弧菌

霍乱是一种烈性肠道传染病，它也是一类古老的疾病，由病原体霍乱弧菌引发，多在营养不良、卫生较差的人群中流行。患病后一般以腹泻、脱水为主要症状，严重时会危及生命。

另外，其他的一些致病微生物，如细菌类的野兔热杆菌、布氏杆菌，病毒类的黄热病病毒、委内瑞拉马脑炎病毒、马尔堡病毒，真菌类的孢子菌、组织包浆菌等也具有潜在的成为生物战剂的能力。

（三）生物武器的优势

1. 成本低，杀伤能力强，持续时间长

有人将生物武器形象地形容为“穷国的原子弹”。据有关资料显示，以 1969 年为例，当时每平方千米导致 50%死亡率的成本，传统武器为 2 000 美元，核武器为 800 美元，化学武器为 600 美元，而生物武器仅为 1 美元。

2. 生物武器的使用方法非常简单，而且难以防治

历史上主要利用飞机投弹、施放带菌昆虫等方法。目前据报道可以利用飞机、舰艇携带喷雾装置，在空中、海上施放生物战剂气溶胶，或将生物战剂装入炮弹、炸弹、导弹内施放，爆炸后形成生物战剂气溶胶。有些生物战剂一旦释放后，可在该地区存活数十年。例如，炭疽热芽孢具有很强的生命力，可数十年不死，即使已经死亡多年的朽尸，也可成为传染源。其孢子可以在土壤中存活40年之久，并且极难根除。

（四）基因武器

基因武器是应用基因重组技术改变非致病微生物的遗传物质，以产生具有显著抗药性的致病菌，并利用人种生物学特征上的差异，使这种致病菌只对特定遗传特征的人们产生致病作用，以达到有选择地杀死敌方有生力量的目的，从而克服普通生物武器在杀伤区域上无法控制的缺点。因此，基因武器是现代生物技术制造出的新型生物武器，是令人恐怖的“末日”杀手。与其他现代化武器相比，基因武器有它们所不具备的特殊性能：①成本低、杀伤能力强、持续时间长。基因武器对人员的杀伤阈值是分子水平，无论是对机体的哪个部位，或者通过机体哪个途径，只要能在机体内“插入”基因武器，哪怕是“插入基因武器的一个分子”，也同样能够起到杀伤作用。有人估算，用5 000万美元建造一个基因武器库，其杀伤效能远远超过50亿美元建造的核武器库。有报道指出，一些国家曾利用基因重组的方法，将两种病毒的DNA片段拼接成一种具有剧毒的“热毒素”基因毒剂，用其0.000 1 mg就能毒死100只猫。②使用方法简单，施放手段多样。可用人工、飞机、火箭、气球、水面舰艇、水下潜艇以及火炮等把基因战剂施放到目标区。③不易被发现，难治难防。因为经过改造的病毒和病菌基因，只有制造者才知道它的遗传“密码”，其他人很难破译和控制。同时，基因武器的杀伤作用过程是在秘密之中进行的，人们一般不能提前发现和采取有效的防护措施，一旦受到伤害，为时已晚。这是基因武器与其他生物武器、化学武器的主要区别。④攻击敌方时，可以保存基础设施和武器装备不受损伤。基因武器只是大规模杀伤有生力量而不破坏非生命物质。⑤具有强大的威慑作用，能给对方造成极大心理压力，使对方士气大落，惊慌失措，草木皆兵。

六、现代生物技术的社会伦理问题

现代生物技术与传统生物技术的最显著区别在于前者是在基因水平上进行操作，改变已有的基因，改良甚至创造新的物种。这是一项亘古未有的崭新创举，所以这一新技术将会带来什么后果无人知晓，这就是现代生物技术自问世以来一直备受关注、争议颇多的根本原因。近年来，从技术的层面上讲，人们主要关心以下两个问题：① 外源基因引入生物体特别是人体后，是否会破坏调节细胞生长的重要基因；是否会激活原癌基因，出现一些人们难以预料的后果；② 基因工程是否会导致极强的难以控制的新型病原物的出现。尽管这两个问题目前尚无明确的答案，但世界各国政府都对基因操作制定了严格的规则却已成事实。

除技术方面的问题以外，现代生物技术还可能引起一系列的社会伦理问题。首先，这一技术受到宗教界人士的强烈反对。众所周知，宗教界迄今仍不肯接受达尔文的进化论，现代生物技术则比达尔文理论更进一步，不仅否定了上帝创造万物的根本信条，而且要人为地改变地球上现有的生物。这种做法在教徒眼中绝对是对上帝的最大不敬，也是极不道德的。因此现代生物技术不仅受到了虔诚的教徒的极大反对，就连普通的宗教信徒也感到难以接受。

除了宗教界外，分子生物学家们也受到来自动物保护组织的强大压力。用动物作为模型进行各种基因操作在动物保护者眼中不啻是对所有生物（包括人类）的生存权的极大损害。他们强烈要求政府通过法律取缔所有动物实验。尽管美国等国家已有法律规定，当动物的生存权与人的生存权发生冲突时，以人的生存权更为重要，这样就在法律上肯定了在医学领域使用实验动物的合理性，然而长期以来动物保护组织并未因此善罢甘休。

素食主义者同样也感到自己的人权被现代生物技术侵犯了。他们认为，生物学家们试图在植物中表达动物蛋白，就是违背了他们素食的信条，这是对他们基本人权的侵犯。

以上几类人群不仅通过他们自己的组织向各国政府施加压力，试图使政府通过立法来全面禁止现代生物技术的发展，而且他们还经常出现在有关现代生物技术的会议的会场上，直接向与会的科学家们提出抗议。

此外，随着人类基因组计划的快速进展，许多有识之士担心现代生物技术的进展将会给某些狂人提供种族歧视的新的借口。当年希特勒不就向全世界宣称亚利安人是最优秀的人种吗？实际上这种担心也不无道理。科学家在 1996 年从白种人的基因组中分离得到了一种具有抗 HIV 感染功能的蛋白编码序列，而迄今为止尚未在其他人种中找到这一基因的同源序列。于是有一些种族主义者就利用这一发现鼓吹白种人优越论。因此，很多社会学家、科学家都对这一问题十分警觉，时刻提防有些人利用分子生物学和遗传学的成果为种族歧视，甚至灭绝种族的大屠杀寻找借口。

关于生殖细胞的操作同样是一个备受瞩目的问题。对生殖细胞进行基因操作，一方面固然可以进行基因治疗，有希望在地球上彻底消灭遗传病，但另一方面它也会给人类提供无限改变自身的可能性，乃至可能达到“改造人种”的程度，这将会导致非常严重的后果。此外，最近争论得沸沸扬扬的“克隆人”问题同样给人们提出了十分严峻的伦理问题。为此，各国都已纷纷表态，坚决反对“克隆人”。美国国会在 2001 年年底立法宣布任何企图“克隆人”的实验均为非法行为。2002 年美国政府又对可能用于克隆的干细胞研究进行了非常严格的限制。现有的遗传检测技术也同时带来了一些社会问题。例如，随着染色体检测技术的成熟，在妊娠期就可以检测出胎儿的性别及是否患有一些严重的遗传性疾病。这就明显看出，目前性别歧视在当今世界是依然普遍存在的。

综上所述，现代生物技术已经在影响着人们的生活和人们的思维，它已不仅仅是生物学家的宠儿，而且业已成为世人瞩目的热点问题。

复习思考题

1. 谈一下生物技术专利的特点及其类型。
2. 说明一下生物技术发明专利保护的紧迫性及负面影响。
3. 简述基因工程作物、基因工程动物及基因工程食品的安全性。
4. 说说什么是生物武器？其种类有哪些？
5. 你对现代生物技术的社会伦理问题是怎样理解的？